中国人身保险从业人员资格考试教材
中国寿险管理师资格 A4
全国高等院校财经类专业推荐使用教材

人身保险合同

（第二版）

梁鹏 主编
邓丽 姜南 副主编

中国财政经济出版社

图书在版编目（CIP）数据

人身保险合同/梁鹏主编．—2版．—北京：中国财政经济出版社，2011.9
中国人身保险从业人员资格考试教材．中国寿险管理师资格．全国高等院校财经类推荐使用教材
ISBN 978-7-5095-2660-6

Ⅰ.①人…　Ⅱ.①梁…　Ⅲ.①人寿保险-保险合同-中国-资格考核-高等学校-教材
Ⅳ.①D923.64

中国版本图书馆CIP数据核字（2010）第246658号

责任编辑：李昊民　　责任校对：黄亚青
封面设计：北京兰卡绘世　　版式设计：董生萍

中国财政经济出版社 出版
URL：http：//www.cfeph.cn
E-mail：cfeph@cfeph.cn

社址：北京市海淀区阜成路甲28号　邮政编码：100142
发行处电话：88190406　财经书店电话：64033436
北京财经印刷厂印刷　　各地新华书店经销
787×1092毫米　16开　25.5印张　547 000字
2011年9月第2版　2011年9月北京第1次印刷
定价：68.00元
ISBN 978-7-5095-2660-6/F·2262
（图书出现印装问题，本社负责调换）
本社质量投诉电话：010-88190744

市场经济是法治经济，形成良好的法制环境是完善社会主义市场经济体制的重要内容。实现保险业又好又快发展，有赖于良好的制度基础和法制环境。

——中国保监会主席吴定富[①]

为了规范保险活动，保护保险活动当事人的合法权益，加强对保险业的监督管理，维护社会经济秩序和社会公共利益，促进保险事业的健康发展，制定本法。

——《中华人民共和国保险法》第一条

保险法的修订，应当针对实践中存在的主要问题，进一步加强对投保人、被保险人合法权益的保护。

——全国人民代表大会法律委员会[②]

① 摘自2009年4月15日人民日报署名文章“保险业又好又快发展的法律保障”。

② 摘自2008年12月22日全国人大法律委员会副主任委员孙安民向第十一届全国人民代表大会常务委员会第六次会议上创作的“全国人民代表大会法律委员会关于《中华人民共和国保险法（修订草案）》修改情况的汇报”。

本书编写团队

组长：

梁　鹏　中国青年政治学院副教授
　　　　中国政法大学博士

成员：

姜　南　河北经贸大学副教授
　　　　西南财经大学博士
邓　丽　中国人民公安大学讲师
　　　　中国政法大学博士

本书评审专家

刘学生 中国保监会法规部法制监管处副处长
曾任职于中国人民保险（集团）公司
律师资格
中国人民大学法学院民商法专业法学硕士

董　炯 中国保监会法规部法规处副处长
律师资格
北京大学法学博士、副研究员

段　颖 中国保监会法规部法规处
贵州大学民商法专业硕士

王德威 中国保监会人身保险监管部制度处
律师资格
北京大学经济学院保险专业经济学学士、清华大学法学院法学硕士

孙东雅 中国保监会人身保险监管部养老与健康保险监管处
曾任职河南省高级人民法院法官、兼任江西财经大学、河南财经政法大学特聘教授
律师资格、法律职业资格
中国政法大学法学博士

张　遥 中国保监会人身监管部产品处
中央财经大学保险学院保险精算方向在职博士研究生

常　存 中国保监会人身保险监管部监管处
北京工商大学会计学硕士

许崇苗 中国人寿保险股份有限公司法律与合规部副总经理
律师、中国注册会计师（CPA）
中国人民大学法学博士

王　元 泰康人寿保险公司合规法律部总经理

曾任中央党校法学教研室副主任、副教授
中国政法大学研究生

周玉华 中国人寿保险股份有限公司法律事务部
律师资格
武汉大学法学博士 英国帝国理工大学工商管理硕士

卞江生 中国人民财产保险股份有限公司法律部副总经理
中国人民大学博士

曹顺明 中国再保险集团公司法律部副总经理
中国社会科学院博士

牛新中 河南省保险学会秘书长、河南省保险行业协会副秘书长，河南财经学院、郑州大学商学院兼职教授、硕士生导师
历任中国人保新乡分公司总经济师、安阳分公司副总经理，中国人保财险郑州市分公司副总经理
高级经济师
郑州大学经济系金融专业本科学历

陈　欣 对外经济贸易大学教授、博士生导师，享受国务院特殊津贴　中国保监会法律事务咨询专家
美国新泽西西东大学访问学者，对外经贸大学硕士生，纽约保险学院学习

于海纯 对外经济贸易大学保险学院党总支书记、保险法与社会保障法研究中心执行主任，副教授
台湾政治大学法学院访问学者，现兼任中国政法大学俄罗斯法律研究中心研究员、大连仲裁委员会仲裁员、中国法学会辽宁省国际经济法学研究会副会长、中国法学会辽宁省民法学研究会常务理事
中国政法大学民商法学专业博士研究生

游　杰 四川路石律师事务所合伙人
西南财经大学博士

江如圭 中国人身保险从业人员资格项目执行编委
广州信平市场策划顾问有限公司执行董事
曾任美国信安金融集团（The Principal Financial Group，USA）律师，首任驻中国首席代表。
美国纽约州，衣阿华州律师
美国纽约州立大学法学博士

二 版 总 序

加快职业教材开发　完善保险教育体系[①]

2002年，中国人身保险从业人员资格考试部分教材编写工作启动，2004年首批教材在人民大会堂发布，考试试点开始推进；2007年，二版教材系统修订工作启动，2009年完成首批教材的修订，着手探索考试在全国更广范围内的推介！

这期间，拥有自主知识产权、本土化又不乏国际视野的中国人身保险从业人员资格考试，在大家的一路肯定、支持、呵护和帮助之下，走过了生存、起步和发展的艰辛历程，成长为知名的中国保险职业资格考试品牌，在保险理论与中国实践相结合方面拓展出了新路，并有理由相信在政策支持、行业发展和专家学者共同努力下，这一资格体系将与中国保险业相伴成长，一同感受中国保险业的成功和荣耀。职业资格体系正成为，并且应成为中国保险业不可或缺的重要组成部分。

一、编写和修订职业资格教材的必要性

职业资格教材是行业发展阶段的反映。教材的水平和质量不可能超越行业发展的阶段，科学的理论需要丰富的实践来指导，同样，教材的水平和质量也不能明显滞后于行业的发展阶段，否则就是对行业科学发展的阻碍。教材是行业所处发展阶段和内外部环境的反映，是行业理论、实践和文化的载体，是传播正确保险理念和思想的阵地。过去五年，保险业内外部环境发生了较大变化，中国人身保险从业人员资格考试教材也必须变化，以固化行业已有的知识，集纳行业取得的新的进步。基于这一认识，二版修订工作2007年启动，2009年初步成型，推动修订的主要原因可以概括为：

① 二版总序经过多次审定，花费了大量的心血。总序全面系统地阐述了保险职业教育对中国保险业健康发展的重要性，为本项目教材体系建设和项目平稳发展制定了较为明确的指导思想、基本任务和具体措施。总序得以圆满完成，除要感谢各位编审委员外，还要特别感谢中国保监会政策研究室舒高勇处长、中国保监会人身保险监管部制度处商敬国副处长、中国保监会办公厅新闻宣传处张忠宁副处长、中国人寿战略规划部杨传涌总经理、生命人寿保险股份有限公司杨智呈总裁，他们积极参与了二版总序的修改审议过程，给予了很多极其宝贵的修改意见和有益帮助，使得本篇总序更加符合中国保险发展的实际，具有前瞻性。

（一）保险职业教育得到各方高度关注

2005 年 10 月，国务院颁布《关于大力发展职业教育的决定》，11 月，全国职业教育工作会议在北京召开，[①] 温家宝总理和陈至立国务委员在会上作重要讲话。会议指出，大力发展职业教育，是推进我国工业化、现代化的迫切需要，是促进社会就业和解决“三农”问题的重要途径，也是完善现代国民教育体系的必然要求。必须完善国民教育体系，合理配置教育资源，把基础教育、职业教育和高等教育放在同等重要位置。

《决定》要求，行业主管部门和行业协会要在国家教育方针和政策指导下，开展本行业人才需求预测，制订教育培训规划，组织和指导行业职业教育与培训工作；参与制订本行业特有工种职业资格标准、职业技能鉴定和证书颁发工作；参与制订培训机构资质标准和从业人员资格标准；参与国家对职业院校的教育教学评估和相关管理工作。

中国保监会一直以来对职业教育培训工作非常关注，各家公司也采取各种方式大力提升员工素质，保险业通过输血、换血、造血等多种方式不断强身健体，提升整体素质和水平。2006 年 7 月，中国保监会主席吴定富指出，[②] 我国保险业已经站在一个新的历史起点上，要始终把人才队伍建设作为保险业发展的关键和基础加以谋划，把人才兴业战略作为促进保险业又好又快发展的根本战略，加强人才队伍建设对促进保险业又好又快发展至关重要。

如同其他发展较好的产业一样，保险业也必须拥有合适的庞大的产业工人，保险业要实施人才兴业战略，就必须着手建立一支政治过硬、业务优良、结构合理、规模较大的人才队伍。保险业要实施人才兴业战略，必须建设好以监管人才、经营管理人才、专业技术人才和保险营销人才为主体的四支人才队伍。监管人才队伍是引领保险业发展、防范风险和保护保险消费者利益的有力保障；经营管理人才队伍是更好地发挥保险业各种资源的利用效率，促进全行业科学发展、创新发展的重要力量；专业技术人才队伍是支撑保险业产品服务和管理创新，推动我国保险业逐步向现代金融服务业转型的内在支撑；保险营销人才队伍是增强社会保险意识，传播诚信、互助、友爱的保险文化的重要渠道。

（二）保险业发展已站在新起点进入新阶段

截至 2008 年年底，中国保险业共有保险公司 130 家，从业人员 322. 8 万人，其中保险营销员 262. 9 万人。2008 年中国保险业共实现原保险保费收入 9784. 1 亿元，是 2002 年以来增长最快的一年。保险业总资产 3. 3 万亿元，保险资金运用余额 3. 1 万亿元。近五年来保险业累计赔付 7000 多亿元。

截至 2008 年年底，我国共有保险中介机构 2445 家，其中保险代理机构 1822 家，保险

---

① 参见温家宝：“大力发展职业教育，加快培养高技能人才”；陈至立：“落实科学发展观，努力开创职业教育工作新局面”，陈至立同志 1998—2003 年任教育部长，2003—2008 年任国务委员，国务院党组成员，2008 年至今任全国人大副委员长。

② “吴定富在保险职业学院演讲时指出：加大人才教育培训力度，建设高素质保险人才队伍”，2006 年 7 月 10 日，中国保监会网站。

经纪机构350家，保险公估公司273家。[①] 21世纪之初国内基本上没有专业保险中介机构，由于对中介市场的精心培育，使得保险产业链条更加细分，保险产业分工更加具体，结构改善，专业化水平得到提升，为消费者提供保险的渠道更加多元。

吴定富主席在2009年全国保险工作会议上指出，当前保险业已经站在新的发展起点，进入新的发展阶段。在这一阶段，保险业各个方面都发生了深刻变化，体现出一些基本特征，但仍处于初级阶段。具体为保险市场体系初步形成但不规范，保险市场主体快速发展但竞争力有待增强；保险服务能力逐步提高但不适应；保险监管体系基本形成但不完善。

（三）保险业法制建设内外部政策环境发生重大变化

1995年，第一部《保险法》出台后，2002年为加入WTO曾作个别修订，2008年启动较大修改，2009年2月28日新《保险法》经人大常委会审议通过，这一行业大法是保险监管部门依法监管的重要保证，将规范保险业和保护消费者利益置于特别重要位置。值此二版教材修改付梓前后，监管部门正据此对各类监管规章制度进行配套修订。

2006年6月26日国务院正式发布《关于保险业改革发展的若干意见》，这标志着中国保险业发展迈向一个新的里程碑。文中还明确指出“保险具有经济补偿、资金融通和社会管理功能，是市场经济条件下风险管理的基本手段，是金融体系和社会保障体系的重要组成部分，在社会主义和谐社会建设中具有重要作用”。文件下发后，各级政府积极贯彻落实，有力地扩大了保险的影响，提升了保险的地位。

保险业是专门经营风险而非货币的行业，必须了解中国转型社会的系统风险，做好防灾防损、提供健康管理、改进交通状况，从而有效降低经济社会运行中的风险程度，让社会更加安全，让生活更加美好！

保障是保险业的出发点，但仅仅囿于出发点则无异于止步不前，保险无论从其本质，抑或功能，乃至于做大做强来看，都需要跳出就保险谈保险的藩篱。从全球人身保险的发展轨迹，或者从保险业由财产保险为主转向人身保险为主的事实，或由自然保费向均衡保费的过渡，长期储蓄就成为人寿产品的一部分，随之，保险的金融特性就具备了。随着保险业销售终身寿险、两全寿险和年金，并开发出种种分红、投连和万能形式后，人寿保险成为长期负债型产品，从而累积的长期资产就能够为社会提供源源不断的现金流，成为资本市场的长期资金来源，支持国家的长期基础建设。

保险业是社会保障体系的重要组成部分，2004年保险业参与了企业年金制度的界定，行业成立专业性养老保险公司，2007年11月保监会下发《保险公司养老保险业务管理办法》，在2008年天津滨海新区、2009年上海建设国际金融中心的方案中，都提及要适时推进个人税延型养老保险试点；[②] 在健康保险方面，2006年9月生效的《健康保险管理办法》

① 2008年年底，保险兼业代理机构136634家。详细情况请参见《中国保险市场发展报告2009》，中国广播电视出版社2009年版。

② 参见21世纪保险网（www.2100bx.com）“上海个人税收递延型养老险成焦点”，“沪个人税延养老险试点产品将实行标准化”2009年5月22日。

界定了此前监管部门批设的专业健康保险公司的生存空间，推动了商业健康保险市场的发展，2009 年 4 月《关于深化医药卫生体制改革的意见》明确提出，要积极提倡以政府购买医疗保障服务的方式，探索委托具有资质的商业保险机构经办各类医疗保障服务。这充分说明，国家对商业保险在完善多层次社会保障体系中的作用日益重视。但对保险业来讲，如何更好地参与社会保障各个层面，在多支柱社会保障体系建设中充分发挥自身作用，是一重大课题。

（四）保险业对自身发展重大课题有更清醒认识

过去五年，行业加强了保险理论的研究力度，陆续提出了发展阶段理论、保险功能理论、保险业风险防范理论，以及中国特色保险业发展道路理论。思想的解放和理论的创新为保险改革、发展、监管、防风险实践提供了有力的指导。对保险这样一个现代金融服务业而言，理论研究水平的高低在很大程度上决定了行业综合竞争力的强弱，保险业要在探索中国特色的保险发展道路上迈出新的步伐，就必须在保险理论创新方面取得更大的进展。在做好对策研究的基础上，重点加强对基础性、前瞻性和战略性问题的研究。

2008 年全保会提出，我国保险业将大力塑造与现代保险业相适应的先进行业文化，提升保险业“软实力”，[①] 即保险行业要培育服务社会、造福人民的行业文化；积极向上、艰苦奋斗的行业文化；诚信规范、合规经营的行业文化；和谐发展、合作共赢的行业文化。全行业应当共同参与、共同努力推进保险行业文化建设。中国特色保险文化至少要体现出如下两个特征：一是体现社会主义制度特征。保险内生于市场经济，并服务于市场经济，[②] 但与服务于资本主义市场经济的保险不同，服务于社会主义市场经济的保险在行业出发点、产品定价、销售方式、教育培训和投资运营中都要体现为最广大投保人和被保险人服务的精神。中国特色保险业必须为促进社会主义制度日臻完善而添砖加瓦。二是体现东方传统文明特征。与融合新教伦理的西方保险文化不同，中国保险文化必须建立在保险业务与中国传统儒释道文化相结合基础上。虽然商业保险是个舶来品，但风险管理思想中国古来有之，传统风险管理理念必须现代化，保险是一个载体，应体现中国传统文化精髓。

在正确的保险理论和保险文化指导下，保险行业必须对自身社会责任有清楚的界定。保险是金融服务业，是通过销售产品承担负债，是受托管理投保人的资产，一旦投资失败，公司破产，不仅损失股东资本，还要损害投保人切身利益。从这个意义上讲，保险公司本身就是社会企业，就是公众公司，而不管其是否已经上市，是不是相互公司或股份公司。在做出业务拓展，寻找合适客户的同时，保险公司更重要的是做好审慎投资，看好客户的钱。特别是对长期寿险负债，一定要寻找好与之匹配的长期资产；特别是新《保险法》实施后投资渠道进一步放开，保险业又将面临很多新的风险。纵观全球保险业，由于承保失当导致的破

① 2008 年 1 月 25 日，中国保监会主席吴定富在所作报告中系统提出；随后保监会于 5 月 6 日召开“保险文化与品牌建设座谈会”，中国保险会主席助理袁力强调了保险文化与品牌建设工作的重要性，会议各位专家对保险文化的重要性进行深入探讨；关于保险文化的研究，可参见江苏、辽宁和山东等保监局开展的有关工作。

② 参见北京大学孙祁祥、郑伟著：《保险制度与市场经济——历史、理论与实证考察》，北京大学出版社 2009 年版。

产公司数量要远远少于因投资冒进而导致的破产公司数量。

近年来保险行业在一系列重大问题的理论和实践上都有突破，如在坚定不移调整结构方面，要求防风险、调结构、稳增长；在小额保险方面，着力推进金融扶贫；在营销体制方面，正视深层次问题；在银行保险方面，努力构建双赢格局；在健康保险方面，全力配合新医改；在产品标准化方面，力推行业示范条款；在意外险方面，确定最低服务标准等等。

（五）保险监管和行业自律呈现出新特点

2007年肇始的全球金融危机昭示我们，纯粹的市场经济无法抗击人性的贪婪，市场失灵、市场不充分都要求政府必须积极介入，并时刻注意政府失灵，防止不当干预。在中国保险业快速发展的过程中，坚持政府主导、尊重市场规律，监管部门扮演至关重要的引领发展和防范风险的角色，为保险业的科学发展起到了重要保障作用。

经过多年摸索，中国保险业已形成加强监管和促进发展的良性互动关系。参照国际保险监督官协会（IAIS）的建议，中国引入了保险监管三支柱理论，从原先的孰轻孰重争论转变为同等重要缺一不可的关系，只有牢牢抓好这三条监管主线，才能全方位整肃保险市场。行业发展需要竞争，竞争就允许失败，只有引入优胜劣汰机制，保险行业才能进步。为有效防范风险，经过多年摸索，保监会提出了五道防线理论①，基本上化解了历史遗留风险，防范了快速发展中出现的新风险。追根溯源，应归功于科学监管理念的指导。中国保险市场是发展中的市场，新生事物层出不穷，如果墨守成规，机械处理，可能会任由市场出现问题，任由小问题变成大问题，所以对于市场中存在的问题需要抓早抓小，主动积极地监管。国外监管的经验教训说明，监管理念是停留在为监管而监管还是转变到解决问题的监管，对于监管效率的提高至关重要，同时监管者需要审时度势，最大限度地用好有限的监管资源，达成监管的目的，这就需要借用行业自律管理、公司自我管理、媒体社会监管，而达到巧监管的目的。②

从构建有效行业治理角度来看，协会应当发挥应有的作用，自2001年成立以来，虽努力作为，但在行业内影响有限。2007年12月，中国保监会对中保协进行改革，目前协会正按照严格自律、依法维权、改进服务、增进交流的功能，按照规范化、职业化和专业化的要求全面推进各项工作，努力发挥好辅助监管的功能，从行业长期整体利益角度出发，推动行业标准化和制度化建设，整合全行业力量推动两个平台建设，即教育培训平台和数据信息平台，着力理顺三大关系，即与会员公司的关系、与监管部门的关系和与省市协会的关系，扮

① 三支柱即市场行为监管、偿付能力监管和公司治理监管，五道防线即以公司内控为基础、以偿付能力监管为核心、以现场检查为重要手段、以资金运用监管为关键环节、以保险保障基金为屏障。

② 解决问题的监管译自 Problem－solving approach，中国保监会主席助理陈文辉曾就银行保险渠道以及保险中介违规等可能发生的问题要求在处理方式上抓早抓小，变被动为主动；美联储主席伯南克2009年3月在美国参议院预算委员会听证会上对政府再次援手美国国际集团时表示，“在这18个月内没有比AIG更让我生气的事情，其金融服务部门就像一个毫无约束的对冲基金一样令人失望，虽然AIG缺乏责任感，但美国政府除了施以援手别无选择”，“我们都知道，在金融危机时期主要金融公司倒闭可能给经济带来灾难性后果，我们确实没有选择的余地”，这是一个企业绑架政府的经典案例；2009年1月，美国新政府国务卿克林顿·希拉里在国会参议院外交委员会举行的听证会上，用一个巧实力的新概念吸引了世界的目光。一个“巧”字集中体现了美国外交政策的未来之变。

演好政府和公司的桥梁、行业与社会的媒介，为建设和谐行业、和谐社会而努力。

（六）重新评估金融危机后的保险话语体系①

全球金融危机打破了西方保险业虚幻的神话，对外开放让我们有机会睁眼看世界，用世界保险业的优秀文化滋润中国保险行业这块沃土，但要分清西方保险业的精华和糟粕，中国保险业的对外开放要善于扬弃，要善于为我所用。既要防止傲慢自大，也要反对妄自菲薄；既要坚持虚心学习，也要防止盲目崇拜；既要强调保险创新，也要防止创新过度，脱离实际。要不断提炼中国标准，塑造一个为社会主义制度服务的、深为百姓欢迎的保险行业，笔者理解，这才是中国保险业开放的真正目的！

吴定富主席 2009 年 6 月在台北出席中心主题为 IAIS 发展战略调整的执委会议时表达了四点意见：一是国际保险监管应逐步建立协调一致的国际保险监管准则；二是加强保险业在维护国际金融稳定中的重要作用；三是提高对新兴市场国家意见的重视程度；四是完善国际保险监管合作平台，防范风险积聚和扩散。因此无论是 G20 金融峰会，还是国际保险监管界的会议，发展中大国开始传递出自己的声音。

同样可以相信，随着中国保险业在全球排序中的提升，中国保险声音必将更加响亮。因此，作为职业资格教材，要持续承载保险理论和实践转移的使命，反映全球保险的变化，记录中国保险不断崛起的历程。

二、编写和修订职业资格教材及推广的过程②

保险行业是劳动密集型和知识密集型行业，行业的发展需要累积的知识和适合的人才，这就需要行业有权威的职业资格平台，正是基于这种认识，在 20 世纪 90 年代末，即在监管部门的倡导下，一批有识之士开始筹划中国保险自己的职业资格考试体系。

（一）第一版职业资格教材及其资格考试推动

2002 年，在中国保监会相关部门的关心和推动下，在行业多家公司的共同努力下，在多家院校和社会力量的参与下，中国人身保险从业人员资格体系工作得以启动，并于 2004 年 10 月在人民大会堂召开教材发布会，2005 年开始考试试点，2006 年正式考试。到 2009 年共有中国寿险管理师、中国寿险理财规划师和中国员工福利规划师三类资格，每一资格各有中级和高级两个级别，共 19 本教材，形成针对人身保险的、较为完整的教材、考试和资格体系。具体可以总结为：

1. 基本搭建起权威的、高水平职业教材体系

---

① 参见吴定富在北京大学 2009 年赛瑟论坛“金融危机：监管与发展”主题上的讲话。全球金融危机对保险的影响还体现在世界经济金融体系中，中国和美国形成了互为需求的两极，要改变出口导向型经济模式就必须采取种种手段，有效释放中国的消费需求。而大力发展保险，为居民提供保障应当成为中国政府应对全球金融危机、提升人民生活质量水平的题中应有之义。

② 详细信息、及时信息请登陆资格考试网站 http//www. xpcle. com。

职业资格的成功与否，教材是关键。在教材编写上，按照轻重缓急、急用先行的原则，项目组先后组织了行业400多名来自监管、公司、院校的专家学者，历时5年之久，在充分吸收国内外最新研究成果和实践经验基础上，自主性研发了本土化、系统化的教材19本。组织规模之大、投入精力之多、历经时间之长都是其他行业从来没有过的。可以说，这19本教材是行业集体智慧的结晶，是对中国人身保险行业发展的一次较为完整的梳理和小结。保监会官方网站主席信箱对这套教材体系给予了高度评价，称它是："目前国内人身保险领域最权威，体系最完整的一套教材资料。它不仅体现了监管者的意图，也体现了行业发展的实践，有助于参考人员在进入行业后能科学、全面地理解人身保险管理、销售，尤其是职业道德等问题。"

2. 严格职业考试制度，取得阶段性成绩

项目考试自2005年3月试运行以来，已形成了较为完备的资格、教材体系和成熟的报名、考试支持平台，共计有中国寿险管理师、中国寿险理财规划师、中国员工福利规划师三类资格，共8种中、高级证书，认证课程达19门。拥有专门的资格项目网站服务考生，同时在全国设立了41个报名中心、47个考场，覆盖全国省会城市、直辖市及主要城市。截至2009年春季，共成功举行试运行和正式运行考试10次，累计考生达10万多人次，近1.5万人次取得各类资格。有40余家中外资各类保险机构和银行等团体组织报名，参加考试，出台报销与职级挂钩等政策，此外来自全国保险、金融、外语和医学等专业院校学生也积极报名参考。

3. 保险职业资格提供系统知识，获得广泛认可

不断壮大的考试规模、不断增加的资格名单、不断扩大的报名中心和考点、不断加入的团报公司、不断见诸报端的宣传推介，以及在其他金融行业产生的与日俱增的影响力，尤其是一些考生谈及的感人肺腑的考试体会，都一次次证明着一版教材体系的搭建是成功的，中国特色的保险职业资格体系是有生命力的。过去五年，教材和资格的公信力、影响力越来越大，广大考生、公司和行业普遍认可，考生提高了知识水平和职业道德，公司培养了各类人才，行业健康持续发展有了人才支撑。

（二）二版职业资格教材修订的基本情况

相对于2004年的教材发布，显然2009年二版职业教材修订的行业基础和内外部环境都已发生明显变化，这些变化必须在职业教材中得到具体体现，将这五年行业变化理解、研究、吃透并高度提炼本身就是参与者个人和团体提高和进步的过程。二版修订的主要特点包括：

1. 教材修订的启动机制

一版教材是监管部门主导、推动在前，行业紧随其后；而二版则顺利实现转型，建立了教材的自主发展机制，联合行业、监管和院校的力量联手打造各方接受的权威教材，力争形成良性循环。二版乃至今后各版教材修订仍将继续接受监管部门的指导，由其把控教材质量。教材责任人选定则根据一版教材责任人情况，一版来自行业的，二版尽量在专家中产生，而如果一版来自院校的，则二版尽量在行业专家中产生，以弥补相互的不足。

2. 二版教材的修订原则

按照急用先行的原则，对过去五年中变化较大、认识较深、急需改版的教材由编审委进行评估，并率先进行修订。目前纳入第一批修订的教材主要有《风险管理与人身保险》、《保险从业人员职业道德》、《人身保险产品》、《人身保险合同》、《人身保险会计和财务》。第二批启动修订的有《健康保险原理及经营运作》、《健康保险外部环境及政策》、《团体保险》、《寿险公司资产管理》、《人身保险监管》，其余的纳入第三批修订。修订工作将实现常态化，确保行业重大变化能及时纳入到职业资格教材中。

3. 订立修订期间教材跟踪机制

为保证各版教材修订质量，对参考人员和行业负责，及时在新版教材上体现新的变化，编审委决定，在各版教材修订期间，建立教材责任人候选机制和期间项目资助手段，确保行业和院校专家学者密切跟踪各自领域最新研究成果、政策进展和国外资讯，不断收集整理行业图书杂志等资料放置在中国保险和精算信息资料中心，从而在技术和资金上保证职业资格愿景的实现。

三、所修订教材与保险职业教育体系之间的关系

保险业要实现科学发展，就必须妥善解决好人才队伍问题，提升保险业人员素质。保险院校要为行业的发展输送更多的人才，保险行业自身更要不断培养合格的人才，即不仅要输血，更要造血。只有牢牢抓住人才素质提升这个牛鼻子，才能推动行业的进步，“人为国本，人才资源是第一资源，在社会经济发展中具有基础性、战略性、决定性作用，不论是谋发展，还是抓改革，关键在人。开发第一资源服务于第一要务，是我们共同的责任和使命。”① 正是基于这一认识，在保险监管部门支持下，中国保险行业协会依托行业整体力量，开始着手搭建系统的职业资格考试平台。

（一）按照国务院要求对职业资格进行规范

自我国保险业改革开放以来，从业人员专业化、规范化取得一定成绩，这是与各类职业资格考试，包括国外引进的诸多考试不无关系。但与此同时，职业资格领域存在一些突出问题，集中表现为考试太乱、证书太滥；名目繁多重复交叉；随意考试认证，乱收费乱发证；一些机构擅自承办境外职业资格的考试发证活动，高额收费，而内容并不适合中国国情等。

为有效遏制职业资格考试设置、考试、发证等活动中的混乱现象，切实维护公共利益和社会秩序，维护专业技术人员和技能人员的合法权益，2007 年年底国务院办公厅出台《关于清理规范各类职业资格相关活动的通知》，对此类突出现象进行清理规范，保险业内职业资格亦在规范之中。按照《通知》精神，今后考试分行政许可类职业资格和非行政许可类职业资格。

① 参见“开发第一资源服务第一要务 吴定富信贺保险教育盛事”，http://insurance.taomao.com。

（二）搭建中国保险职业资格体系

职业资格制度是社会主义市场经济条件下科学评价人才的一项重要制度。此前，中国保监会已授权中保协推动中国财产保险从业人员资格、保险营销讲师资格、保险经纪师资格、保险公估师资格，移交的上海营销员分级分类资格，以及目前的中国人身保险从业人员资格，中国保监会和中保协于2008年年底向人力资源和社会保障部上报保险行业非行政许可类职业资格体系，整体设计为保险行业八大资格：保险管理师、保险理财规划师、员工福利规划师、保险培训师、保险核保师、保险核赔师、保险经纪师和保险公估师，原则上分低、中、高三级，产、寿两大类别，力争用五年左右时间搭建起一个较为完整的中国保险职业教育资格体系。

（三）团结各方力量共同打造中国标准

很显然，这是一个庞大的工程，也是行业基础建设的重要方面，甚至可以说是行业百年大计。在这一推动过程中，既要防止普遍开花，好大喜功；也要防止优柔寡断，裹足不前。既要尊重已有成果，也要整合行业平台。必须借助公司已有的考试，做好系统对接；又要联络院校力量，做好与学历教育对接；对现有平台要进行改造，纳入整体规划；既要体现中国特色，又要借鉴国际经验。整合后的行业资格考试是一个基本平台，要占有行业权威知识体系的70%～80%，这样才有行业共同语言，余下的20%～30%要留给各家公司，体现各自特点，个性化服务，为未来专业化预留发展空间。

严格来讲，资格考试只是一个能力测试，是从业人员对保险职业道德、专业知识掌握程度的一个测评，为从根本上解决我国保险初级阶段存在的种种问题，有必要推进从业人员的职业化进程，对各类公司和各个岗位上的从业人员执行注册制度，以有效约束个人行为，通过从业人员行为和形象的改变，从而改变整个公司和行业的社会形象。在执业上借鉴国外注册制方式有助于加强对从业人员的有效管理。中国保险业需要探索执业资格制度，可以在营销员分级分类考试方面做一些先行试点工作，可以规定凡销售投资连结和万能寿险的都需要新型产品这一寿险规划师资格，凡销售健康保险的都需要通过健康保险的这一寿险规划师资格，可以作为“准强制”考试来逐步推行。

在代理人资格、经纪人资格、公估人资格等行政许可类考试基础上，现有人身保险从业人员资格考试可以作为未来保险职业资格体系的基础，加快建立非寿险部分、核保核赔部分等的教材开发、题库建设和考试流程，形成非行政许可类考试的一揽子体系，为保险行业提供全方位、多渠道、覆盖所有保险机构、所有保险岗位、所有销售渠道的保险知识体系。

从职业资格平台诞生之日起，编审委就要求教材体系必须紧跟行业步伐，关注国际形势，要不断推进二版、三版教材，以反映行业的进步。在人身保险从业人员资格教材第一版完成搭建起中国特色保险业的资格体系后，2007年年底就开始着手思考如何推出与中国保险业同步的第二版教材，[①] 把日益开放后的中国本土的、来自各国的保险公司在中国市场的

---

① 参见承办单位为个人会员和公司会员提供的刊物《保险职业教育与培训》。

实践总结下来，丰富教材的体系，这样教材本身就成为一个各家公司相互学习、相互借鉴、共同提高的桥梁。我们要不断汲取国外优秀保险市场的成功经验，结合中国庞大潜在市场的成功实践，总结提炼出第三版的与国际保险业同步的中国资格标准。

出版保险行业职业资格教材是一项大事，推出系统的中国保险从业人员资格体系是一项前所未有的工程。能够亲身参与其中，是每个人的骄傲。我们要感谢：关注参与支持的保险公司、提供智力支撑的专家学者和行业翘楚，以及广大的保险从业人员和考生们，感谢你们！

中国人身保险从业人员资格考试教材编写委员会

2011 年 5 月

前　言

作为中国人身保险职业资格考试和全国高等院校财经类推荐使用的一本教材，《人身保险合同》一书的第一版于2004年编写完成，并在考试中广泛使用，为业界所认同。然而，处于改革大潮中的保险业在市场经济的快车道上迅疾发展，使得第一版《人身保险合同》一书在短短5年之内便不能适应新的情况。2009年新《保险法》的颁布进一步加剧了这种不适应。因此，《人身保险合同》一书理所当然被列入第一批修订的教材。本书付梓之前，有必要在此对其相关情况加以介绍，以引导读者更好地阅读本书。

一、本书的定位：人身保险合同中的法律问题

市场经济是法治经济，任何一个行业都离不开法律规制，保险业也不例外。在依法治国的大背景下，在依法监管的行业氛围中，法律在保险业经营管理中占据着重要位置，如果不依法经营，其后果轻则导致个别保险公司破产，重则导致整个行业声誉极大受损。为此，有必要加强保险业的法制教育，在保险职业资格教材中设置法律内容。中国人身保险资格考试中有两本有关法律方面的教材：一是《人身保险合同》，二是《人身保险监管》。其中，前者旨在阐明保险公司与投保人、被保险人、受益人之间的合同法律关系，对应的是《保险法》中的“保险合同法”部分；而后者则聚焦于保险监督管理机构与保险机构之间的监管法律关系，对应的是《保险法》中的“保险业法”部分。传统上，《人身保险合同》的内容属于商法的内容，《人身保险监管》的内容则属于经济法范畴。

既然本书的内容属于法律问题，我们有必要在此阐明人身保险合同与法律的关系，又因为本书是关于合同方面的内容，合同又称契约，因此，有必要阐明保险与契约精神之间的关系。

（一）人身保险合同与法律之关系

第一，法律是人身保险合同实践的产物。作为市场交易的基本法，商法的基本理念是，法律来源于市场交易实践，是商人将市场交易的经验上升为法律，并适用于他们之间的交易行为。在保险业，这一规则也同样有效，相信伦佐·佟蒂在设计“联合养老保险法”时，保险业的实践为其提供了丰富的素材，否则，这部法律将难以出台。从这个意义上说，保险法律并非人的大脑创造的，而是交易保险过程中的交易实践创造的，保险法律必须符合交易实践。当交易实践变化时，作为交易实践产物的法律也必须变化。

第二，法律是人身保险合同交易规律的表现。规律是事物内部本质的、必然的联系和发展趋势，宇宙中的事物看起来千差万别，其实它们都遵循着自身固有的规律运动、变化和发展。同一种保险交易，在实践中的表现多种多样，但最终只有符合该交易规律的表现形式得以留存，不符合交易实践的表现形式被淘汰。我们说，法律必须符合交易实践，是说法律必须符合作为保险规律的交易实践，而不是符合任何的交易实践，法律背后潜藏的是保险的规律，不符合保险规律的法律必将为符合规律的交易实践所替代。法学学生往往存有法律至上、法律高于一切的观念，但我们必须清楚地认识到，保险方面的法律，应当尊重保险实践，而且是保险规律的体现，有时，过时的、错误的法律不能反映保险规律，因而它也就不是至高无上的。

第三，法律后于人身保险合同实践。保险法律源于保险实践本身说明，先有保险实践，然后才有保险法律。保险法律的形成经历了这样一个过程，最初是保险商人在保险交易实践中有了某一种做法，由于这种做法的合理性，许多保险商都采取了这样的做法，慢慢地，这一做法就成为一项行业习惯，随着时间的推移，行业习惯就成为行业惯例，随后，立法者在立法的过程中，以法律的形式将这一惯例固定下来，于是，保险惯例变成了保险法律。这一过程表明，保险法律是行业的交易规则，是保险业交易规律的表现。同时，这一过程也表明，法律不是万能的，当保险惯例尚未上升为法律时，这一领域还是法律的“飞地”。

（二）人身保险合同与契约精神

在保险业界，从业人员往往把契约精神理解为对契约的严格遵守，这其实是对契约精神的误读，契约精神中，既包括有契约自由，也包括契约正义，对符合契约正义的人身保险合同，我们应当严格遵守，对不符合契约正义的人身保险合同，如果也要求人们严格遵守，势必是对正义的亵渎。

第一，关于契约自由。契约自由的含义，既包括缔结契约的自由、选择交易对象的自由，也包括契约内容的自由。基于契约内容的自由，契约双方当事人可以在契约中自由约定，对一般契约来说，自由约定的内容视为双方均已知晓并同意该约定的内容，在契约履行过程中，双方当事人必须依照所约定的内容履行。故而，也有人将契约称为“当事人之间的法律”。因此，在保险界，有关人士声称，保险合同作为契约，应当得到严格遵守，即使是法官，也应当依照契约条款进行判决，不能违背当事人约定的意志。但是，契约自由会受到契约正义的限制，上述观点并非完全正确。

第二，关于契约正义。仅有契约自由是不够的，在契约自由的前提下，我们还必须强调契约正义。如果只强调契约自由，设想一下，似乎在现实中，电力公司便可以随意收取电费，自来水公司便可以随意上涨水价，保险公司也可以在保险契约中随意侵害保险消费者的利益，由于保险契约是保险人单方提供的格式合同，其保险契约的内容并没有也不可能事前与每个保险消费者协商共同制定，在极端的情况下，它可能就体现保险公司单方意志，如果那样，契约的内容本身并不体现正义，实务中法官即使面对白纸黑字的契约，也可能作出与契约内容完全相反的判决，是因为法官有必要依照正义的原则进行判决。而事实上，目前行业的实际做法是，保险公司法律和精算人员在开发设计产品、拟定好合同条款后，必须经由监管部门的审批或备案，其内容也需要符合协会组织的自律做法，在严格的监管和行业自律前提下，有可能实现保险人和投保人双方利益的平衡。

二、二版修订的理由

二版教材修订，主要出于以下几方面考虑：

（一）《保险法》的修改

《人身保险合同》以《保险法》为主要基础，《保险法》的修改，是其修订的直接动因。一版《人身保险合同》建立在1995年出台、2002年修订的《保险法》基础上的，由于2002年《保险法》修订主要是为了实现我国加入世界贸易组织的承诺，而对“保险合同法”部分的内容基本没有修改，因此，一版教材实际上是以1995年《保险法》为蓝本的。2009年2月28日，新的《保险法》得以通过，其修订主旨为保护被保险人利益，而与被保险人直接相关的利益就是合同利益，因此，在保险合同总则和人身保险合同部分，法律作出了较大的修改，例如规定了不可抗辩条款，限制了理赔时间等。面对《保险法》的巨大修改，一版《人身保险合同》已不能适应，二版《人身保险合同》的面世势在必然。

（二）保险监管规定和行业自律规则的增订

《人身保险合同》的内容以《保险法》为基础，但也涉及大量的保险监管机构对保险公司的要求，这些要求也可能与保险合同相关。例如，中国保监会《人身保险合同收付费管理办法》要求保险公司的现金收取不得超过1000元，也就意味着投保人履行其缴费义务时，现金交付不能超过1000元。再如，中国保监会要求保险公司进行回访制度，实际上是督促保险公司履行说明义务，这些都是人身保险合同的重要内容。自一版《人身保险合同》成书后，中国保监会颁布了大量的涉及保险合同的规章制度，这部分规章制度必须纳入二版《人身保险合同》中来。同时，中国保险行业协会的自律规则也面临着同样的问题，例如，2009年7月颁布的《人身保险产品条款部分条目示范写法》是指导保险公司制定条款的重要自律性文件，该文件的内容，必须在二版《人身保险合同》中有所体现。这些都进一步促进了《人身保险合同》一书的修订。

（三）保险业实践与理论研究的推动

保险业的实践，特别是合同条款的制定、理赔实践和争议解决实践直接推动了人身保险合同理论的研究。一方面，保险公司一直致力于保险合同条款的改进，试图将条款合理化；另一方面，保险合同中仍然存在大量不公平条款为消费者所诟病，不得不被迫改进。在自觉改进和被迫改进的过程中，人身保险合同逐渐完善。保险业理赔实践和纠纷解决实践中的种种问题，同样推动着人身保险合同条款的成熟。对这些问题的研究，使得人身保险合同的理论进一步发展，先进而成熟的理论有必要写入教科书中，因此，我们说，保险业实践与理论的研究也是推动二版《人身保险合同》修订的理由。

三、传承、变化与注意事项

（一）二版《人身保险合同》对一版教材的传承

二版《人身保险合同》延续了一版教材的优良传统。在每章正文之前设置“学习目的”一栏，该栏目分为“了解、熟悉和掌握”三部分内容，意在告诉读者哪些内容是应当了解的，哪些内容是较为重要而应当熟悉的，哪些内容是必须掌握的。思考题的设置不仅再一次指出本章的重点所在，同时也引导读者对这些问题作进一步的思考。至于关键词部分，既可以提醒读者注意本章的保险术语，也可以为中国保险标准化技术委员会规范保险术语提供参考意见。

但是，2009 年颁布的新《保险法》大幅修订了原《保险法》，为此，我们组织了全新的编写人员对本教材重新写作。与一版教材相比，重新写作后的二版教材虽然保留了一版教材的书名和优良传统，但教材从章节结构到具体文字都是全新的，因此，本书实际上是一本初版教材。

（二）阅读二版《人身保险合同》的注意事项

在阅读本书之前，读者应注意以下两个事项。第一，术语问题。保险法律上的用语与保险学用语有所不同，本书以《保险法》作为基础，因此采用了法律上的术语。例如，本书在绝大多数情况下称“保险公司”为“保险人”，而同版其他教材则采用了“保险公司”的术语。第二，本书的专栏、案例和脚注部分。专栏部分的主要作用是增加教材的可读性，使读者在阅读本书正文的同时可以作积极休息，但本书的专栏部分也介绍了一些学术界的不同观点或国外保险法律的规定。案例部分与专栏部分的功能有些相似，但是，值得注意的是，由于案例本身的复杂性、资料来源的不完整性以及个人学术观点的倾向性，无论是法官还是学者都可能有不同看法，作为读者，您对案例的分析和结论也可能有不同看法。至于脚注，其功能主要是说明引文的出处，避免侵犯他人的知识产权，但是，本书的脚注部分还承担了另外一个功能，脚注的内容引用了学术上的一些观点，同时也可能表达了作者的个人观点。有鉴于此，专栏、案例、脚注的内容，原则上不作为考试内容。

本书在审稿的过程中，出现了一些观点上的争议，这些争议，有些通过讨论得以解决，有些则未能解决。例如，关于“保单持有人”、“保单所有人”的概念如何与我国保险法上的“投保人”、“被保险人”、“受益人”对接的问题；关于不可抗辩条款是否适用于复效问题的争议；关于教材应当完全遵守《保险法》内容的规定，还是对《保险法》作合理的解释和存疑问题。经过二次教材审议，原稿的部分内容被删去，有些则通过修改被保留下来。但是，一些争议的问题并没有得到最终解决，这也为有志之士留下了研究空间。

我们非常希望为读者献上一本优秀的教材，编写组也为实现这一目标作了一系列努力，但是，限于编写时间和能力，教材中难免仍存在许多笔误或错误，我们欢迎您的批评指正。

《人身保险合同》编写组

2011 年 4 月

目 录 Contents

第一章

人身保险合同概述

学习目的

- 了解可保人身风险的特点
- 了解人身保险的发展历史
- 熟悉人身保险的概念与分类
- 掌握人身保险的原理与功能
- 掌握人身保险合同的分类与特征
- 熟悉人身保险合同法律规范的基础知识

> 大海和陆地服从宇宙，而人类生活是受最高法律的命令的管辖。
>
> ——［古罗马］西塞罗①

从经济学的角度来理解，保险制度旨在根据合理计算，动用多数社会成员集体力量建立起保险基金，以补偿少数社会成员因特定风险事故或特定事件发生而造成的经济损失，从而确保经济生活的安定。所以，理解**人身保险**应始于了解人身风险。

第一节 人身保险

一、人身风险与可保人身风险

（一）人身风险

保险是人们对抗风险的一种形式。风险是指引致损失的事件发生的可能性。风险存在的范围非常广泛，按照其产生的原因来看，大致可分为自然风险、社会风险、经济风险、政治风险、科技风险等。依其对利害关系人的影响，风险又可分为纯粹性风险与投机性风险。依其发生与利害关系人主观状态的关联，风险可分为不可预知的风险、可预知的风险、道德风险等。最为重要的一种分类方式是，按照风险引致损失的后果将其分为人身风险、财产风险、责任风险和信用风险等，这种分类方式直接投射到现代保险制度体系中。

人身风险是指可能给人的身体或生命带来损害的风险，包括可能导致人身伤残、丧失劳动能力、疾病、死亡的风险，如自然灾害、疾病、意外事故等，也包括长寿本身可能引发的风险，如维持生命的困难。总体来说，人的身体受到伤害，其结果不外乎两种，或者失去生命或者保有生命但健康受损，据此，我们可将危及生命的风险称为生命风险，而危及健康的风险则称之为健康风险。

1. 生命风险

---

① 马尔库斯·图利乌斯·西塞罗（Marcus Tultius Cicero，公元前106年—前43年）是古罗马最有才华的政治家之一，当过执政官、元老院元老、总督，也是当时最伟大的演说家、哲学家和散文家。在修辞学、法律、哲学、政治学和文学诸方面都有极大的成就。其在政治、法律思想方面的代表作是《论国家》和《论法律》；在哲学方面的创作有《论至善和至恶》，《论神性》等；在教育方面的创作有《论演说家》《论雄辩家》等。此语即出自其所著《论法律》。

关于个体生命受到威胁的情形，通常须考虑两个方面的问题：其一，就人类个体本身的生理发展规律而言，在生命的最后阶段，身体机能会渐趋衰老，劳动技能也随之退化，这时有无足够的财力对于人们维持和延续生命来说是至关重要的。人们衰老时可能面临的经济困境正属于生命风险的一种，我们称之为老年风险。其二，人是生活在社会关系中的，正如马克思所言，"人是一切社会关系的总和"，[①] 个体生命的丧失往往会给与其共同生活的人带来巨大影响，尤其是那些依赖死者收入生活的人们。这样说来，死者的早逝可能会使一些利害关系人陷入经济困境，或者给这些利害关系人带来物质或精神方面的重大损失，我们称之为早逝风险。

(1) 老年风险。虽然现实生活中会有一些人因意外事故或身体疾病在进入老年以前就丧生了，但从自然规律来讲，人类个体的生命始于出生，其后会经历婴儿、幼儿、少年、青年、壮年、老年各个阶段，直到最后死亡。所以，老年生活是大多数人都会经历的生命阶段。处于老年状态的人们，身体状况越来越不济，体力和智能都有不同程度的衰退，相应地，谋生能力每况愈下，收入来源也就越来越少。而生命的延续和维持是需要一定物质条件的，何况老年人更易身患疾病或遭受伤残，有的生活难以自理需要有人照料和陪护，面对这些问题，经济收入的减少无疑会使老人陷入极大的困境中。

在现代社会，个体的老年困境往往始于职业生涯的终结即退休。退休意味着个体失去相对确定的工作机会或工作职位，通常这些职位所带来的报酬收入是其维持自身生命并供养家人生活的重要经济来源。退休以后，个体的收入来源将主要依靠先前的储蓄安排或理财规划，如果积累充足安排得当，个体就有可能抵抗和应对老年时期的各种风险，拥有安定和惬意的晚年生活。可见，防范老年风险实乃个体维系自身生命之重大而现实的问题。

(2) 早逝风险。人的存在大多是与家人或亲近的人密切相关的，绝少有孤立存在的情形。这里所言早逝，是指其人因意外事故或身体疾病而未及天年过早去世。对于死者而言，死亡是最大的损失，却根本无法弥补，更准确地说是不存在弥补的可能与必要，因为作为主体的本人已经消亡。

但从另外一个意义上来讲，早逝不仅意味着死者未及天年，亦可能意味着死者未能生存至家人或亲近的人所期之年，尤其是当死者生前与家人或亲近的人存在供养关系时。在这种情形下，死亡可能会带来两方面的经济损失，其一为处理后事的支出，包括丧葬费用、消除死者生前债务关系及妥善处置其生前所涉入的其他有待了结的法律关系的费用等。其二为家庭收入或有关资助的减少，因为死者生前的经济收入曾经用于供养家人或亲朋，或是死者将来的经济收入可望用于供养家人或亲朋，这本是家人或亲朋纳入其生活规划中的可期待利益，这种期待利益由于死亡事件的发生而落空。除了以上所述经济损失，死亡还会带来一种更为普遍而深刻的损失，即家人或亲近的人难以承受的精神损失，这种精神上的伤痛常常伴随着对未来的担忧。虽然，精神损失是难以用金钱来计量的，但一定数额的金钱补偿对于平复利害关系人的伤痛仍是有积极意义的。

① 马克思、恩格斯著：《马克思恩格斯全集》（第三卷），人民出版社 1972 年版，第 5 页。

综上，老年风险主要是指老年状况给本人生命带来的风险，而早逝风险则主要是指本人失去生命给其利害关系人所带来的风险。可见，个体生命受到威胁会给我们带来多方面的危险。

2. 健康风险

从通识意义上来说，健康意味着人的肢体或器官保持完整并能够正常发挥功能。按照健康致损的类型，我们可将健康危险区分为疾病风险和残疾风险，疾病使人的肢体或器官遭受病痛的折磨，而残疾则使人的肢体不复完整或器官功能不复正常。当然，现实生活中也有不少疾病与残疾相伴随的情形。

（1）疾病风险。按照致病原因的不同，疾病风险可分为因人体自身病变而罹患疾病的危险和因意外伤害事故而罹患疾病的风险。事实上，作为生物体，人体自身的病变是难以完全避免的，人类也一直通过不断推动医学和生物学等方面的研究和发展来尽可能预防和应对肌体病变，但与之形成悖论的是，愈来愈现代化的生产和生活方式在给人们带来便利的同时也大大增加了发生意外伤害事故的概率，这些事故的发生无疑使人们陷入更大的疾病危险之中。所以，我们所面临的疾病危险是广泛存在而复杂多样的。比如，中国保险行业协会发布的《重大疾病保险的疾病定义使用规范》列举了多种重大疾病和因病而致的重大手术，包括恶性肿瘤、急性心肌梗塞、脑中风后遗症、冠状动脉搭桥术（或称冠状动脉旁路移植术）、重大器官移植术或造血干细胞移植术、终末期肾病（或称慢性肾功能衰竭尿毒症期）等，这些疾病或手术都给人们的身体健康带来了极大的威胁或风险。

对于不幸罹患疾病的人群而言，疾病所带来的损害是多方面的。罹患疾病会导致原有的生产和生活模式被扰乱，患者的日程安排不得不调整至以诊断和治疗疾病为主要内容，这意味着原有的经济收入发生中断，而新添的医疗支出不断增加。无疑，处于此种境况的人们在经济利益上会遭受很大的损失。更重要的是，由于疾病的存在，患者身体会感到疼痛，精神也难以放松，可能还存在焦灼、担忧、沮丧、悔恨等各种不良情绪。从人本主义的观点出发，我们认为物质是不足以补偿身体所受到的伤害尤其是精神和心理上的伤害的，但适当的物质补偿尤其是金钱补偿的确会在一定程度上有助于消除疾病和伤痛的困扰。所以，在物质方面加以储备以防范和减轻疾病带来的危险，仍是必要且重要的。

（2）残疾风险。残疾常常伴随着病痛，也就是说，如果疾病不能完全治愈，就有可能导致人体功能缺损，有的甚至肢体残损，这就落下残疾。但也有些残疾是先天性的，其原因或者是遗传或者是影响孕育过程的不良环境因素等。按照功能受损的性质和程度，残疾可分为很多种类和等级，由中国人民银行发布、自 1999 年 7 月 1 日起适用于**人身保险合同**的《人身保险残疾程度与保险金给付比例表》将残疾分为七级，其中每一级又包括若干种情形，各级所对应的保险金最高给付比例不同。①

---

① 2009 年 8 月，中国保监会有关部门负责人在就《人身**意外伤害保险**业务经营标准》答记者问中提到，中国保险行业协会已牵头组织对中国人民银行发布的《人身保险残疾程度与保险金给付比例表》进行修订。中国保险行业协会发布消息称，此次修订将参照《中华人民共和国国家标准道路交通事故受伤人员伤残评定》、《劳动能力鉴定职工工伤与职业病致残等级》及台湾新版《残疾程度与保险金给付表》，结合前期调研中各公司及各专业鉴定机构提出的相关意见和建议，增强《比例表》的适用性和可操作性，更好地完善保险公司的理赔服务，保护保险消费者利益。

残疾所带来的损失和伤害绝不亚于疾病。疾病或许有治愈的可能，而残疾则往往意味着没有恢复的希望。残疾人的生活要比常人艰辛许多，身体机能的缺失会给日常生活带来许多不便与困扰，也在求学、就业、择偶等方面面临更多的困难和障碍。所以，残疾人是社会公认的弱势群体，在经济收入方面处于相对劣势。而与此同时，残疾人往往需要比常人支付更多的医疗费用或辅助设施费用，并且可能会因需要家人的护理和照料而使得家人的工作能力和工作时间受限。于是问题如出一辙，残疾可能会使人陷入收入减少而支出增长的困境。

残疾给人们带来的伤害和损失如此之巨，而现代社会因病致残或因事故致残的因素又相当多、概率相当大，这就决定人们对残疾危险不得不多加防范。

专栏1—1

人的一生遇到风险的可能性

风险类别	风险概率
受伤	1/3
难产（行将生育的妇女）	1/6
车祸	1/12
心脏病突然发作（年过35岁的人）	1/77
在家中受伤	1/80
受到致命武器的攻击	1/260
死于心脏病	1/340
家中成员死于突发事件	1/700
患乳腺癌（女性）	1/2500
死于中风	1/1700
死于突发事件	1/2900
死于车祸	1/5000
因受二手烟污染而死于肺癌	1/60000
溺水而死	1/5000
死于火灾	1/5000

资料来源：中国保监会普及保险知识编写组编著，《保险知识学习读本》，中国金融出版社2006年版，第3—4页。

（二）可保人身风险

虽然风险广泛存在、种类繁多，但目前保险业所能承保的风险只是其中很小一部分，我们称之为可保风险。可保风险是保险的基本要素之一，我们可经由可保风险的要件推知可保人身风险的条件。

所谓可保风险，是指可被保险公司接受的风险，或是可向保险公司转嫁的风险。可保人身风险自然是指可被保险公司接受的人身风险，也就是当事人可通过保险公司分散或转嫁的人身风险。构成可保风险有其必需的要件，可保人身风险也必须符合这些要件。

1. 可保风险须为纯粹性风险

即仅有损失可能并无获利机会的风险，投机风险既可能带来损失也可能带来获利，因此保险人不能承保。人身风险只可能给人们带来伤害和损失，绝无可能从中获取经济利益，而此种伤害和损失亦绝非常人所愿，所以人身风险就其性质来说是符合纯粹性风险这一要求的。

2. 可保风险须为偶然的风险

此种风险事件可能会发生，但发生的时间、地点、原因和损失程度等都不确定。就人身可保风险而言，此种偶然性是指，就个体而言，其是否会遭遇这种人身风险以及其可能遭受的损失都是不确定的，即风险可能发生也可能不发生，至于何时发生、如何发生更是不确定的，而且发生风险所致损害可能大也可能小。

3. 可保风险须为不可预知、不可控制的风险

可预知的风险和道德风险不应由保险人给予赔偿。可保人身风险须是个体无法预料或超出其控制能力的，如健康人无法预知自己是否会患病或致残。就死亡风险来说，我们诚然知道个体生命难免要消亡，但究竟何时死亡、在何种情形下死亡是个体无法预料的。关于这一要素，特别要注意，它排除了个体故意引发的人身风险。既是故意引发，自然是个体所能够预知的，因此不符合无法预料这一要件。更严重的是，如果将故意引发的人身风险纳入保险体系，无疑会导致道德风险，别有用心的人们可能会故意伤害自己或伤害别人，从而利用保险制度获利，这不仅给保险业带来经营风险，也可能给个体的生命健康造成新的损害因素，与人身保险的主旨背道而驰。

4. 可保风险须是大量标的均有遭受损失的可能（不确定性），但实际出险的标的仅为少数（确定性）

如此，可保人身风险须是大多数人均有遭受危险的可能，比如说，人们都有可能遭遇交通事故而受伤。只有具备一定规模的基数，我们才可能通过搜集资料、分析数据了解某种人身危险发生的概率，从而建立可行的保险机制。问题的另一面是，可保人身风险须是最终仅少数人发生的危险。倘若发生此种人身风险的概率过大，大多数人的生命或健康都会受到损害，则更宜通过社会保障制度、社会救济制度等来解决问题。

5. 该风险应有引致重大损失的可能性，否则不需要保险

这其实是必要性方面的考虑。可保人身风险也是如此，人们设定和参与保险制度来应对人身危险，是存在成本的，因此不可能把所有的风险都纳入其中。比如，感冒咳嗽这种比较

轻的疾病，人们都能较为妥当地应对，就医治疗无需太多花费，一般来说不致引起严重后果，所以就不适合纳入人身保险体系。

二、人身保险的概念与分类

（一）人身保险的概念

前文已述，社会生活中存在着诸多人身风险，按照“人无远虑，必有近忧”的生活经验来说，我们自当对这些人身风险早作防范，以期尽可能规避或减轻因疾病或意外事故而导致的人身损害及相应的经济损失。在现代经济体系中，保险正是承担此种社会功能的重要制度之一，以人的寿命和身体作为保险标的、旨在为面临人身风险乃至生命威胁的个体及相关利害关系人提供一定经济保障的保险形式即为人身保险。正确理解人身保险的概念，需着重把握以下几点。

1. 人身保险是保险人与投保人、被保险人及受益人之间的一种权利义务关系

保险关系的建立始于投保行为。投保行为是投保人为了避免或减少风险发生造成意外损失而以支付保险费为代价与保险人缔结保险合同的行为。而专门经营保险业务的保险人，也就是保险公司，则用全体投保人缴纳的保险费建立起保险基金，集中承担风险后果，使少数发生损失的被保险人及受益人得以从保险基金中获得补偿。因此，保险关系所涉及的主体包括保险人、投保人、被保险人以及受益人，这些主体之间的权利义务关系主要是通过《中华人民共和国保险法》[①]（以下简称《保险法》）来加以调整和规范的。

2. 这里探讨的人身保险限于商业保险范畴，即保险人按照商业原则、以营利为目的从事的保险经营活动

所谓商业原则，是指保险公司的经济补偿以投保人交付保险费为前提，具有有偿性、公开性和自愿性，并力图在损失补偿后有一定的盈余。与商业保险相对应的概念是社会保险，是指在既定的社会政策的指导下，由国家通过立法手段对公民强制征收保险费，形成保险基金，用以对其中因年老、疾病、生育、伤残、死亡和失业而导致丧失劳动能力或失去工作机会的成员提供基本生活保障的一种社会保障制度。根据《保险法》第二条对保险概念所作的界定可知，该法主要规范商业保险行为。

3. 人身保险的保险标的是人的寿命和身体

当人们遭受不幸事故或因疾病、年老以致丧失工作能力、伤残、死亡或年老退休时，根据保险当事人事先的约定，保险人对被保险人或受益人给付保险金或年金，以解决其因病、残、老、死所造成的经济困难。

① 这部法律于1995年6月30日由第八届全国人民代表大会常务委员会第十四次会议通过，根据2002年10月28日第九届全国人民代表大会常务委员会第三十次会议《关于修改〈中华人民共和国保险法〉的决定》修正，2009年2月28日第十一届全国人民代表大会常务委员会第七次会议修订，同日，胡锦涛主席签发中华人民共和国主席令（第十一号）予以公布，自2009年10月1日起施行。本书所称《保险法》，除特别说明外，均指这部法律。

（二）人身保险的分类

人身保险有多种形式，按照不同的标准可进行不同的分类。下面介绍几种实务中较为常见的分类方法。

1. 按照保险责任，人身保险可分为人寿保险、健康保险和意外伤害保险

这是人身保险领域最为基础、最为常用也最为重要的分类方法，且**人寿保险**、**健康保险**和**意外伤害保险**之下又分化出许多具体的险种，故有必要在此分类详述。

（1）人寿保险。人寿保险是以被保险人的生命为保险标的，以被保险人的生存或死亡为保险事故的人身保险。人寿保险是最为传统的人身保险业务。

人寿保险可以保险责任为标准继续进行分类，分为定期寿险、终身寿险、两全保险和年金保险。其中，定期寿险是指以死亡为给付保险金条件，且保险期限为固定年限的人寿保险。终身寿险是指以死亡为给付保险金条件，且保险期限为终身的人寿保险。定期寿险和终身寿险都是以被保险人在保险期限内死亡为给付条件，所以被保险人自身是无法获得保险金的，保险金总是给付给被保险人之外的其他主体，一般是为了使有关主体在被保险人死亡后依然能够获得一定的生活保障而设定。

两全保险是指在保险期间内以死亡或生存为给付保险金条件的人寿保险。也就是说，被保险人在保险合同约定的保险期间内死亡，或在保险期间届满仍生存，保险人都应按照约定给付保险金。当然，两种情形下的保险金给付可能会有所不同：如被保险人在保险期间内死亡，保险人按照约定将死亡保险金给付给受益人；如被保险人生存至保险期间届满，保险人通常会按照约定将生存保险金给付给被保险人。

年金保险是指以生存为给付保险金条件，按约定分期给付生存保险金，且分期给付生存保险金的间隔不超过一年（含一年）的人寿保险。年金保险可使被保险人在一定时期之后领取预设的保险金，以获得可预期的、稳定的经济保障。年金保险主要是为了应对老年风险，但也已经扩展至其他方面，如子女教育保险也属于年金保险的范畴，可以使子女在需要时获得可靠的教育基金。

（2）健康保险。健康保险是以被保险人的身体为保险标的，对被保险人在疾病或意外事故所致伤害而发生的费用或损失予以补偿的一种人身保险。健康保险可以单独承保，也可以作为寿险或意外伤害保险的附加险承保。

健康保险的制度功能是多方面的，主要是补偿医疗费用，有时还补偿被保险人因疾病、分娩致残而造成的收入损失，在被保险人因疾病、分娩而死亡的情形下则对被保险人的丧葬费予以补偿并保障其遗属的生活费用等，属于一种综合性的人身保险业务。

如果对健康保险的保险责任再进行细致的考察和分类，可将健康保险进一步划分为疾病保险、医疗保险、失能收入损失保险和护理保险等。其中，疾病保险是指以保险合同约定的疾病发生为给付保险金条件的保险。失能收入损失保险是指以因保险合同约定的疾病或者意外伤害导致工作能力丧失为给付保险金条件，为被保险人在一定时期内收入减少或者中断提供保障的保险。护理保险是指以因保险合同约定的日常生活能力障碍引发护理需要为给付保险金条件，为被保险人的护理支出提供保障的保险。

医疗保险是健康保险中较为复杂的一种保险业务，是指以保险合同约定的医疗行为的发生为给付保险金条件，为被保险人接受诊疗期间的医疗费用支出提供保障的保险。按照约定的数额给付保险金的医疗保险称为定额给付型医疗保险。根据被保险人实际发生的医疗费用支出，按照约定的标准确定保险金数额的医疗保险则称为费用补偿型医疗保险。费用补偿型医疗保险的给付金额不得超过被保险人实际发生的医疗费用金额。

（3）意外伤害保险。意外伤害保险是以被保险人因遭受意外伤害事故造成的死亡或伤残为保险事故的人身保险。这里，意外伤害是指突然发生的保险事故对被保险人的身体造成其没有预见或非其所愿的明显、剧烈的侵害。

意外伤害保险合同的理赔，关键要认定是否由意外伤害引起被保险人伤残或者死亡。一般说来，构成意外伤害需具备三个方面的条件：其一，该事故须由外界原因引起。意外伤害保险和健康保险都是以被保险人的身体健康为保险标的，但两者所针对的保险事故是不同的，区分点正在于意外伤害保险系由外界原因引发的事故导致被保险人的健康受到损害，而健康保险则系由被保险人身体内部的原因导致其健康受到损害。比如，在外就餐时因地面湿滑而摔伤就可适用意外伤害保险，而因为突发脑溢血而摔伤就应适用健康保险。其二，该事故须为不可预料的意外事故，对于故意制造或自身没有尽到必要注意义务而导致的事故造成的损失，则不属于意外伤害保险的赔付范围。其三，该事故须为突然发生以致无法避免伤害。如果造成伤害的过程较长，其间可以采取有效措施避免伤害发生，就不属于意外伤害保险的赔付范围。[①] 当然，认定是否构成意外伤害需要结合具体情况来加以判断，而不能一概而论。

意外伤害风险多与被保险人的职业或其所从事的活动（如出外旅游或乘坐某种交通工具等）相关联，而与被保险人的年龄等自身状况没有太大关联，所以评估意外伤害风险无需适用生命表，且保险期限较短，大多不超过一年。从业务特点来看，意外伤害保险具有保费低廉、保障程度高、投保简便等特点。

由于意外伤害保险的主旨在于补偿被保险人或受益人因意外伤害而造成的经济困难，所以这个险种最初是由财产保险公司来经营的，人寿保险公司仅以附加险的形式来经营，直至20世纪30年代，才普遍归入人身保险业务。但在有的国家，意外伤害保险被视为财产保险和人身保险之外的独立险种，财产保险公司和人身保险公司均可依法承保。[②]

2. 按照保险期间，人身保险可分为长期保险和短期保险

在保险实务中，保险期间在一年以上的保险业务称为长期保险，保险期间在一年以下（含1年）的保险业务称为短期保险。人寿保险中大多数业务都属于长期保险，如终身寿险、两全保险、年金保险等，其保险期间往往长达十几年、几十年之久，此类长期保险业务体现出较强的储蓄性特点。人寿保险中的定期寿险以及健康保险和意外伤害保险等业务则大多属于短期保险，保险期间仅为一年或几个月。

但值得注意的是，在认定长期保险抑或短期保险的问题上，保险期间是主要的标准但并

① 李玉泉主编：《保险法学——理论与实务》，高等教育出版社2007年版，第306—307页。
② 贾林青著：《保险法》，中国人民大学出版社2006年版，第330页。

非唯一的标准，还需结合其他因素综合考虑。比如，根据中国保监会发布的《健康保险管理办法》，保险期间超过一年或者保险期间虽不超过一年但含有保证续保条款的健康保险均属于长期健康保险，而保险期间在一年及一年以下、且不含有保证续保条款的健康保险均属于短期健康保险，这里所谓“保证续保条款”是指，在前一保险期间届满后，投保人提出续保申请，保险公司必须按照约定费率和原条款继续承保的合同约定。

3. 按照承保方式，人身保险可分为个人保险和团体保险

个人保险是指一张保单只为一个人提供保障的保险，个人保险只能由个人投保。团体保险则与之不同，它是指一张保单为特定团体中的所有成员或其中的大多数成员提供保障的保险。就团体人身保险而言，除了该团体持有一张总保险单之外，保险公司还将为团体成员出具保险凭证（即小保单），以证明该成员享有保险权益。办理团体人身保险，须达到有关的最低人数、最低比例规定，且不得违反法律的禁止性规定。

除了上述分类方法，还可按照设计类型将人身保险分为普通型保险、利差返还型保险、分红型保险、万能型保险和投资连结型保险等。

三、人身保险的原理与功能

（一）人身保险的原理

从运行原理上来说，保险制度的理论基础在于同质风险、大数法则和分担损失这三个方面，人身保险制度的运行机制也同样建基于此，但有其更加具体的表现。

1. 人身风险具有同质性

人的生命以其身体的物质存在为前提，既是物质的则必得经历产生、发展、消亡各个阶段，所以个体的死亡是注定的，但生命何时终结、以何种方式终结却是不确定的。在个体的生命过程中，来自肌体内部的病变和来自外界的意外事故并不鲜见，这些事件使得个体时时陷于人身风险之中，所以社会生活中某时某地总发生着某人罹患疾病或遭遇意外事故的不幸事例。从客观上来说，众人都有发生人身风险的可能性，从主观上来说，众人都不愿发生人身风险损害自身的生命或健康。就此而言，人身风险对于人类个体来说具有同质性。

2. 大数法则

大数法则，又叫“大数定律”或“平均法则”，是学者对随机现象数量规律的一种总结。所谓随机现象，是指在基本条件不变的情况下，一系列实验或观察会得到不同结果的现象，比如抛掷硬币所得结果既可能是正面在上也可能是反面在上。单个的随机现象是偶然出现的，但是大量的随机现象积聚起来就会呈现出一定的规律性，仍以抛掷硬币为例，连续多次抛掷同一枚质地均匀的硬币，正面在上的概率会越来越趋向于1/2。瑞士数学家伯努利将这一规律提炼出来，建立了概率论中第一个极限定理，即伯努利大数定律，阐明看似偶然的个体现象，实则在整体上呈现出某种规律性。

大数法则是近代保险业赖以建立的数理基础。这一法则表明，当统计范围扩展至一定规模时，不幸事件发生的概率就会呈现出一定的规律性。也就是说，虽然个体发生不幸事件有其偶然性，从宏观层面却能观测到这种不幸事件发生的概率具有一定的稳定性，而且观测范

围愈大，统计数据愈多，概率愈趋于稳定。既然人身风险的发生具有内在的规律性，人身保险业务的开展也就有章可循了。而且，承保的风险单位愈多，损失概率的偏差愈小，经营风险也就更加易于控制。如此，保险公司可以通过对相关统计资料的分析和判断，合理地厘定保险费率，建立保险基金，控制经营风险。

3. 分担损失，互助共济

就其本质而言，保险是一种分担经济损失的活动。人身保险是多数单位或个人为了在个体遭受人身伤害乃至失去生命时仍能保持社会层面相对安定的经济生活，共同参与分担少数成员因疾病或偶发事故所致损失的过程。具体说来，面临相同人身风险的投保人通过参与保险机制将风险转移给保险人，形成风险单位集合，保险人根据大数法则运用精算技术预测该风险单位集合发生损失的概率及损失严重程度，由此确定各个投保人应当缴纳的保险费，并将收取的保险费积聚成保险基金，一旦保险事故发生即动用保险基金对有关主体予以补偿，以此来减轻所遭受的损失。可见，对于发生保险事故的当事人而言，其所获得的经济补偿实际上来源于所有参与该风险单位集合的投保人通过缴纳保险费而提供的共同经济支持。保险的实质正在于，人们通过联合行动共同分担经济损失，形成互助救济的分配关系，从而以集体的力量增强应对环境变化的能力，保证社会再生产的顺利进行和经济生活的安定。

综上，由于人身风险具有同质性，这就使得一定规模的人类群体有可能出于防范人身风险所致损失的共同需求结成利益联盟，大数法则的发现和运用使得这类利益联盟在规模和具体运行机制上有章可循，而分担损失、互助共济则是其运行的宗旨和目标。人身保险制度正是以此为基础确立并不断发展的。

专栏 1—2

关于保险性质的不同学说

探讨保险的性质，实际上是对其原理作精练的概括。关于保险的性质，学术界至今未有统一的共识，财产保险与人身保险在功能及规则方面的两相殊异是导致分歧的重要原因之一。但众说纷纭的学术意见最终可归结为三个流派，我们可通过对不同观点的了解和比较对保险的性质作自己的思考和判断。

（一）损失说

这一流派主要围绕损失补偿来界定保险的性质。就具体主张而言，其又可细分出三种主张，即损失赔偿说、损失分担说和风险转嫁说。

主张损失赔偿说的代表人物为英国学者马歇尔（S. Marshall）和德国学者马休斯（E. A. Masius）等。他们认为保险制度的宗旨就在于使人们得以弥补其因偶然事件而遭受的损失，投保人与保险人缔结保险合同并向其支付保险费正是为了使自己在遭受合同约定范围内损失时能够从保险人处获得赔偿。

主张损失分担说的代表人物为德国学者瓦格纳（A. Wagner）等。他们认为保险制度的建立是为了在众人组成的群体中通过互相合作来分担彼此都可能遭受的损失，也就是说，通过这种有保障的财务安排来减少意外事件可能给团体成员带来的不确定损失。显然，这一观点着重从投保人彼此之间互助共济的关系来阐发保险的性质。

主张风险转嫁说的代表人物为美国学者魏莱特（A. H. Willet）和休伯纳（S. Shuebner）等。他们认为保险是一种风险转嫁机制，投保人通过缴纳保险费的形式把可能面临的风险转嫁给保险人，而保险人因为集聚多位投保人所缴纳的保险费而有能力承受这一不确定风险。这一观点着重从投保人自身风险管理的角度来探讨保险的性质。

（二）非损失说

损失说的观点对于财产保险制度有一定的解释力，但对人身保险制度就比较欠缺说服力，因此有学者不赞同从这一角度归纳保险的性质，他们的观点被概括为非损失说。同损失说一样，这一流派也可进一步作出细致的学说划分，如技术说、需要满足说、经济确保说、相互金融机构说等，其中较有代表性和影响力的堪称技术说和需要满足说。

主张技术说的代表人物为意大利学者韦宛特（C. Vivante）等。他们认为，无论是财产保险制度还是人身保险制度，都建基于概率计算的技术基础之上，就是要在面临同样风险的人群中，测定意外事故发生的概率，然后确定保险团体的规模、保险费与保险金的数额，等等。诚然，这种计算概率的技术确是财产保险制度和人身保险制度的共同需要，然而将保险的性质直接归结为概率计算技术，对于其制度属性的认识和揭示是远远不够的。

主张需要满足说的代表人物为意大利学者戈比（Gobbi）、德国学者马纳斯（Manse）等。他们认为，人们存在这样一种经济需要和心理欲望，即在因意外事故遭致损失时能够获得全部或部分的补偿，而保险制度正是以要求投保人提前支付保险费为条件满足他们的这种经济需要和心理欲望。这一观点侧重从个体心理和需要的角度来归纳保险的性质。

主张经济确保说的代表人物为奥地利学者胡布卡（J. Hupka），他认为保险制度是作为经济后备来运用的，以便为人们可能遭受的意外损失提供经济保障。

主张相互金融机构说的代表人物为日本学者米谷隆三等，他们认为保险公司是非银行性金融机构，实际上也是通过互助合作机制来起到融通资金的作用。

（三）二元说

二元说又称为“统一不能说”，该流派认为，财产保险制度以损失赔偿为目的，而人身保险制度则表现为保险人如约支付保险金，两者的性质是不可能用统一的方式来加以解释的。根据具体观点的不同，这一流派也可作进一步的划分。

其一为否定人身保险说，该主张的代表人物为科恩（G. Cohn）、埃斯特（L. Elster）、威特（J. D. Witt）等。他们认为，财产保险所体现出的损失赔偿才是保险制度的本质所在，人身保险极少体现损失赔偿的特点，更类似于储蓄甚或投资，从这一意义来讲，人身保险不具有保险制度的本质属性。

其二为择一说，该主张的代表人物为德国学者爱伦贝格（N. Ehrenberg）。他认为，人身保险是保险制度的组成部分，但其确与财产保险有很大的不同，所以应当分别对其性质加以界定，即，保险合同不是损失赔偿的合同，就是以给付一定金额为目的的合同。爱伦贝格认为，前者是对财产保险所作的界定，在概念上应用“Insurance”来表示，后者是对人寿保险所作的界定，其概念应用“Assurance”来表示。

（资料来源：徐学鹿主编，《商法学》（修订版），中国人民大学出版社 2008 年版，第 505—507 页。）

（二）人身保险的功能

1. 保险的一般功能

随着人类社会的发展，保险的功能不断丰富和发展。最初，保险制度的基本功能在于分散风险和经济补偿，到了现代社会，又派生出资金融通和社会管理的功能。

商业保险起源于 14 世纪后半叶意大利的海上保险，是在中世纪各类行会和贸易组织合作保险计划的基础上发展起来的。在商品经济发展的初期，保险作为一种分散风险的机制，是人类应付自然灾害和意外风险的一种手段，其目的就是通过保险组织将一部分人的损失分摊给广大投保人，从整体上提高对抗风险的能力。保险制度把集中起来的保费用于补偿因保险事故而遭受经济损失的被保险人，起到对个体进行经济补偿的功能。随着业务范围的拓展和保险经营技术的提高，经济补偿功能逐步得到了充分发挥。我们这里说到经济补偿主要是就财产保险而言，对于人身保险来说，相应的制度功能表现为保险金给付。因为涉及人身的损失不宜以货币形式进行估值，实践中保险人也是按照保险合同所规定的条件、期限和金额向被保险人或受益人给付保险金，并不像财产保险那样以弥补损失为目的，所以人身保险的这一功能通常表述为保险金给付，这是要特别加以说明的。

18 世纪以来，随着资本主义商品经济的发展，保险制度得到了发展和完善。尤其是精算制度的建立，大大促进了寿险业的发展。19 世纪以后，西方主要资本主义国家相继完成了工业革命，生产力水平得到了极大的提高，金融业也随之得到长足发展。许多商业保险公司作为契约型储蓄机构筹集了大量的资金，这些资金具有来源稳定、期限长、规模大的特点，内在的投资需求使保险公司不仅为经济发展提供了大量的建设资金，而且成为资本市场的重要机构投资者，保险在经济补偿功能的基础上又具有了资金融通的功能。

20 世纪以来，随着西方发达国家市场经济的发展，保险业得到了快速发展，逐步融入了现代社会经济制度。保险作为现代生活风险管理最基本、最有效的手段，贯穿于人的生、老、病、死的全过程，在社会经济生活中扮演着越来越重要的角色。保险所提供的已经不仅仅是产品和服务，而且成为一种有利于社会安全和社会稳定的制度安排，渗透到经济的各行各业、社会的各个领域、生活的各个方面，在参与社会风险管理、减少社会成员之间的经济纠纷、完善社会保障制度、维护社会稳定等方面发挥着积极的作用，具有了更加突出的社会管理功能。

现代保险的上述几项基本功能是一个有机联系、相互作用的整体。分散风险和经济补偿功能是保险最基本的功能，是保险区别于其他行业的最根本特征。资金融通功能是在经济补偿功能的基础上发展起来的，是保险金融属性的具体体现，也是实现社会管理功能的重要手段。正是由于保险具有资金融通功能，才使保险业成为国际资本市场中的重要资产管理者，特别是通过管理养老基金，使保险成为社会保障体系的重要力量。现代保险的社会管理功能是保险业发展到一定程度并深入到社会生活的诸多层面之后产生的一项重要功能。社会管理功能的发挥，在许多方面都离不开经济补偿和资金融通功能的实现。同时，保险社会管理功能的逐步发挥，将为经济补偿和资金融通功能的发挥提供更加广阔的空间。因此，保险的各种功能之间既相互独立，又相互联系、相互作用，形成了一个统一、开放的现代保险功能体系。

专栏 1—3

国务院关于保险业改革发展的若干意见（节选）

国发【2006】23 号

保险具有经济补偿、资金融通和社会管理功能，是市场经济条件下风险管理的基本手段，是金融体系和社会保障体系的重要组成部分，在社会主义和谐社会建设中具有重要作用。

加快保险业改革发展有利于应对灾害事故风险，保障人民生命财产安全和经济稳定运行。我国每年因自然灾害和交通、生产等各类事故造成的人民生命财产损失巨大。由于受体制机制等因素制约，企业和家庭参加保险的比例过低，仅有少部分灾害事故损失能够通过保险获得补偿，既不利于及时恢复生产生活秩序，又增加了政府财政和事务负担。加快保险业改革发展，建立市场化的灾害、事故补偿机制，对完善灾害防范和救助体系，增强全社会抵御风险的能力，促进经济又快又好发展，具有不可替代的重要作用。

加快保险业改革发展有利于完善社会保障体系，满足人民群众多层次的保障需求。我国正处在完善社会主义市场经济体制的关键时期，人口老龄化进程加快，人民生活水平提高，保障需求不断增强。加快保险业改革发展，鼓励和引导人民群众参加商业养老、健康等保险，对完善社会保障体系，提高全社会保障水平，扩大居民消费需求，实现社会稳定与和谐，具有重要的现实意义。

加快保险业改革发展有利于优化金融资源配置，完善社会主义市场经济体制。我国金融体系发展不平衡，间接融资比例过高，影响了金融资源配置效率，不利于金融风险的分散和化解。21 世纪头 20 年是我国加快发展的重要战略机遇期，金融在现代经济中的核心作用更为突出。加快保险业改革发展，发挥保险在金融资源配置中的重要作用，促进货币市场、资本市场和保险市场协调发展，对健全金融体系，完善社会主义市场经济体制，具有重要意义。

加快保险业改革发展有利于社会管理和公共服务创新，提高政府行政效能。随着行政管理体制改革的深入，政府必须整合各种社会资源，充分运用市场机制和手段，不断改进社会管理和公共服务。加快保险业改革发展，积极引入保险机制参与社会管理，协调各种利益关系，有效化解社会矛盾和纠纷，推进公共服务创新，对完善社会化经济补偿机制，进一步转变政府职能，提高政府行政效能，具有重要的促进作用。

2. 人身保险的具体功能

保险制度的一般功能在人身保险领域的具体表现，可从三个角度加以理解：对个人和家庭来说，人身保险有助于应对个体人身风险，保障家庭生活水平，促进家庭储蓄投资；对公司和企业来说，人身保险有助于提高员工福利水平，增强企业凝聚力，减少企业运营的后顾之忧；对社会和国家来说，人身保险有助于调节国民收入分配，促进金融业的发展，维护社会稳定。

对于个体来说，人身保险制度能够帮助其将人身风险所带来的损失在社会层面予以分摊，尽可能保障其生活的正常有序。对于没有遭受实际损害的参与个体来说，人身保险机制为他们提供了一种可信的防范机制和可靠的应急机制，这对于个体在社会生活中保有安全感是非常重要的。此外，人身保险尤其是长期寿险，除了具有分散风险的功能外，还具有储蓄和投资的性质。寿险中的保险费有风险保费和储蓄保费之区分，其中储蓄保费相当于投保人的储蓄存款，最后会由保险人按照约定给付保险金的条件返还给被保险人或受益人。正因如此，如果约定期限未到，投保人解除保险法律关系，在符合法律规定的情形下还可请求保险人按照约定退还保险单的现金价值。可见，对于个体和家庭来说，人身保险对于其保障正常生活秩序和合理生活水准是非常重要的。

对于公司和企业来说，员工是其生产和运营的重要资源之一，员工身体健康是公司和企业正常运转的重要前提，如果员工发生死亡、疾病或伤残事件，公司和企业的运作势必会受到一些负面的影响。这些影响可能表现为：员工缺岗使工作陷入停顿或混乱；员工遭受不幸事件后需要进行适当的善后处理，需要对其家属进行必要的安抚和救助，等等。这些事情如果处理不当，可能会引发劳资纠纷。但公司和企业的运营要遵循一定的规则进行，并且有成本收益核算方面的限制，不可能完全以自身的资产承担起全面的救助责任，毕竟现代企业往往员工众多，而且员工所面临的人身风险也是非常普遍和多样的。人身保险为公司和企业提供了一种借助外力有效规避风险的路径，通过为员工投保人身保险，公司和企业能够为员工提供较好的福利保障，增强集体凝聚力，也免除自身的后顾之忧。很多国家鼓励企业为员工投保，规定将企业为此支出的保险费列入成本项目，给予税收优惠。

人身保险的运行机制对于微观层面的个体和家庭来说是分散风险的过程，对于宏观层面的国家和社会来说则是调节国民收入的过程。社会成员之间不可避免地存在收入差异，从而导致各自抗风险的能力也不同，人身保险通过建立共同基金的形式将群体集聚而成的可观资金用于帮助不特定少数人抵御人身伤害带来的损失，有助于减少收入差异带来的生存境况差异，从而保障社会安定，促进社会公平。从产业的角度来说，人身保险基金多为长期基金，这些基金在保证有效给付的前提下会以投资的形式进入产业链条，如投入长期建设项目等，为国家建设提供有力支持。在这个机制下，持有人身保险基金的保险人作为机构投资者进入金融市场，其审慎运作对于优化金融结构、促进金融创新是大有裨益的。此外，人身保险在增强社会管理效能方面也发挥着良好的作用：人身保险有助于构建社会保障机制，抵御社会风险，减少社会纠纷，理顺社会关系，增强社会信用。这些对于建设和谐社会是非常重要的。

专栏 1—4

胡适先生撰写的寿险广告

胡适先生一生很少为商业产品代言，一则“自己最不爱风头”，二则不同意别人利用他的名气来推销产品，但其基于对保险事业的关切欣然应允为人寿保险拟写广告，这则广告精练简约，富有哲理，刊登在 1933 年 4 月 9 日《申报》人寿保险专页。兹摘引如下，与读者共飨。

人寿保险含有两种人生常识：

第一，“人无远虑，必有近忧”，所以壮年要作老年的准备，强健时要做疾病时的计划。

第二，“日计不足，岁计有余”，所以细微的金钱，只需有长久的积聚，可以供重大的用度。

（资料来源：编者根据网络资料整理，http：//www.2100bx.com/fun/funDetail.do？entId =106，2009 年 8 月 15 日。）

四、人身保险的历史发展

（一）保险的起源与发展

保险制度是人们为了对抗意外风险、避免遭受意外损失而采用的一种避险方式。就此而言，其精神理念可追溯至远古时期。比如，我国春秋时期，孔子就提出以“耕三余一”的方式保障百姓在灾荒年间的食粮，即每年将收获的粮食分出 1/3 存储起来，连续储备三年，便可存足整整一年的口粮，这样就不怕在旱涝年度挨饥受饿了。公元前 2000 年，位于两河流域的古巴比伦王国曾通过向居民广泛收取税金的方式救济遭受火灾或其他天灾的人们。古埃及的石匠和古罗马的士兵都曾组成团体，通过向会员收取会费来保障不幸遇难的成员得以安葬或其遗属得到一定的生活供养。到了中世纪，欧洲各国的城市中出现了各种行业的行会，这些行会的目的和活动虽不尽一致，但或多或少都具有相互扶助的性质，可以说这种行会中的扶助方法是人身保险、火灾保险和其他损害保险的萌芽。

但真正发展为一种专业避险模式的现代保险制度，主要起源于古希腊船舶和货物抵押贷款的商业习惯（即海上借贷制度）和共同海损规则。所谓海上借贷制度，主要是一种抵押贷款的途径，即船东或货主以船舶或货物作抵押，向金融业者融通资金，代价是支付高于普通借贷的利息，利息额高达本金的1/3或1/4，但贷款人须分担船舶或货物在航运中灭失的风险。如果船舶或货物在航程中遭遇海难，贷款人将依据其受损害程度免去借贷人部分甚至全部债务；如果航运平安归来，借贷人应将本息一并归还。在这里，借贷人以支付超出正常标准的利息为代价达到向借贷者部分或全部地转嫁风险的目的。这一超出正常利息部分叫“溢价”①，即额外价格或费用，至今，对为获得保险金而支付的代价——保险费，英文仍沿用此词来表达。

关于共同海损规则，早在公元前2000年左右，在地中海一带的海上运输业务中就形成了一个惯例，即当遇到海难或危急情形，船长为了共同的安全可以抛弃船上的一部分货物，由此给特定货主带来的损失由船主和全体货主予以分摊加以弥补。不久之后，公元前9世纪左右，当时地中海航海贸易中心的罗得岛将这一规则纳入商法体系。

海上借贷制度和共同海损规则中所蕴含的分散风险的理念最终发展为海上保险业务。14世纪以后，现代海上保险的做法已在意大利的商人中间开始流行。1384年，在佛罗伦萨诞生了世界上第一份具有现代意义的保险单。这张保单承保一批货物从法国南部阿尔兹安全运抵意大利的比萨。在这张保单中有明确的保险标的、明确的保险责任，如“海难事故，其中包括船舶破损、搁浅、火灾或沉没造成的损失或伤害事故”。在其他责任方面，也列明了“海盗、抛弃、捕捉、报复、突袭”等所带来的船舶及货物的损失。15世纪以后，新航线的开辟使大部分西欧商品不再经过地中海，而是取道大西洋。16世纪时，英国商人从外国商人手里夺回了海外贸易权，积极发展贸易及保险业务。到16世纪下半叶，经英国女王特许，在伦敦皇家交易所内建立了保险商会，专门办理保险单的登记事宜。1720年经女王批准，英国的“皇家交易”和“伦敦”两家保险公司正式成为经营海上保险的专业公司。这种专业经营保险业务的模式就是现代保险制度的典型表现形式。所以说，意大利是保险制度的发源地，而英国则是现代保险制度的故乡。

在英国保险发展史上，劳合社不可不提。1688年，伦敦的爱德华·劳埃德先生在伦敦塔街附近开设了一家以自己名字命名的咖啡馆，进而发现可以利用国外归来的船员经常在咖啡馆歇脚并交流信息的机会将咖啡馆办成一个发布航讯消息的中心。由于这里海事消息灵通，每天富商满座，保险经纪人利用这一时机，将承保便条递给每个饮咖啡的保险商，由他们在便条末尾按顺序签署自己的姓名及承保金额，直到承保额总数与便条所填保险金额相符

① 溢价（Premium）。

为止。随着海上保险不断发展，劳埃德承保人的队伍日益状大，影响不断扩大。1871 年英国议会正式通过一项法案，使它成为一个社团组织——劳合社。到目前为止，劳合社的承保人队伍达到 14000 人，其承保范围已不仅是单纯的海上保险。劳合社的出现与发展集中体现了英国保险业的繁荣，但其本身并不是保险公司，而是通过吸收会员、提供交易场所和相关服务的方式使投保人和承保人经由保险经纪人缔结保险关系。

继海上保险之后出现的是火灾保险，火灾保险的诞生可以说是由 1666 年伦敦特大火灾催生的。受这场大火的启发，伦敦的牙科医生巴蓬于 1667 年出资设立了世界上第一家火灾保险公司。而 1710 年以发明灭火器而闻名的查理士·波文创立的“伦敦保险人公司”[①] 一直延续到现在，是英国现存保险公司中最老的公司。

历史上人身保险的思想渊源很早就出现了，但真正形成制度则要比财产保险晚得多。古埃及石匠、古罗马士兵组成的互助组织都体现了人身保险的性质。13—16 世纪时，欧洲各国兴起一种叫基尔特的制度，这是由相同职业的人组成的互助团体，旨在维护职业共同利益，并对会员的死亡、疾病、火宅、盗窃等导致的损失施以救助。随着海上保险业务的发展，人身保险的制度雏形也逐渐显现。15 世纪后期，欧洲的奴隶贩子为避免经营风险把奴隶当做海上运输的货物来投保，发现这种规避风险的方式行之有效之后又扩及船长、船员等，于是，以人的生命或身体为标的的险种逐渐确立。

但真正使人寿保险制度建立在科学基础之上的，是英国著名天文学家爱德华·哈雷，他以德国布勒斯市居民的死亡统计资料为依据，于 1693 年编制了世界上第一张死亡表。该表以科学的方法，精确地计算出各年龄段人口的死亡率，不仅使产生于 12 世纪的年金价格的计算更为精确，也为现代人寿保险制度的形成奠定了科学基础。此后对死亡率研究的人众多，尤其应当提及的是英国的辛普森和多德森，辛普森根据哈雷的死亡表做成了依据死亡率变化而变化的保险费率表，多德森又根据年龄的差异制定了更为精确的保险费率表；此二人于 1762 年创建了世界上第一家人寿保险公司——伦敦公平保险公司。

到了 1855 年，英国铁路乘客保险公司首次向铁路部门提供铁路承运人责任保障，创设了责任保险险种。此后，建筑工程公众责任保险、马车第三者责任保险、雇主责任保险、药剂师过失责任保险、汽车第三者责任保险、产品责任保险先后出现。

由上可知，保险制度是在具备一定社会条件的情形下产生并发展的：从自然条件来说，需存在自然灾害和意外事故等对人类利益的破坏力；从物质条件来说，需存在剩余产品的生产和增多，这样才能建立后备储蓄从而完成保险制度分散损失的使命；从经济条件来说，需存在商品经济的运营模式，使得保险制度能够形成一定的商业运作规模；从技术条件来说，需发现或掌握大数法则、概率统计、精算技术等保险经营所需的知识和技术，保险机制才能有效地发挥作用，保险事业才能长期持续地发展。

（二）我国人身保险的历史发展

对于我国来说，现代意义上的保险制度无疑属于舶来品。近代史上，西方资本主义国家

① 后改称为太阳火灾保险公司——Sun Fire Office。

炮轰我中华国门，强迫当时的大清帝国开设通商口岸，通过所谓的商业贸易大肆劫掠财富。与此同时，包括人身保险在内的保险制度也作为配套产业引进到中国，一度形成外国人寿保险公司独霸中国市场的局面。

民族资本在现实形势的挤压下，不得不开始学习开设人身保险业务，其中尤以洋务派于1875年开办的保险招商局为代表。到了1929年前后，各类保险公司已具相当规模，业务也基本涵盖主要险种，国民党官僚资本开设的保险公司占据了垄断地位，其分支机构相当庞杂。

为了规范当时的保险市场，国民党政府于1929年12月颁布《中华民国保险法》，对保险业务的种类、保险合同的效力及保险权利义务关系等进行了较为全面的规范。随后在战乱频仍的数十年间，广大民众的生命和健康遭受着最急迫最严重的威胁，人身保险业自身也在混乱的时世中经常陷入停滞，难以持续稳定扩展，自然也无法实现其社会功能。

新中国成立后，人民政府对原有的保险业进行了接管和改造，并于1949年10月成立了中国人民保险公司，在全国范围内经营财产保险和人身保险。其当时开设的人身保险业务包括旅客意外伤害强制保险、终身人寿保险、简易保险、职工团体人身保险、人身意外伤害保险等。社会主义改造工作完成之后，全国农村普遍建立了人民公社，保险业的历史使命被认为趋于终结，于是从1959年开始，除旅客意外伤害强制保险交由相应交通部门办理外，其他国内人身保险业务都被叫停，人身保险业务的发展进入低谷。

改革开放之后，国内保险业务在1980年得以恢复，而人身保险业务在1982年才正式恢复办理。在业务恢复之初，由中国人民保险公司独家经营。1988年平安保险、太平洋保险等股份制保险公司相继成立，打破了独家经营的局面，市场主体开始多元化。1992年美国友邦等外资保险公司进入中国，人身保险市场加大了对外开放的力度。1995年《中华人民共和国保险法》颁布，为规范人身保险市场的发展提供了法律准绳，加快了保险业发展的法制化进程，逐步实现了分业经营。1998年中国保监会成立，加快了保险监管的专业化进程。2001年中国加入世界贸易组织，保险业进一步对外开放，成为对外开放速度最快、开放程度最高的金融行业。2003年以来中国人寿、中国平安相继在海内外上市，中国太保在A股市场上市，行业资本实力和社会影响力显著增强，保险市场与资本市场的互动发展显著提高。2006年国务院发布《关于保险业改革发展的若干意见》，对人身保险业的改革发展具有里程碑的意义。经过近30年的改革发展，人身保险业实现了从计划经济到市场经济的根本转变，实现了从自我封闭到对外开放的根本转变，其功能和作用也逐步获得更多的认可和发掘。①

① 中国保监会人身保险监管部："回顾历史　立足当前　展望未来——人身保险发展的辉煌历程"，载中国保险学会主编：《坚持改革开放　促进科学发展——保险业纪念改革开放30年文集》（内部资料），2009年。

第二节 人身保险合同

一、人身保险合同的概念

保险机制的启动是通过保险人分别与为数众多的投保人签订保险合同来进行的。所谓保险合同，是投保人与保险人约定权利义务关系的协议。尤其要强调的是，我们这里所说的保险关系是商业保险关系，即投保人根据合同约定，向保险人支付保险费，保险人对于合同约定的可能发生的事故因其发生所造成的财产损失承担给付保险金责任，或者当被保险人死亡、伤残、疾病或者达到合同约定的年龄、期限等条件时承担给付保险金责任的商业行为。

从保险标的的性质来看，保险合同可分为**财产保险合同**和人身保险合同。财产保险合同是以财产及与财产有关的利益为保险标的，当事人约定特定保险事故发生并给被保险人造成损失时，保险人向被保险人赔偿保险金的合同。而人身保险合同则是以被保险人的寿命或身体为保险标的，当事人约定在发生被保险人死亡、伤残、疾病等保险事故或被保险人生存到约定年限时，保险人向被保险人或受益人给付保险金的合同。

各类人身保险业务都是通过缔结人身保险合同来开展的，不同种类的人身保险业务对应着不同种类的人身保险合同，所以人身保险合同可按照人身保险业务的分类分为人寿保险合同、健康保险合同、意外伤害保险合同等，也可分为长期人身保险合同、短期人身保险合同，或者分为团体人身保险合同和个人人身保险合同等。关于这些合同所涉及的具体保险业务，可参见前文关于人身保险分类的内容。

二、人身保险合同的特征

（一）保险合同的特征

1. 保险合同是双务合同

按照当事人是否互负义务，可将合同分为双务合同和单务合同。单务合同是指仅有一方当事人负担义务的合同，双务合同则是指双方当事人互负权利义务的合同。

保险合同中，投保人承担缴纳保险费的义务，而保险人则承担在保险事故发生时支付保险金的义务，两者的权利义务互为关联，所以保险合同为双务合同。双务合同分为典型双务合同和非典型双务合同，前者是当事人彼此互负确定的对待给付义务，后者是当事人一方负确定给付义务，另一方未必为对待给付，可能是向第三人给付，亦未必是确定的给付义务。保险合同正是此类非典型双务合同。

专栏 1—5

学界不同观点

关于保险合同是单务合同还是双务合同，学界存在一些争议。多数教科书认为保险合同是双务合同，但也有观点认为保险合同是单务合同。持这种观点的学者认为，保险合同成立时，仅投保人单方面负缴纳保险费的义务，保险人承诺在特定事故发生时支付保险金，如果保险合同有效期间内没有发生保险事故，保险人就无需支付保险金，因此保险合同应为单务合同。

（资料来源：徐学鹿主编，《商法学》（修订版），中国人民大学出版社 2008 年版，第 524 页。）

2. 保险合同是有偿合同

按照当事人取得利益是否支付相应对价，可将合同分为有偿合同和无偿合同。无偿合同是指当事人一方取得利益无需支付对价，典型如赠与合同。有偿合同是指当事人一方取得利益需要支付相应对价，典型如买卖合同。保险合同也属于有偿合同，投保人转移风险需向保险人支付保险费，而保险人收取保险费后需在约定的保险事故发生后支付保险金，双方当事人享有利益的同时均需履行义务。

3. 保险合同是非要式合同

依合同成立是否需要特定的形式，合同可分为要式合同和非要式合同，前者是需要有特定形式才能成立的合同，后者是不需要特定形式只要有当事人的意思自治即可成立的合同。

《保险法》第十三条第（一）款和第（二）款规定：“投保人提出保险要求，经保险人同意承保，保险合同成立。保险人应当及时向投保人签发保险单或者其他保险凭证。保险单或者其他保险凭证应当载明当事人双方约定的合同内容。当事人也可以约定采用其他书面形式载明合同内容。”

由以上法律规定可知，保险合同在双方当事人就保险权利义务关系达成一致时即告成立，保险单或其他保险凭证等只是保险合同的证明文件，并非保险合同成立必需的要件。[①] 将保险合同归为非要式合同所反映出来的立法理念是对民法或私法领域意思自治理念的坚持，有助于促成保险合同的成立和履行，促进保险业的发展和创新。

但值得注意的是，保险合同对于当事人尤其是投保人和被保险人的利益有重大影响，为了避免产生不必要的分歧或面临不必要的风险，合同主体还是应当尽可能以书面形式将合同内容加以明确，实践中保险合同的书面载体形式包括投保单、保险单、暂保单、批单或其他保险凭证等。

① 覃有土、樊启荣著：《保险法学》，高等教育出版社 2003 年版，第 59 页。

4. 保险合同大多为附和合同

订立保险合同时，往往当事人一方（往往是保险人一方）已拟定有关合同条款，另一方当事人（即投保人一方）只能表示同意或不同意、接受或不接受。正因为投保人对保险合同的条款没有太多发言权，要同保险人缔结合同只能附和保险人已经拟定的合同条款，很多学者根据保险合同的这一特点将其称为附和合同。

保险合同主要表现为格式条款，也是出于保险业发展的需要。保险业的专业性较强，保险费率的计算和统计、责任范围的确定等都很复杂，而且投保人数目众多，因此由保险人提供格式合同供投保人选择也是一种高效的方式。

但由于保险合同的附和性，投保人可能会在缔结合同的过程中处于不利地位，为了保护投保人的合法利益、保障保险合同的公平合理，各国法律均对保险合同的内容作了一些规定。《保险法》就此作了以下方面的规定：（1）保险条款须依法定程序审批或备案。① （2）保险人须就格式条款向投保人作明确说明或提示。② （3）格式合同中的下列条款无效：①免除保险人依法应承担的义务或者加重投保人、被保险人责任的；②排除投保人、被保险人或者受益人依法享有的权利的。③ （4）合同解释应按照疑义利益解释原则进行，即在格式合同和格式条款存有歧义时按照不利于格式合同或格式条款提供方的方式进行解释。④

也有一些保险合同由于保险标的特殊，需要当事人双方充分协商，在这种情形下，保险合同就不再是格式合同。

5. 保险合同是射幸合同

射幸又称为碰运气或侥幸，射幸合同是指合同效果在订立合同时并不确定的合同，即合同当事人一方是否履行义务有赖于未来偶然事件是否发生。订立保险合同时，当事人对于未来是否会发生风险事故都是不确定的，投保人交付保险费是其必尽的义务，但保险人是否给付保险金则取决于合同约定的保险事故是否发生。

在保险合同中，投保人支付保险费是为了将来如果发生保险事故时能够从保险人处获得

---

① 根据《保险法》第一百三十六条的规定："关系社会公众利益的保险险种、依法实行强制保险的险种和新开发的人寿保险险种等的保险条款和保险费率，应当报国务院保险监督管理机构批准。国务院保险监督管理机构审批时，应当遵循保护社会公众利益和防止不正当竞争的原则。其他保险险种的保险条款和保险费率，应当报保险监督管理机构备案。"

② 《保险法》第十七条规定："订立保险合同，采用保险人提供的格式条款的，保险人向投保人提供的投保单应当附格式条款，保险人应当向投保人说明合同的内容。对保险合同中免除保险人责任的条款，保险人在订立合同时应当在投保单、保险单或者其他保险凭证上作出足以引起投保人注意的提示，并对该条款的内容以书面或者口头形式向投保人作出明确说明；未作提示或者明确说明的，该条款不产生效力。"

③ 《保险法》第十九条。这一规定的立法要旨在于矫正格式合同或格式条款可能带来的不公和偏颇，防止保险人利用其优势缔约地位侵害投保人、被保险人或受益人的正当合法权益。适用这一规定应注意以下两个要点：（1）这里所指的条款系由保险人提供的格式条款，投保人、被保险人或受益人提供的条款不在该条规定审查范围。（2）这里所指的义务、责任、权利等须是法律强制规定或直接影响保险合同缔约目的能否实现的实质性权利或义务。比如说保险人在法律规定的期限内及时赔付保险金的义务，或者被保险人或受益人享有受领保险金的权利，这些都属于直接影响保险合同缔约目的的权利与义务。

④ 《保险法》第三十条规定："采用保险人提供的格式条款订立的保险合同，保险人与投保人、被保险人或者受益人对合同条款有争议的，应当按照通常理解予以解释。对合同条款有两种以上解释的，人民法院或者仲裁机构应当作出有利于被保险人和受益人的解释。"

赔偿。如果保险事故不发生，保险人虽收取保险费却无需进行赔偿。正因为有这一特点，保险合同是射幸合同。

（二）人身保险合同的特别之处

人身保险合同与财产保险合同在很多方面都有显著的不同，这些差异都根源于两者的保险标的不同。由于以人的寿命和身体为保险标的，人身保险合同具有定额性、给付性、长期性、储蓄性等一系列特征，在此对人身保险合同的特征归纳如下：

1. 保险标的人格化

人身保险合同以人的寿命和身体为保险标的，保险标的人格化是人身保险最根本的特点，由此决定了人身保险其他方面的特点。

比如，人身保险的保险标的必限于自然人，排除了法人或其他组织作为被保险人的可能。而财产保险合同的保险标的是财产及其有关利益，而财产及其有关利益既可为自然人所享有，也可为法人或其他组织所享有，因此自然人、法人或其他组织皆可成为财产保险合同的被保险人。再如，人的寿命和身体的价值无法也不应以货币来衡量，所以并不存在一个确定的由客观标准决定的保险价值，只能由投保人根据需要在其投保要求中拟定一个保险金额，再由保险人根据风险评估和承保能力与之协商确定。因此，在人身保险合同中，不存在保险金额与保险价值的对比关系，也就不存在不足额保险、足额保险、超额保险的区分。

2. 保险期限多持续较长期间

人身保险合同的期限一般会持续较长期间，长达几年、几十年或者终身。因为投保人在其有支付能力时缴纳人身保险费正是为了在保险事故出现时或者在年龄渐大、劳动能力下降时通过收取保险金而获得一定的生活保障补偿，所以人身保险合同多是年限较长的合同，一方面能够降低投保人支付大额保险费的压力，另一方面能够确保受益人、被保险人等有关主体获得可靠的保障。与之不同，财产保险合同的期限多在一年或一年以下。

3. 保险金的给付往往不限于补偿损失

一般来说，按照人身保险合同的约定，一旦发生保险事故致使被保险人死亡、疾病或伤残，或者合同约定的期限已至，保险人应按照约定的金额向受益人或被保险人支付保险金。这种保险金是定额给付型的，不以被保险人发生实际损失为前提，也不论被保险人或受益人是否获得保险金之外的补偿。

但费用补偿型医疗保险属于例外情形，这类保险业务根据被保险人实际发生的医疗费用支出，按照约定的标准确定保险金数额，给付金额不得超过被保险人实际发生的医疗费用金额。财产保险金则具有典型的补偿型特征，在财产保险合同中，保险金的支付是为了弥补被保险人因保险事故而遭受的损失，所以保险金的数额不应超过其所遭受的损失，且被保险人就同一损失从不同途径得到的补偿数额之和也不应超过其所遭受的损失。

4. 某些类型的人身保险具有储蓄性

人身保险，尤其是人寿保险具有储蓄性特征。一般而言，人寿保险期间较长，采取均衡保费的缴费方法，这样在一定时期内投保人缴付的纯保费大于自然纯保费，保险人可利用这部分资金获取投资收益。在合同约定的条件成就或保险期间届满时，受益人或被保险人所获得的保险金数额大致相当于投保人缴纳的保险费总和及一定比例的利息。而且，投保人在保单生效达一定期间后，可依照法律规定用保险单抵押贷款，或者解除合同要求返还保险单的现金价值等，这体现出有关主体对人寿保险单享有一定的储蓄利益。而财产保险则不具有储蓄性，不存在退还保险单的现金价值的问题。

5. 保险金给付请求权的行使独具特点

大多数人身保险业务为定额给付型业务，保险金的给付并不以被保险人所遭受的损失为限，也不以被保险人放弃其他补偿机会为条件。如果被保险人系因第三人的侵权行为而发生死亡、疾病或伤残等情况，被保险人或受益人在依保险合同请求保险人给付保险金的同时，还可主张损害赔偿请求权，要求致害人予以赔偿。这是人身保险与财产保险差异较大的地方，由于财产保险是补偿性的，所以在财产保险合同中，如果保险事故系由第三人造成，则被保险人在受领保险人赔偿的保险金之后，即应将其对第三人的损害赔偿请求权让渡给保险人，由保险人在赔偿金额范围内代位行使被保险人的这一权利。

第三节　人身保险合同法律规范

一、人身保险合同法律规范的概念

保险法是调整保险关系的法律规范的总称。保险法可分为保险合同法和保险业法。所谓保险合同法，又叫保险契约法，是规范各类保险合同关系的法律规范的总称。而保险业法，又称为保险事业法，是规范保险经营和保险监督管理关系的法律规范的总称。

按照保险合同的基本分类，又可将保险合同法分为人身保险合同法和财产保险合同法。顾名思义，人身保险合同法即为规范人身保险合同关系的法律规范的总称。考虑到人身保险合同法目前还不是独立的部门法，而且我国目前也没有专门以“人身保险合同法”命名的法律文件，我们认为“人身保险合同法律规范”这一表述更为精当。这里，我们所说的人身保险合同法律规范实际上是从学理的角度对各种法律文件中有关人身保险合同权利义务关系的法律规范的总体概括和归纳。

二、人身保险合同法律规范的渊源

法律渊源是指法的具体表现形式，即法律规范源自哪些法律文件。当前，我国人身保险合同法律规范主要来自专门调整保险法律关系的《保险法》，但也包括其他法律文件中有关人身保险合同权利义务关系的规定。比如，在保险法没有特殊规定的情况下，人身保险合同还须遵守《中华人民共和国民法通则》、《中华人民共和国合同法》等基本法的相关规定，而惩治保险诈骗等犯罪行为则须适用《中华人民共和国刑法》的有关规定，解决人身保险合同争议则须遵循《中华人民共和国民事诉讼法》、《中华人民共和国仲裁法》等法律文件的相关规定。

不同法律文件的效力级别是不同的，各类立法文件按照其效力级别大体可分为宪法、法律、行政法规和地方性法规、行政规章、监管规定等。宪法是国家的根本大法，在整个法律体系中居于统率地位，以最高的约束力和保障力位居其他法律文件之上，但我国现行《宪法》仅在第四十五条对社会保险有纲要性的规定，尚无直接调整商业保险包括人身保险合同的法律规范，人身保险合同法律规范广泛存在于法律、行政法规和地方性法规、行政规章、监管规定中，以下分而述之。

（一）法律

在法律渊源体系中，法律的涵义采狭义说，即法律特指由全国人民代表大会及其常务委员会制定的规范性文件，其中，由全国人民代表大会制定的规范性法律文件为基本法，由全国人民代表大会常务委员会制定的规范性法律文件则为一般性法律，基本法的效力级别低于宪法、高于一般性法律。《中华人民共和国民法通则》、《中华人民共和国合同法》、《中华人民共和国刑法》等都是全国人民代表大会制定的基本法，其中所包含的那些应当适用于人身保险合同的法律规范都应得到遵守和执行。《保险法》和《中华人民共和国民事诉讼法》、《中华人民共和国仲裁法》等都是由全国人民代表大会常务委员会制定的一般性法律，不得与上位法即宪法和基本法相抵触。

（二）行政法规和地方性法规

行政法规是指国务院制定的规范性法律文件，而地方性法规则是指由省级权力机关制定并颁布的规范性法律文件。国务院是我国最高行政执行机关，经全国人民代表大会授权有权制定行政法规，当然，这些行政法规不能与效力级别更高的法律文件（如宪法、法律）相抵触。国务院制定的行政法规的名称多采用“条例”、“决定”、“规定”、“办法”等，如国务院 2001 年发布的《中华人民共和国外资保险公司管理条例》，外资人身保险公司应遵守该《条例》的规定合法经营。

省、自治区、直辖市人民代表大会及其常委会根据本行政区域内的实际情况，也会制定和发布调整保险关系的地方性法规，不过由于我国金融业实行分业经营、垂直监管的体制，地方性法规主要调整社会保险法律关系，一般不涉及商业保险。

（三）部门规章

国务院所属部门制定或发布的规范性文件称为部门规章。中国保险监督管理委员会（简称“中国保监会”）是国务院下属主管全国商业保险的部门，根据国务院的授权履行行政管理职能，依照法律、法规统一监督管理全国保险市场，维护保险业的合法、稳健运行。为了规范和促进保险业的发展，中国保监会先后发布了许多部门规章，如 2009 年 9 月 25 日一并发布、自 2009 年 10 月 1 日起施行的《保险公司管理规定》、《保险专业代理机构监管规定》、《保险经纪机构监管规定》、《保险公估机构监管规定》、《人身保险新型产品信息披露管理办法》等文件，都对人身保险合同相关主体具有法律约束力。事实上，中国保监会发布的部门规章中含有大量人身保险合同法律规范，对于人身保险业的健康发展起着重要的支持和推动作用。

除了掌握以上各个层次的相关立法文件之外，要全面把握人身保险合同法律体系还需对相关司法解释文件加以总结。我国最高人民法院在积极解决人身保险合同司法实践问题的过程中先后发布了《最高人民法院关于人身保险金能否作为被保险人的遗产进行赔偿问题的批复》、《最高人民法院关于对私营客车保险期满后发生的车祸事故保险公司应否承担保险责任的请示的复函》等重要的司法解释文件。

概要而言，以上立法文件、司法解释文件所涵盖的人身保险合同法律规范大致涉及几个方面的内容：（1）人身保险合同一般规范，包括人身保险合同的概念及其基本分类、人身保险合同的基本原则、人身保险合同的相关主体、人身保险合同的保险利益、人身保险合同的具体内容等；（2）人身保险合同的法律效力，包括人身保险合同的订立、履行、变更、解除和终止等；（3）人身保险合同的特殊法律问题，包括投保人或受益人故意制造保险事故的规制、死亡保险合同的特殊规制、人身保险合同的现金价值等。

三、人身保险合同法律规范的适用

法律规范的适用，是法律规范的效力问题，具体来说，是指特定法律规范适用于什么期间、什么地域、哪些人。一般认为，法律效力包括三个方面：时间效力、空间效力和对人的效力。这里所说的人身保险合同法律规范的适用，亦应从这三个方面去理解和把握。

（一）时间效力

人身保险合同法律规范的时间效力，是指人身保险合同法律规范何时生效、何时失效以及对其颁布实施前的事件和行为是否具有溯及力的问题。

通常，立法文件的生效时间可通过三种方式来确定：一是立法文件中明确规定一个不同于发布时间的生效时间。比如，《保险法》第一百八十七条规定："本法自2009年10月1日起施行。"据此，虽然该保险法修订案于2009年2月就已发布，也要到2009年10月1日起才生效。二是立法文件未作明确规定的，一般自其公布之日起生效。有时，立法文件中也会直接规定该法自发布之日起施行。三是立法文件规定其生效时间以另一部立法文件的颁布施行时间为参照。

立法文件的失效时间可通过两种方式来确定：一是按照新法的明文规定确定旧法的失效时间。二是在新法未作明确规定的情形下，待新法施行后，旧法即失去法律效力。

关于人身保险合同立法文件何时生效、何时失效以及是否具有溯及力，要考虑具体法律文件、具体法律问题来确定。

保险法修改后，修改前生效的保险合同是否适用修改后的相关规定也是一个重要问题。在2009年9月14日最高人民法院审判委员会第1473次会议通过法释［2009］12号，《关于适用〈中华人民共和国保险法〉若干问题的解释（一）》规定：

“为正确审理保险合同纠纷案件，切实维护当事人的合法权益，现就人民法院适用2009年2月28日第十一届全国人大常委会第七次会议修订的《中华人民共和国保险法》（以下简称《保险法》）的有关问题规定如下：

第一条 保险法施行后成立的保险合同发生的纠纷，适用保险法的规定。保险法施行前成立的保险合同发生的纠纷，除本解释另有规定外，适用当时的法律规定；当时的法律没有规定的，参照适用保险法的有关规定。认定保险合同是否成立，适用合同订立时的法律。

第二条 对于保险法施行前成立的保险合同，适用当时的法律认定无效而适用保险法认定有效的，适用保险法的规定。

第三条 保险合同成立于保险法施行前而保险标的转让、保险事故、理赔、代位求偿等行为或事件，发生于保险法施行后的，适用保险法的规定。

第四条 保险合同成立于保险法施行前，保险法施行后，保险人以投保人未履行如实告知义务或者申报被保险人年龄不真实为由，主张解除合同的，适用保险法的规定。

第五条 保险法施行前成立的保险合同，下列情形下的期间自2009年10月1日起计算：

（一）保险法施行前，保险人收到赔偿或者给付保险金的请求，保险法施行后，适用保险法第二十三条规定的三十日的；

（二）保险法施行前，保险人知道解除事由，保险法施行后，按照保险法第十六条、第三十二条的规定行使解除权，适用保险法第十六条规定的三十日的；

（三）保险法施行后，保险人按照保险法第十六条第二款的规定请求解除合同，适用保险法第十六条规定的二年的；

（四）保险法施行前，保险人收到保险标的转让通知，保险法施行后，以保险标的转让导致危险程度显著增加为由请求按照合同约定增加保险费或者解除合同，适用保险法第四十九条规定的三十日的。

第六条 保险法施行前已经终审的案件，当事人申请再审或者按照审判监督程序提起再审的案件，不适用保险法的规定。”

法释［2009］12号对于保险法施行前所成立的保险合同对于保险法的适用做了相关的规定。

（二）空间效力

人身保险合同法律规范存在于多种效力级别的立法文件，不同立法文件的空间效力应当具体分析。

全国性的人身保险合同立法文件适用于国家主权领域的一切地区，包括领陆、领水及其底土和上空，还包括延伸意义上的领土，即驻外使馆和领域外的本国交通工具。目前，这些具有全国性空间效力的人身保险法律文件主要包括由全国人民代表大会制定的基本法，全国人大常委会制定的一般性法律，国务院及其所属部门制定的行政法规和行政规章。当然，如果这些立法文件中规定某些法律条文只在特定地区适用，则应根据这些规定来确定相关法律规范的空间效力。

地方性的人身保险立法文件则只具有地域性空间效力。如省、自治区、直辖市人民代表大会或其常委会制定的地方性法规仅在整个省、自治区或直辖市的地域范围内有效。

以《保险法》为例，该法第三条规定："在中华人民共和国境内从事保险活动，适用本法。"这意味着，只要保险活动发生在中华人民共和国境内，无论是否具有涉外因素，均适用本法的规定。

（三）对人效力

我国人身保险法律规范适用于一切参与我国人身保险合同法律关系的主体。具体来说，这些主体包括人身保险合同的当事人、人身保险合同的关系人和人身保险合同的辅助人。人身保险合同的当事人，是指订立人身保险合同并享有相关权利承担相应义务的人，即保险人和投保人。人身保险合同的关系人，是指与人身保险合同具有直接利害关系的人，即被保险人和受益人。人身保险合同的辅助人是指辅助人身保险合同订立或履行的第三人，包括保险代理人、保险经纪人和保险公估人。

《保险法》第七条规定了境内投保原则，综合反映了该法的空间效力和对人效力。该条法律规定要求，在中华人民共和国境内的法人和其他组织需要办理境内保险的，应当向中华人民共和国境内的保险公司投保。准确理解和贯彻执行这条法律规定，除了要正确把握"境内"本身所指的地域范围之外，还应对其在特定语境下的特定所指有深入的理解。"在中华人民共和国境内的法人和其他组织"一语中的"境内"主要是指法人和其他组织的登记注册地，即在中华人民共和国境内登记注册的法人和其他组织需要办理境内保险的，应向我国境内的保险公司投保。凡根据《保险法》和《公司法》在中国境内批准注册设立的保险公司、境外保险公司的分公司均为境内的保险公司。坚持境内投保原则有利于对保险业务进行有效监管，切实保障各方主体的合法权益，亦有利于扩展和促进我国保险业的发展。

专栏 1—6

中国保险监督管理委员会办公厅《关于〈保险法〉第七条理解的复函》

保监厅函【2009】124 号

丘博保险（中国）有限公司：

你公司《关于保监办函［2003］19 号的请示》和《关于国外法人是否可为其在中国的子公司向国外的保险公司投保的请示》收悉，经研究，现函复如下：

国外法人与其在中国境内的子公司，属于相互独立的法人。《关于对新〈保险法〉第七条释义的复函》（保监办函［2003］19 号）中针对国外法人在中国的分公司、办事处的投保问题作出的答复，并不适用于国外法人在中国的子公司。

同时，根据《关于〈保险法〉有关条文理解的复函》（保监办函［2002］112

号），《保险法》要求应当向境内的保险公司投保的情况包含两个条件：第一，投保人或被保险人是境内的法人或组织；第二，办理境内保险，主要指保险标的在境内的保险。对于符合上述条件的，应当向中华人民共和国境内的保险公司投保。

中国保险监督管理委员会办公厅

二〇〇九年四月二十日

四、人身保险合同立法发展

（一）国外人身保险合同立法发展

鉴于人身保险合同法律体系主要是一个学理概念，人身保险合同立法通常涵盖在保险合同立法乃至保险法的法律文本之中。在那些保险合同法与保险业法分别立法的国家，人身保险合同的立法脉络往往会融入保险合同的立法发展。

在德国，有关人身保险合同的立法主要反映在1908年制定的《保险契约法》[①]。该法于1910年正式施行，此后历经修改，沿用至今，最新修订的版本自2008年1月1日起开始施行。

法国1804年的《法国民法典》就已将保险契约纳入射幸契约进行规范。1930年，法国公布了《保险契约法》，该法系参照已有的各种保险习惯、保险条款、保险判例、保险学说及各国立法经验而制定，包括总则、损害保险、人身保险等各方面内容，体例完整，经多次修改后沿用至今。

在日本，包括人身保险法律体系在内的保险法律制度主要放在商法典中予以规范，1890年《商法典》和1899年的新《商法典》都设保险专章，对保险相关法律问题进行了原则性的规定，1899年《商法典》相关内容历经修改后沿用至今。

英国一度是海上强国，海运业相当发达，而保险业的发展与海运业有不可分割的渊源，因此英国在保险制度方面也是先行者。1744年英国通过了《人寿保险法》，规定投保人必须对保险标的具有保险利益，否则保险合同无效。除了其他方面的保险立法外，英国于1923年制定的《简易保险法》和1975年颁布的《保单持有人保护法》构成了英国人身保险合同法律体系的主要组成部分。

美国的人身保险合同法律体系深深地打上了联邦制国家立法特点的烙印。美国的商事立法权归属于各州，因此美国没有全国统一的保险法。虽然各州都有一些成文的保险法律文本，但目前人身保险合同法律体系仍主要依据判例法来构建。

（二）我国人身保险合同立法发展

在我国，人身保险业务一出现，相应的立法活动也就随即展开，但新中国成立以前，时事激变战乱频仍，人身保险合同法仅在国民党时期有短暂实施。

① 德国1908年制定的《保险契约法》（Versicherungsvertragsgesetz，VVG）。

早在1908年，清政府聘请日本人起草《大清商律草案》，就仿照《日本商法典》对生命保险业务进行了规范，但该法尚未颁布施行，清政府就覆灭了。1927年北洋政府聘请法国人帮助制定《保险契约法草案》，由于立法者所掌握的政权旋即瓦解，该法亦束之高阁。1929年国民党政府公布了《保险法》，着重对包括人身保险合同在内的保险契约进行调整和规范，1937年国民党政府立法院又对此法予以修正后再度公布。专门调整人身保险合同的单行法始于1935年国民党政府公布的《简易人寿保险法》，其后又公布了《简易人寿保险章程》。抗日战争时期，国民党政府分门别类颁布了大量人身保险合同单项立法文件，如《国民寿险章程》、《公务人员团体寿险章程》、《统制寿险条例草案》、《公务人员保险法草案》、《健康保险法草案》、《人寿保险单基本条款》。

1949年，新中国成立，同年建立了中国人民保险公司，一面在国内经营各种财产保险业务和人身保险业务，一面研究制定保险法规，主要是保险合同法和保险业法，当时所作的规划相当全面，但没有最终的成果。到1951年，中央人民政府政务院公布了《关于实行国家机关、国营企业、合作社财产强制保险及旅客强制保险的决定》，同年4月政务院财政经济委员会分别颁布《铁路旅客意外伤害强制保险条例》、《轮船旅客意外伤害强制保险条例》、《飞机旅客意外伤害强制保险条例》，就不同类型人身保险合同的具体问题进行了规范。1959年以后，人身保险业务骤然萎缩，相关立法也陷于停滞状态。改革开放以后，包括人身保险在内的各项保险业务终于开始恢复和发展，从1984年开始旅客意外伤害保险业务的法律问题逐渐纳入国家和地方各层面的法规体系。

1995年6月，第八届全国人民代表大会常务委员会第四次会议通过了《中华人民共和国保险法》，正式将保险法律关系纳入国家法律调整范围，该法于同年10月1日起开始施行。这部法律除了从总体上对保险合同关系进行调整之外，还设专章对人身保险合同予以规范，涉及人身保险合同的定义、人身保险合同中的保险利益、人身保险合同的订立、复效、解除以及人身保险合同中受益人的指定及变更、保险金的给付等具体内容，基本奠定了我国人身保险合同法律体系的总体框架。

2002年，为了实现我国加入世界贸易组织的承诺，第九届全国人民代表大会常务委员会第三十次会议通过了《关于修改〈中华人民共和国保险法〉的决定》，其中涉及人身保险合同的内容主要有如下几个方面：其一，增加了保险金给付程序中的保险人通知义务。[①] 其二，增加了保险合同关系中保险人或再保险接受人的保密义务。[②] 其三，明确了被保险人或

① 反映在具体条款方面，原1995年《保险法》第二十三条改为第二十四条，其中第（一）款修改为："保险人收到被保险人或者受益人的赔偿或者给付保险金的请求后，应当及时作出核定，并将核定结果通知被保险人或者受益人；对属于保险责任的，在与被保险人或者受益人达成有关赔偿或者给付保险金额的协议后十日内，履行赔偿或者给付保险金义务。保险合同对保险金额及赔偿或者给付期限有约定的，保险人应当依照保险合同的约定，履行赔偿或者给付保险金义务。"

② 反映在具体条款方面，原1995年《保险法》第三十一条改为第三十二条，内容修改为："保险人或者再保险接受人对在办理保险业务中知道的投保人、被保险人、受益人或者再保险分出人的业务和财产情况及个人隐私，负有保密的义务。"

受益人享有向致害方请求赔偿的权利，但保险人并不享有追偿的权利。[①] 修订后的保险法对规范保险活动，保护保险活动当事人的合法权益，促进保险业健康发展，发挥了重要作用。

近几年，我国保险业快速发展，保险业的内部结构和外部环境都发生了很大变化，保险实践中出现了一些新情况、新问题，因此，有必要通过进一步修改保险法以适应当前保险业改革发展的需要。2009 年 2 月 28 日，十一届全国人大常委会第七次会议审议通过了《中华人民共和国保险法（修订案）》。修订后的保险法自 2009 年 10 月 1 日起施行。就人身保险合同法律关系而言，这次修订进一步明确了当事人双方的权利义务，加强对投保人、被保险人利益的保护。具体内容有以下几个方面：进一步明确人身保险合同中保险利益的认定问题；进一步规范企业为员工办理人身保险的条件；对保险人在投保人未如实告知情形下的合同解除权作了适当限制；对格式条款的效力进行了更加明确的阐释；对保险人的免责权进行了一定的限制；对保险理赔程序进行了更加详尽的规范。总之，修改后的保险法更加关注保护投保人和被保险人的利益，致力于平衡保险合同法律关系，对于理顺保险合同关系、促进保险业的健康发展大有裨益。

关键词

人身风险　人身保险　同质风险　大数法则　分担损失　资金融通　社会管理
人身保险合同　财产保险合同　人寿保险合同　意外伤害保险合同　健康保险合同
双务合同　有偿合同　非要式合同　格式合同　射幸合同　人身保险合同法律规范

思考题

1. 人身风险可否全部纳入保险体系？可保人身风险须具备哪些特点？
2. 人身保险的主要险种有哪些，分别适用于何种情形？
3. 人身保险的制度原理何在，制度功能如何？
4. 保险合同具有哪些基本特征，人身保险合同的特殊性表现在哪些方面？
5. 试述对人身保险合同法律规范的认识。

① 反映在具体条款上，原 1995 年《保险法》第六十七条改为第六十八条，内容为：“人身保险的被保险人因第三者的行为而发生死亡、伤残或者疾病等保险事故的，保险人向被保险人或者受益人给付保险金后，不得享有向第三者追偿的权利。但被保险人或者受益人仍有权向第三者请求赔偿。”

第二章

人身保险合同的基本原则

学习目的

- 深刻理解最大诚信原则对保险业的深远意义
- 熟练掌握最大诚信原则的具体内容
- 熟练运用保险利益原则分析保险合同的效力
- 熟练运用近因原则分析具体案例中的因果关系
- 了解损失补偿原则在人身保险合同中的特殊适用

> 保险产品是一种以信用为基础、以法律为保障的承诺，保险经营具有长期性的特点，这些因素决定了保险业比其他行业对诚信的要求更高，可以说诚信是保险业的生命线。
>
> ——中国保监会主席　吴定富[①]

为使保险业务的运营符合市场需求、顺应市场规律，人身保险合同规范体系须吸纳保险业务的一些核心原则。反映在制度层面，这些核心原则可归纳为三个方面，即**最大诚信原则、保险利益原则和近因原则**。损失补偿也是保险领域的基本原则之一，但它主要适用于财产保险，对于人身保险而言，仅补偿性医疗费用保险合同可予适用，因此不能算作贯穿整个人身保险领域的基本原则，本章略过不提，后文第十章将有详谈。

第一节　最大诚信原则

一、最大诚信原则的含义

《保险法》第五条明确规定："保险活动当事人行使权利、履行义务应当遵循诚实信用原则。"

诚实信用本是民法的基本原则之一，要求民事活动主体诚实作为，恪守承诺，在遵守法律、法规和不违背社会善良风俗的前提下谋取正当利益。经过多年的法律实践经验总结，诚实信用原则在民法体系中的地位日益显赫，有"帝王条款"和"透明条款"之美誉。同时，诚实信用原则的应用范围也大大扩展，不仅要求民事主体诚实守信，也要求法官在行使自由裁量权的过程中秉持这一原则来解决民事争议，使民事法律关系中各方利益分配臻于衡平合乎正义。

保险法属于商法，商法系在民法的基础之上衍生出的商事法律规则，因此保险法也有诚实信用方面的要求，加之保险活动中严重的信息不对称需要通过法律加以矫正，故而保险法往往要求当事人在保险活动中尽到较高的注意义务，在表述上也往往将诚实信用原则强调为

① 吴定富（1946—　），中国保险监督管理委员会主席，此语出自他于2005年11月为《保险诚信读本》撰写的序言。

最大诚信原则或最大善意原则，意指保险合同当事人在签订和履行保险合同时必须以最大的诚意履行自己的义务，互不欺骗和隐瞒，恪守合同承诺。具体到人身保险领域，最大诚信原则要求人身保险合同的当事人在合同的订立和履行中，应秉持诚意向对方当事人提供可能影响其决定是否缔约以及以何种条件缔约的有关事实及信息，并严格信守和履行人身保险合同所规定的各项条款。

专栏 2—1

最大诚信要求与一般诚信要求的区别

英国保险法学者在《诚信与保险合同[1]》一书中有如下论述："如果一个合同被称之为最大诚信合同，那么法律对它会比对一般商业合同的诚信度要求更高。一般合同遵循的是'买者当心'原则，合同当事人在洽商中，把底牌贴于胸前，小心地选择何者可以出示给对方，何者不能示人……可以发觉，在一般合同中，当事人只须遵守不得有违诚信的义务，而不是必须公开与率直坦诚，而最大诚信合同则要求必须诚实与充分披露。"

（资料来源：詹昊，"'最大诚信原则'适用首案及启示"，《中国保险报》，2006 年 8 月 1 日。）

二、最大诚信原则的意义

法律要求市场主体参与人身保险合同法律关系须遵循最大诚信原则。人身保险活动存在较明显的信息不对称特点。一方面，投保人往往与被保险人存在密切的人身关系，故而对被保险人的身体或健康状况乃至其生活中所存在的人身危险相当了解，但保险人却不可能对这些情况有深入而确切的认识，也不可能对被保险人所面临的人身危险进行持续的跟踪监控，保险人只能依赖投保人所提供的资料和信息来判断其所承担的风险大小，进而确定适当的保险费率。在这种情形下，只有投保人在缔结人身保险合同时秉持最大诚信原则对于相关情况进行说明，并信守承诺才能够使人身保险合同关系的缔结和履行遵循科学规律，实现保险制度的功能。另一方面，目前人身保险险种多为标准化产品，人身保险合同的缔结往往有赖于保险人提供格式文本。由于保险制度的运行以专业数理知识为基础，保险合同的格式化文本富含技术性，对于一般投保人的认识水平而言颇为复杂难解，投保人是否投保以及以何种条件投保在很大程度上取决于保险人的说明和决断。这种情形下，只有保险人遵循最大诚信原则对人身保险合同的格式条款加以详细准确的说明，尤其是那些规定保险人免责情形的条

① 诚信与保险合同（Good faith and insurance contracts）。

款，才能确保人身保险合同真正实现当事人的意思自治。

由此可见，缔结人身保险合同的双方当事人都掌握了某些方面的信息优势，同时又在另外一些方面处于信息劣势，双方只有尽可能地诚实守信，才能建立起平衡的信息交换机制，践行人身保险合同，实现人身保险制度功能。不仅是人身保险业务有最大诚信的要求，整个保险业的发展都离不开诚信原则的支持，保险法律体系体现出最大诚信原则的种种影响和导向。

三、最大诚信原则的内容

最大诚信原则是对投保人和保险人两方面的要求。在人身保险合同法律关系中，投保人对于保险标的即被保险人的身体健康状况较为了解，且往往在投保后依然与被保险人保持联络，最大诚信原则对于投保人的要求主要集中于如实告知义务。作为保险人，其对于保险业的专业规则最为熟悉，并在保险合同关系中处于较为强势的地位，因此最大诚信原则对于保险人的要求，主要就在于向投保人等有关主体详细说明保险条款、明确提示投保风险。以下结合保险法的具体规定对最大诚信原则的内容进行综合解析。

（一）告知与说明

1. 投保人告知义务

所谓投保人告知义务，是指投保人在合同订立阶段及合同履行期内，就重要事实向保险人所作的口头或书面陈述。至于如何评定事实或信息的重要与否，则视其是否影响保险人决定承保以及厘定保险费率而定。

《保险法》第十六条第（一）款规定："订立保险合同，保险人就保险标的或者被保险人的有关情况提出询问的，投保人应当如实告知。"这是对缔约时投保人告知义务的规定。投保人故意或因重大过失未在缔约时履行告知义务，足以影响保险人决定是否同意承保或者提高保险费率的，《保险法》第十六条第（二）款规定，保险人有权解除合同。但针对投保人的不同主观状态，该条第（四）款和第（五）款对合同解除的后果有所区分。

关于这条法律规定，还应加强理解的是，我国保险法对于告知义务的标准确定为询问告知①。根据我国《保险法》第十六条第（一）款的表述，投保人的如实告知义务限于保险人就保险标的或者被保险人的有关情况所提出的询问。确立这一标准有其合理性，因为与投保人比较起来，保险人更加富有保险专业素养，由其来承担询问不当或询问不够的风险较为适当。

关于告知义务的详细内容，本书将在保险合同的成立与生效部分加以讲解。

2. 保险人说明义务

保险人说明义务，是指保险人在缔结合同时应向投保人说明格式条款的内容，并以符合

① 在保险实务中，告知义务的标准有二：一为无限告知，即投保人须主动将可能影响保险人决策的事实和信息悉数告知，否则承担不利后果；二为询问告知，即投保人对于保险人所提出的询问均如实作答即为尽到告知义务。

法律规定的方式向投保人提示保险合同中免除保险人责任的条款。

1995年《保险法》对保险人的说明义务规定得较为笼统，操作性较差，2002年修正《保险法》时对此未加改动，对保险消费者保护不足，因此现行《保险法》，即2009年修订后的《保险法》对保险人的说明义务进行了详尽的规范。该法第十七条规定："订立保险合同，采用保险人提供的格式条款的，保险人向投保人提供的投保单应当附格式条款，保险人应当向投保人说明合同的内容。对保险合同中免除保险人责任的条款，保险人在订立合同时应当在投保单、保险单或者其他保险凭证上作出足以引起投保人注意的提示，并对该条款的内容以书面或口头形式向投保人作出明确说明；未作提示或者明确说明的，该条款不产生效力。"关于说明义务的详细内容，我们在后文保险合同的成立和生效部分详细论述。

（二）保证①

保证是指投保人或被保险人就特定事项向保险人所作的担保，这种担保可能表现为对过去或当前某项事实的确认，也可能表现为承诺在一定期间内采取某种行为或杜绝某种行为。保证要实现的制度功能在于，投保人或被保险人通过对某项事实的确认或对自身行为的约束使保险人所承担的风险控制在一定限度之内，避免出现保险人无法预见或无法承受的风险。

就形式而言，保证可分为明示保证和默示保证。明示保证是指保险合同中以特定条款的形式加以载明的担保事项。默示保证是指虽未载入保险合同，投保人和被保险人仍应遵循法律和行业惯例加以担保的事项。比如，对于意外伤害保险而言，被保险人驾驶汽车必须有合法的驾驶证照就应属于默示担保的内容。由于保证条款对被保险人限制十分严格，所以各国法律都限制保险人使用默示保证进行抗辩，只有一些约定俗成的事项成为默示保证的内容。

最大诚信原则要求保险合同的当事人秉持诚实和善意恪守保险合同中明示或默示的各类保证事项，否则将承受于其不利的后果。

（三）弃权与禁止反言

弃权是指合同当事人放弃其在合同关系中可以享有或主张的某项权利。禁止反言则是指合同当事人不得提出相互矛盾相互冲突的主张，这里与弃权规则相联系，其意即指合同当事人一旦放弃其权利，则不得在日后另行主张此项权利。

弃权与禁止反言在2009年《保险法》修订中有所体现。② 其立法背景为，原保险法规定，投保人违反告知义务的，保险人有权解除合同，这是符合诚实信用原则要求的，但由于规定不够细致，实践中出现了保险人滥用解除权的案例。有些保险人对投保人提供的情况不作审查，或者发现投保人未如实告知仍继续收取保险费，甚至个别保险人或保险代理人故意

---

① 保证制度是英美保险法的一项重要制度，我国保险法并未认可这一制度，但根据英美保险法原理，保证制度是最大诚信原则的一个重要表现，考虑到我国没有此项制度，我们在此简单阐述一下这一制度。

② 弃权与禁止反言制度是英美保险法的重要制度，同时也是英美保险法阐释最大诚信原则时不可或缺的内容。关于我国2009年修订的《保险法》是否真正引入了英美保险法的弃权与禁止反言制度，尚须进一步研究，不宜遽下断言。在此，我们仅就相关内容加以引介，关于弃权与禁止反言的详细内容，可参见梁鹏：《保险人抗辩限制研究》，中国人民公安大学出版社2008年版。

误导投保人进行虚假陈述。而一旦发生保险事故，保险人就以上述规定为由拒绝承担保险责任。修订后的《保险法》针对这种情形，构建起弃权与禁止反言的规则，以此对保险人的合同解除权加以适当限制。这一规则主要体现在《保险法》第十六条第（三）款和第（六）款的规定中，具体内容为：（1）投保人未如实告知的，保险人的合同解除权自保险人知道有解除事由之日起，超过三十日不行使而消灭。自合同成立之日起超过二年的，保险人不得解除合同；发生保险事故的，保险人应当承担赔偿或者给付保险金的责任。（2）保险人在合同订立时已经知道投保人未如实告知情况的，保险人不得解除合同；发生保险事故的，保险人应当承担赔偿或者给付保险金的责任。①

（四）针对保险人的多项禁令

我国《保险法》根据最大诚信原则规定了很多具体规则，其中第一百一十六条较为集中地反映了保险人方面的具体诚信义务。该条列举了保险公司及其工作人员在保险业务活动中不得从事的诸多事项，具体所言竟多达12项，第（十三）项则是兜底性条款，要求保险公司及其工作人员不得从事违反法律、行政法规和国务院保险监督管理机构规定的其他行为。在12项具体禁令中，可适用于人身保险合同关系的大致有这样一些：保险公司及其工作人员在保险业务活动中不得欺骗投保人、被保险人或者受益人；不得对投保人隐瞒与保险合同有关的重要情况；不得阻碍投保人履行本法规定的如实告知义务，或者诱导其不履行本法规定的如实告知义务；不得给予或者承诺给予投保人、被保险人、受益人保险合同约定以外的保险费回扣或者其他利益；不得拒不依法履行保险合同约定的赔偿或者给付保险金义务；不得故意编造未曾发生的保险事故、虚构保险合同或者故意夸大已经发生的保险事故的损失程度进行虚假理赔，骗取保险金或者牟取其他不正当利益，不得挪用、截留、侵占保险费；不得委托未取得合法资格的机构或者个人从事保险销售活动；不得泄露在业务活动中知悉的投保人、被保险人的商业秘密，等等。

最大诚信原则要求参与保险活动的主体诚实守信、尊重国家法律和社会善良风俗。以上诸项禁令均可视为最大诚信原则具体而微的体现，可见我国保险法对于该项原则的贯彻愈益深入和精细。

专栏2—2

中国保险监督管理委员会对于保险业诚信问题的揭示

保险业的诚信问题，存在于管理、经营的各个方面，突出表现为：设计保单时，用晦涩或所谓专业性的语言设置陷阱，待出险或给付时逃避保险责任；对客户进行误导宣传，为获取业务不择手段；借助权力部门的力量，以联合发文、会议纪

① 这里，第1点内容通常被归纳为不可抗辩条款，第2点内容可称为弃权条款。

要、口头命令等方式发展业务；通过协议或借行业协会名义联合限价、划分市场进行垄断经营；展业理赔两张脸，通过拖延赔付、无理拒赔等手段侵害被保险人利益；有的从业人员利用保险业人才缺乏和管理上的漏洞，非正常地频繁在公司间流动，并对原单位进行恶意诋毁或唆使鼓动老客户退保，扰乱市场秩序，损害被保险人利益。

（资料来源：节选自中国保险监督管理委员会《关于进一步加强保险业诚信建设的通知》（保监发［2005］7号）。）

第二节　保险利益原则

一、保险利益原则的含义

保险利益又称为可保利益①，是指投保人或被保险人对保险标的所具有的法律上承认的利益。保险利益一般产生于投保人或被保险人与保险标的之间的经济联系，尤其在财产保险中最为典型，在人身保险中则有所不同。投保人或被保险人对保险标的享有保险利益，表现为保险标的的状况应对投保人的利益有法律所认可的影响，即保险标的未发生风险事故能使投保人或被保险人从中受益或至少无害，保险标的发生风险事故则会使投保人或被保险人遭受损失。保险利益原则要求投保人或被保险人对保险标的具有保险利益方可为之投保。《保险法》第十二条第（一）款和第（二）款明确规定，人身保险的投保人在保险合同订立时，对被保险人应当具有保险利益，财产保险的被保险人在保险事故发生时，对保险标的应当具有保险利益。

二、保险利益原则的意义

所谓保险利益原则的意义，是要探讨保险利益原则的制度功能：保险制度为何要强调投保人或被保险人对于保险标的必须享有保险利益？概要而言，保险制度之所以特别强调保险利益的存在，主要有以下几个方面的考虑：

（一）防止道德风险的产生

道德风险是一个经济伦理学用语，往往用来指某些类型的产权安排易于导致人们在经济

① 保险利益或可保利益（Insurable Interest）。

活动中作出损人利己的行为。这里的道德风险，主要是指投保人为了取得保险人的赔偿或保险金给付而故意违反道德规范，甚至故意犯罪促使保险事故发生或在保险事故发生时放任损失扩大等以通过保险获取不正当利益。

道德风险的概念最初产生于保险领域，指人们购买保险以后可能会出现一些不合情理的行为，比如购买医疗保险以后要求医生开一些不必要的贵重药品，购买火灾保险以后不再认真检查和防范火灾隐患，购买失业保险以后不再珍惜工作机会或在失业后不再积极寻求就业机会，等等。在财产保险中，投保人发生道德风险可能导致保险标的遭受不必要、本可避免的毁损或灭失。在人身保险中，投保人或受益人发生道德风险的后果就更加严重，可能会危及被保险人的人身安全。法律规定投保人必须对保险标的具有保险利益，使投保人与保险标的之间建立起正向的利害关系，可在一定程度上限制此类道德风险。

（二）避免赌博行为的发生

无论是保险还是赌博，都属于射幸行为，带有偶然性，而且在给付和反给付之间，二者也都不需要建立个别的均等关系，都会出现只有给付并未接受反给付的情况或者接受比给付更多的反给付的情况。但是，保险与赌博是有本质区别的，尤其是在法律评价和道德认可这两个方面。从法律上说，保险无论在任何国家或地区都是合法的，都是为法律所保护的；而赌博，除个别国家或地区以外，大多数国家的法律是不允许的。从道德上说，保险是道德所赞同的行为，而赌博则属违反道德的行为。在大多数国家里，赌博行为是受谴责的。保险与赌博的区别还表现在两者的目的和作用是不同的。保险是由保险人通过收取保险费的方式来建立专门的保险基金，用以在发生自然灾害或人身事件（包括因病、因伤和因年老而丧失劳力）时，对被保险人或受益人给予经济补偿或给付保险金的一种制度。人们之所以需要保险制度，是因为它能够分散风险，消化损失，起到互助共济的作用，从而保障社会生活的安定。而赌博显然不是也不可能成为保障社会安定的手段，大多数情况下，赌博只会给社会发展带来消极影响。保险法规定投保人必须对保险标的具有保险利益正是要使保险制度与赌博游戏区分开来。赌博是用确定的赌金来获得不确定的巨额收益，而保险则是用确定的保费来避免不确定的损失。当投保人对于保险标的具有极大利益，而其通过保险制度获得的经济补偿不可能大于所享有的保险利益时，投保人将有积极的、正面的动机避免保险标的遭受损害，而不可能怀着投机心理放任保险标的受损以图谋取更大的利益。所以保险利益原则对于限制赌博行为是有重要意义的。

（三）限定保险人的赔偿或给付额度

保险制度的主旨在于分散风险、弥补损失，其原理在于个体投保人或被保险人通过保险合同将自身遭受保险事故的风险转移给保险人，而保险人要想获得利润维持运转需要对其所承受的风险有大致的判断和把握，这时投保人或被保险人对保险标的所享有的保险利益便成为一个可以倚重的指标。这点在财产保险制度中表现得尤为突出，财产保险人所承担的给付保险金的责任以补偿损失为最高限度，被保险人或受益人主张的赔偿金额不得超过其保险利益的金额或价值。人身保险制度中，保险利益本身并非纯粹的经济价值，难以将保险利益量化为货币价值，所以多为定额给付，但在某些涉及补偿性的人身保险给付中也仍然会有所考量，如医疗费用的给付等。

专栏 2—3

保险利益原则的历史发展

公元1347年，意大利人乔治·勒克雄伦为一艘名为圣·克勒拉的船只承保其从热那亚航行至马乔卡的风险。当事人为此所制作的保险单成为迄今为止世界上已发现的最古老的保险单，其内容类似买卖或借贷契约，如果发生保险事故保险人所承担的赔偿责任与标的物价值的毁损或灭失直接相对应。可见，当时还没有保险利益的概念。

到了16世纪，有学者针对一个假想案例展开争论，进而提出了保险利益的概念。这个假想案例的核心命题是：如果投保人对其为之投保的物不享有所有权或不享有完全的所有权，保险人能否以此抗辩拒付保险金？当时学界的观点分为两大阵营：一派认为保险人不能以此抗辩，必须支付全部保险金额；另一派则认为投保人只能就其享有的所有权部分请求理赔，此派学者还提出，被保险人申请保险金时，应当证明其对保险标的具有保险利益。从这场争论开始，保险利益的问题逐渐得到越来越多的关注，学界也逐渐达成一致，认为被保险人对保险标的享有保险利益应是行使保险赔偿请求权的前提。但当时对于保险利益的认定还停留在较为简单的层面，认为享有所有权是具有保险利益的唯一形式。

18世纪至19世纪初，保险实务已大有发展，除了传统的海上保险，又发展出运费保险、信用保险、第三人利益保险等业务，将保险利益简单等同于所有权的理论与实践相比已显滞后。学界针对实践需求提出，投保人或被保险人对保险标的享有的所有权可视为直接保险利益，对保险标的不享有所有权但具有某种利害关系的投保人或被保险人则对保险标的具有间接保险利益。其根据在于，非所有权人，如动产质权人、不动产抵押人、物的借用人或保管人对于物的完好享有利益，物的损毁也会给他们带来损失。从保险制度的基本功能分散损失这一角度来看，投保人或被保险人对于保险标的所享有的经济利益是认可保险利益的基础。这一观点流转甚广影响甚大，直到现在，我国通说仍认为保险利益产生于投保人或被保险人与保险标的之间的经济联系。①

1746年英国《海上保险法》② 最早以法律的形式规定可保利益。其后1774年英国制定《人寿保险法》率先确立保险利益原则，该法规定，不能证明存在保险

① 张洪涛、庄作瑾：《人身保险》（第二版），中国人民大学出版社2004年版，第20页。

② 1746年英国海上保险法（Marine Insurance Act 1746）。

利益，保险单就不合法。但在英国，保险利益理论和学说主要通过判例的形式积累和发展。从诸多判例来看，英国法认定保险利益存在与否大致有三种标准，其一为法定关系理论，即投保人或被保险人对保险标的具有法律所规定或认可的权利义务关系，则认为投保人或被保险人对保险标的具有保险利益。其二为实际利益理论，即保险标的发生保险事故会给投保人或被保险人带来实际损失或令其失去本可期待的利益，则认定投保人或被保险人对保险标的享有保险利益。其三为综合性理论，即投保人或被保险人对保险标的具有法定权利义务关系，且应享有实际利益，方认定投保人或被保险人对保险标的享有保险利益。

对于财产保险制度而言，以经济利益为中心的保险利益理论对于说明和解释投保人与被保险人对保险标的所享有的利害关系是完全适用的，但对于人身保险制度则显得有些牵强。事实上，人的生命和价值是无法以金钱来衡量的，相应地，人身损害也无法完全以金钱来评估和弥补。实践中，人身保险金的支付也是按照投保人支付的保险费来确定的，保险费越高则保险事故发生后保险公司支付的保险金也就越多，并不像财产保险那样存在赔偿以弥补损失为限的规则。所以说，人身保险制度固然也有分散损失的功能，但人身保险关系中，投保人对被保险人所具有的保险利益不能完全等同于经济利益。那么，缔结人身保险关系要求投保人对被保险人具有保险利益这一规则究竟是出于何种立法考虑呢？应该说，人身保险制度对于保险利益的强调主要是为了防止投保人在逐利动机下产生的道德风险和赌博动机。我们可以设想一下，如果人身保险关系中投保人与被保险人之间没有一定的经济或情感上的利害关系，投保人就有可能为了获取保险金而故意或放任保险事故发生从而损害被保险人的利益，或者投保人完全把保险制度当做赌博加以滥用，给保险业和保险市场带来难以抵御的风险。

在人身保险制度中，保险利益是一个非常关键的问题，本书第四章将继续探讨保险利益理论体系及其在人身保险制度中的特殊应用。

三、保险利益原则的内容

（一）保险利益原则一般理论

1. 保险利益的要件

投保人或被保险人必须对保险标的享有保险利益，方可为之投保，因此保险利益的存在与否对于保险合同的效力影响甚巨。那么，究竟以何种标准来判定保险利益的存无呢？从学理上来看，法律所认可的保险利益大体应当具备如下几个方面的条件：

（1）投保人对于保险标的所具有的保险利益应为合法的利益。这是保险利益的合法性，意味着保险利益须符合法律规定和社会公序良俗。只有受到法律保护或认可的利益才能够成为保险利益。对于财产保险来说，投保人对于保险标的所享有的保险利益应有财产法上的正当依据，如物权法、合同法等。总的说来，如果投保人对于投保财产具有所有权、占有权、使用权、收益权等财产性权益或财产性责任，则此种利益就属于合法的保险利益。要求保险利益应为合法利益，排除了那些通过非法途径取得的利益或者法律禁止持有的非法物品，如盗窃所得赃物、贩运而来的毒品等。对于人身保险来说，投保人对被保险人所具有的保险利益亦须是合法利益，这种合法利益往往源自特定的法律关系，如父母子女关系、雇佣关系等。

(2) 投保人对于保险标的所具有的保险利益应是确定的利益。这是保险利益的确定性，意味着保险利益须是客观实在的利益。确定的利益是指该利益在事实层面上已客观拥有或有合理预期拥有，其中已现实拥有的利益称为现有利益，虽尚未实际拥有但有合理根据可以预期的利益称为预期利益，两者皆属于确定利益范畴。虚幻不定的、主观臆测的利益不能被认可为保险利益，否则保险利益原则将失去意义。利益之确定性，或在于已依法获得权属，或在于依法享有期待权，或在于依法可预见承担一定责任或风险。比如，责任保险中，投保人虽尚未承担法律责任，但可以预见一旦发生特定情形其必须承担法律责任且必定因承担责任而遭受经济损失，因此投保人对于保险标的具有可以预期的确定利益。在人身保险中，投保人对被保险人的利益也必须是确定的，《保险法》规定一定范围内的家庭成员之间具有保险利益，正是基于家庭成员之间通过血缘或姻亲的方式，已经形成了确定的利益关系。

(3) 投保人对于保险标的所具有的保险利益应具有一定的经济性。这是保险利益的经济性，意味着保险利益须通过货币进行计量或转化为货币加以评估。保险制度是一种商业制度，其基本功能即在于分摊个体损失以保障个体经济、生活的稳定，这种保障首先是物质保障，并且主要是物质保障。财产保险以补偿经济损失为主要目的，投保人对于保险标的所具有的保险利益自然是经济利益，易于以货币的形式来表现和衡量。人身保险的标的是人的寿命和身体，不宜用金钱来衡量，因此投保人对保险标的所具有的保险利益主要表现为人与人之间的身份关系和信赖关系，但被保险人的身体受伤害或失去生命也会给被保险人或受益人带来经济上的损失，这些损失也是可以折算为货币的。[①] 例如，父母子女之间具有的保险利益，当然是基于一种身份关系和天然感情，但父母或子女的离去或疾病，都会给对方带来一定的经济损失。

2. 保险利益的效力

前面我们讨论了保险利益本身须具备哪些特点，这里要探讨法律在何种情形下才能认可具体关系具有保险利益。也就是说，只有合法、明确且带有经济性的利益才有可能成为法律所认可的保险利益，而只有特定主体在特定时点对保险标的具有保险利益，法律才认可保险

① 英国保险法教授克拉克认为，人寿保险的可保利益之一是投保人对被保险人的天然感情，出于这样的理由，法律允许某人为其最亲密的人投保，在英国，有保险利益的亲属范围较小。在美国则不同，具有亲族关系人之间，只要基于天然的情感对被保险人的生命延续具有非金钱利益，就会被认为具有可投保利益，丈夫对妻子具有保险利益，即使在离婚之后，保险合同仍然有效，有些州甚至将这一规则适用于未婚夫与未婚妻之间。然而，克拉克也认为，在人寿保险中，也存在非基于天然感情的保险利益，在不存在基于天然感情的保险利益的情况下，投保人对被保险人的生存期间必须有利害关系，这种利害关系是金钱方面的，并且在订立合同时是法定的。参见克拉克著，何美欢、吴志攀等译：《保险合同法》，北京大学出版社 2002 年版，第 81、86 页。

合同具备保险利益要素。这里，在法律所规定的时点，保险利益是否归属于适法主体，就是保险利益的效力问题。保险利益须存在于法律所规定的时点，是保险利益的时间效力。保险利益须归属于适法主体，是保险利益的对人效力。

新《保险法》第十二条第（一）款和第（二）款分别对人身保险和财产保险的保险利益问题加以规定，其具体要求为：人身保险的投保人在保险合同订立时，对被保险人应当具有保险利益；财产保险的被保险人在保险事故发生时，对保险标的应当具有保险利益。①

人身保险制度强调在保险合同订立时，投保人需对被保险人具有保险利益，至于保险事故发生或保险金给付期间已至的时点投保人是否仍对被保险人具有保险利益则没有关系。这是因为在人身保险合同订立时强调保险利益能够有效地阻止道德风险或赌博行为，而人身保险合同生效后一旦发生保险事故或已至保险金给付期间，享有保险金请求权的是被保险人或受益人，此时就不用再强调投保人须具有保险利益，否则反而有可能妨碍被保险人或受益人主张合同权利。另外，人寿保险还具有储蓄和投资的功能，人寿保险单具有一定的现金价值，仅在合同订立时强调保险利益有利于促成其流通，更便捷更灵活地实现这一功能。②

【案例 2－1】

人身保险合同保险利益的存在时点

1997 年 8 月，王某为丈夫投保了 5 万元人寿保险，受益人是王某的儿子。1999 年 3 月，王某与丈夫因感情破裂离婚，经法院判决，儿子由王某抚养。离婚后，王某与前夫各自都成立了新的家庭。2009 年 12 月，王某的前夫因意外事故去世，王某得知后向保险公司提出了给付保险金的申请。

【分析】 依据法释［2009］12 号，《关于适用〈中华人民共和国保险法〉若干问题的解释（一）》第三条的规定，人身保险合同成立于保险法施行前而保险事故及理赔发生于保险法施行后，适用保险法的规定，因此本案适用 2009 年修定的《保险法》第十二条，人身保险的保险利益只要在投保时存在即可，投保人对被保险人的保险利益并不需要贯穿保险合同的始终。故王某与丈夫离婚后虽不再对前夫具有保险利益，但这并不影响保险合同的效

① 我国 1995 年《保险法》第十二条对保险合同中的保险利益问题进行了统一规定，即投保人对保险标的应当具有保险利益，否则保险合同无效。这一规定没有区分人身保险和财产保险的不同特点，不利于保险合同的订立和履行，也易于造成交易成本过高，因此 2009 年《保险法》修订工作对此加以改进。

② 财产保险制度则不同，合同订立时投保人未必对保险标的具有保险利益，但事故发生时被保险人必须对保险标的具有保险利益。这是符合财产保险原理及国际保险惯例的，财产保险合同的理赔以保险事故给被保险人带来的损失为参照，如果保险事故发生时被保险人对保险标的根本不具有保险利益，那当然也就没有损失可言，保险合同就失去意义。同时，对于投保人不作保险利益方面的强制性要求，能够迎合不同交易模式的需求。尤其是对于海上货物运输保险业务而言，根据具体交易模式，买方可能在尚未现实取得货物所有权之前就需要投保以规避风险，而卖方则可能在投保避险之后需要转让货物所有权才能完成交易，所以财产保险合同应以保险事故发生时被保险人对保险标的是否具有保险利益来判断其效力。

力。保险公司应当承担赔付责任。

附：2009 年《保险法》修改前后关于保险利益的不同规定

修改前	修改后
第十二条　投保人对保险标的应当具有保险利益。 投保人对保险标的不具有保险利益的，保险合同无效。 保险利益是指投保人对保险标的具有的法律上承认的利益。 保险标的是指作为保险对象的财产及其有关利益或者人的寿命和身体。	第十二条　人身保险的投保人在保险合同订立时，对被保险人应当具有保险利益。 财产保险的被保险人在保险事故发生时，对保险标的应当具有保险利益。 人身保险是以人的寿命和身体为保险标的的保险。 财产保险是以财产及其有关利益为保险标的的财产。 被保险人是指其财产或者人身受保险合同保障，享有保险金请求权的人。投保人可以为被保险人。 保险利益是指投保人或者被保险人对保险标的具有的法律上承认的利益。

（案例来源：邹辉编著，《保险纠纷案例——投保与理赔的规则技巧》，经济日报出版社 2001 年版，第 65 页。）

3. 保险利益的变动

广义来讲，保险利益的变动包括保险利益的移转和保险利益的消灭两种情形。狭义而言，保险利益的变动仅指保险利益的移转。

人身保险的保险标的是人的生命或身体，是不可转让的，所以人身保险制度中不存在保险利益移转问题。就人身保险而言，保险利益的消灭大致可分为两种情形：一种是投保人与被保险人解除特定法律关系从而使得投保人对被保险人不再具有法律认可的保险利益。由于人身保险合同中仅要求在合同订立时投保人对于被保险人具有保险利益，因此，合同订立以后投保人因身份关系发生变动而对被保险人失去保险利益不影响人身保险合同的法律效力。另一种情形是被保险人丧失生命导致投保人对其所享有的保险利益归于消灭，如果被保险人丧失生命的原因是发生合同约定的保险事故，则这个问题应作为保险合同的履行来处理，如果并非如此，则应依照法律具体规定来处理。比如，《保险法》第四十四条规定："以被保险人死亡为给付保险金条件的合同，自合同成立或者合同效力恢复之日起二年内，被保险人自杀的，保险人不承担给付保险金的责任，应当按照合同约定退还保险单的现金价值，但被保险人自杀时为无民事行为能力人的除外。"

（二）人身保险合同的保险利益

1. 人身保险利益的特殊性

保险制度的基本分类，即是按照保险标的的不同将保险分为人身保险与财产保险，前者以人的寿命和身体为保险标的，后者以财产及其有关利益为保险标的。由于保险标的的不同，人身保险与财产保险在具体机制上存在很多差异，保险利益问题是其中一个重要的方面。理解人身保险利益的特殊性，主要应从其与财产保险利益的对比来把握。

人身保险的保险利益与财产保险的保险利益在性质上存在很大的不同。在财产保险中，保险利益体现为投保人对保险标的所享有的经济利益，是可以货币形式予以量化的。因此，在财产保险制度中，不仅要考察有关主体是否享有保险利益，还要考察该主体所享有的保险利益与保险标的的实际价值之间的关系。因为保险标的本身具有客观的经济价值，相关主体的利益诉求不能超出保险标的本身的实际价值，超出此限制的诉求将不会获得法律的保护。反映在制度上，即是财产保险的如下规则：保险金额不得超过保险价值。超过保险价值的，超过部分无效，保险人应当退还相应的保险费。保险金额低于保险价值的，除合同另有约定外，保险人按照保险金额与保险价值的比例承担赔偿保险金的责任。

人身保险以人的生命和身体为保险标的，现代法律强调将人作为主体来看待，赋予人的生命和身体以至高尊严，所以人的生命和身体是不能简单换算为货币来计量的。人身保险的保险利益体现为投保人对被保险人具有利害关系，这种利害关系可能具有一定的经济内容，但多数情形下是基于特定的人身关系而产生的，这种情形下投保人与被保险人之间往往不仅具有经济上的利害关系，还具有精神利益上的相关性。可见，人身保险的保险利益不能简单以货币的形式进行量化。由此人身保险合同只考察有无保险利益的问题，并不考察保险利益的数量或计量方面的问题。反映在制度上，人身保险的保险金额是没有限制的，也不存在超额保险、重复保险的问题，具体业务中的保险金额根据投保人的缴费意愿和缴费能力而定。

另一方面，虽然保险利益是人身保险合同和财产保险合同的共有要素，但两者对于保险利益的要求不尽相同。人身保险制度中，保险利益的制度功能在于防止道德风险和赌博行为，保护被保险人和受益人的利益，因此仅要求合同订立时投保人需对被保险人具有保险利益，其后则没有关系。财产保险制度中，保险利益除了具有上述功能外，还具有弥补经济损失、限制保险赔偿金额的功能，所以要求保险事故发生时被保险人需对保险标的具有保险利益。

可见，由于人身保险和财产保险各自所针对的保险标的性质不同，有关主体对保险标的所享有的保险利益各具特点，保险利益原则在人身保险和财产保险制度中的具体内涵也是不同的。

2. 人身保险利益产生的依据

人身保险利益产生于投保人与被保险人之间的特定法律关系，如亲属关系、扶养关系、雇主雇员关系等。由于此种法律关系的存在，被保险人的生存或健康能够使投保人受益或免于受损，被保险人死亡或罹患疾病、致残则会使投保人遭受损失，因而投保人对被保险人身体或生命所怀有的关切受到法律的认可①，从而投保人对被保险人所享有的保险利益得以被法律认可为保险利益。那么，究竟有哪些法律关系能够纳入人身保险利益的范畴呢？从各国立法来看，大致有如下一些法律关系会被认定为具有人身保险利益：（1）投保人为自己投保，对自身的生命与健康当然具有保险利益。（2）投保人为与其存在血缘关系的人投保，对其近亲属的生命与健康具有保险利益。这里，亲属是指具有血缘关系的近亲属，如父母与

① 唐德华、高圣平主编：《保险法及配套规定新释新解》，人民法院出版社2004年版，第326页。

子女、（外）祖父母与（外）孙子女、兄弟姐妹等。（3）投保人为其配偶投保，对其配偶的生命与健康具有保险利益。（4）投保人为与其具有抚养、赡养关系的人投保，对其抚养或赡养的人或向其承担抚养或赡养义务的人的生命与健康具有保险利益，如有抚养关系的旁系亲属等，有时还包括只具有事实经济依赖关系的人。（5）投保人为与其具有经济利益关系的人投保，对其雇员、债务人、合伙人等的生命与健康具有保险利益。

除了上述具有特定法律关系的主体之间被视为具有保险利益之外，有些国家也认可不具有上述法律关系的主体之间，投保人经被保险人同意也可以为之投保。经被保险人同意即可为之投保人身保险这一规则给人身保险利益的认定带来了极大的灵活空间，扩大了人身保险的适用范围。

专栏 2—4

关于人身保险利益的立法原则

综合来看，各国关于人身保险利益的立法原则大致可分为三类。

其一，利益主义原则。英美国家大多采用这一原则，认为投保人是否对被保险人享有保险利益取决于两者之间是否存在经济上或其他方面的利益关系，两者之间有利益关系的即被视为存在保险利益，两者之间没有利益关系的则不能享有保险利益。这里的利益关系，主要指经济利益方面的利害关系，但美国等国家也通过案例确认，一定条件下，投保人与被保险人之间存在的血缘、爱情等关系以及投保人对被保险人的特定期待都可以构成保险利益。

其二，同意主义原则。大陆法系国家如德国、日本等多采用这一原则，认为投保人是否对被保险人享有保险利益取决于被保险人是否同意投保人为之投保，凡征得被保险人同意的即可被认可具有保险利益，凡未征得被保险人同意的则不具有保险利益。在这一立法原则下，投保人与被保险人之间是否存在经济关系或其他方面的利害关系在所不问。

其三，折中主义原则。这一原则兼顾投保人与被保险人之间的利益关系及被保险人同意这两个方面的要素，认为投保人与被保险人之间具有某种经济或其他利益关系的构成保险利益，投保人与被保险人之间不具有某种利益关系但被保险人同意投保人为之投保的也视为具有保险利益。我国即采用了这一立法原则。

我国《保险法》第三十一条是对人身保险利益的具体规定，该条首先以投保人和被保险人之间的利害关系为标准，采用列举的方式规定了具有若干法律关系的主体之间具有保险利益，然后又纳入了被保险人同意这一规则，某种意义上说，属于折中主义原则。这一原则的采用，使得多种符合法定条件的主体都可参与和运用人身保险制度，有效地拓宽了人身保险制度的适用范围。

3. 人身保险利益的具体认定

根据《保险法》第三十一条的规定，投保人对下列人员具有保险利益：

（1）本人。投保人对于自己的生命和健康享有保险利益，有权通过人身保险制度为自己的生命和健康获取稳定的物质和经济保障，这是不言自明的。

（2）配偶、子女、父母。配偶、子女和父母都是投保人的近亲属，并与投保人之间存在法定的扶养、抚养和赡养关系。配偶、子女和父母的生命或健康受损，投保人当然会遭受物质和精神上的极大损失，因此应当认定投保人对其近亲属的生命或健康具有保险利益。这里，子女和父母宜作广义解，子女包括婚生子女、非婚生子女、养子女和形成抚养关系的继子女，父母包括生父母、养父母和形成赡养关系的继父母。

（3）前项规定以外与投保人有抚养、赡养或者扶养关系的家庭其他成员、近亲属。除了配偶、子女、父母之外，可能还有祖父母、外祖父母、孙子女、外孙子女、兄弟姐妹等近亲属或其他成员与投保人共同生活，并基于共同生活的事实形成对投保人的经济依赖关系，这些近亲属或家庭成员保持身体健康能够使投保人减少经济负担保持稳定的生活水准，因此投保人对于这些形成抚养、赡养或者扶养关系的近亲属、家庭其他成员的生命和健康也具有保险利益。

（4）与投保人有劳动关系的劳动者。与投保人之间形成雇佣关系或其他劳动管理关系的劳动者，保持其身体健康，对于投保人稳定生产或工作具有极大利益，一旦这些劳动者生命或身体受到损害，投保人可能需要付出极大的经济代价稳定生产安抚家属等，因此投保人对这些劳动者的生命或健康具有法律认可的保险利益。这里，劳动关系指我国境内的企业、个体经济组织等与劳动者通过劳动合同或事实雇佣关系建立的法律关系，以及国家机关、事业单位、社会团体与劳动者通过劳动合同或事实雇佣关系建立的法律关系。

除了以上四种法定关系具有保险利益之外，《保险法》第三十一条第（二）款还规定，“被保险人同意投保人为其订立合同的，视为投保人对被保险人具有保险利益。”这是对同意规则的采纳。被保险人同意投保人为其订立人身保险合同的，应排除那些可能危及被保险人生命健康的道德风险事件，而订立人身保险合同又可帮助被保险人或受益人获得稳定的经济保障，因此法律认可这种情形下投保人对被保险人具有保险利益。

此外，围绕投保人应对被保险人具有保险利益这一规则，《保险法》对人身保险合同的成立、生效以及转让等还有一些特别的规定：（1）投保人不得为无民事行为能力人投保以死亡为给付保险金条件的人身保险，保险人也不得承保。父母为其未成年子女投保的人身保险，不受此限，但是，因被保险人死亡给付的保险金总和不得超过国务院保险监督管理机构规定的限额。（2）以死亡为给付保险金条件的合同，未经被保险人同意并认可保险金额的，合同无效。父母为其未成年子女投保的人身保险，不受此限。按照以死亡为给付保险金条件的合同所签发的保险单，未经被保险人书面同意，不得转让或者质押。这些规则一方面补充规范了人身保险合同中的保险利益问题，另一方面也认可了被保险人对合同效力的影响力。

【案例2-2】

男方再婚妻子是否对男方与前妻的孩子具有保险利益

刘某（男）与方某（女）于2000年协议离婚，离婚协议书上载明，双方年满5岁的儿子随母亲方某一起生活，每周末刘某行使探望权与儿子共处两天。2002年，刘某与秦某再婚，因双方没有孩子，秦某常随同刘某前去探望其子，久而久之对刘某的儿子视同己出格外疼爱。2003年3月，秦某为自己投保时顺便以母亲的身份为刘某的儿子购买了一份人身保险，指定刘某为受益人，此后一直按约缴纳保费。2005年，刘某的儿子因交通事故死亡，秦某告知刘某曾为其子购买人身保险，刘某遂向保险公司提出索赔。保险公司经审查后，以秦某对刘某之子不具有保险利益为由拒绝理赔。刘某不服，诉至法院。法院审理后判决，本案中投保人秦某对被保险人刘某之子不具有保险利益，保险合同无效，保险公司没有支付保险金的义务。

（案例来源：编者根据网络材料改编整理，http：//blog. chinahr. com/blog/bizhenwen/post/46209，2009年8月15日。）

【分析】 解决本案纠纷，关键在于回答这两个问题：保险利益的认定对于人身保险合同的效力有何种影响？本案中，投保人秦某是否对被保险人刘某之子具有保险利益？

根据《保险法》第十二条第（一）款和第（六）款、第三十一条第（三）款的规定，保险利益是投保人或者被保险人对保险标的具有的法律上承认的利益，人身保险的投保人在保险合同订立时，对被保险人应当具有保险利益，否则合同无效。

由此可见，保险利益的认定直接关系到人身保险合同是否有效的问题。《保险法》第三十一条第（一）款和第（二）款规定："投保人对下列人员具有保险利益：（1）本人；（2）配偶、子女、父母；（3）前项规定以外与投保人有抚养、赡养或者扶养关系的家庭其他成员、近亲属；（4）与投保人有劳动关系的劳动者。除此之外，被保险人同意投保人为其订立合同的，视为投保人对被保险人具有保险利益。"本案中，秦某是刘某的再婚妻子，并非刘某之子的母亲，而且刘某之子也没有与秦某和刘某共同生活，而是随同其母方某一同居住、生活，所以秦某与刘某之子之间也没有形成抚养关系。

至于秦某为刘某之子投保是否经过被保险人本人同意，案件背景信息没有涉及，但是根据《保险法》第三十三条的规定："除父母为其未成年子女投保外，投保人不得为无民事行为能力人投保以死亡为给付保险金条件的人身保险，保险人也不得承保。"本案中，秦某为刘某之子投保时，被保险人尚不足10岁，为无民事行为人，因此秦某为之投保以死亡为给付保险金条件的人身保险是违反法律禁止性规定的，该人身保险合同自始无效，保险人自然也不承担给付保险金的义务。

本案有一个细节值得注意，因秦某投保时自述为被保险人的母亲，保险人予以承保是没有过错的。如果秦某详细说明其与被保险人的真实关系，而保险人仍予以承保，则保险人亦构成违反法律禁止性规定，要承担部分缔约过失责任。此外，根据《保险法》第一百六十四条的规定，如保险人系故意为之，尚需承担行政责任。

第三节　近 因 原 则

一、近因原则的含义

所谓**近因**，是指对损害或损失的发生起决定性作用的、有效的，并且引起法律责任承担的原因。[①] 理解近因的含义，须把握以下几点：

（一）近因是对损害或损失的发生起决定性作用的原因

也就是说，有此原因，此损害或损失有很大的可能性发生。比如说，某人在爬山时因心脏病突然发作向前跌倒，不巧前方正是一处悬崖，因此跌落山谷而死，那么究竟心脏病发作是其死亡的近因还是摔落山谷是其死亡的近因呢？应该说摔落山谷是其死亡的近因，因为摔落山谷是致使此人丧失生命的直接的、决定性的原因，而心脏病发作并不必然引起死亡的后果，如果只存在心脏病发作的因素，此人的生命有可能因他人的及时救助而得以挽回。

（二）近因是对损害或损失的发生起有效作用的原因

也就是说，此原因的确造成了现实的损害或损失。上面的事例中，如果此人一脚踏空之后落在悬崖下不远处的树丛中，周围的人及时施以援手将其救出，但终因缺乏有效药物而未能挽回他的生命。这时引起其死亡的近因就应归于心脏病发作，而跌落山谷这一因素并非对其死亡起有效作用的原因，不能认定为近因。

（三）近因是能够引起法律责任承担的原因

也就是说，造成损害发生的原因事件属于有关法律主体承担赔偿责任的事故范围。比如说，对于疾病保险而言，心脏病发作属于保险事故，构成使保险人承担保险责任的原因，而意外跌落山谷则不构成使保险人承担保险责任的原因。

保险法上的近因原则是指，只有保险事故的发生对损失结果的形成起着直接的、决定性的作用，保险人才承担补偿损失的责任。依据保险合同，保险人对保险标的发生保险事故而产生的损失承担赔偿责任，因此确定保险事故的发生与损失结果之间具有相当程度的因果关系是要求保险人承担赔偿责任的前提，近因原则即是对此种因果关系的界定。在实施保险理赔、处理保险纠纷的过程中，调查事件发生的起因、确定事件的责任归属必须遵循近因原则。正确适用近因原则，既可防止无限扩大保险人的保险责任，又可避免保险人任意推卸其

① 梁鹏："保险法近因论"，《环球法律评论》，2006 年第 5 期。

所应承担的赔付责任。

二、近因的认定方法

认定损害发生的近因，须注意鉴别条件与原因、事实原因与法律原因、保险近因与侵权近因。

首先，就条件与原因来说，条件是指为结果的发生提供环境，但由此环境并不必然发生结果的现象，它对结果的发生起着从属作用。原因是指对结果发生起着主导作用的因素，没有此因素则结果不会发生，但它并不为结果的发生提供环境，而是因条件提供的环境而决定着结果的发生。所以，对于损害发生这一后果而言，条件的存在是次要的、或然性的因素，原因的存在则是主要的、必要的因素。近因当属原因的范畴。

就发生损害而言，原因可能存在于多个方面，其中不具有法律意义、不引发法律责任的原因为事实原因，具有法律意义并引致法律责任的原因则为法律原因，我们这里所探讨的近因是需要保险人承担赔付责任的原因，当然属于法律原因的范畴。

但法律原因本身是相对而言的，比如，引致侵权责任的原因属于侵权法上的法律原因，却可能因为不属于承保范围而被保险实务归于事实原因，而引致保险责任的原因可能在侵权法上属于不可抗力无可问责从而归于事实原因。比如说，洪水肆虐、森林失火属于承保水灾、火灾的保险人承担赔付责任的范围，但在侵权法上则作为不可抗力处理。

所以，保险法上的近因，应为导致损害或损失发生的主要原因、能够引致保险赔付责任的法律原因。

三、近因的具体探求

近因的评定，对于确定保险赔付责任是非常关键的。准确评定近因需要很多方面的知识储备，并且能够运用逻辑将这些知识与客观信息加以综合分析，从而得出可信且有说服力的结论。有学者对探求近因的路径进行了详细的分析，我们在专栏中予以介绍。这里以损害发生的原因与保险事故范围进行比照为线索，简要介绍几条通用规则，以帮助大家评定引起损害发生的原因是否为近因。

首先，如果造成损失的原因只有一个，则该原因即为近因，若此原因正属于合同约定的保险事故，保险人当然应当履行赔偿责任，若此原因不属于保险事故，则保险人不负赔偿责任。比如说，某人考虑到自己经常出差，为自己购买了意外伤害保险，某日其乘坐飞机前往另一个城市拜访客户时遭遇空难，显然空难是其死亡的唯一原因，而空难也是意外伤害保险合同中所约定的保险事故，因此保险公司应当予以理赔。

其次，如果造成损失的原因有多种，则看其是否都能归属于保险事故的范围或是否都能排除在保险事故的范围之外，如果多种原因皆属于保险事故的范围，保险人应当承担赔付责任，如果多种原因都不属于保险事故的范围，则保险人不应承担赔付责任。

再次，如果造成损失的原因中有一些属于保险事故，另一些又不属于保险事故，则需结合具体情况，辨明保险事故是否对损失的发生具有决定性的、直接的影响，然后再判断保险人应否承担赔偿责任。仍以前文所举的例子来说，某人为自己购买了意外伤害保险，乘坐飞机时遭遇强气流，所幸在机组人员的努力之下所有乘客最终都被安全送达目的地，唯此人遭受惊吓于下机时即表现异常，被急急送往医院，经检查身体并无大碍，留院观察，不想数日后此人因心脏病突发导致死亡。这种情形下，在乘机过程中遭受惊吓和心脏病突发都是致该主体死亡的原因，其中旅途的不顺属于意外伤害保险合同中约定的保险事故，但并未造成实际损失，心脏病直接导致该主体死亡，是该主体死亡的近因，却不属于意外伤害保险合同中约定的保险事故，因此保险公司不承担赔偿责任。

专栏 2—5

近因的纵向探求与横向探求

传统上，我们将多种原因造成的损失分为三类加以探寻近因，即多种原因同时发生、多种原因连续发生、多种原因间断发生。每种情况再具体分析何种因素为近因。这种探求方法最大的问题是分析不够详细，不能够指导保险赔付的实践。此外，传统的探求方法也未从理论上建立一个逻辑的体系。笔者试图在传统探求方法的基础上，吸收英美法关于近因的探求方法，从而建立起相对合理的逻辑体系。

（一）纵向探求

纵向是指数个原因在时间上前后继起，形成一个链条，每个原因都是该链条上的一点，最终导致损失产生的情形。纵向探求则是在这种情形下探求近因的规则。纵向探求中要注意的问题是各个原因之间是何种关系，各原因或条件中有否被除外不保。

1. 前因为承保风险的情形。前因为承保风险，后因或者是前因的自然结果，或者是前因的可能结果。在这两种情形下，保险人的赔付责任不同。

（1）前因为承保风险，后因是前一原因的自然结果，保险人应当赔付……

（2）前因为承保风险，后因是前因的可能结果。此时应当区分后因是承保风险、未承保风险或除外风险。当后因是承保风险时，由于前后因都是承保风险，保险人应当赔付。当后因是除外风险时，除外风险是近因，保险人不应赔付……当后因是未承保风险时，前因是近因，保险人应予赔偿。

但是，应当注意的是，如果后因是除外风险或未承保风险，该风险与前因毫无关系，而是独立介入的风险造成损失，我国理论认为此种情况后因成为近因，保险人不予赔付。

2. 前因为除外风险或未承保风险的情形。前因为除外风险或未承保风险，后因或者是前因的自然结果，或者是前因的可能结果，两种情形下，保险人的赔付责任也不相同。

(1) 前因是除外风险或未承保风险，后因是前因的自然结果，则除外原因是近因，保险人不承担赔付责任，不管后因是承保风险、未承保风险还是除外风险。

(2) 前因是除外风险或未承保风险，后因是前因的可能结果，此时应区分后因是承保风险、未承保风险与除外风险而分别对待，当后因是未承保风险或除外风险时，由于前后二因都是未承保风险或除外风险，亦即前后二因均非保险合同约定的近因，故保险人无需赔付。当后因是承保风险时，后因是近因，保险人应当赔付。

应当注意的是，如果前一除外风险与后一承保风险之间没有自然的或可能的联系，承保风险是新介入的原因，则承保风险就是近因，保险人应当赔付。

（二）横向探求

横向探求是指数个原因同时发生，各个原因没有形成一个链条，而是形成横向的平行关系。横向探求就是在这种情形下确定哪个原因是近因并应由保险人承担保险责任的问题。横向探求因数个原因之间是相互独立关系还是相互依存关系而异。

1. 数个原因同时发生并相互依存。数个原因同时发生并相互依存的情况是指数个原因同时共同作用以至产生损失，没有另一个原因，任何一个原因都不会单独造成损失的情况。

如果数个原因都是承保风险，则保险人必须承担保险赔付义务，此时无需探求哪个原因作为近因。

如果数个原因中既有承保风险，又有除外风险，通常认为除外风险是损失的近因，保险人不予赔偿。

如果数个原因中既有承保风险，又有未承保风险，则承保风险作为损失发生的近因，保险人应当赔付。

2. 数个原因同时发生并相互独立。不像上述数个原因同时发生并相互依存，数个原因同时发生并相互独立是指每个原因都可以独立造成损失，无需依赖于其他原因的情况。

如果同时发生的多种原因均属承保风险，则保险人应负全部赔付责任，多种原因均属近因；如果同时发生的多种原因均属除外风险，则保险人不负赔付责任，多种原因均不属于保险法上的近因，此两种情况已经成为通说。

如果多个原因中既有承保风险，又有未承保风险或除外风险，由于每个风险都可以单独造成损失，因此，承保风险就成为保险法上承担法律责任的近因，保险人应当赔付。

（三）近因探求的原则性与灵活性

在绝大多数保险案件中，运用上述纵向探求与横向探求就可以得出损失发生的近因。但是，上述纵向探求中提到，前因与后因之间既可能是自然延续关系，也可能是可能延续关系，究竟是哪种关系，在某些情况下很难判断。而且，有时候判断原因与原因之间是纵向关系还是横向关系也殊为不易……针对上述困惑，英美法系提出了“常识标准”（Common Sense Test）。丹宁勋爵说：“近因要通过常识来找。”的确，在因果关系非常复杂、夹杂不清的情况下，法官可能依照常识进行判决。正像法官对其他任何一个案件都拥有一定程度的自由裁量权一样，在近因的裁决上，法官也可以动用这一权力，以确定在因果链中所起的作用。

但是，“常识标准”也遭到一些学者的批判，Fraser 和 Howarth 认为，借助“常识”只是凭直觉的代名词。另一些学者则认为“常识标准”是没有外部控制权的法官酌情裁决，或采用个人价值观而不需提供理由的特权。

我们认为，在探寻近因这一问题上，应当采用原则性与灵活性相结合的原则。在绝大多数情况下，前述横向探寻与纵向探求可以解决数种原因中何者为近因的问题。只有少数情况下才可以灵活地启用“常识标准”。横向和纵向的探求标准是原则性，“常识标准”是灵活性。正如 Hart 和 Honore 所说：“常识不是无法解释或武断的论断，至少在一定程度上它所使用的因果概念是以可描述的原则为基础的。”

（资料来源：摘自梁鹏，“保险法近因论”，《环球法律评论》，2006 年第 5 期。）

关键词

最大诚信原则　告知与说明　明示保证　默示保证　弃权　禁止反言　保险利益原则　道德风险　近因原则

思考题

1. 保险法为何要确立最大诚信原则？其具体要求是什么？
2. 保险利益原则的必要性何在？
3. 什么是近因，怎样理解近因原则？

第三章

人身保险合同的相关主体

学习目的

- 了解人身保险合同涉及的主体
- 掌握投保人和被保险人的认定规则
- 牢固掌握有关受益人指定与变更等法律规则
- 理解保险代理人的法律地位和业务规则
- 了解保险经纪人的法律地位和业务规则

> 合同当事人只有在他们双方都坚持要获取利益时订立合同……在有限的货物和服务的供应与人类无限需求之间，没有比订立合同和促进交换活动更好的调节方式。
>
> ——［德国］海因·克茨[①]

人身保险合同涉及多方主体，如**投保人**、**保险人**、**被保险人**和**受益人**等。其中，投保人和保险人是合同当事人，保险合同是投保人与保险人约定保险权利义务关系的协议。被保险人和受益人的利益受到合同的影响，属于合同关系人。此外，与人身保险合同相关的主体还有为保险合同的缔结、履行等提供帮助，辅助保险业务顺利完成的保险中介，主要是**保险代理人和保险经纪人**。

第一节　人身保险合同当事人

根据我国《保险法》第十条第（二）款和第（三）款的规定："投保人是指与保险人订立保险合同，并按照合同约定负有支付保险费义务的人，保险人是指与投保人订立保险合同，并按照合同约定承担赔偿或者给付保险金责任的保险公司。"

一、投保人

（一）投保人概述

投保人既可以是自然人，也可以是法人或其他组织。作为投保人，应当具备以下几个条件：

① 海因·克茨（Hein Kotz），1935年生于奈德米尔，法学博士，是著名的比较法学者康德拉·茨威格特教授的高足，1960年在马克斯·普朗克外国法和国际私法研究所从事研究工作，1970—1971年冬在汉堡大学取得教授资格，旋任康斯坦兹大学法学教授。现任汉堡大学教授，是当今世界比较法学的领军人物，也是继茨威格特之后，兼任马普外国法和国际私法研究所的所长之一。1992年，克茨与茨威格特合著的《比较法总论》的中译本就由贵州人民出版社出版，在法学界引起强烈反响，从此以后，克茨教授及其比较法理论对中国的法学，尤其是比较法学的影响便愈加深远。《欧洲合同法》是克茨教授运用其精研多年的比较法一般理论对"合同法"这一具体制度进行阐释分析的著作。此语摘自其所著《欧洲合同法》（上卷），法律出版社2001年版，第7页。

1. 投保人应当具备相应的民事行为能力

自然人作为投保人的，一般应具有完全民事行为能力，就我国相关规定而言，年满18周岁且精神状态正常的自然人以及16周岁以上不满18周岁但以自己的劳动收入为主要生活来源的自然人，都是具有完全民事行为能力的法律主体。但是，限制民事行为能力人即10周岁以上的未成年人、不能完全辨认自己行为的精神病人在某种情况下可以作为投保人。

限制民事行为能力人订立的保险合同，效力处于比较特殊的状态。我国《合同法》第四十七条第（一）款规定："限制民事行为能力人订立的合同，经法定代理人追认后，该合同有效，但纯获利益的合同或者与其年龄、智力精神健康状态相适应而订立的合同，不必经法定代理人追认。"根据这一规定，限制行为能力人订立的保险合同，其效力分为两种：一种须经法定代理人追认，在法定代理人追认之前，其效力处于待定状态，经法定代理人追认的，方为有效合同。在人身保险合同中，保险费支出较多的金额通常属于此种情形。另一种是不须经过法定代理人追认，合同订立后即为有效合同，如限制行为能力人投保由保险公司赠送、无需支付保险费的一些附加险。

2. 投保人在订立保险合同时应当具有保险利益

人身保险业务对投保人的特殊要求在于，投保人在订立保险合同时必须对被保险人具有保险利益，这种保险利益系投保人基于亲属关系、抚养关系、债务关系、财产上的管理关系或经济上的利益关系或是经被保险人同意，而对被保险人身体或生命所具有的受到法律认可的关切。至于我国法律究竟认可哪些人之间的保险利益，前文在保险利益原则中已作详述。

（二）投保人认定

1. 个险投保人

个人人身保险合同的投保人是比较容易认定的，与保险人签订保险合同，继而承担支付保险费义务的主体即是投保人，通常在保险合同中体现为甲方。按照中国保监会发布的有关规定，个人人身保险只能由个人投保，保险人不得接受机关、社会团体、企事业单位作为投保人，用个人人身保险条款为个人投保。

人身保险投保书、健康及财务告知书，以及其他表明投保意愿或申请变更保险合同的文件，应当由投保人亲自填写，由他人代填的，必须有投保人亲笔签名确认，不得由他人代签。投保人因残疾等身体原因不能签字的，由其指定的代理人签字。保险公司工作人员和代理人不得替投保人填写投保书和签名，不得诱使他人代替填写和签名。保险公司及其代理人在销售保单时必须向投保人说明其必须亲笔签名确认的要求，凡是不符合该要求的投保或变更申请，必须经投保人进行补签名，否则保险公司不得接受。

2. 团险投保人

团体人身保险合同的投保人也是与保险人签订保险合同并承担支付保险费义务的主体，并且在保险合同中也体现为甲方，其特殊之处在于团体人身保险合同的投保人是"团体"。投保团体保险的主体不能是单纯出于投保团体保险的目的而临时组成的团体，必须是已经存在的、有特定业务活动、实行独立核算的团体。在团体保险中，保险人向投保人签发总保单，该保单为其成员因疾病、伤残、死亡以及离职退休等提供补助医疗费用、给付抚恤金和养老保障计划。

这里必须明确的是，在团体保险中，团体本身是投保人，而团体中的参保成员是被保险人，两者的法律地位是不同的。但团体是由其成员组成的，所以对团体的要求往往也与其成员组成相关。比如，根据中国保监会发布的相关规定，在团体业务中，投保团体的成员人数等于或少于 8 人的，所有成员必须全部投保，投保团体的成员人数多于 8 人的，投保成员必须占团体成员总数的 75% 以上（含 75%）。保险公司可以在条款或合同中约定，被保险人的人数减少到团体成员总数的 75% 以下（不含 75%）时，保险公司提前 30 日书面通知投保人后，有权解除保险合同。

团体保险中的投保人有一些特殊的义务，比如，投保人应提供被保险人名单，并提供有效证明，确认被保险人同意投保团体保险事宜，投保人退保时，亦应提供有效证明表明被保险人知悉退保事宜。投保人为其分布于不同省、自治区或直辖市的成员统一承保时，如投保人具有法人主体资格，由其法人所在地或核算单位所在地的保险人签发保单，如投保人不具有法人主体资格，则由其参与保险计划的成员中多数人所在地的保险人签发保单。

二、保险人

（一）保险人概述

保险的组织形式大致可分为两种：一种是多数人直接集合相互保险，即由面临同样风险的多数人为达到分散损失的目的直接聚集在一起，组成一个相互保险的团体；另一种是多数人间接结合达到保险的目的，即面临同样风险的多数人都以一个共同的第三人（亦即保险人）为媒介，以向其缴纳保险费并约定在遭受损失后领受保险金的形式组成共同体，达到分散风险分摊损失的目的。现代保险制度多采取第二种运营形式，即通过保险企业的形式来开展保险业务。

《保险法》第六条规定："保险业务由依照本法设立的保险公司以及法律、行政法规规定的其他保险组织经营，其他单位和个人不得经营保险业务。"这里，法律、行政法规规定的其他保险组织主要包括中国船东互保协会、中国渔业互保协会、阳光农业相互保险公司等，除了这些保险组织外，包括人身保险在内的商业保险业务必须由依法设立的保险公司专营，这是因为：其一，商业保险业务本身具有较强的专业性，必须依赖一定的制度基础，如严密的组织章程、雄厚的经济实力、良好的管理机制、专业的从业人员等，法律要求由依法设立的保险公司专营商业保险业务能够确保其顺利、可靠、稳定地从事保险业务。其二，商业保险业务涉及广大社会民众的切身利益，必须有稳健经营的商业组织才能确保投保人的利益，要求保险公司依法设立可以从程序上审定其是否能够承担起相应的风险，是否拥有足够的保障能力。

保险公司是依法经营保险业务，与投保人订立保险合同，并按照合同约定承担赔偿或给付保险金责任的有限责任公司或股份有限公司。根据我国《保险法》的有关规定，设立保险公司应当具备如下基本条件：（1）主要股东具有持续盈利能力，信誉良好，最近 3 年内无重大违法违规记录，净资产不低于人民币两亿元；（2）有符合《保险法》和《公司法》

规定的章程；(3) 有符合《保险法》规定的注册资本，即实缴货币资本人民币两亿元以上；(4) 有具备任职专业知识和业务工作经验的董事、监事和高级管理人员；(5) 有健全的组织机构和管理制度；(6) 有符合要求的营业场所和与经营业务有关的其他设施；(7) 法律、行政法规和国务院保险监督管理机构规定的其他条件。设立保险公司需遵循法定程序，经中国保监会批准后，领取经营保险业务许可证后方可开业。保险公司设立分支机构，也应按照法律规定的程序进行申请和登记。

保险公司必须在国务院保险监督管理机构依法批准的业务范围内从事保险经营活动，经营人身保险业务的保险公司业务范围包括人寿保险、健康保险、意外伤害保险等，经营财产保险业务的保险公司业务范围包括财产损失保险、责任保险、信用保险、保证保险等。一般而言，同一家保险公司不得兼营人身保险业务和财产保险业务，但是，经营财产保险业务的保险公司经国务院保险监督管理机构批准，可以经营短期健康保险业务和意外伤害保险业务。

（二）保险人认定

保险人是与投保人订立保险合同，并按照合同约定承担赔偿或者给付保险金责任的法律主体，对于保险人的认定直接关系到保险合同的履行。前文已述，除法律、行政法规规定的其他保险组织外，保险业务通常由依照保险法设立的保险公司专营，那么这些经营保险业务的保险公司自然就是保险人。但实践中，由于保险机构组织形式的复杂化、保险营销渠道的多样化以及**再保险**业务的介入，有时会在保险人的认定方面存在一些误区，因此需要对这些情形下的保险人认定问题加以说明。

1. 保险公司分支机构业务活动对于保险人认定的影响

保险公司可以根据业务发展需要申请设立分支机构。保险公司分支机构的层级依次为分公司、中心支公司、支公司、营业部或者营销服务部。保险公司可以逐级设立分支机构，也可以不按照前述层级逐级管理下级分支机构，但其在住所地以外的各省、自治区、直辖市开展业务，应当首先设立分公司。

保险公司分支机构具备一定的条件和能力独立开展保险业务，它在设立时已经取得经营保险业务许可证和营业执照，有自己的营业场所和设施，有保险公司（总公司）拨付的运营资金和授予管理的财产，有符合任职资格的高级管理人员和业务人员等。但保险公司分支机构对保险公司（总公司）存在隶属关系，其名称必须冠以保险公司（总公司）的名称，并写明是分支机构，在重大事项上也必须服从保险公司（总公司）权力机关或决策机关的决定。

最为关键的是，我们对保险公司分支机构的法律地位必须有明确的认识。《保险法》第七十四条第（二）款规定：“保险公司分支机构不具有法人资格，其民事责任由保险公司（总公司）承担。”这意味着，保险公司分支机构不具有法人的民事权利能力和民事行为能力，分支机构所从事的民事活动在法律上视为具有法人资格的保险公司（总公司）的民事活动，分支机构从事保险业务所产生的一切民事责任也要由保险公司（总公司）来承担。反映在保险合同主体的认定上，就是保险公司分支机构展业而订立的保险合同，其保险人应为该分支机构所属的保险公司（总公司）。

但需要补充说明的是，保险公司分支机构虽然不具有法人资格，不能被认定为保险合同的保险人，但却具有独立的诉讼主体资格。也就是说，保险公司分支机构在保险公司（总公司）的授权范围内开展业务时，与其他公民、法人和其他组织发生纠纷引起诉讼的，应以分支机构作为诉讼主体。但保险公司分支机构经营管理的财产不足以承担相应民事责任时，超过的部分应由其所属的保险公司（总公司）来承担。

2. 保险营销渠道对于保险人认定的影响

保险公司将其开发出来的保险产品推销、出售给投保人，需要通过特定的营销渠道进行。随着保险业的蓬勃发展，保险营销渠道呈现出越来越多样化的趋势：从营销的形式来说，有柜台营销、电话营销、邮寄营销、网络营销等；从营销的主体来说，有保险公司的员工直接进行推销的，也有保险公司通过保险代理人或保险经纪人进行间接推销等。在近来发展较快的银行保险业务中，银行、邮政、基金组织以及其他金融机构基于其与保险公司之间的合作协议，也会安排相关工作人员代理销售保险产品。

保险营销主体的多元化、保险营销形式的多样化可能会给保险合同主体尤其是保险人的认定带来一些误区。那么，我们要明确的是，无论是什么主体通过什么方式进行保险营销活动，保险人都只能是与投保人订立合同并承担赔偿或给付保险金责任的保险公司，通常体现为保险合同的乙方。至于营销主体的法律地位，则需具体而论，比如说保险公司的员工直接进行推销的，员工应视为保险公司的代表，其从事业务活动所形成的民事权利义务关系应由保险公司来承担，再如保险公司通过保险代理人进行推销的，则营销主体应视为保险公司的代理人，其从事保险代理活动所形成的民事权利义务关系应由被代理人即保险公司来承担，关于保险代理人和保险代理制度，本章第三节再作详论。银行保险业务中，向投保人推销保险产品的工作人员是其所属机构如银行、邮政、基金组织或其他金融机构等的代表，而其所属机构则拥有保险兼业代理资格，所以这些机构与保险公司之间也形成代理关系，这些机构的工作人员所推销的保险产品，其保险人也应认定为被代理人保险公司。而经保险经纪人撮合成交的保险合同，其保险人也是相应的保险公司，至于保险经纪人与各方主体形成的法律关系也将在本章第三节中讲述。总之，保险人必须是依法取得保险经营资格的保险公司，是作为乙方签署保险合同的法律主体，这一点不以营销主体、营销形式的变化为转移。

3. 再保险业务对于保险人认定的影响

再保险也称分保，是保险人在原保险合同的基础上，通过签订分保合同，将其所承保的部分风险和责任向其他保险人进行保险的行为。在再保险交易中，分出业务的公司称为原保险人或再保险分出人，接受业务的公司称为再保险人或再保险接受人。应再保险接受人的要求，再保险分出人应当将其自负责任及原保险的有关情况告知再保险接受人。

再保险的权利义务关系与原保险是分离的，再保险业务并不改变原保险合同关系，也就是说原保险合同的保险人并不因其签订分保合同而发生变化。因此，《保险法》第二十九条明确规定，再保险接受人不得向原保险的投保人要求支付保险费。原保险的被保险人或者受益人，不得向再保险接受人提出赔偿或者给付保险金的请求。再保险分出人不得以再保险接受人未履行再保险责任为由，拒绝履行或者迟延履行其原保险责任。

专栏 3—1

关于“地下保单”及其危害的认识①

“地下保单”是对非法境外保单的俗称，主要是指那些尚未在我国取得商业保险经营资格的境外保险公司，通过在境内举行产品说明会或推介会、直接派员到境内推销、安排或组织境内居民赴境外办理投保手续等方式销售的、由境外保险公司签发的保单，多见于港、澳地区保险公司的非法展业活动。

根据我国香港、澳门保险监管机构的有关规定，港、澳地区的保险公司向非港、澳地区的居民签发的保单，应当由其本人到香港、澳门当地办理投保手续，否则可能影响保单的法律效力。另一方面，根据我国法律，如果没有特别约定，由境外保单引起的争议很可能无法适用内地的法律，因此内地投保人签署“地下保单”之后，其合法权益难以获得可靠的保障。

除了可能损害内地投保人的合法权益之外，“地下保单”也违反了我国保险市场准入限制规定，导致保险市场被非法蚕食，大量优质客户流失，扰乱保险市场秩序，增加保险监管的难度，影响我国保险市场稳定、健康、有序发展。有鉴于此，我国保险监管机构多次发出通知，对“地下保单”进行严厉打击，各方市场主体亦应坚决予以抵制。

但同时也应注意，内地居民在港、澳地区旅游、探亲或从事商务活动期间，向设在港、澳地区的保险公司购买保险，投保和承保所有的行为都在当地完成，港、澳地区保险公司为此签发的保单，没有违反境内或港、澳地区当地的法律，所以不能说这种境外保单是非法的，不过理赔等相应的权利不能得到内地法律的保护。

① 本专栏内容系著者参考以下资料整理而成：吴定富主编，《〈中华人民共和国保险法〉释义》，中国财政经济出版社 2009 年版，第 19 页；中国保监会普及保险知识编写组：《保险知识学习读本》，中国金融出版社 2006 年版，第 253 页。

第二节 人身保险合同关系人

一、被保险人

（一）被保险人概述

根据《保险法》第十二条第（五）款的规定："被保险人是指其人身受保险合同保障，享有保险金请求权的人。"人身保险的被保险人必须是自然人，因为法人的主体资格是法律抑制的，不具有自然生命形式。由于被保险人是受人身保险合同保障的主体，并不需要主动参与民事法律活动或创设民事法律权利，因此没有民事行为能力方面的要求。也就是说，无民事行为能力人、限制行为能力人和具有完全民事行为能力的自然人都可以成为人身保险合同的被保险人。

在人身保险合同中，被保险人的一些权利和义务与其他主体一同行使和承担，这类权利和义务主要包括：（1）被保险人和投保人在保险事故发生后都负有及时通知保险人并向保险人提供有关证明和资料的义务。（2）被保险人和投保人都有权依照法律规定指定和变更受益人，投保人指定或变更受益人的，须征得被保险人的同意。（3）在保险事故发生或保险金给付期限已至时，被保险人和受益人都有权请求保险人赔偿或给付保险金。

但被保险人基于其受人身保险合同保障的独特法律地位，也享有一些独立的权利，如《保险法》第三十四条规定："除父母为其未成年子女投保的人身保险外，以死亡为给付保险金条件的合同，未经被保险人同意并认可保险金额的，合同无效；按照以死亡为给付保险金条件的合同所签发的保险单，未经被保险人书面同意，不得转让或者质押。"

有些人身保险合同的被保险人比较特殊，比如以无民事行为能力人或限制民事行为能力人为被保险人，或者以两人或两人以上为被保险人共同组成一个风险单位等。对于这些较为特殊的情形，应适用相应的法律规定或行业规范正确处理有关人身保险合同事务。

（二）几类特殊的被保险人

1. 行为能力有瑕疵的被保险人

保险合同是一种特殊的合同，以被保险人的身体健康状况确定利益移转，为了防止有关主体出现道德风险，有意伤害被保险人的身体甚至谋害被保险人的性命以骗取保险金，法律出于保护无民事行为能力人和限制行为能力人的考虑，对被保险人为此类主体的情况进行了特别的规范。根据我国民法相关规定，无民事行为能力人是指不满 10 周岁的未成年人和不能辨认自己行为的精神病人，限制行为能力人则是指年满 10 周岁不满 18 周岁的未成年人及不能完全辨认自己行为的精神病人，但 16 周岁以上不满 18 周岁、以自己的劳动收入为主要生活来源的自然人被视为完全民事行为能力人。保险法针对无民事行为能力人或限制民事行为能力人为被保险人的情形有这样一些特殊规定：

（1）无民事行为能力人不能作为以死亡为给付保险金条件的人身保险合同中的被保险人，父母为其未成年子女投保的人身保险，不受此限，但是，因被保险人死亡给付的保险金总和不得超过国务院保险监督管理机构规定的限额。①

（2）以死亡为给付保险金条件的合同，未经被保险人同意并认可保险金额的，合同无效，但父母为其未成年子女投保的人身保险除外。

（3）以被保险人死亡为给付保险金条件的合同，自合同成立或者合同效力恢复之日起两年内，被保险人自杀的，保险人不承担给付保险金的责任，但被保险人自杀时为无民事行为能力人的除外。

（4）人身保险的受益人由被保险人或者投保人指定，投保人指定受益人时须经被保险人同意。被保险人为无民事行为能力人或者限制民事行为能力人的，可以由其监护人指定受益人。

无民事行为能力人或者限制民事行为能力人的监护人，是指对无民事行为能力人或限制民事行为能力人享有监护权并履行监护职责的主体。从我国民法相关规定来看，未成年人的监护人应为其父母，父母已经死亡或没有监护能力的，由下列人员中有监护能力的人担任监护人：①祖父母、外祖父母；②兄、姐；③关系密切的其他亲属、朋友愿意承担监护责任，经未成年人的父、母的所在单位或者未成年人住所地的居民委员会、村民委员会同意的。对担任监护人有争议的，由未成年人的父、母的所在单位或者未成年人住所地的居民委员会、村民委员会在近亲属中指定。对指定不服提起诉讼的，由人民法院裁决。未成年人没有上述监护人的，由未成年人的父、母的所在单位或者未成年人住所地的居民委员会、村民委员会或者民政部门担任监护人。但值得注意的是，保险实务中一般只认定父母为未成年人的监护人。

无民事行为能力或者限制民事行为能力的精神病人，由下列人员担任监护人：①配偶；②父母；③成年子女；④其他近亲属；⑤关系密切的其他亲属、朋友愿意承担监护责任，经精神病人的所在单位或者住所地的居民委员会、村民委员会同意的。对担任监护人有争议的，由精神病人的所在单位或者住所地的居民委员会、村民委员会在近亲属中指定。对指定不服提起诉讼的，由人民法院裁决。精神病人没有上述监护人的，由精神病人的所在单位或者住所地的居民委员会、村民委员会或者民政部门担任监护人。

2. 连生保险中的被保险人

所谓连生保险，是指一张保单上承保两个或两个以上被保险人的寿险保单（但并不是团单），其特点在于以两个或两个以上的被保险人的生命作为一个风险单位。连生保险的产

① 根据中国保监会自1999年至2002年先后发布的《关于对〈关于父母为其未成年子女投保死亡人身保险限额的通知〉中有关问题的请示的答复》（保监寿险［1999］7号）、《关于父母为其未成年子女投保死亡人身保险限额的通知》（保监发［1999］43号）、《关于在北京等试点城市放宽未成年人死亡保险金额通知》（保监发［2002］34号）相关规定，目前北京市、上海市、广州市和深圳市的未成年人保额可达10万元，我国境内其他地区的未成年人的保险金额均不得超过5万元。

品并不多见，一般是夫妻二人的连生保险。现在的连生保险营销目标主要是双收入家庭，可以作为一种很好的家庭保障计划。连生保险旨在为家庭提供保障，比如说对双收入家庭而言，任何一方身故都会对整个家庭造成很大影响，因此有必要对家庭成员的养老、子女教育等提供综合性的保障。

连生保险的权利义务依具体产品而定，但其合同条款都体现出多个被保险人之间利益相连、风险相关的特点。有的连生保险合同约定，在合同有效期内，被保险人之一发生保险事故导致身故或致病、残疾等，保险人按照保险合同所载保险金额一次性向受益人给付保险金，保险责任终止；多个被保险人因同一保险事故的发生而在一定期间内先后身故或致病、残疾的，保险人依保险合同的约定以保险金额为基数双倍或多倍向受益人给付保险金，保险责任终止。也有一些连生保险合同约定，多个被保险人均死亡时给付保险金，多个被保险人中只要有生存方则给付年金。

专栏 3—2

被保险人有关信息是人身保险核保内容的重要组成部分

核保是提供保险服务的主体对投保申请进行评估，决定是否接受这一风险，并在接受风险的情况下决定保险费率的过程。虽然不同险种的审核要点不同，但人身保险的核保内容仍有一些共通之处，其中被保险人有关信息是人身保险核保内容的重要组成部分。概要而言，人身保险核保内容主要包括以下要点：

1. 接受投保单。投保单是重要投保资料，详细记录了投保人和被保险人的基本资料，核保人员应认真审核投保单所载投保人和被保险人的基本信息及有关健康状况资料。

2. 投保人资格审核。这主要是审核投保人的资格以确认投保人对被保险人具有保险利益。如果投保人对不具有保险利益的人投保，核保人员应予以拒保。

3. 被保险人信息。具体包括：(1) 年龄审核。被保险人的年龄涉及其死亡风险和死亡概率，对人寿保险业务具有非常重要的影响。实践中，一般依据被保险人的居民身份证或其他有效身份证件来对其年龄进行审核。(2) 性别审核。性别也是制定人寿保险费率的基础。女性的寿命一般会长于男性，同时其在每一年龄的死亡概率低于类似情况下同龄男性的死亡概率。但对于某些险种而言，要特别关注女子妊娠、分娩等特有危险。(3) 健康状况审核。这部分信息包括被保险人身体器官现有的残疾或病症，有无潜在的疾病，有无易致损害的行为习惯，有无家族病史以及其他可能影响到健康状况的因素，这是人身保险核保工作的重点内容。

4. 保险金额审核。一般而言，只要投保人财务状况许可，可自行决定保险金额。但对于数额较大甚至巨大的保险业务，核保人员应当审核保险金额是否与投保人的财务状况相适应，以免发生道德风险。

以上仅列举了人身保险核保的主要要素，实际上人身保险核保工作的内容是相当广泛的，而核保工作本身对于公平合理经营保险业务有着非同小可的影响，在实践中一定要充分重视和准确掌握核保程序。

（资料来源：中国保监会普及保险知识编写组，《保险知识学习读本》，中国金融出版社2006年版，第77—78页。）

二、受益人

根据《保险法》第十八条第（三）款的规定："受益人是指人身保险合同中由被保险人或者投保人指定的享有保险金请求权的人。"人身保险合同的受益人可以是自然人，也可以是法人或其他组织。由于受益人在人身保险合同中是纯受利益的主体，所以自然人作为受益人时，其民事行为能力在所不问。人身保险合同中，受益人的主要义务就是在保险事故发生后或保险金给付期限已至后，及时通知保险人并向保险人提供有关证明和资料，而其主要权利则是受领保险人赔偿或给付的保险金。作为人身保险金的主要受领主体，受益人的认定直接关系到保险人主要义务的履行，也关系到人身保险合同目的的实现，因此人身保险合同法律体系中有相当多的规则涉及受益人问题。以下分若干主题进行归纳。

（一）受益人与投保人、被保险人主体重合的情形

《保险法》第十二条第（五）款和第十八条第（三）款分别规定，投保人可以为被保险人，投保人、被保险人可以为受益人。

综合这两条法律规定来看，投保人、被保险人和受益人这三方主体完全存在重合的可能，具体情形大致可分为三种：

1. 三方主体完全合一

反映在实务中，即投保人为自己投保，并指定自己为受益人的情形。

2. 两方主体重合，一方主体独立

反映在实务中，有三种可能：（1）投保人为自己投保，指定他人为受益人，即投保人与被保险人重合，受益人独立；（2）投保人为他人投保，指定自己为受益人，即投保人与受益人重合，被保险人独立；（3）投保人为他人投保，指定被保险人为受益人，即投保人独立，被保险人与受益人重合。

3. 三方主体各自独立

反映在实务中，即投保人为他人投保，并指定第三人为受益人的情形。

当投保人、被保险人和受益人发生主体重合的情形，同一主体可能会行使多方权利，同时也承担多方义务，比如三者合一时投保人不仅可以行使其专属的合同解除权等，还可基于其被保险人和受益人的身份行使请求保险人给付保险金的权利等专属于被保险人或受益人的权利。

（二）受益人的指定与变更问题

关于受益人的指定与变更，主要涉及特殊情形下受益人指定范围的限制、受益人指定权的归属、受益人受益顺序及受益份额的确定以及受益人变更的法定程序等问题。

1. 特殊情形下受益人指定范围的限制

前文已述，受益人可以是自然人、法人或其他组织，且对自然人的民事行为能力没有要求，因此享有指定权的主体可以在较为广泛的范围内选定受益人。但特殊情形下，法律对受益人的范围也会有限制。如《保险法》第三十九条第（二）款规定："投保人为与其有劳动关系的劳动者投保人身保险的，不得指定被保险人及其近亲属以外的人为受益人。"也就是说，投保人为与其有劳动关系的劳动者投保人身保险的，受益人必须是劳动者本人及其近亲属，这里的近亲属宜作广义解，具体来说包括受益人的这些亲属：（1）配偶；（2）父母，包括生父母、养父母和形成抚养关系或赡养关系的继父母；（3）子女，包括婚生子女、非婚生子女、养子女和形成抚养关系的继子女；（4）兄弟姐妹，包括有血缘关系的兄弟姐妹和收养家庭、继养家庭中无血缘关系的兄弟姐妹；（5）祖父母、外祖父母；（6）孙子女、外孙子女。

2. 受益人指定权的归属

《保险法》第三十九条对受益人指定权有如下规定：

（1）人身保险合同的受益人由被保险人或者投保人指定。被保险人和投保人均有权指定受益人。被保险人的生命或健康是人身保险合同的保险标的，是人身保险合同所着力保障的对象，因此被保险人在人身保险合同履行所带来的损益分配问题上自然享有发言权。法律赋予被保险人这一权利还着眼于另一更为实际的考虑，即被保险人是最了解自身身体状况和外在人际关系状况的人，其可通过指定受益人来有效地防范道德风险，将可能出于谋利动机损害其生命或健康的人排除在受益人范围之外，这样人身保险制度才不致被滥用，给民众的生命和健康带来不应有的制度风险。同时，投保人也享有指定受益人的权利，因为投保人是人身保险合同的当事人，承担着缴纳保险费的主要义务，所以对于合同利益分配亦应享有发言权。但为了防范道德风险，投保人指定受益人的权利是受到约束和限制的，这就有了下面这条规则。

（2）投保人指定受益人时须经被保险人同意。投保人作为人身保险合同的当事人和缴费主体，享有指定受益人的权利，但人身保险金的分配委实与被保险人的人身安全密切相关，为了防止出现道德风险，法律规定投保人指定受益人时须经被保险人同意。据此看来，投保人没有独立指定受益人的权利，在受益人的指定方面，被保险人处于关键性的地位，只有经过被保险人同意，投保人对受益人的指定才具有法律效力。

（3）被保险人为无民事行为能力人或者限制民事行为能力人的，可以由其监护人指定受益人。具体规则详见前文关于被保险人认定的内容。

3. 受益人受益顺序和受益份额的确定

人身保险合同的受益人可以是一人也可以是多人，多人同为受益人的，存在受益顺序和受益份额的问题。被保险人或者投保人有权在保险合同中指定受益人的受益顺序和受益份额。

所谓受益顺序，是指受益人享有保险金请求权的先后次序。受益人的受益顺序可分为多个顺位。顺位在前的受益人，享有优先请求保险人给付全部保险金的权利。只有当顺位在前的受益人或因死亡失去主体资格，或因具有法定情形丧失保险金请求权，或自愿放弃保险金请求权，以致该顺位的所有受益人均不主张保险金请求权时，顺位在后的受益人方可行使保险金请求权。也就是说，只要存在顺位靠前的受益人，无论该受益人为一人或多人，顺位靠后的受益人均不参加保险金的分配。

所谓受益份额，是指处于同等受益顺位的各受益人所享有的保险金请求权份额。比如说，投保人为自己投保，将其配偶、父母、子女均列为第一顺位的受益人，还可分别指定不同的受益人所享有的保险金请求权具体份额，那么一旦发生保险事故，保险人将按照投保人指定的比例分别向这一顺位的各位受益人给付一定数额的保险金。不同顺位的受益人之间不存在受益份额的问题，比如说，投保人为自己投保，将自己的配偶列为第一顺位的受益人，将自己的两位子女列为第二顺位的受益人，并在两位子女之间确定了保险金请求权的份额，而发生保险事故时，投保人的配偶仍健在，且不存在丧失或放弃受益权的情形，那么，作为唯一居于第一顺位的受益人，投保人的配偶享有全部的保险金请求权，投保人的两位子女根本就不享有保险金请求权，自然也就不能与第一顺位的受益人谈及份额问题了。

对于被保险人或投保人未确定多位受益人之受益顺序和受益份额的，保险事故发生后或保险金给付期限已至后，保险人应向多位受益人平均给付保险金。其依据在于《保险法》第四十条第（二）款，该款明确规定："受益人为数人的，被保险人或者投保人可以确定受益顺序和受益份额；未确定受益份额的，受益人按照相等份额享有受益权。"

从字面来看，上述条款仅针对受益份额不确定的情形进行了规范，似乎受益顺序不确定的情形没有涉及。但仔细分析之后会发现，实际上这条法律规定完全能够满足现实需求，因为人身保险合同中处理受益顺序和受益份额的情况不外乎三种：其一，被保险人或投保人明确指定了受益顺序和受益份额的，按照人身保险合同中的约定处理；其二，被保险人或投保人明确指定了受益顺序，但是没有明确受益份额的，对于处于同一顺位的受益人适用上述条款，视其享有同等份额的受益权；其三，被保险人或投保人只列举了受益人，但是对于受益顺序和受益份额未作分配，则亦符合上述条款的适用条件，作为"未确定受益份额"的情形作平均处理即可。应该说，这样的处理方式也最为接近被保险人或投保人的真意。

4. 受益人变更的法律程序

人身保险合同的受益人是可以由适格主体按照法律规定的要求加以变更的。这里，适格主体是指被保险人或征得被保险人同意的投保人。《保险法》第四十一条明确规定："被保险人或者投保人可以变更受益人并书面通知保险人。保险人收到变更受益人的书面通知后，应当在保险单上批注。投保人变更受益人时须经被保险人同意。"这里，要求投保人变更受益人必须征得被保险人的同意，是与投保人指定受益人须经被保险人同意的规定一脉相承的，其目的也在于防范道德风险，通过被保险人的审核和同意排除那些可能为了获利而谋害被保险人的主体成为受益人。

被保险人或投保人变更受益人，必须书面通知保险人，而保险人所承担的义务为：

按照被保险人或者投保人变更受益人的书面通知对保险单进行批注。实践中，有许多案例都涉及变更受益人的程序问题，有关主体希望变更受益人，却没有按照法律规定书面通知保险人，以致变更无效，期待落空。

5. 受益人丧失受益权的情形

《保险法》第四十三条第（二）款规定："受益人故意造成被保险人死亡、伤残、疾病的，或者故意杀害被保险人未遂的，该受益人丧失受益权。"

人身保险合同旨在保障被保险人的生活不因人身伤害而出现窘困情形，被保险人基于对特定人的信赖而指定或同意投保人指定其为受益人，从而使受益人可望获得保险金请求权。在这样的背景下，受益人采取违法犯罪行为故意造成被保险人死亡、伤残、疾病，甚或故意杀害被保险人，不仅触犯了法律，亦深深有负于被保险人的信赖，此种情形下如不对受益人的权利进行制约，仍放任其获益，不仅违反"任何人不得从非法行为中获利"的法理原则，亦会完全背离人身保险制度的初衷，甚至引发更多的道德风险。所以法律规定受益人有此种行为的，丧失受益权。

适用这条法律规定时应注意这样几个方面的问题：（1）受益人故意造成被保险人死亡、伤残、疾病或者故意杀害被保险人未遂，且不存在违法阻却情形，也就是说受益人的行为是违法犯罪行为，不存在正当防卫、紧急避险以及执行职责等具正当性、合法性的抗辩理由。（2）受益人在实施上述违法犯罪行为时，其主观上须处于故意状态，不论是积极追求违法后果的直接故意还是消极放任违法后果的间接故意，都符合该条款的适用条件。（3）受益人实施上述违法犯罪行为，可能是积极的作为，如手持凶器刺杀被保险人，也可能是消极的不作为，如不理会被保险人在危急状态下的呼救，两种情形下受益人都丧失受益权。（4）如果失去受益权的受益人本是第一顺位的唯一受益人，则由第二顺位的受益人按照各自的份额分享受益权，如果失去受益权的受益人本是第一顺位诸多受益人之一，则由第一顺位的其他受益人按照各自的份额分享受益权，如果失去受益权的受益人本非第一顺位的受益人，则其失去受益人资格，不影响受益权的实际分配。

（三）保险金请求权的归属

这是一个与受益人密切相关但又不局限于此的重要问题。这个问题可以分为三个命题：其一，可能享有保险金请求权的主体有哪些？其二，上述主体所享有的保险金请求权是否会发生冲突，他们各自在何种情形下享有保险金请求权？其三，法律对保险金的分配有哪些具体的规定？

首先，从《保险法》有关规定来看，被保险人和受益人都有可能享有保险金请求权。该法第十二条第（五）款规定："被保险人是指其财产或者人身受保险合同保障，享有保险金请求权的人。"第十八条第（三）款规定："受益人是指人身保险合同中由被保险人或者投保人指定的享有保险金请求权的人。"据此，被保险人和受益人都享有受法律保护的保险金请求权，那么，两者的权利是否会发生冲突呢？

实务中，人身保险合同的保险金给付可分为生存保险金给付和身故保险金给付，前者是指被保险人生存情形下的保险金给付，后者是指被保险人死亡情形下的保险金给付。我国多家保险公司均在现有险种的保险合同条款中规定，被保险人生存条件下的保险金受益人只能是被保险人本人，并且拒绝受理对受益人的其他指定和变更。这就使得受益人的概念主要用于以被保险人死亡为给付条件的人身保险合同。两相对照便知，实务中所谈的受益人主要是身故保险金受益人，生存保险金的受益人往往与被保险人的主体重合。

了解上述实务背景对于我们厘清保险法对被保险人和受益人的界定是非常重要的。在这个前提之下，我们能够确立这样一个规则，在以被保险人死亡为给付条件的人身保险合同中，保险事故发生，被保险人死亡，受益人享有保险金请求权。具体来说，受益人应依照被保险人或投保人在人身保险合同中确定的受益顺序和受益份额来享有和行使其保险金请求权。那么，如果受益人死亡或丧失受益权，不能行使保险金请求权，保险金又该如何处理呢？

《保险法》第四十二条对此作了专门的规定，该条内容如下："被保险人死亡后，有下列情形之一的，保险金作为被保险人的遗产，由保险人依照《中华人民共和国继承法》的规定履行给付保险金的义务：（1）没有指定受益人，或者受益人指定不明无法确定的；（2）受益人先于被保险人死亡，没有其他受益人的；（3）受益人依法丧失受益权或者放弃受益权，没有其他受益人的。受益人与被保险人在同一事件中死亡，且不能确定死亡先后顺序的，推定受益人死亡在先。"

上述法条所列举的三种具体情形及处理可归纳为：在没有确定、合法、生存的受益人的情形下，保险金作为被保险人的遗产进行处理。这意味着，受益人行使保险金请求权须具备三方面条件，即受益人的身份须是明确肯定的；受益人须经合法程序指定，且在保险事故发生、被保险人死亡时仍合法保有其受益权；受益人须生存至保险事故发生、被保险人死亡的时点。

专栏3—3

最高人民法院关于保险金能否作为被保险人遗产的批复

［1987］民他字第52号

河北省高级人民法院：

你院冀法民［1987］1号请示报告收悉。据报告称：栾城县南焦村个体三轮摩托车司机孙文兴于1986年5月26日运送货主张新国及其货物（锡锭）时，在京广铁路窦妪道口与火车相撞，致孙文兴、张新国双亡，三轮摩托车毁损。这次事故应由孙文兴负责。孙文兴生前在本县保险公司除投保了车损险（保险金为3500元）外，还投保了人身意外伤害险（保险金为5000元），并指定了受益人。现托运人张新国之妻梁聚芬向栾城县人民法院起诉，要求承运人孙文兴之妻郭香荣给予赔偿。

经征求有关部门的意见，现将你院请示关于人身保险金能否作为被保险人的遗产进行赔偿的问题，答复如下：

一、根据我国保险法规有关条文规定的精神，人身保险金能否列入被保险人的遗产，取决于被保险人是否指定了受益人。指定了受益人的，被保险人死亡后，其人身保险金应付给受益人；未指定受益人的，被保险人死亡后，其人身保险金应作为遗产处理，可以用来清偿债务或者赔偿。

二、财产保险与人身保险不同。财产保险不存在指定受益人的问题。因而，财产保险金属于被保险人的遗产。孙文兴投保的车损险是财产保险，属于他的遗产，可以用来清偿债务或者赔偿。

在处理本案时，应本着上述原则，适当注意保护债权人的利益，合情合理解决。

第三节 保险代理人和保险经纪人

保险代理人和保险经纪人属于保险中介的范畴，保险中介是指介于保险经营机构之间或保险经营机构与投保人之间，专门从事保险业务咨询与招揽、风险管理与安排、价值衡量与评估、损失鉴定与理算等中介服务活动，并从中依法获取佣金的单位或个人。除了保险代理人和保险经纪人以外，保险公估人和保险精算师事务所、保险咨询公司、保险索赔公司、事故调查机构和律师等都属于保险中介机构。①

在保险领域，中介机构对于保险人经营和拓展业务是非常关键的。保险业极富专业色彩，开展业务、缔结合约乃至后续服务都需要耗费大量的人力资源，保险人难以亲力亲为，因此须借助得力的中介机构才能联结和维护其与众多客户或潜在客户之间的业务关系。保险中介机构参与保险市场可以显著地降低交易成本、提高市场运行效率，能够有效地改进保险服务质量、促进保险业务发展，对于提高保险企业的经济效益、增强保险企业的竞争能力、健全和完善保险市场、加快保险业的国际接轨等都起着非常重要的作用。

一、保险代理人

（一）保险代理人法律地位

保险代理是保险人委托保险代理人扩展其保险业务的一种制度。保险代理人是根据保险人的委托，向保险人收取佣金，并在保险人授权的范围内代为办理保险业务的单位和个人。

① 中国保监会普及保险知识编写组编著：《保险知识学习读本》，中国金融出版社2006年版，第142页。

保险代理制度是在保险商业实践中逐渐形成的，有其特定的行业背景和操作模式，但基本原理与民事委托代理制度是相通的。所谓委托代理制度，是指被代理人（即委托人）委托代理人花费一定的时间和精力运用其知识技能去完成被代理人力所不及或不欲亲为的行为，代理人以被代理人的名义所为之法律效果直接归属于被代理人。简言之，委托代理制度的核心内容就是：代理人依嘱作为，被代理人承担后果。

从学理上来讲，代理制度涉及两个层面的法律关系，即委托人和代理人之间的法律关系和委托人、代理人与交易对手第三人之间的法律关系。如果以委托人为参照系的话，或可将委托人和代理人之间的法律关系称为代理内部法律关系，那么委托人、代理人与交易对手第三人之间的法律关系就可称为代理外部法律关系。区分这两个层面的法律关系，实际上是要明确在保险代理关系中谁对谁负责的问题。在内部法律关系中，代理人自然要向其委托人即保险人负责。在外部法律关系上，则是保险人和代理人一同向第三人即投保人负责。

如果代理人实施欺诈行为，比如说代理人在欠缺代理权或超越代理权的情形下擅自与投保人缔约甚至诱引投保人与之缔约，则势必给保险合同的双方当事人即投保人和保险人都带来损害。因为投保人和保险人本可通过合法有效的保险合同关系以较低或合理的交易成本获得相应的合同利益，但代理人的欺诈行为使得这一交易过程受到不必要的干扰，也使保险合同的效力变得可疑，情况严重时一方或双方当事人的利益期待都可能落空。

至于具体责任分配，综合我国民法通则、合同法和保险法的有关规定来看，大致有如下规则：（1）因保险人委托授权不明致投保人轻信代理人而受到损害的，保险人应当向投保人承担民事责任，代理人负连带责任；（2）代理人欠缺或超越代理权而与投保人缔约的，经保险人追认后保险合同有效，保险人拒绝追认的，由代理人向投保人承担损害赔偿责任；（3）虽代理人实际上欠缺或超越代理权，但投保人有理由相信其有代理权而与之缔约（造成此种情形的原因往往是保险人由于疏忽或管理不善而致代理人得以实施欺诈），法律从维护交易安全出发，认定保险合同为有效，要求保险人承担合同所约定的保险责任，同时也有权追究代理人的责任；（4）代理人和投保人串通，或投保人明知代理人欠缺或超越代理权而仍与之缔约，给保险人造成损害的，由代理人和投保人负连带责任。

（二）保险代理人展业规则

就代理主体形式而言，保险代理人可分为保险代理机构和个人代理人两种。而保险代理机构又可分为专业代理机构和兼业代理机构。不同种类的保险代理人在其业务规则上存在一些差异。

保险专业代理机构是指符合中国保监会规定的资格条件，取得经营保险代理业务许可证，根据保险公司的委托，向保险公司收取佣金，在保险公司授权的范围内专门代为办理保险业务的机构，包括保险专业代理公司及其分支机构。除中国保监会另有规定外，保险专业代理机构应当采取有限责任公司或股份有限公司的组织形式。根据中国保监会于2009年9月25日公布、自2009年10月1日起施行的《保险专业代理机构监管规定》，设立保险专业代理公司，应当具备法律规定的一系列条件，包括股东和发起人的资质、注册资本、公司章程、董事及高管人员任职资格、组织机构和管理制度、固定住所、业务和财务等计算机软硬件设施等方面。保险专业代理机构的名称中应当包含“保险代理”或者“保险销售”字样，且字号不得与现有的保险中介机构相同，保监会另有规定的除外。保险专业代理机构可以代理多家保险公司产品，因此在推销保险产品时有更多的空间迎合投保人的需求进行推介。符合条件的保险专业代理机构可以在全国开展业务。

保险兼业代理机构，是指受保险人委托，在从事自身业务的同时，指定专用设备和专人为保险人代办保险业务的单位，其保险代理业务范围主要包括代理推销保险产品、代理收取保费等。从有关监管规定来看，保险兼业代理机构必须拥有同经营主业直接相关的一定规模的保险代理业务来源，也就是说其主业能够为其所代理的保险业务创造有利的条件，比如银行可凭借其众多客户资源兼业代理人身保险业务。此外，保险兼业代理机构只能在其营业场所内代理保险业务，且应当具有在其营业场所直接代理保险业务的便利条件。

个人保险代理人是指根据保险人委托，向保险人收取佣金，并在保险人授权的范围内代为办理保险业务的个人。个人代理人主要从事代理推销保险产品和代理收取保险费的业务，不得兼职从事保险代理业务，不得签发保险单。个人代理人执业须符合法律规定的基本条件，领取法律规定的资格证书和执业证明，包括《保险代理从业人员基本资格证书》、保险公司与之签订的《保险代理合同书》及保险公司核发的《保险代理人展业证书》等，还须由其所代理的保险公司报经其所在地的中国保监会派出机构备案。

二、保险经纪人

在保险中介市场上，保险经纪人也是一支不可忽视的有生力量。虽然由于历史原因，我国是以保险代理人为主来推广保险业务的。但从目前保险中介市场的发展情况来看，保险经纪业务对于保险市场的贡献越来越大，我们应当充分重视和发挥保险经纪人的作用，推动我国保险市场健康发展。

（一）保险经纪人法律地位

保险经纪人是指符合中国保监会规定的资格条件，取得经营保险经纪业务许可证，基于投保人的利益，为投保人与保险公司订立保险合同提供中介服务，并按约定收取佣金的机构，包括保险经纪公司及其分支机构。

与保险代理人不同的是，保险经纪人往往与投保人签订委托协议，以服务于投保人为宗旨独立营业。其办理的保险业务主要是采取法律允许的各种方式包括招标询价的方式为投保人选择缔约条件适当的保险人。

从我国有关法律制度和业务实践来看，保险经纪人实际上处于独立的商事代理人的地位。具体来说，表现在这样几个方面：（1）保险经纪人是独立的商人。保险经纪人是符合法定设立条件并依法进行工商登记的有限责任公司或股份有限公司，具有独立的经营场所、独立的商号并进行工商登记的以营利为目的的组织，是独立的商人。（2）保险经纪人固定地从事他人委托的促成交易或缔结交易活动。保险经纪人开展业务是以其与委托人签订的委托合同为基础，双方往往具有一种持续性的法律关系，保险经纪人开展经纪业务，促成交易或缔结交易，无需再经单独授权，因此其具有固定性。（3）保险经纪人是以开展促成交易或缔结交易为营业，并以获取佣金为营业目的，因而具有自己独立的经济利益；保险经纪人在开展业务过程中因其过错给投保人和被保险人造成损失的，由其以自身的财产独立承担赔偿责任。[①]

（二）保险经纪人执业规则

在我国，除中国保监会另有规定外，保险经纪机构应采取有限责任公司或股份有限公司的组织形式。根据中国保监会于2009年9月25日公布、自2009年10月1日起施行的《保险经纪机构监管规定》，设立保险经纪公司，也应当在股东和发起人的资质、注册资本、公司章程、董事及高管人员任职资格、组织机构和管理制度、固定住所、业务和财务等计算机软硬件设施等方面符合法律规定的条件。保险经纪机构的名称中应当包含“保险经纪”字样，且字号不得与现有的保险中介机构相同，中国保监会另有规定除外。保险经纪公司设立分支机构亦应符合法律、法规和监管规定的要求，并依法办理申请事宜。

根据服务对象的不同，保险经纪人可以分为直接保险经纪人和再保险经纪人。直接保险经纪人基于投保人的利益，帮助投保人与保险人订立保险合同。再保险经纪人则基于原保险人的利益，为原保险公司与再保险公司签订再保险合同提供服务。经与投保人签订委托合同加以约定，保险经纪人的业务范围可以从撮合保险交易扩展至保险咨询、保险索赔等。

保险经纪机构从事保险经纪业务，应当与委托人签订书面委托合同，依法约定双方的权利义务及其他事项。委托合同不得违反法律、行政法规及中国保监会有关规定。保险经纪机构在开展业务过程中，应当制作规范的客户告知书。客户告知书至少应当包括保险经纪机构的名称、营业场所、业务范围、联系方式等基本事项。保险经纪机构及其董事、高级管理人员与经纪业务相关的保险公司、保险中介机构存在关联关系的，应当在客户告知书中说明。保险经纪从业人员开展业务，应当向客户出示客户告知书，应当向客户说明保险产品的承保公司，应当对推荐的同类产品进行全面、公平的分析，应当向投保人明确提示保险合同中责任免除或者除外责任、退保及其他费用扣除、现金价值、犹豫期等条款，应当按照与保险合同当事人的约定收取佣金。

专栏3—4

保险代理人和保险经纪人的不同与趋同

在传统保险理论看来，保险代理人和保险经纪人有显著的不同，其差异主要表

① 参见陈文涛：“论我国保险经纪人的法律地位”，《武汉大学学报（社会科学版）》，2009年第2期。

现在以下四个方面：(1) 代表的利益不同。保险代理人代表的是委托其展业的保险人的利益。保险经纪人通常是基于投保人的利益开展营业活动（但在一些特定业务中，保险经纪人所代表、所维护的利益主体将随合同当事人的转变而发生变化）。(2) 法律责任不同。保险代理人在保险人委托的范围内开展保险活动，其行为的有关法律后果由保险人承担。保险经纪人因过错给客户造成损失的，由其自身承担赔偿责任。(3) 职能任务不同。保险代理人的主要职能是招揽业务、收取保费。经保险人授权，某些保险代理人可以代签保单，协助保险人进行防灾防损和事故现场查勘等活动。保险经纪人的主要职能是保险业务咨询与招揽、风险管理与安排、市场询价和报价、损失索赔与追偿等。(4) 佣金支付方式不同。保险代理人直接向保险人领取佣金。保险经纪人接受投保人委托向保险公司办理投保手续，依照财政部和国家保险监管机关的有关规定向保险人收取佣金；保险经纪人为被保险人代办索赔等手续，由被保险人支付佣金；保险经纪人向客户提供风险评估、风险管理咨询服务，由客户支付其咨询费。

但在实践中，我们看到保险代理人和保险经纪人的发展在有些方面呈趋同和融合态势，比如说为多家保险人提供代理服务的专业保险代理机构在展业时，往往会迎合投保人的需要推介相应的保险产品，这与保险经纪机构从投保人利益出发为之遴选保险产品的业务活动很是相近。再比如，保险人不仅需要保险代理人为之拓展业务，也需要借助保险经纪人的众多网点推销、售卖保险产品，而且，在很多业务中，保险经纪人同保险代理人一样，都从保险人处获取佣金，所以保险代理人与保险经纪人都与保险人之间存在一定的利益关联和利害关系。这些因素都使得保险代理人和保险经纪人的角色界定显得有些模糊。

然而，无论如何，强调保险经纪人对投保人一方利益的倾斜有利于促成保险市场各方主体力量达到均衡，有利于促进保险事业健康持续发展，这是我们在保险理论研究和保险实务探索中必须予以明确的。

关键词

人身保险合同当事人　人身保险合同关系人　人身保险合同中介　投保人　被保险人　受益人　保险公司　保险代理人　保险经纪人

思考题

1. 人身保险合同的投保人具有哪些特征，如何认定该合同主体？

2. 为什么商业保险业务应由依法设立的保险公司专营？如何认定人身保险合同的保险人？

3. 人身保险合同中，投保人、被保险人和受益人主体身份是否会重合？如果你认为会重合，请简述是在什么情形下重合。

4. 被保险人在人身保险合同中处于何种法律地位？有无特殊性？

5. 对于人身保险受益人的指定和变更，我国保险法存在哪些法律规则？

6. 试比较保险代理人和保险经纪人的相同点与不同点。

第四章

人身保险合同的内容

学习目的

- 了解人身保险合同的构成：包括投保单、保险单、保险凭证等内容
- 熟悉人身保险合同的基本条款
- 掌握投保人、被保险人、受益人的义务，特别是交付保险费的义务和保险事故通知义务
- 掌握保险人的义务，特别是及时核定和及时处理核定结果的义务

合同当事人的法律地位平等，一方不得将自己的意志强加给另一方。当事人应当遵循公平原则确定各方的权利和义务。

——《中华人民共和国合同法》第三条、第五条①

人身保险合同的内容，包括保险形式内容和实质内容。形式上，人身保险的内容表现为各种保险单证及单证中约定的保险条款；实质上，人身保险的内容表现为保险合同当事人的权利和义务。本章前两节讲述了人身保险合同的单证构成和基本条款，后两节则详述了人身保险合同各方当事人的权利和义务。

第一节　人身保险合同的构成

一般来说，人身保险合同条款的第一条都会对保险合同包括的文件加以描述，其描述大致为：本合同由**投保单**、**保险单**、保险条款、**保险凭证**、其他相关文件组成。例如，某公司保险合同条款第一条规定：本保险合同（以下简称“本合同”）由保险单或其他保险凭证及所附条款、投保单、与本合同有关的其他投保文件、健康告知书、变更申请书、复效申请书、声明批注、附贴批单、其他书面协议构成。

由于保险条款内容繁多，我们将其放在后文中阐述，本节仅就投保单、保险单、保险凭证以及其他相关文件进行阐述。

一、投保单②

投保单，又称投保书或者要保书，是指投保人为订立保险合同而向保险人提供的书面要约。投保单虽然由投保人提交给保险人，但是通常由保险人事先制作，并交给投保人，由投保人按照投保单所列内容逐项填写，完成后再交给保险人。提交投保单的行为正是投保行为。

① 中华人民共和国第九届全国人民代表大会第二次会议于1999年3月15日通过《中华人民共和国合同法》，自1999年10月1日起施行。中华人民共和国主席令（九届第15号）。

② 投保单（Application）。

投保单的内容一般可以大致分为以下四个部分：第一部分是投保人、被保险人和受益人的基本情况，包括他们的姓名、性别、住所、身份证件号码、工作单位、通讯方式等。第二部分是所投保保险的事项，例如，所投保保险的名称、**保险期间**、**保险金额**、缴费方式、领取保险金信息等。第三部分为投保人的告知内容，主要包括被保险人的健康情况告知、投保人的财务状况告知、行为习惯告知等内容。第四部分是投保人声明部分，此部分内容通常为投保人对所告知的内容保证属实，投保人已经了解了保险合同的内容（包括**保险责任**、**责任免除**、犹豫期、合同生效、合同解除等内容），特别是免除保险人责任的条款内容，并留有投保人签字或盖章的栏目。当然，投保单可能还有其他相关部分。

投保单的法律意义在于：（1）投保单是投保人提出的书面要约，依据合同法关于合同要约的规定，其对投保人具有一定的拘束力；（2）在保险人同意承保后，投保单的内容成为保险合同内容的一部分；（3）投保单提供了保险人承保的信息基础。投保单的内容应当真实，特别是投保人告知的内容应当真实，如果投保人不如实告知，保险人就有可能解除保险合同，对保险事故造成的损失不予赔付。

请见附录一：某公司的个人寿险投保单。

二、保险单[①]

保险单，简称保单，是保险人与投保人订立保险合同的正式书面表现形式，也是保险合同各方当事人权利和义务的主要载体。保险单由保险人制作，经保险人签字盖章后交给投保人。

保险单并不是保险合同本身。许多人将保险单理解成保险合同，这是不准确的。[②] 保险单只是保险合同各方当事人经过口头或书面协商一致而成立的保险合同的正式凭证或证明，保险合同的表现形式通常既包括保险单，也包括投保单和其他文件，譬如批单、健康声明书等。只要保险合同当事人对保险合同内容达成一致，保险合同即已存在，此时保险单可能还没有签发，但保单的签发可以证明保险合同的存在。因此，我们说，保险单不等同于保险合同。

保险单的内容，一般为保险合同各方当事人的权利和义务，是保险合同各方当事人履行义务的依据。由于各种人身保险业务承保的标的和保险责任不同，因此在格式上和条款文字上也不尽相同。但在明确各自权利义务的关系上，则是一致的。保险单的主要内容包括：

第一，告知声明事项，指投保人提供的有关保险标的风险的重要情况，这是保险人承保的依据。主要包括被保险人名字、年龄、住所、保险金额、保险期间、**保险费**的确定和支付方式，以及其他有关承保风险的声明事项。

第二，保险事项，指保险合同约定的保险人承担的责任。主要包括承保风险的范围、损失赔偿方法、保险金的给付等。

---

① 保险单（Policy）。

② 李玉泉：《保险法》，法律出版社2003年版，第159页。

第三，除外事项，指保险人不负责赔偿或给付责任的范围。如被保险人的故意行为、保险责任开始前的标的缺陷、不保风险范围等。

第四，条件事项，指保险合同双方当事人为享受权利所必须履行的义务，如保险单的变更、转让、注销、索赔期限、索赔手续、争议的处理等。

保险单具有如下法律意义：（1）证明保险合同成立。保险单是在保险合同成立后签发的，故保险单的签发和接受，即可证明保险合同已经成立。（2）确认保险合同的内容。如上所述，保险单中约定了保险合同各方当事人的主要权利义务，该权利义务就是保险合同的主要内容。（3）保险单具有有价证券作用。所谓有价证券，是指设定并证明持券人有权取得一定财产权利的书面凭证。人身保险的保险单，特别是人寿保险的保险单，代表了一定的财产权利，是一种有价证券，因此，人身保险的保险单，特别是人寿保险的保险单可以进行转让和质押。

请见附录二：某寿险公司的保险单。

三、保险凭证[①]

保险凭证，也称小保单，是保险人签发给投保人或被保险人的，用以证明保险合同已经成立或保险单已经签发的一种书面凭证。保险凭证是一种简化了的保险单，其法律效力与保险单相同。

在人身保险方面，保险人通常在团体保险中使用保险凭证。常见的团体保险通常由组织投保，组织作为投保人，每一个团体成员作为被保险人，保险人通常将保险单交给投保组织保管，但为了证明被保险人参加了团体保险，保险公司会签发给每一个被保险人相应的保险凭证。例如，公司可以为其员工投保团体健康保险，保险人将保险单签发给作为投保人的公司，对作为被保险人的公司员工，保险公司则签发保险凭证。除了团体保险，保险人有时会在短期的意外伤害保险中适用保险凭证，例如，短期交通工具意外伤害保险中，保险人给予被保险人的书面文件，仅记载了被保险人的简单情况，有时甚至没有附上保险合同条款，应当认定为简化的保险单，即保险凭证。保险业务中，某些公司发行的保险卡，内容简单，也属于一种保险凭证。

保险凭证的法律效力等同于保险单。由于保险凭证是简化的保险单，故其效力等同于保险单的法律效力，保险单的法律效力已如上述。

四、其他文件

除了上述文件之外，保险合同还包括另外一些文件，比如，**暂保单**、批单、体检报告书等。在此，仅就比较常见的暂保单和批单阐述。

---

① 保险凭证（Insurance certificate）。

（一）暂保单[1]

暂保单又称临时保险单，是指保险人在签发正式保险单之前出立的临时保险凭证。性质上，暂保单是临时保险合同的表现形式，是与正式保险合同不同的另一个保险合同。在人身保险领域，许多情况下，保险人在投保时即要求投保人缴付保险费，但收取保险费时保险合同尚未成立，当然也没有生效，故在保险合同生效之前，被保险人得不到将来正式签发的保险合同的保障。但是，由于保险人已经收取了投保人的保险费，[2] 从情理上来讲，保险人应当对投保人缴付保险费至正式保险合同生效期间所发生的保险事故予以保障，这种保障表现在书面文件上即为暂保单。

暂保单的内容较为简单，一般只包括被保险人姓名、承保风险的种类、保险标的等重要事项，有关保险责任、责任免除及双方当事人的权利义务等，通常都以保险单为准。如果暂保单依据的保险单是标准化的，那么暂保单的内容还可以简单，只须说明保险责任以正式保险单为准即可。但有些暂保单承保的内容与正式保险单不同，此时尤其应当载明正式保险单签发之前保险人所承担的保险责任范围，以免发生纠纷。

暂保单的法律效力须以暂保合同的约定为准，如果暂保单约定的保障范围与保险单相同，则在暂保期间，保险人应当承担与保险单相同的法律责任。

专栏 4—1

中国保险协会鼓励各保险公司建立临时保险制度

中国保险行业协会于2009年7月8日发布了《关于推荐使用〈人身保险产品条款部分条目示范写法〉的通知》（中保协发［2009］161号），通知要求：

“建议各公司按照新《保险法》要求，做到保险合同自成立时生效，若对合同效力约定附条件或者附期限，则鼓励各公司根据实际情况，在投保人支付首期保险费起至本公司同意承保或发出拒保通知书并退还保险费期间为被保险人提供临时保障。”

① 暂保单（Binder / Binding slip）。

② 在某些公司，承保前收取的与首期保费数额相同的费用叫“暂保费”，公司财务上表现为“预付款”，所有权属投保人。

专栏 4—2

国外的临时保险制度

英国、美国、澳大利亚等国家的保险公司在很早以前就建立了临时保险制度，为被保险人提供临时保障。其临时保险制度的主要内容是：在保险人收取首期保费或者全部保费之后，即出立暂保单或称临时保险单，该暂保单自保险人收取保险费之时起生效，暂保单的失效因承保情况的不同而不同，如果保险人在核保后决定拒绝承保，则暂保单自投保人收到拒保通知书和保险人退还的保险费时失效，若保险人同意承保，则暂保单自正式保险合同生效起自动失效。这样，实现了临时保险合同与正式保险合同在效力上的无缝对接，保护了消费者权益。

美国的暂保单分为三种：（1）批准性暂保单①，此种暂保单对保险人批准承保之后至保险单签发之前的事故进行保障，在保险单被有权力批准的部门批准之前，被保险人的损失不能获得保障。（2）附条件暂保单②，此种暂保单对保单签发之前的风险给予承保，条件是承保风险是可保的，如果风险不可保，保险人对暂保期间的损失不予赔付。（3）无条件暂保单③，这种暂保单承保保单生效日之前的风险，除非保险公司根本不希望接受这种风险。不过，美国法院倾向于将批准性暂保单和附条件暂保单解释为无条件暂保单，因为无条件暂保单对保险消费者更为有利。

（资料来源：Robert H. Jerry，Understanding Insurance Law，Matthew Bender & Co.，Inc.，2007。）

（二）批单

保险单签发后，投保人和保险人可以协商变更保险单的内容。这种变更往往通过批单的形式出现。实务中，作出批单一般首先要由投保人或被保险人提出申请，保险人同意后，要将所作的批单附贴在保险单上，并加盖保险人的骑缝章。这种由保险人应投保人或被保险人的要求出立的批改书，就是批单。④ 批单是保险合同的重要组成部分，附贴了批单的保险合同，其内容变更了原保险合同的内容。在法律效力上，批单与保险合同的其他内容具有同等的法律效力，若批单内容与原保险合同相应的内容存在矛盾，批单内容的效力应优于原保险合同的内容。

---

① 批准性暂保单（Approval Binder）。
② 附条件暂保单（Conditional Binder）。
③ 无条件暂保单（Unconditional Binder）。
④ 李玉泉：《保险法》，法律出版社 2003 年版，第 161 页。

专栏 4—3

某寿险公司批单模板

减额降档批单模板

保险单号：＊＊＊＊＊＊＊＊＊　旧保险单号：＊＊＊＊＊＊＊＊
被保险人：＊＊＊＊＊＊＊＊＊　保全申请号：＊＊＊＊＊＊＊＊＊
支付号：＊＊＊＊＊＊＊

经投保人＊＊＊＊＊申请，本公司审核同意，自＊＊＊＊年＊＊月＊＊日起变更＊＊＊＊＊号保险单的保险计划，具体信息如下：

被保险人：＊＊＊＊＊
险种名称：＊＊＊＊＊＊＊＊
原保险金额：＊＊＊＊＊＊　原保险费（元）：＊＊＊＊＊＊
新保险金额：＊＊＊＊＊＊　新保险费（元）：＊＊＊＊＊＊
退费金额（元）：＊＊＊＊＊＊
合计退还（元）：＊＊＊＊＊＊
退费领取方式：＊＊＊＊＊＊
户名：＊＊＊＊＊＊
账号：＊＊＊＊＊＊＊

此更改自＊＊＊＊年＊＊月＊＊日起生效，本合同其他内容不变。

特此批改。

受理人员：＊＊＊＊＊＊
受理日期：＊＊＊＊年＊＊月＊＊日

第二节　人身保险合同的基本条款

任何合同，都应当具备一些基本条款，人身保险合同也不例外。《保险法》在第十八条中规定了保险合同应当包括的事项，其实质就是保险合同的基本条款。这些基本条款，用以明确合同当事人的基本情况，合同当事人之间的权利义务，不仅有利于当事人履行合同，而且便于当事人之间争议的迅速解决。[①]

一、保险人的名称和住所

保险人的名称是保险公司的全称，必须与保险监督管理部门和工商行政机关登记的名称一致。保险人的住址是保险公司的或其分支机构的注册地。保险公司的名称和住所，一般印在保险合同上，其作用在于，便于投保人、被保险人或者受益人变更保险合同，便于索赔，同时，若发生保险纠纷，保险人的名称和住址具有重要作用，例如，决定法院传票送达的地点，也可以决定保险纠纷的管辖法院。

二、投保人、被保险人、受益人的名称和住所

作为合同的当事人或关系人，投保人、被保险人、受益人的名称必须在保险合同中记载，记载的意义在于：首先，投保人、被保险人或受益人的名称有时是，决定是否可以投保、保险合同是否有效的关键问题，例如，投保人张某不是8岁孩子李某的父母，其不具备为李某投保死亡保险的资格，此点为保险法明确禁止；其次，便于合同履行。例如，当保险事故发生后，保险人给付保险金时，需要知道投保人、被保险人或受益人的名称和地点，否则可能无法给付保险金；最后，投保人、被保险人或受益人的名称或住所，对保险纠纷的解决具有重要意义。名称和住所是送达诉讼文书、确定诉讼管辖法院等诉讼行为的依据，例如，发生保险诉讼，法院要将保险人的诉讼文书送达被保险人，必须知晓被保险人的名称和住所。

投保人、被保险人、受益人的名称和住所必须准确记载，否则可能引起法律纠纷。

【案例4－1】

填写被保险人姓名须谨慎

2007年8月30日，某市某厂职工齐某报名参加由市国际旅行社（简称市国旅）组织的香港旅游活动。由于齐某本人的身份证不慎丢失，在征得市国旅同意后，于2007年8月30日用其妹齐妹的身份证向市国旅交纳了各种费用，办理了登记手续，同时向保险公司购买了一份《出国旅游人身意外伤害保险》，保险费为人民币30元，最高保险金额为人民币30万元，被保险人姓名是齐妹，保险期间自旅游团出发时起至旅行结束时止，保险受益人为法定受益人。9月13日齐某随团去香港旅游，9月18日，不慎从香港一人行天桥上摔落，因医治无效于同年9月25日在香港医院死亡。

---

① 值得注意的是，《保险法》第十八条规定的基本条款，并非每个人身保险合同必备的条款。依据我国《合同法》的意思，合同的标的和数量是每个合同的必备条款，其余条款，即使双方当事人未作约定，也可以依照合同其他条款或者交易习惯加以推定，合同法第六十一条至六十三条还分别为当事人确定合同未明确约定内容的推定做了规定。《保险法》有其特殊性，但在合同确定上，与《合同法》具有相似之处，其第十八条规定的基本条款，并非必然全都具备，如果欠缺某些条款，可以通过各种不同的方法加以解释，进而确定所缺条款的内容。

2007年12月16日，被保险人齐某的丈夫佘某持《保险证》、《往来港澳通行证》等有关证明资料到保险公司索赔，要求给付保险金人民币30万元。

保险公司受理此案后，对相关情况进行询问和咨询，认为齐某冒其妹妹齐妹之名赴港旅游，而真正的被保险人齐妹至今安然无恙，并据此作出不予给付意外死亡保险金的决定。佘某于2008年2月17日向法院提起诉讼。

该地法院查明：原告所提供的相关资料中有粘贴齐某照片（但填写的是齐妹之名）的《往来港澳通行证》及其与该通行证相对应的《出国旅游人员人身意外伤害保险证》、市国旅的收款收据、该保险公司的调查笔录、齐某在香港发生事故后港方医院根据《往来港澳通行证》而填写的死亡证明书等文件。虽然在保险证及其他出境旅游手续上的名字是齐妹，但所贴照片均系齐某而非齐妹，而齐某在办理出境旅游手续时，已向市国旅说明了使用其妹齐妹身份证的情况，而实际随团旅游的也是齐某，也得到了该旅行社的认可，因此投保人并没有违反最大诚信原则。而且即使齐某投保时使用了真实姓名，保险公司也不会因此而拒保，因此，齐某投保时未使用真实身份，对该保险公司在决定是否承保或者提高保险费率问题上也不构成影响。因此，保险公司理应承担赔偿责任，给付保险金30万元。

【分析】 人身保险保的是人，是被保险人的身体和寿命，而不是姓名，但姓名填报的错误，也会给合同的正常履行带来不必要的麻烦。在本案例中，如果投保人一开始就使用被保险人的真实姓名（投保人为自己投保，就是自己的姓名），就会在没有争议的情况下，顺利得到保险公司给付的保险金，保险公司也没有理由拒绝赔偿。但本案例被保险人没有填写真实姓名。虽然经过诉讼，费了周折，获得了保险金，但终究耗费了很多的精力和财力，并且拖延了很长的时间。因此，被保险人的姓名在保险合同中是十分重要的，需要正确填写。

【案例4-2】

受益人指定应明确

袁某，35岁，系武汉某大学青年教师，业余时间在该校下属某一高科技公司做兼职工程师，从事有关项目的实验研究工作。2008年10月，该公司承接了一项水泥项目的技术实验。考虑到参加试验的技术人员与水泥机械接触较多，人身风险较大，该公司出资为全体参试人员投保每人10份人身意外伤害保险，每人支付保费500元，人均最高保额为20万元。作为参试人员之一的袁某，也获得这20万元的人身风险保障。

2009年2月12日，袁某前往水泥厂进行回转炉运行情况检查时，因意外事故不幸身亡，经保险公司理赔小组的调查，确定袁某意外死亡事故属保险责任范围，应予赔付。同时，向投保方作出按条款规定予以赔付的承诺。

当初，该公司为袁某等人投保时，只征得被保险人同意，并没有指定受益人。此时由于保险金额高达几十万元，谁来领取这笔保险金，袁某的家人和所在单位发生了争议。公司认为自己是投保人，在未指定受益人的情况下，由于保险费是公司所交，保险金当然归公司所有。袁某家人认为，袁某死亡，虽未指定受益人，但被保险人是袁某，保险金自然应当归袁某的家人。

【分析】《保险法》第三十九条第（二）款规定："投保人指定受益人时，须经被保险人同意。投保人为与其有劳动关系的劳动者投保人身保险，不得指定被保险人及其近亲属以外的人为受益人。"可见，在公司为员工投保的情况下，如未指定受益人，员工本人或其近亲属应当是保险金领取人。对于本案来说，根据《保险法》第四十二条："若保险合同未指明受益人，被保险人死亡后，其保险金应作为被保险人的遗产由被保险人的继承人继承。"由于以袁某为被保险人的保险合同未指明受益人，因此，袁某死亡后，其保险金应作为遗产由袁某的继承人继承。

三、保险标的[①]

保险标的是保险保障的对象，也是保险利益的载体。《保险法》第十二条规定："人身保险是以人的寿命和身体为保险标的的保险。"可见，在人身保险中，寿命和身体是保险标的。例如，生存保险是被保险人生存到约定年龄或期限时，保险人给付生存保险金的保险，其实际上是以被保险人的寿命为保险标的的保险；健康保险则是以被保险人的健康作为保险标的的保险。人身保险合同都会详细记载被保险人的健康状况、年龄、性别等，其实就是对保险标的的记载。保险标的不同，保险人收取的保险费、承担保险责任的范围、给付的保险金额都有所不同，例如，同样是一款终身保险，张某的健康状况不如李某的健康状况，保险公司对张某收取的保险费就会高于对李某收取的保险费。

四、保险责任和责任免除

保险责任是指保险人按照保险合同的约定，在保险事故发生时或者在保险合同约定的给付保险金的条件具备时，应当承担的赔偿或给付保险金的责任。保险人并不对保险标的的所有风险承担责任，而是仅对其和投保人约定的特定风险承担责任，所以，保险合同必须约定保险责任范围。约定保险责任的法律意义在于确定保险人承担风险责任的范围。凡不属于保险责任范围的，保险人均不负责任。在人身保险中，保险人应承担的保险责任范围主要包括：被保险人在保险期间内发生死亡、伤残、疾病、分娩或生存到保险期满时的给付责任。

专栏 4—4

某生死两全保险合同的保险责任部分

"在本合同保险期间内，本公司承担下列保险责任：

① 保险标的（Subject matter insured）。

1. 满期生存保险金：

被保险人生存至本合同期满，本公司按基本保险金额和累积红利保险金额之和给付满期生存保险金，本合同效力即行终止。

2. 身故或全残保险金：

（1）被保险人于本合同生效之日起，一年内因疾病导致身故或身体全残，本公司按本合同基本保险金额的10%与所缴保险费之和给付身故或全残保险金，本合同效力即行终止。

上述“所缴保险费”不包括被保险人因健康及职业类别等原因所增加的保险费。

被保险人于本合同生效之日起一年后因疾病导致身故或身体全残，本公司按基本保险金额和累积红利保险金额之和的两倍给付身故或全残保险金，本合同效力即行终止。

（2）被保险人因意外伤害导致身故或身体全残，本公司按基本保险金额和累积红利保险金额之和的两倍给付身故或全残保险金，本合同效力即行终止。”

责任免除，又称除外责任，是指保险合同列明的，保险人不予承担赔付责任的范围。保险合同在列明了保险人的保险责任范围（即哪些事故或损失是保险人承担赔偿责任的范围）之后，通常会列出哪些是保险人不承担责任的范围，这些保险人不承担责任的范围一般较为集中地规定在保险合同的一个部分，称为责任免除部分。

一般来说，人身保险合同的责任免除规定，主要有以下几个方面：其一，风险是投保人、被保险人的故意行为造成的。例如，投保人故意杀害被保险人，故意伤害被保险人；其二，风险过大，保险无法承保的。例如，发生战争、暴乱、军事冲突、核辐射、核爆炸、核污染等事故，伤亡面非常大，保险公司没有足够的承保力量；其三，保险事故涉及违反法律或社会公德。例如，被保险人犯罪致死，行为违反了刑法，保险公司将其列入责任免除部分，被保险人主动吸食毒品违反了社会公德，保险公司也将其列入责任免除部分。

专栏 4—5

中国保险行业协会《人身保险产品条款部分条目示范写法》中约定的责任免除

因下列情形之一导致被保险人身故的，本公司不承担给付身故保险金的责任：

（1）投保人对被保险人的故意杀害、故意伤害；

（2）被保险人故意犯罪或者抗拒依法采取的刑事强制措施；

（3）被保险人自本合同成立或者合同效力恢复之日起两年内自杀，但被保险人自杀时为无民事行为能力人的除外；

（4）被保险人主动服用、吸食或注射毒品；

（5）被保险人酒后驾驶、无合法有效驾驶证驾驶或驾驶无有效行驶证的机动车；

（6）战争、军事冲突、暴乱或武装叛乱；

（7）核爆炸、核辐射或核污染。

五、保险期间和保险责任的开始时间

保险期间，也称保险期限，是指根据保险合同的约定，保险公司为被保险人提供保险保障的期间，也有认为保险期间是保险合同的有效期间。一般来说，人身保险合同通常约定，保险人自保险合同生效开始承担保险责任，保险合同终止时保险责任解除，也就是说，实务中，保险期间与保险人承担保险责任的期限一般是一致的。人身保险的保险期间因各险种的不同而不同，例如，人身意外保险一般是短期保险，其保险期间通常为1年，也有半年期的人身意外保险，甚至还有以一次旅行或航程为保险期间的情形，当然，合同也可以约定长期的意外保险，期限可以长达5年，甚至10年。死亡保险和生死两全保险的保险期间一般长于1年，有时甚至能够达到数十年。保险期间一般由投保人与保险人进行约定。

保险责任开始的时间，是指保险人开始承担风险、履行保险责任的时间。保险责任开始后，保险合同终止之前，如果发生保险合同约定的保险事故或者被保险人生存至约定年龄或期限，保险人即应当承担保险责任，给付保险金。若保险事故发生于上述期间之外，则保险人不承担保险责任。

保险责任开始的时间与保险合同生效的时间是两个不同的概念，保险合同双方当事人可以约定保险合同生效的时点就是保险责任开始的时点，也可以约定保险合同生效的时点与保险责任开始的时点不同。例如，我国有些保险公司在保险合同中约定："合同自本公司同意承保、收取保险费，并签发保单的次日零时起生效，本合同的保险责任开始时间追溯至投保人缴付保险费时起。"在该约定下，若投保人在提交投保单时缴付保险费，保险人又同意承保，之后签发了保险单，则保险合同生效日为签发保单的次日零时，而保险责任开始的时间则追溯至投保人缴付保险费时。我国的人身保险合同一般约定，保险责任开始的时间为开始承担保险责任的次日零时，称为临时起保制，但也可以约定一个特殊的时刻开始。

专栏4—6

某保险合同条款关于保险责任开始时间和保险期间的约定

保险责任开始：除另有约定外，本合同自本公司收取首期保险费、同意承保并签发保险单的次日零时开始生效，本合同生效的日期为本公司开始承担保险责任的日期。

保险期间：本合同的保险期间由投保人与本公司约定，投保人可以选择15年期、20年期或30年期。保险期间从本合同生效日的零时开始到期满日的24时终止。

【案例4-3】

事故不在保险期内，保险人不承担赔付责任

2007年4月29日，某公司为全体职工投保了团体人身意外伤害保险，保险公司签发了保险单。保险单上列明的保险期间为2007年5月1日起至2008年4月30日止。2007年4月30日，该公司的职工王某登山，不慎坠崖身亡，事故发生后，王某的亲属向保险公司提出了索赔申请。保险公司是否应当赔付呢？

【分析】 本案保险合同中明确约定了保险责任期限开始于2007年5月1日，而保险事故发生在2007年4月30日，正好在保险责任期限外，所以，依据保险合同，保险公司对发生在保险责任期限之外的保险事故不承担保险责任，拒绝赔偿是合理的。即使王某在4月30日坠崖后并未身亡而是受了重伤，经救治无效于5月4日死亡，此死亡时间虽然在保险期间内，但由于王某坠崖时间发生于保险期间以外，也就是说事故的发生时间并不在保险期间内，所以保险公司也不应赔偿。

六、保险金额

保险金额是指保险人承担赔偿或者给付保险金责任的最高限额。这是《保险法》第十九条的规定。保险金额是计算保险费的标准，关系到保险人给付保险金的数额，是保险合同的重要组成部分。

保险金额由双方当事人约定，投保人在投保时，应当根据被保险人或受益人的实际需要和支付能力约定。保险金额过低，起不到保障作用，保险金额过高，可能导致投保人缴费困难，还有可能导致道德危险和保险诈骗。

七、保险费以及支付方式

保险费，简称保费，是保险人为被保险人提供保险保障而向投保人收取的价金，亦即保险费是投保人为换取保险人承担风险赔付责任而向保险人支付的对价。

保险费的多少主要取决于三个因素：保险金额、保险费率和保险期间。关于保险金额，我们已经在上文讲解过。保险费率是指每一保险金额所应支付的对价比率，保险费率一般由纯费率和附加费率两部分组成。习惯上，将由纯费率和附加费率两部分组成的费率称为毛费率。纯费率也称净费率，是保险费率的主要部分，它是根据损失概率确定的。按纯费率收取的保险费叫纯保费，用于保险事故发生后对被保险人进行赔偿和给付。附加费率是保险费率的次要部分，按照附加费率收取的保险费叫附加保费。它是以保险人的营业费用为基础计算的，用于保险人的业务费用支出、手续费支出以及提供部分保险利润等。保险期间的长短也直接影响保险费的多寡。保险金额、保险费率及保险期限三个因素均与保险费成正比关系，即保险金额越大，保险费率越高，或保险期限越长，则应缴纳的保险费就越多。

保险费的支付方式多种多样，因保险合同的不同而不同，以缴付次数为标准，保险费的缴付方式分为一次缴付和分期缴付。所谓一次缴付，也称趸缴，即保险合同中约定的保险费由投保人一次全额缴清。所谓分期缴付，是指将全部保险费划分为若干小的金额，同时也将保险期间划分为不同的缴费期间，每一期间缴付一定的保险费。此种缴费方式，多因为保险费数额较大，为缓减投保人的缴费压力而设，常在死亡保险、生死两全保险、重大疾病保险等险种中使用。《保险法》第三十五条规定："投保人可以按照合同约定向保险人一次支付全部保险费或者分期支付保险费"。故而，以何种方式支付保险费，应当由双方当事人在合同中约定。合同约定分期支付保险费，投保人应当在合同成立后支付首期保险费，并按照约定的时间支付各期保险费。

八、保险金给付方式

发生人身保险合同约定的保险事故或者保险合同约定的给付保险金条件具备时，保险人应当赔付保险金。通常来说，保险金的给付方式应由保险合同当事人约定。实务中保险金的给付方式，通常如下：

（一）一次支付现金方式

这是主要的给付方式，当受益人没有提出其他给付方式时，保险人通常以这种方式进行结付。

（二）利息收入方式

指受益人将应领取的保险金留存在保险公司，由保险人根据约定的利率按期支付利息。对于长期存放的保险金本金部分，存期不得超过30年或受益人终身，到期必须另行处理，不能继续存放。受益人可以随时支取一部分本金，还可以通过合同的约定，随时改变保险金的给付方式。

采用此方式应注意合同是否限制中途提取本金的额度，在通货膨胀下，能否保证其本身的利益。

（三）定期收入方式

指受益人要求保险人将保险金本金和利息约定在一定时期内付清。每期支付的额度视保险金的多少、期间的长短以及次数的多寡而定。如果受益人在约定的年限内死亡，其继承人可继续领取或一次领取余款。但受益人一旦采用此种方式后，中途不能变更为其他给付方式。

（四）定额收入方式

受益人将应领的保险金不领，要求保险人每隔一定时期支付一次固定金额，直到本息全部领完为止。

比较第三种和第四种给付方式，其不同在于第三种给付方式固定的是“期间”，而第四种给付方式固定的是“金额”。

（五）终身收入方式

这是一种与受益人生命有关的给付方式，实质上是一种终身年金，即受益人将应领的保险金用来购买即期终身年金保险，其年金额的多少决定于受益人的年龄、性别、保险金的大小以及终身年金保险合同的形态。

上述各种给付方式，被保险人或受益人可以根据其实际情况和需要，灵活选择，也可以同时选择几种方式结合运用，取长补短。当然很多保险合同本身就约定了保险金的领取方式，受益人只要按照保险合同的约定领取即可。

九、违约责任和争议处理

违约责任是指保险合同当事人违反保险合同约定的义务所应当承担的法律后果。投保人、被保险人可能违反保险合同的约定，例如，投保人依约应当缴付保险费而没有缴付，依约应当提供索赔单证而没有提供等；保险人也可能违反保险合同的约定，例如，依约应当支付保险金而少支付了保险金，依约应当30天内履行保险金给付义务而超过30天未给付。此时，违约方应当根据保险合同的约定或者法律的规定承担相应的责任。

争议处理是指保险合同当事人发生纠纷后解决纠纷的方法。主要解决争议的方法有协商、调解、仲裁、诉讼等，关于争议处理，我们将在“人身保险合同纠纷的解决”一章中详析。

十、订立合同的年、月、日

保险合同订立，必须写明合同订立的年、月、日。当保险合同成立、生效或保险责任开始的时间不明确时，订立保险合同的年、月、日就成为重要的参考依据，也是法官对保险合同加以解释的依据。此时，订立合同的年、月、日就显得比较重要了。另外，对人身保险合同来说，由于《保险法》要求投保人在订立保险合同时具有保险利益，没有保险利益的，保险合同无效，故而，订立保险合同的年、月、日就成为判断投保人是否具有保险利益的时点，也成为人身保险合同是否有效的依据之一。

第三节 投保人、被保险人或受益人的权利和义务

如果将人身保险合同的主体分为两方，则保险人单独可以作为一方，投保人、被保险人、受益人可以作为一方，在具体的保险合同中，投保人、被保险人、受益人的身份可能重合，为了表达全面，我们将本节标题界定为“投保人、被保险人或受益人的权利和义务”，但是读者须注意，在某些情况下，应分析权利或义务的具体归属。

一、投保人、被保险人或受益人的权利

（一）保险金请求权

在人身保险合同中，保险金请求权是指保险事故发生造成被保险人死亡、伤残、疾病，或者被保险人生存达到合同约定的年龄、期限时，被保险人或受益人请求保险人给付保险金的权利。《保险法》第十八条第（三）款规定：“受益人是指人身保险合同中由被保险人或者投保人指定的享有保险金请求权的人。投保人、被保险人可以为受益人。”故而，在投保人或被保险人指定有受益人的情形下，受益人是保险金请求权人。通常的情形是，当被保险人生存时，保险金由被保险人申请领取，被保险人死亡时，保险金通常由受益人申请领取。①

由于被保险人或受益人的保险金请求权对应的是保险人的给付保险金义务，即对被保险人或受益人来说，向保险人请求保险金是其权利，但对保险人来说，向被保险人或受益人支付保险金是其义务，两者针对的是同一行为，而下文将对保险人给付保险金的行为详细阐述，故而在此不再详细讲解。

（二）合同解除权

合同解除权，是指在保险合同成立后、有效期限届满之前，投保人根据保险法的规定，解除已经订立的保险合同的权利。《保险法》第十五条规定：“保险合同成立后，除保险法另有规定或者保险合同另有约定的外，投保人可以解除合同，保险人不得解除合同。”

---

① 在被保险人死亡，没有指定受益人，或者受益人先于被保险人死亡而没有其他受益人，或者受益人依法丧失受益权或放弃受益权而没有其他受益人的情况下，《保险法》第四十二条规定：“保险金作为被保险人的遗产，由保险人根据《中华人民共和国继承法》的规定履行保险金给付义务。此时，被保险人的继承人享有领取保险金的权利。”不过依照该条，此时的保险金已属于遗产性质，能否将被保险人的继承人作为“保险金”的请求权人，在理论上尚有争议。不过，这一理论争议并不影响被保险人的继承人在被保险人死亡之后向保险人要求给付保险金。

关于人身保险合同的解除权，我们将在后文“人身保险合同的解除”一章中全面讲解。

（三）协商变更合同的权利

《保险法》第二十条规定：“投保人和保险人可以协商变更合同内容。”在人身保险合同签订之后，若投保人有意对保险合同的条款进行修改或补充，其可以通过与保险人协商达成一致，变更人身保险合同的内容，此为投保人享有的协商变更合同权。关于投保人变更人身保险合同的具体内容，我们将在“人身保险合同的效力变动”一章中详细讲解。

（四）协商复效的权利

《保险法》第三十七条规定：“合同效力依照本法第三十六条规定中止的，经保险人与投保人协商并达成协议，在投保人补交保险费后，合同效力恢复。”人身保险合同若采取分期缴纳保费的形式，则可能出现某期保费到期未交的情形，譬如投保人因遗忘到期未交保险费，此时保险人会给投保人一定期限的宽限期，在宽限期结束之后，若投保人依然未缴纳保险费，保险合同进入效力中止期，中止期的期限为 2 年。在保险合同效力中止期间，投保人若欲恢复保险合同效力，可以与保险人进行协商，经协商达成一致并补缴保险费的，保险合同效力恢复，此即保险法上通常所谓的“复效”。不过，依我国保险法的规定，人身保险合同效力最终能否恢复，须视双方协商的结果而定。

关于投保人与保险人协商恢复人身保险合同的权利，我们将在“人身保险合同的效力变动”一章中详细讲解。

（五）指定、变更受益人的权利

在人身保险合同中，投保人或被保险人可以指定受益人作为将来领取保险金的权利人。这种做法在人身保险合同中比较常见，例如，在死亡保险中，由于保险金在被保险人死亡后方能领取，故投保人或被保险人通常会指定他人作为受益人，以便确定保险金的归属。《保险法》第四十条规定：“被保险人或者投保人可以指定一人或者数人为受益人。”赋予了投保人、被保险人指定受益人的权利。在指定受益人后，投保人或者被保险人也可以变更受益人。《保险法》第四十一条规定：“被保险人或者投保人可以变更受益人并书面通知保险人。”此条赋予了投保人、被保险人变更受益人的权利。不过，投保人若想变更受益人，须经过被保险人的同意，否则变更就不能生效。

关于投保人、被保险人指定、变更受益人的权利，我们在前文中已有详细阐述，在此不再赘述。

（六）转让、质押保险单的权利

长期性的人身保险合同一般具有储蓄的性质，其保单本身属于有价证券，代表一定的财产价值，为了使这种财产价值能够流转，做到物尽其用，有的国家保险法明确规定投保人可以转让保险单，并从转让中获得相应的对价。同时，在投保人或被保险人对他人负有债务，债权人要求投保人或被保险人提供担保时，投保人可以将保险单作为担保物进行质押，在被保险人无法履行债务时，由债权人行使质押权，获得保单所具有的财产价值。在长期寿险保单中，经常有保单质押贷款条款，即投保人在合同生效一定期限后，按照合同约定将其保单的现金价值作为质押，向保险公司申请贷款，如果合同条款有此约定，投保人即有质押保险单以获得贷款的权利。

关于投保人、被保险人对保险单的转让和质押，我们将在后文中详述。

二、投保人、被保险人或受益人的义务

（一）保险费的缴付义务

保险合同是有偿合同，保险人为被保险人承担风险，投保人必须付出相应的合同对价，这种相应的合同对价就是投保人缴付给保险人的保险费。《保险法》第十四条规定："保险合同成立后，投保人按照约定缴付保险费，保险人按照约定的时间开始承担保险责任。"可见，缴付保险费是投保人的主要合同义务。

1. 保险费的意义

（1）保险费条款是保险合同的主要条款。对保险公司来说，保险费是责任准备金及其运营资金的主要来源，没有保险费收入，保险人无法经营保险业务，无法履行支付保险金的义务，因此，每个保险合同都将收取的保险费数额和方式作为主要条款。

（2）多数人身保险合同以缴付保险费为合同生效要件。尽管《保险法》未规定保险费的缴付作为保险合同生效的要件，但各保险公司担心，在收取保险费之前保险事故已经发生，此时若保险合同已经生效，即使保费未收保险公司仍须承担赔付责任，故各保险公司纷纷在保险合同中约定，将保险费缴付作为人身保险合同生效的条件，在投保人缴付保费之前，保险合同不生效，保险人不承担保险责任。[①]

（3）未缴保险费可能导致人身保险合同效力中止。此种情形出现在人身保险分期支付保险费的情况下。若投保人未支付到期保险费，在宽限期经过之后，投保人仍未交付，则保险合同效力中止，合同效力中止期发生的保险事故，保险人不承担赔付责任。详细论述见下文人身保险合同效力中止部分。

2. 保险费的缴付主体

在通常情形下，保险费的缴付主体是投保人。投保人订立人身保险合同，无论是为自己订立的还是为他人订立的，投保人应当按照保险合同约定的时间、地点、数额、方式缴纳保险费。

① 例如，某保险公司的保险合同成立与生效条款载明："投保人提出保险申请，本公司同意承保，本合同成立，合同成立日期在保险单上载明。自本合同成立、本公司收取首期保险费并签发保险单的次日零时起，本合同生效，合同生效日期在保险单上载明。"可见，收取保险费成为合同生效要件。

专栏 4—7

关于被保险人或受益人缴付保险费的相关理论与规定

《保险法》未规定被保险人或受益人缴付保险费的情形，但理论上认为被保险人或受益人也可以缴付保险费以维持保险合同效力。当投保人与被保险人为同一人时，被保险人以投保人身份缴付保险费自是理所当然。但是，当被保险人与投保人为两人时，在投保人因诸多原因不缴付保险费的情况下，被保险人或受益人可以代投保人缴付保险费，以维持保险合同的效力。例如，张某为其妻购买某人寿保险，张某作为投保人缴付了多次保险费，但后来张某与其妻感情破裂，最终导致离婚，离婚后，张某拒绝为其妻购买的保险缴付保险费，张某之妻为维持寿险合同有效，遂自己到保险公司缴付保险费，张某之妻缴付保险费的行为有效。再如，张某经其朋友李某同意为李某购买某人寿保险，合同约定李某之子李小某为受益人，后李某被宣告失踪，张某也停止缴付保险费，经过一段时间之后，保险公司通知李小某，该合同已经进入效力中止期，如果再不缴纳保险费，保险公司将解除保险合同。考虑到解除合同对自己获得保险金不利，李小某遂自己缴付保险费，以维持合同效力，此为受益人缴付保险费的情形。

台湾地区《保险法》第 115 条规定："利害关系人，均可代要保人缴付保险费。"此处的利害关系人，包括被保险人和受益人在内。

3. 保险费的数额

保险费的数额不是由双方当事人协商确定的，而是由保险人单方确定的，即保险人根据所承担风险的大小、保险金额的多少以及其他因素，确定投保人缴付保险费的多少，并将保险费的数额写入保险合同。不过，在保险费数额写入保险合同后，根据客观情况的变化，保险费的数额也可能发生变化。我国《保险法》规定，在被保险人年龄错误的情况下，保险人可以变更保险费，例如，投保人购买死亡保险，投保时被保险人的实际年龄为 60 岁，但其申报的年龄为 50 岁，依照保险精算，60 岁的被保险人，其费率应高于 50 岁的被保险人，也就是说，投保人本应多缴保险费，但因错报年龄而少缴，此时保险人可以要求投保人补缴保险费，此时，保险合同中约定的保险费即发生变动。有时候，即使保险法没有规定，保险人也会在保险合同中约定，如果被保险人风险增加，保险人将相应增加保险费。

4. 保险费缴付方式

除了一次缴付和分期缴付之外，保险费的支付方式还可以分为现金支付和非现金支付。

所谓现金支付，是指投保人直接或通过第三人（代理人）向保险人支付现金作为保险费。我国对保险公司收付费作出了规定，在下列情形下，保险公司可以收取现金，即投保人可以以现金的方式缴付保险费：其一，保险公司在营业场所内现金收付费；其二，保险公司在营业场所外通过保险公司员工、保险营销员收取现金保费，依照保险合同单次金额不超过人民币1000元的；其三，保险公司委托保险代理机构在保险代理机构营业场所内现金收付费；其四，中国保监会规定的其他现金收付费方式。

所谓非现金方式，是指投保人不以现金的方式，而是通过银行等资金支付系统向保险人缴付保费。除上述保险人以现金方式收取保险费、投保人以现金方式缴付以外，其余情形，投保人需以非现金的方式缴付。①

人寿保险不得以诉讼方式要求投保人缴付保险费。由于人寿保险与其他保险有较大区别，保险法通常不允许保险人以诉讼的方式要求投保人缴付保险费。《保险法》第三十八条规定："保险人对人寿保险的保险费，不得用诉讼方式要求投保人支付。"也就是说，订立人寿保险合同之后，如果投保人不缴付保险费，保险人不能起诉投保人，要求其缴付保险费。

根据立法精神，此处要求的"不得以诉讼方式要求投保人支付"的保险费，是指分期付款人寿保险合同次期以后的保险费，不包括首期保险费。其理由是：第一，因为投保人在保险合同订立时，应自量第一次应缴保险费的经济能力，不会出现预料不到的经济窘境；第二，一般人寿保险合同均规定，若投保人不缴付保险费，保险合同将不生效，既然合同不生效，保险人也不需承担保险责任，故而此时保险人根本不会考虑采取何种方式要求投保人缴付保险费，更谈不上通过诉讼方式要求投保人缴付保险费。②

那么，对次期以后的保险费，保险法规定保险人"不得以诉讼方式"要求投保人缴付，理由有三：第一，人寿保险具有储蓄性，即该种保险与银行存款具有相似性，投保人缴付保险费，在某种程度上类似于将保险费存入保险公司，若客户不愿在银行存款，银行不可能起诉客户。同样，人寿保险的投保人若不缴付次期以后的保险费，保险公司亦不得起诉投保人。第二，人寿保险的保险费通常较高，远远大于健康保险和意外保险，一旦投保人不能缴付保险费，除忘记缴付和不再愿意寻求保障之外，通常是因为投保人经济发生困难。此时，若允许保险人以诉讼方式强制要求投保人缴付保险费，则必然使投保人雪上加霜，同时也会导致保险公司客户流失，不利于寿险业的发展。③ 第三，保险法已经为投保人不缴付次期以后保险费的情形设置了救济办法，即若投保人不缴付保险费，在经过宽限期和中止期后，保险人可以解除该保险合同。这样的规定，一方面使得保险人的利益不会受到损害，即如果投保人不交付保险费，保险人可以通过中止合同效力或者解除保险合同不承担保险责任；另一方面，如果保险人已经享有中止合同和解除合同的权利，其依然可以"以诉讼的方式"要求投保人缴付保险费，则无异于强制投保人缔约，此种行为明显违背合同自由原则。因此，关于人寿保险，保险法不允许保险人"以诉讼的方式"请求投保人缴付保险费。

5. 保险费缴付的期限

① 中国保监会《关于加强人身保险收付费相关环节风险管理的通知》。需要注意的是，中国保监会关于保险公司收付费的规定，作为监管文件，仅约束保险公司，对投保人并不构成约束。

② 吴定富主编：《〈中华人民共和国保险法〉释义》，中国财政经济出版社2009年版，第104页。

③ 周玉华编著：《最新保险法释义与适用》，法律出版社2009年版，第68—69页。

《保险法》第十四条规定："保险合同成立后，投保人按照约定缴付保险费，保险人按照约定的时间开始承担保险责任。"由此可见，《保险法》将缴付保险费的时间交给双方当事人约定。双方当事人约定一次缴付保险费的，投保人应当在保险合同成立后一次性缴清保险费；双方当事人约定分期缴付保险费的，投保人应当在保险合同成立后缴付首期保险费，其余各期保险费依照约定，分别在约定的期限到来前缴付。

不按期缴付保险费，会产生一定的法律后果。我国保险法未直接规定不按期缴纳保险费的后果，但各保险公司的保险条款可能会有所规定。通常的后果是：如果保险合同要求保费在合同成立后一次缴清，则一般保险公司的保险条款规定，投保人未缴保险费的，保险合同不生效，保险人不承担保险责任；如果保险合同要求保险费分期缴付，则一般保险公司的条款会约定，保险合同成立后不缴付首期保险费的，保险合同不生效，保险人不承担保险责任，投保人不缴付次期以后的保险费的，依照保险法关于保险合同中止（详细内容见后文）的规定处理。

专栏 4—8

韩国关于不按期缴付保险费法律后果的规定

《韩国商法典》第650条规定："合同签订后，保险合同人应毫不迟延地支付全部或者第一次保险费；在保险合同人未支付的情况下，若另无规定，自合同成立之后起两个月，则应视为该合同已被终止。在约定的期间内仍未支付继续保险费时，保险人可以规定一定的期间催告保险合同人。在该期间仍未支付，可以终止该合同。在为特定的他人投保的情况下，当保险合同人迟延支付保险费时，保险人也规定一定期间催告该投保人支付保险费；未经催告，则不得解除或者终止合同。"

6. 保险费缴付的地点

关于保险费缴付的地点，《保险法》未作强制性规定，将该事项交由双方当事人约定。双方当事人可以选择约定投保人所在地、保险公司所在地或者其他地方作为缴费地点。例如，某保险公司保单中对第二期以后的保险费缴付提供了三种方式：自行缴费、收费员收费和委托银行转账，此三种方式由投保人选择。投保人选择自行缴费的，缴费地点为保险公司所在地；投保人选择收费员收费的，缴费地点为投保人所在地；投保人选择委托银行转账的，缴费地点为银行所在地。

专栏 4—9

台湾地区保险业关于缴费地点的规定

台湾地区的“人寿保险单一般条款标准条文”第 3 条规定：“第二期以后的分期保险费，应当依本保险单所载缴付方式及日期，向本公司所在地或指定地点缴付。如本公司派员前往收取时，得向该收费员缴付并索取凭证妥为保存。”从该条规定来看，台湾地区保险业要求第二期以后的保险费在保险公司所在地或指定地点履行，只有保险公司派员收取时，保险费缴付地点才在投保人住所地或其指定地点。

（二）投保人的告知义务

在订立人身保险合同之前，投保人需将与保险标的相关的重要事实告知保险人，以便保险公司决定是否承保或者以怎样的保费承保，此为投保人的告知义务。实践中，告知义务的履行采取下列方式：保险人向投保人提供投保单，投保单上载明保险人所关心的问题，投保人就保单上的问题进行回答，其对问题的回答就是履行告知义务。《保险法》第十六条第（一）款规定：“订立保险合同，保险人就保险标的或者被保险人的有关情况提出询问的，投保人应当如实告知。”这就是《保险法》对投保人如实告知义务的规定，关于投保人的如实告知义务，我们将在本书后文中专门论述，在此仅作简单介绍。

（三）危险增加的通知义务

所谓危险的增加，是指保险合同当事人订立合同时未曾预料到，但在保险期限内，保险标的危险因素或危险程度有所增加。例如，某人原在煤矿办公室工作，后改为在煤矿井下作业，其人身危险程度明显增加。需要注意的是，这里的危险增加，是指订立合同时未能预料到的危险。如果订立合同时已经预料到的危险，在事故发生过程中不断增加的，并不属于保险标的的危险增加。例如，人身保险中的健康保险，被保险人在保险合同期限内身患疾病，而且病情不断加重，直至因病死亡。此种情况在合同订立时已经估计到，从被保险人身患疾病开始到死亡，是合同约定的整个保险事故的过程，而不是危险增加。[①]

《保险法》未规定人身保险危险增加的通知义务。《保险法》第五十二条虽然规定：“在合同有效期内，保险标的的危险程度显著增加的，被保险人应当按照合同约定及时通知保险人，保险人可以按照合同约定增加保险费或者解除合同。”但这一规定放在“财产保险合同”一节，针对的是财产保险并非人身保险。也就是说，法律并未规定在人身保险合同中适用危险增加的通知义务，投保人、被保险人对危险增加并无法定通知义务。

① 覃有土主编：《保险法概论》，北京大学出版社 2001 年版，第 228 页。

但是，我国人身保险业务中存在约定的危险增加通知义务。即投保人与保险人约定，在某些危险增加的情况下，投保人或被保险人应当将该危险增加通知被保险人。此种情况，多在意外伤害保险中出现。下面是某保险公司关于职业、工种变动应通知保险公司的保单条款：

“被保险人变更其职业或者工种时，投保人或被保险人应于10日内以书面形式通知本公司。被保险人所变更的职业或者工种，依照本公司职业分类其危险程度降低时，本公司自接到通知之日起按其差额退还未满期保险费。但被保险人所变更的职业或工种依照本公司职业分类在拒保范围内的，本公司对该被保险人所负保险责任自其职业或者工种变更之日起终止，但退还该被保险人未满期保险费。被保险人所变更的职业或者工种，依照本公司职业分类其危险程度增加但未依前项约定通知而发生保险事故的，本公司按其原缴保险费与应缴保险费的比例计算并给付保险金。但被保险人所变更的职业或工种依照本公司职业分类在拒保范围内的，本公司不承担给付保险金的责任。”

（四）保险事故的通知义务

保险事故的通知义务，也称出险通知义务，是指在保险合同有效期内，发生保险合同约定的保险事故后，投保人、被保险人或受益人应及时将该事故发生的情形通知保险人。例如，死亡保险的被保险人死亡，受益人应当将其死亡的事实通知保险人。再如，健康保险中的被保险人身患肝癌，其应当将患病的事实通知保险人。《保险法》第二十一条规定：“投保人、被保险人或者受益人知道保险事故发生后，应当及时通知保险人。”因此，保险事故的通知义务属于法定义务。

《保险法》之所以要求投保人、被保险人或者受益人履行该义务，一方面是因为事故通知是保险赔付的前提，如果不通知，保险人不知晓事故发生，也就不会予以赔付。另一方面，事故通知是保险人调查事故的前提，只有及时通知保险人，才便于保险人迅速查清保险事故的性质、原因和损失程度，并进一步给予赔付。

1. 保险事故通知义务人

根据《保险法》的规定，投保人、被保险人或者受益人均可成为保险事故的通知义务人。也就是说，无论是投保人、被保险人还是受益人，都可以履行保险事故通知义务。一般来说，发生保险事故，被保险人未死亡的，由被保险人通知保险人，被保险人死亡的，由受益人或投保人通知保险人。

2. 保险事故的通知期限

《保险法》对保险事故通知期限的规定为“及时”，此处的“及时”应当理解为：“结合具体的合同和事故情形，知道保险事故发生后，在合理时间内尽可能快地通知保险人。”[①]“及时”究竟为多长时间，各公司在自己的保险单中通常都会有规定，且时间不一。中国保险行业协会出台的《人身保险产品条款部分条目示范写法》将“及时”界定在10日内，建

---

① 吴定富主编：《〈中华人民共和国保险法〉释义》，中国财政经济出版社2009年版，第61页。

议各公司为投保人、受益人提供不低于10天的通知期限。① 台湾地区《人寿保险单示范条款》第9条也规定："要保人或受益人应于知悉本公司应付保险责任事故后10日内通知本公司。"

3. 保险事故的通知方式

《保险法》未规定保险事故的通知方式，中国保险行业协会的《人身保险产品条款部分条目示范写法》也没有规定通知的方式。由于没有强制性和示范性的规定，投保人、被保险人、受益人对保险事故的通知，既可以采取口头的方式，也可以采取书面的通知方式，只要能够让保险人了解到保险事故已经发生即可。由于事故通知必须做到"及时"，故许多投保人、被保险人或受益人通常采取电话通知的方式，其实质也是一种口头通知。

4. 迟延履行事故通知义务的法律后果

《保险法》第二十一条规定："投保人、被保险人或者受益人知道保险事故发生后，应当及时通知保险人。故意或者因重大过失未及时通知，致使保险事故的性质、原因、损失程度等难以确定的，保险人对无法确定的部分，不承担赔偿或者给付保险金的责任。"

也就是说，如果投保人、被保险人或受益人不及时履行事故通知义务，保险人可能不承担赔付责任，需要注意的是，即使保险人不承担赔偿责任，也只是不承担无法确定赔付责任的部分，责任能够确定的部分，保险人依然需要承担责任。保险人不承担相应的赔付责任，其需要注意三方面的问题：

首先，投保人、被保险人、受益人不及时履行事故通知义务，主观上存在故意或重大过失。如果主观上没有过错，或者主观上只有轻微过错或一般过错，从而未能及时通知保险人的，即使该迟延通知造成损失难以确定，保险公司依然不能拒赔。

其次，投保人、被保险人、受益人不及时履行事故通知义务造成了一定的后果，即由于投保人、被保险人或受益人不及时通知，导致保险事故的性质、原因、损失程度等无法确定，也就是说，保险人的赔偿数额不能确定。如果虽未及时通知，但保险公司依然可以确定保险事故的性质、原因、损失程度等，则保险公司亦不得拒赔。② 设定通知义务的目的之一就在于保存证据，勘查定损、利于理赔核定，如果相关主体怠于通知，使时机错失，导致保险事故的原因、性质、损失程度无法确定，直接影响保险责任和赔付金额的确定。由于错在投保人、被保险人或受益人，故他们应当为不能确定责任的部分承担责任。

最后，保险人可以不承担的责任，限于无法确定的部分。如果在投保人、被保险人、受益人不及时通知的情况下，保险人的部分责任依然可以确定，只有部分责任不能确定，则保险人对能够确定责任的部分须承担保险责任。

5. 通知义务的免除

---

① 中国保险行业协会制定的《人身保险产品条款部分条目示范写法》第四条规定："投保人或受益人知道保险事故后应当在10天内（建议各公司提供不低于10日的期限）通知本公司。"该示范写法虽以终身寿险为蓝本制定，但对人身保险的其余产品也有借鉴意义。由于以终身寿险为蓝本，发生保险事故时被保险人已经死亡，故该条规定，通知义务的履行主体是投保人或受益人。

② 中国保险行业协会制定的《人身保险产品条款部分条目示范写法》第四条规定："虽未及时通知但不影响本公司确定保险事故的性质、原因、损失程度的，保险人不能拒赔。"

保险事故发生后，如果保险人通过其他途径已经及时知道或应当及时知道保险事故已经发生，则投保人、被保险人或受益人可以不履行通知义务。这也是《保险法》第二十一条的明文规定。通知义务的设定，目的是让保险人及时了解保险事故已经发生，以便进一步勘查定损，既然保险人已经通过其他途径了解到保险事故的发生，便可以进一步对事故进行勘查，如果一味等待投保人、被保险人、受益人的通知而不去勘查定损，则错在保险人，保险人应当为此承担责任，投保人、被保险人、受益人的通知义务免除。

例如，被保险人张某购买航空意外保险，乘飞机自巴西飞往法国，飞机中途于大西洋上空坠落，发生空难，保险公司亦可通过电视、报纸等媒体获知被保险人发生保险事故，则被保险人的家属不须再通知保险公司，保险公司亦不得以被保险人家属未及时履行通知义务而拒赔。

专栏 4—10

其他国家或地区关于通知义务免除的规定

《意大利民法典》第 1913 条第 1 款规定："被保险人应当自保险事故发生或被保险人知道保险事故发生的 3 日内向保险人或有缔约权限的保险代理人发出保险事故发生的通知。如果保险人或有缔约权限的保险代理人在上述期间内介入了救助或灾害勘验的活动，则不必通知。"

中国台湾地区《保险法》第 62 条规定："当事人一方对于下列各款，不负有通知义务：

一、为他方所知者；

二、依通常注意为他方所知，或无法诿为不知者；

三、一方对于他方经声明不必通知者。"

（五）提供索赔单证的义务

为了证明保险事故的性质、原因和损失程度，投保人、被保险人、受益人不仅须履行保险事故的通知义务，还必须提供相应的证明和资料，以便保险人作出核定赔付与否的决定，这就是我们所说的提供索赔单证的义务。《保险法》第二十二条第（一）款规定："保险事故发生后，按照保险合同请求保险人赔偿或者给付保险金时，投保人、被保险人或者受益人应当向保险人提供其所能提供的与确认保险事故的性质、原因、损失程度等有关的证明和资料。"

专栏 4—11

中国保险行业协会《人身保险产品条款部分条目示范写法》规定的索赔单证

《人身保险产品条款部分条目示范写法》第五条“保险金申请”条款规定：“在申请身故保险金时，申请人须填写保险金给付申请书，并提供下列证明和资料：

（1）保险合同。

（2）申请人的有效身份证件。

（3）国务院卫生行政部门认定的医疗机构、公安部门或其他相关机构出具的被保险人的死亡证明。

（4）所能提供的与确认保险事故的性质、原因等有关的其他证明和资料。保险金作为被保险人遗产时，必须提供可证明合法继承权的相关权利文件。

以上证明和资料不完整的，本公司将及时一次性地通知受益人补充提供有关证明和资料。

如果投保人、被保险人或受益人提供的索赔单证不全，保险公司可以要求补缴，但补缴的次数限于一次，也就是说，保险公司须及时一次性地将需要补缴的单证目录告知对方，不得数次要求补缴单证。这是《保险法》第二十二条第（二）款的规定，保险法之所以这样规定，是针对目前存在的保险公司拖赔现象的。在实践中，有些保险公司为了达到拖延赔付的目的，今天要求提供此种单证，明天要求提供彼种单证，造成了“理赔难”现象，为了克服这一现象，2009 年 2 月 28 日通过的《保险法》专门规定：“保险人按照合同的约定，认为有关的证明和资料不完整的，应当及时一次性通知投保人、被保险人或者受益人补充提供。”

第四节 保险人的权利和义务

一、保险人的权利

在法律上，尤其在合同法上，权利与义务是相对应的，己方当事人的权利，正是对方当事人的义务，同样，对方当事人的权利，也是己方当事人的义务。从这个角度来看，上节所述投保人、被保险人或受益人的义务，正是本节保险人的权利。同时，在合同中，也会出现双方当事人都享有某种权利的情形，譬如，双方当事人都享有通过协商变更合同的权利。因此，上节所述投保人、被保险人或受益人的权利，其中，一些也是本节保险人的权利。由于上节内容已经作了一定的介绍，故本节此部分将简略介绍。保险人的权利大致有以下几个方面。

（一）收取保险费的权利

人身保险行为是商业行为，人身保险合同是有偿合同，因此，当保险公司出售人身保险产品时，必然要收取保险费，如果说缴付保险费是投保人的义务，那么，收取保险费就是保险人的权利。

保险人收取人身保险合同保险费需注意，应当按照相关保险法律法规的规定（例如，中国保监会《关于加强人身保险收付费相关环节风险管理的通知》）进行收费，不得在不允许采用现金收取时收取现金。此外，在收取人寿保险保险费时，保险人不得以诉讼的方式进行。这些内容，可以参见前文关于投保人缴付保险费的部分。

（二）要求投保人履行告知义务的权利

根据保险法，投保人须履行告知义务，与之相对，保险人即享有要求投保人履行告知义务的权利。关于投保人的告知义务和保险人要求投保人履行说明义务的权利，后文将有详论，在此不再赘述。

（三）协商变更合同的权利

投保人、被保险人享有通过与保险人协商变更保险合同内容的权利，作为合同的另一方当事人，保险人也享有此种变更合同内容的权利。例如，采取保险人上门收费的分期缴费保险合同，投保人住址变化，保险人得知后主动与投保人联系，变更合同中的收费地点。关于协商变更保险合同的具体内容，将在后文“人身保险合同的变更”部分详细讲解。

（四）合同解除权

《保险法》第十五条规定：“除本法另有规定或者保险合同另有约定外，保险合同成立后，投保人可以解除合同，保险人不得解除合同。”可见，对保险人来说，只有在法律有明文规定或者保险合同有约定的情况下，才可以解除保险合同。前者称为“法定解除权”，后者称为“约定解除权”。关于人身保险合同的解除权，我们将在后面章节中专门阐述。

此外还需注意，投保人、被保险人、受益人的保险事故通知义务，同时也是保险人要求其通知的权利；投保人、被保险人、受益人提供单证的义务，同时也是保险人要求其提供单证的权利。

二、保险人的义务

（一）说明义务

如果双方当事人之间的人身保险合同采取的是保险人提供的格式合同，在保险合同签订之前，保险人应当向投保人履行说明义务。

所谓说明义务，是指保险人或其代理人在保险合同订立之前，应当向投保人解释保险合同的内容，其中，包括保险合同中免除保险人责任条款的内容。保险人履行说明义务，一方面是对保险合同普通条款的解释，另一方面是对免除保险人责任的条款的解释。[①] 关于说明义务，我们将在后文中详细介绍。

（二）及时签发保险单证的义务

及时签发保险单证的义务，是指在保险合同成立后，保险人应当在合理而且尽可能快的时间内，向投保人签发保险单或者保险凭证。《保险法》第十三条规定："投保人提出保险要求，经保险人同意承保，保险合同成立。保险人应当及时向投保人签发保险单或者其他保险凭证。"

保险法之所以要求保险人及时签发保险单证，一方面是因为保险合同的内容需要一个书面文件记载其内容，实践中，保险人将保险单或保险凭证作为记载保险合同内容的主要形式，不及时签发保险单或保险凭证，双方当事人的权利义务无法确定；另一方面，许多保险公司的保单条款规定，保险人承担的保险责任自签发保险单的次日零时起生效，保险法通过要求保险人及时签发保险单证，在某种程度上可以防止其拖延承担保险责任。

（三）风险承担的义务

保险合同是双务合同，己方给付对方代价，对方也须给付己方对价。在保险合同履行中，投保人交付保险人保险费，这是投保人支付给保险人的合同对价，但保险人支付给投保人的对价是什么？

保险人给予投保人的对价，正是承担保险标的风险的行为。如果将缴付保险费作为投保人的义务，承担保险标的风险就是保险人的义务。风险具有不确定性，可能发生，也可能不发生。当风险发生时，投保人、被保险人存在损失，保险人承担风险的行为具有现实表现，那就是赔付保险金。[②] 但是，当风险没有发生时，投保人、被保险人并没有损失，保险人不需要赔付，此时，我们不能说保险人未承担任何保险责任，或者说保险人未承担任何保险合同的义务，因为如果这样说，保险合同就变成了一个只有投保人支付保险费，保险人不承担

① 理论上将前者称为"一般说明义务"，将后者称为"明确说明义务"。

② 一些教材将保险人的义务界定为赔付保险金，但是，人身保险合同并不是任何情况下都需要赔付保险金，例如，人身意外保险在很多情况下是不会发生意外的，保险人因此无须赔付，我们不能说此时的保险人没有保险义务。

任何义务的单务合同，这与保险法关于保险合同为双务合同的理论相违背。[①] 由于保险合同是一种射幸合同，总有风险发生与不发生两种可能情况并存的情形，故而，保险人在保险合同中的义务，只能以“风险承担”相称。[②]

（四）及时核定保险责任的义务

前文已述，保险事故发生后，投保人、被保险人或受益人应履行保险事故通知义务以及提供索赔单证的义务，此两项义务履行完毕，投保人、被保险人或受益人的义务履行告一段落，从程序上来说，保险理赔进入保险人履行义务的阶段。保险人履行理赔义务，首先是对保险事故进行核定。

保险人在收到投保人、被保险人或受益人的赔付请求后，应当对保险责任进行及时核定，这一过程主要是对保险单证及投保人、被保险人或受益人提供的与确认事故性质、原因、损失程度有关的证明和资料进行审查，在必要的情况下，保险人应进行现场勘察，进而对损失进行评估，对责任进行分析。这就是保险人及时核定保险责任的义务。责任核定一般应考虑：发生事故的是否是保险合同约定的保险对象，事故发生时间是否在保险期间内，保险事故是否属于责任范围，是否属于责任免除，保险事故与损害结果之间是否存在近因关系等。

核定事故责任是保险理赔的重要环节，2009 年修改《保险法》之前，保险人的拖赔、惜赔、拒赔饱受保险消费者诟病。为了解决这一问题，2009 年修订的《保险法》对保险人的核定义务加以修改，严格了对保险公司核定保险责任的要求。

收到投保人、被保险人或受益人的赔付请求后，保险人应当及时作出核定。我国《保险法》第二十三条第（一）款规定：“保险人收到被保险人或者受益人的赔偿或者给付保险金的请求后，应当及时作出核定；情形复杂的，应当在三十日内作出核定，但合同另有约定的除外。”这表明，保险人核定保险事故的期限因情形是否复杂可以分为两类：第一类，情形简单的索赔案件，应当“及时”作出核定，此处的及时，应当理解为“合理且尽可能快”。依照中国保险协会的示范性要求，应当为 5 日内，也就是说，普通人身保险案件，中国保险行业协会建议各公司在不超过 5 天的时间内作出核定。第二类，情形复杂的索赔案件，保险法要求保险公司在 30 天内作出核定。有些案件的伤残鉴定，需要委托进行，鉴定本身可能也需要较长的时间，故而，30 天期限的要求，对某些案件来说，核定可能确实有困难，因此，我国《保险法》为保险人留下一些空间，允许保险人与投保人在保险合同中约定作出赔付的时间。但是，中国保险行业协会的《人身保险产品条款部分条目示范写法》，并没有为保险人留下对复杂情形另行约定核定期限的空间。对中国保险行业协会来说，提升整个行业在社会公众心中的形象迫在眉睫，故而，其不仅对《保险法》的规定进行了细化，甚至作出了比《保险法》更加严格的规定。

如果违反及时核定义务，保险人应当受到法律制裁，我国《保险法》规定，保险人若

① 我们不能说，当保险事故发生时，保险合同是双务合同，保险事故未发生时，保险合同为单务合同。

② 参见覃有土主编：《保险法概论》（第二版），北京大学出版社 2001 年版，第 236 页。

不能在规定期限内完成核定义务，其后果是，保险人除应支付保险金之外，还应当赔偿被保险人或受益人因此遭受的损失。①

（五）对核定结果的及时处理义务

核定可能会出现三种结果：第一，事故不属于保险责任，保险人拒绝赔付；第二，事故属于保险责任，赔偿数额也能够确定；第三，事故属于保险责任，但赔偿数额不能完全确定。不管出现何种结果，保险人都应当及时处理，这就是保险人对核定结果及时处理的义务。处理的方式因不同核定结果而异。

1. 事故不属于保险责任，保险人应当及时拒赔，并说明理由

《保险法》第二十四条明文规定："保险人依照本法第二十三条的规定作出核定后，对不属于保险责任的，应当自作出核定之日起三日内向被保险人或者受益人发出拒绝赔偿或者拒绝给付保险金通知书，并说明理由。"这是保险法对核定不属于保险责任的要求，可以从三个方面去理解：其一，不属于保险责任的通知时间为 3 天，自作出核定之日起算。也就是说，3 日之内，保险人必须对被保险人或者受益人发出拒赔通知书；其二，发出的拒赔通知必须是书面形式，口头通知不视为通知；其三，书面通知必须说明拒赔理由，以便被保险人或者受益人知晓为何索赔被拒绝。②

保险法的规定，对保险人和被保险人、受益人均是有利的。一方面，被保险人或受益人在获悉拒赔消息后，可以及时寻求司法上的救济；另一方面，该规定有利于保险人保存证据。从整体上来看，该规定规范了理赔程序，为保险市场的良性发展创造了条件。

2. 事故属于保险责任，赔偿数额也能够确定，保险人应当及时赔付

保险人在规定的核定期限内作出核定后，如果属于保险责任的，应当将核定结果通知被保险人或受益人，并与被保险人或受益人就赔付数额进行协商，达成赔偿赔付协议后的 10 日内，应当给付被保险人或受益人保险金。我国《保险法》第二十三条第（一）款规定："保险人应当将核定结果通知被保险人或者受益人；对属于保险责任的，在与被保险人或者受益人达成赔偿或者给付保险金的协议后十日内，履行赔偿或者给付保险金义务。"可见，及时将核定结果通知被保险人或受益人是保险人的义务，在达成协议后 10 日内进行赔付也

---

① 有著作认为："此处的损失，应理解为因保险人迟延履行保险金赔偿义务，给被保险人或受益人造成的直接损失，比如，交通费用的额外支出、保险金的同期银行利息损失等。"（吴定富主编：《〈中华人民共和国保险法〉释义》，中国财政经济出版社 2009 年版，第 66 页。）不过，这仅仅是一种学理解释，在特殊情形下，法官也可能判决保险人承担更多的赔偿责任。

② 2009 年《保险法》对保险人及时拒赔的内容加以修改，主要修改的内容是要求保险人在 3 日之内发出拒赔通知，并书面说明拒赔理由。保险法之所以进行修改，是因为此前保险市场上存在大量的这方面的理赔难现象，即由于 2002 年修改的保险法没有规定核定后的拒赔期限，也未对赔付理由作规定，许多保险公司即使作出了拒赔核定，也迟迟不通知被保险人或受益人，使得一个简单的赔案旷日持久，严重影响被保险人或受益人的权益，即使最后发出了拒赔通知，通知的内容也仅仅写明"本公司拒绝赔付"，不对拒赔理由加以说明，一些公司虽然给予了拒赔理由，但是理由模糊不清，让保险消费者很难接受，故而 2009 年保险法对此加以修改。

是保险人的义务。①

核定应赔付且赔付数额确定的，如果保险人不及时赔付，也应当承担相应的法律后果。我国《保险法》第二十三条第（二）款规定："保险人未及时履行前款规定义务的，除支付保险金外，应当赔偿被保险人或者受益人因此受到的损失。"也就是说，第一，如果核定后保险人未将核定应赔付的结果及时通知被保险人或受益人，保险人不仅应当赔付保险金，还应当对不及时通知造成的损失进行赔付；第二，如果保险人在与被保险人、受益人达成赔偿协议后10日内未及时赔付保险金，除应给付保险金外，也应当承担被保险人或受益人因此受到的损失。

当然，《保险法》允许保险人在保险合同中对赔付保险金的期限进行约定，但保险人不应当滥用这一约定减轻自己的责任，加重被保险人或受益人的责任。《保险法》第二十三条第（一）款还规定："保险合同对赔偿或者给付保险金的期限有约定的，保险人应当按照约定履行赔偿或者给付保险金义务。"如果保险合同对赔付保险金的期限有约定，而保险人违反这一约定，除应给付保险金外，保险人也应当承担被保险人或受益人因此受到的损失。

3. 事故属于保险责任，但赔偿数额不能完全确定的，保险公司应及时赔付能够确定的部分

某些情形下，会出现赔款未决的情形。所谓赔款未决，是指保险人虽然能够确定属于保险事故，应当承担赔付保险金责任，但由于被保险人提供的索赔资料，及保险人进行调查的结果尚不能完全确定赔偿数额。在赔款未决的情况下，为了督促保险公司抓紧时间理赔，维护被保险人的合法权益，《保险法》规定了先予赔付制度。《保险法》第二十五条规定："保险人自收到赔偿或者给付保险金的请求和有关证明、资料之日起六十日内，对其赔偿或者给付保险金的数额不能确定的，应当根据已有证明和资料可以确定的数额先予支付；保险人最终确定赔偿或者给付保险金的数额后，应当支付相应的差额。"

对我国的先予赔付制度进行解析可知：首先，先予赔付的前提条件是，保险人自收到赔付保险金的请求和有关证明、资料之日起60日内，不能完全确定赔付数额；其次，保险人能够确定部分赔偿数额。例如，在健康保险中，全部赔偿数额不能确定，但抢救费用能够确定，其余医疗费用，护理费用等尚不能确定。在此情况下，保险人不能等待全部赔付金额清楚后再行赔付，而需在60日内对能够确定的部分进行赔付。

当然，先予赔付后，保险人并没有解除赔付的责任。而应该继续理赔，最终确定的赔付数额高于先于支付的最低数额的，保险人有义务补偿相应的数额。②

① 一般情况下，保险公司在与被保险人或受益人达成赔付协议后，都能在10天内给付保险金。但也有些公司为了拖延赔付，恶意不与被保险人或受益人达成协议，需要警惕保险公司的这种行为。例如，保险公司依照《保险法》规定的在"达成给付保险金协议"后10天内给付保险金的规定，在应当赔付20万元的情况下，作出仅赔付10万元的决定，进而无法与被保险人、受益人达成一致意见，其拖延赔付也就"于法有据"了。

② 周玉华：《最新保险法法理精义与实例解析》，法律出版社2003年版，第182页。

关键词

投保单　保险单　保险凭证　暂保单　保险责任　责任免除　保险期间　保险金额　保险费　保险事故通知义务　提供索赔单证的义务　及时核定保险责任的义务　及时处理核定结果的义务

思考题

1. 人身保险合同的基本单证有哪些，其主要法律意义是什么？
2. 人身保险基本条款包括哪些？
3. 保险责任和责任免除是什么？
4. 简述投保人缴付保险费的义务。
5. 如何理解保险事故通知义务？
6. 怎样理解保险人及时核定保险责任的义务？
7. 核定完毕，保险人怎样处理核定结果？

第五章
人身保险合同的特殊条款

学习目的

- 了解人身保险合同选择权条款的相关内容
- 熟悉保单持有人权利相关条款和保险人权利相关条款的内容
- 掌握不可抗辩条款、年龄错误条款的内容
- 掌握自杀条款、犯罪条款的内容

任何一般都是个别的（一部分，或一方面、或本质）。任何一般只是大致地包括一切个别事物。任何个别都不能完全地包括在一般之中。——对立面（个别跟一般相对立）是同一的：个别一定与一般相联系而存在。一般只能在个别中存在，只能通过个别而存在。任何个别（无论怎样）都是一般。

——列宁①

人身保险合同的特殊条款是在《保险法》规定的基本条款之外，经常在人身保险合同中出现的条款。这些条款的内容较为特殊，或表现了保单持有人的权利，或表现为保险人的权利，有的则表现为给予投保人、被保险人一种选择。

① 弗拉基米·伊里奇·列宁（俄语 Владимир Ильич Ленин，英语 Vladimir Ilich Lenin）（1870—1924 年），马克思和恩格斯事业和学说的继承者。生于伏尔加河畔辛比尔斯克（今乌里扬诺夫斯克）。1887 年进入喀山大学攻读法律，因参加革命活动曾被捕。1893 年秋移居彼得堡。1894 年著《什么是"人民之友"以及他们如何攻击社会民主主义者？》，批判民粹派。1895 年创立彼得堡工人解放协会。第一次世界大战爆发后，列宁又提出了"变帝国主义战争为国内战争"的口号，阐明了社会主义可以在一国或数国首先胜利的理论。1903 年 7 月 30 日，俄国社会民主工党在布鲁塞尔召开代表大会，会上形成了以列宁为核心的布尔什维克，布尔什维克的意思是多数派。布尔什维克及其思想体系的产生，标志着列宁主义的形成。1917 年 3 月，沙皇政府被推翻。在列宁领导下，俄国人民取得了十月社会主义革命的胜利。胜利后列宁当选为第一届苏维埃政府主席。此处引文引自《列宁选集》，第 2 卷，人民出版社第 713 页。

第一节 保单持有人权利相关条款

保单持有人，是指对保单利益依法享有请求权的主体。①

由于法律的规定或者行业的习惯做法，在人身保险合同中通常有一些与保单持有人权利相关的条款，这些条款赋予保单持有人一定的权利，保护了保单持有人的利益。

一、不可抗辩条款②

（一）不可抗辩条款的概念

① 保单持有人（policy holder）的概念，在我国尚未完全明确，中国保监会的法规中有数处提到保单持有人的概念，如《分红保险管理暂行办法》（保监发［2000］26号）第三条中所用的概念，即定义“本办法所称保单持有人，是指按照合同约定，享有保险合同利益及红利请求权的人”。《保险公司偿付能力报告编报规则第7号投资连结保险》，第二条第1款定义投资连结保险的投资账户：“投资账户，指保险公司根据投资连结保险合同建立的资产单独管理、投资风险完全由保单持有人承担的资金账户。”这两个文件规定是较狭义的指称投保人或是经其转让或质押后的保险合同权利人。资格考试系列教材A3《人身保险产品》一书即是依据以上两个文件用保单持有人一词。《保险保障基金管理办法》第三条第2款规定：“本办法所称保单持有人，是指在保险公司被依法撤销或者依法实施破产的情况下，对保单利益依法享有请求权的保险合同当事人，包括投保人、被保险人或者受益人。”这个是比较广义的定义指称。本书所涉及的保单持有人，多是指依照保险合同享有保险合同利益及红利请求权的人，一般是投保人或是经过转让后的保险合同权利人。但是，也有泛称投保人、被保险人和受益人的情况，如本章的几个特殊条款的部分，在个别情况下也有指称被保险人或受益人。另外，本书第八章第一节转让的部分提到保单所有人（policy owner）的概念，保单所有人对保单享有所有权，一般是指投保人或其受让人；在广义的定义下，保单持有人对保单不一定有所有权，仅仅在于“持有”，表明保险单在谁的手里。因为保险单是权利义务的载体，是保险合同的证明，如果需要对保险合同进行变更或者批注、申请理赔等，都需要出示保险单，所以在投保人与保险人签订保险合同时，往往要说明保单持有人的名字。一般情况下，在个人的人寿保单中，保单所有人与保单持有人往往为同一人，因此在国外的一些教材中也常常将两者混用。当然也可能出现另一种情况，保单所有人是张三，但保单却在李四手里，张三并没有将保单的所有权利转让给李四，而是由于留置、保管等原因放在李四那儿，李四仅仅持有了保单，因此他并不能向保险人主张投保人所有的权利。从国外的表述来看，在人身保险合同转让中，如果转让方是投保方，一般使用“保单所有人”作为转让人，LOMA教材在讲到转让时，也采用了“保单所有人”的概念，（参见 Muriel L. Crawford，*Life and Health Insurance Law*，7th edition Richard D. Irwin，INC.，1994，p 337），陈欣教授所著《保险法》中，对转让方的称呼也是“保单所有人”（参见陈欣著：《保险法》，北京大学出版社2000年版，第126页）。如果是用保单所有人的概念，那表示只有投保人或保单所有人才享有权利或义务。总之，保单持有人是一个需要进一步研究的概念，在何种情况下其代表哪一个主体，其与投保人、被保险人、受益人之间的关系如何，在何种情况下一致，何种情况下不一致，值得思考。关于保单持有人的概念，有学者将其解释为“投保人”（参见袁宗蔚著：《保险学——危险与保险》，首都经济贸易大学出版社2000年版，第204页），有学者将其界定为“被保险人”（参见 Jeffrey W. Stempel，*Interpretation of Insurance Contracts：Law and Strategy for Insurers and Policyholders*，Little，Brown and Company，1994，at 360）。也有词典对它的解释是：保单持有人是对保险单有合法所有权的人或实体，他们可能是也可能不是投保人（参见中国保险报社、加拿大永明人寿保险公司合编：《英汉保险词典》，商务印书馆1998年版，第429页）。

② 不可抗辩条款（incontestable clause）。

不可抗辩条款，又称不可争条款，是指自保险合同成立之日起满一定期限（通常为2年），保险人不得以投保人在订立保险合同时违反最大诚信原则、未履行如实告知义务为由解除保险合同，如发生保险事故，保险人不得拒绝承担赔偿或者给付保险金的责任的条款。《保险法》第十六条在规定了投保人的告知义务后，于第三款规定了不可抗辩条款："前款规定的合同解除权，自保险人知道有解除事由之日起，超过三十日不行使而消灭。自合同成立之日起超过二年的，保险人不得解除合同；发生保险事故的，保险人应当承担赔偿或者给付保险金的责任。"

专栏5—1

美国保险法教科书中的不可抗辩条款概念

"自保单签发之日起，在被保险人生存期满经过两年之后，如果保单依然有效，则除非保费未缴，否则保单将成为不可争辩保单。"

（资料来源：William F. Young & Eric M. Holmes, *Case and Materials on Law of Insurance*, Second Edition, Little, Brown and Company, 1992, p 98。）

不可抗辩条款主要是针对保险人因投保人不履行如实告知义务（关于投保人告知义务的内容将在后文详细阐述）而解除保险合同而设立的。基于最大诚信原则，世界各国的保险法都规定保险人在投保人不如实告知的情况下，享有合同解除权。但是，保险人往往滥用此权利，即使知道投保人存在不实告知的情形，为了赚取保险费，也不去解除合同。如果保险事故未发生，保险人收取保险费，不需要承担任何保险责任；一旦保险事故发生，保险人便以投保人未如实告知为由解除保险合同，不承担保险责任。为了限制保险人的这种投机行为，各国保险法规定了不可抗辩条款。

专栏5—2

从不可抗辩条款到不可抗辩法则

不可抗辩条款滥觞于19世纪中期。从19世纪初叶开始，保险公司逐渐进入"洪水时代"，"至19世纪中叶，随各国经济事业的急速发展，保险公司的设立，尤为众多，致有保险公司'洪水时代'之称。保险公司滥设的结果，就是引起激烈竞争"。同时，在人寿保险公司内部，普遍存在保险公司对被保险人或受益人拒赔或者赔付少了保单价值的情况。拒赔或少赔的原因，仅仅因为被保险人在投保时对某一不重要的问题曾有不实陈述。寿险公司的拒赔使得公众对人寿保险产生了严重不信任。这样，一方面是激烈的竞争，另一方面是公众对寿险公司不信任，迫使一些有远见的公司开始寻求出路。不可抗辩条款正是为解决这一问题而设置的。1848 年，英国一个名为“伦敦无争议人寿保险公司”的寿险公司首先在其保单中插入了不可抗辩条款。

基于同样的原因，美国寿险公司随后也将不可抗辩条款引入保单，最早在保单中使用不可抗辩条款的美国公司是曼哈顿人寿保险公司，在 1864 年在保单中正式使用。随后，美国保险公司迫于竞争压力，纷纷在保单中加入不可抗辩条款，到 1895 年，有 7 家保险公司使用了不可抗辩条款。到 20 世纪初期，美国人寿保险公司使用不可抗辩条款已经成为普遍现象。

当不可抗辩条款被普遍使用之后，不可抗辩条款的法定化就成为自然而然的事情了。20 世纪初期，美国部分州开始通过制定法律的方式规定不可抗辩条款，不可抗辩条款向不可抗辩法则转化。1873 年，俄亥俄州颁布的制定法中就出现了不可抗辩法则的雏形，其规定大致为：在保险人收到被保险人交付的三次保险费之后，保险人就应对被保险人就人寿保单提出的索赔禁止反言，但是被保险人欺诈或者存在年龄误告的除外。然而，俄亥俄州的这个规定尚不能算做真正意义上的不可抗辩法则，其没有关于两年可争辩期的规定，也将年龄误告这样的重要不可抗辩事由排除在外。

真正意义的不可抗辩法则出现在 1906 年。1906 年，Armstrong 委员会调查了保险业，认为保险业存在严重的腐败、欺诈以及不诚实的现象。随后保险委员会于当年在芝加哥召开会议，会议选举了 15 人的统一立法委员会，被称为“15 人委员会”。由该委员会起草了包括不可抗辩条款在内的现代保险保单。仅一年之后，纽约州也根据 Armstrong 委员会的调查结果制定了标准保单法（the standard policy law），该法规定，在纽约州销售的所有人寿保险保单中，都必须包含不可抗辩条款。

1946 年，美国国家保险委员联合会（即后来的美国寿险公司协会）在纽约州标准保单语言的基础上，通过了关于不可抗辩条款的制定法。目前，美国至少有 47 个州的人寿保险立法采纳了不可抗辩条款。4 个州的不可抗辩条款立法适用于各种保险保单。只有 3 个州没有明确地在立法上规定不可抗辩条款。美国关于不可抗辩条款的立法影响了许多国家，世界许多国家的法律都规定了不可抗辩条款。可见，不可抗辩条款的发展经历了一个从不可抗辩条款向不可抗辩法则的历史。即使在不可抗辩条款尚未成为法律的国家和地区，保险公司也会在保单中列入不可抗辩条款，以吸引被保险人投保。

（资料来源：梁鹏著，《保险人抗辩限制研究》，中国人民公安大学出版社 2008 年版，第 307—310 页。）

（二）设立不可抗辩条款的目的

最初，保险公司在保险合同中引入不可抗辩条款，其目的是增强公司的竞争力，为公司赢得更多的客户，当不可抗辩条款进入立法者视野之后，不可抗辩条款的立法目的就不仅仅是吸引客户、扩大保险市场了。总体来说，设立不可抗辩条款的目的有以下三个方面：

1. 抑制保险人道德风险与扩大保险市场

立法将不可抗辩条款作为其内容，最初出于抑制保险人道德风险的考虑。在早期英国的保险实践中，被保险人的告知义务早已确立，亦即如果被保险人对其保险标的的重要事项存在不实陈述，保险人可以依据法律关于告知义务的规定解除保险合同，拒绝赔偿。此种法律规定原本为保护保险人利益而设，但不期成为保险人拒绝赔偿的绝佳借口。保险人在订立合同时即使发现被保险人有不实陈述的情形，不管这种不实陈述属于故意还是过失，保险人都将先接受保费，签发保单，等到需要支付保险金时，即以被保险人未履行如实告知义务而宣告保单无效。由此可见，不仅投保人、被保险人、受益人存在道德风险的可能性，保险人也存在道德风险的可能性。不可抗辩条款规定，在合同成立两年后，保险公司不得再解除合同，大大降低了保险人的道德风险。

在抑制保险人道德风险的同时，不可抗辩条款客观上扩大了保险市场。由于保单签发两年后，保险人不可能再解除合同，故被保险人对保险人诚信的信心大大增强，被保险人信心的增强自然带动保险市场的发展。

2. 保护被保险人或受益人的利益

不可抗辩条款对被保险人或受益人的保护可以分为两个方面：其一是对被保险人或受益人心理的保护。对被保险人或受益人心理的保护又分为两个方面：一方面，不可抗辩条款保护被保险人的期待，两年期限终止之后，被保险人或其受益人应当可以信赖保单的有效性；另一方面，不可抗辩条款可以消除被保险人或受益人对诉讼的恐惧。由于保单中存在不可抗辩条款，被保险人不必担心由于自己的过失未如实告知会遭到保险人的拒赔，亦不必因此与保险人发生诉讼。其二是对被保险人或受益人财产的保护。亦即通过不可抗辩条款的适用，保险人不能拒绝被保险人的索赔，保险人的赔偿形成对被保险人财产方面的补偿。

3. 免除被保险人或受益人的举证责任

保险合同成立两年之后，如果双方当事人发生纠纷，举证责任就成为一个疑难问题，因为年长日久，证据湮灭，双方都不易获得。但是证据问题对被保险人或受益人来说更为重要，倘若保险人在签订合同时，发现被保险人不实陈述，为了将来不予赔付，其必然已经收集证据，或者证据本身就表现在投保单或保险单上，易于证明被保险人的行为过错。而被保险人多数情况下不会收集证据，因此在诉讼上处于绝对弱势。更为严重的情形是，倘若人寿保单上的被保险人死亡，提起诉讼的是受益人，则受益人更加难以收集证据。对被保险人或受益人来说，在两年之后，其根本无需去寻找抗辩保险人的证据，因此，在某种程度上说，不可抗辩条款免除了被保险人两年期外的举证责任。①

---

① 梁鹏著：《保险人抗辩限制研究》，中国人民公安大学出版社 2008 年版，第 310—313 页。

（三）我国不可抗辩条款的具体适用

1. 不可抗辩条款适用的险种条件

《保险法》对不可抗辩条款适用于何种险种未作规定，但是，由于保险法规定的不可抗辩期间为两年，故而不可抗辩条款不适用于保险期限短于两年的保险。例如，一般来说，人身意外伤害保险的保险期限都短于一年，这种短期保险不适用不可抗辩条款。总之，不可抗辩条款通常适用于长期保险。

2. 不可抗辩条款适用的行为条件

不可抗辩条款适用的行为前提是投保人未履行告知义务。投保人作出何种行为才可以对保险人适用不可抗辩条款？《保险法》第十六条第（一）款规定了投保人的告知义务；第（二）款则规定了投保人不履行告知义务时，保险人可以解除合同；第（三）款则规定了不可抗辩条款对保险人合同解除权的限制。可见，不可抗辩条款适用的行为前提是投保人未履行告知义务。亦即如果投保人不履行告知义务，保险人本可以解除保险合同，拒绝赔付，但由于不可抗辩条款的存在，在两年期经过之后，保险人不可以解除保险合同，并须对已经发生的保险事故予以赔付。换句话说，在我国，如果不是因为投保人不履行如实告知义务，不可抗辩条款没有适用余地①。

3. 不可抗辩条款适用的时间条件

不可抗辩条款适用于保险合同成立两年之后。两年的起算点，从保险合同成立之日起，有关保险合同成立的时间在本书第六章有论述。该期间的规定，有利于督促保险人及时认真核保，防止投保人不实告知的情形。

4. 不可抗辩条款适用的法律后果

此条款适用的法律后果大致总结为：保险人丧失以投保人不如实告知为由的保险合同解除权，对已发生的保险事故不得拒绝赔付。也就是说，如果保险合同成立满两年后，保险人发现投保人在投保时未如实告知，保险人不享有解除合同的权利。如果发生保险事故，则保险人应当对保险事故予以赔付。

【案例5－1】 2005年5月，王某为其弟投保了5万元人身保险，缴纳了3000多元保险费，指定受益人为王某。投保时，王某在投保书中被保险人健康告知栏中均填写“无”。之后，王某一直按时缴纳保险费。2008年12月，王弟患癌症死亡。王某申请赔付，保险公司经审核，认为属于保险责任范围内的事故，于是准备全额给付保险金；后经举报，保险公司查明2004年12月王弟已被确诊为胃癌，王某明知其弟已患胃癌，却在投保书的健康告知栏内填写了“无”字。保险公司因此拒赔。对本案的处理，保险公司内部有两种意见：一种意见认为，王某在投保时未履行如实告知义务，保险公司有权解除保险合同，对于故意未如

① 在大陆法系国家，例如，德国、日本、韩国，其保险法都将不可抗辩条款适用的行为前提规定为投保人不履行如实告知义务，但在英美法系，不可抗辩条款还可以适用于投保人、被保险人的保证行为。参见 John Birds & Norma J. Hird, *Birds' Modern Insurance Law*, Fifth Edition, London, Sweet & Maxwell, 2001, p 95。

实告知的，保险公司不承担保险责任，不予退还保险费。另一种意见认为，其投保时确属不实陈述，但是保险事故发生在投保三年后，在被保险人生存期间，从保险单签发之日起满两年的，除非投保人停缴续期保险费外，该保险单将成为不可抗辩的有效保险单。保险人不得以不实告知为由解除合同。

（案例来源：罗忠敏主编：《新保险法案例精析》，中国法制出版社 2009 年版，第 78 页。）

【分析】 本案发生在 2009 年《保险法》修改之前，当时的保险法尚未规定不可抗辩条款，如果保险合同未约定不可抗辩条款，则不可抗辩条款在此案中无适用余地。也就是说，按照当时的《保险法》，只要投保人存在不如实告知的情况，保险公司就可以解除合同，拒绝赔付。王某投保时，明知其弟已被确诊为胃癌，仍在投保单健康告知栏内填写“无”，其不如实告知主观上是故意的，因此，保险公司可以拒绝赔付。

但是，如果本案发生在 2009 年《保险法》修改之后，即使王某故意不实告知，因为保单已经生效超过两年，保险人也应当赔付。

二、年龄错误条款①

（一）年龄错误条款的概念

年龄错误条款，又称年龄误报条款，是指因投保人申报的被保险人年龄不真实，影响保险人决定是否同意承保或者保险费率的高低，保险人根据年龄错误的不同情况分别对保险合同予以处理的条款。② 在实务中，关于年龄错误有不同的情形，有实际年龄大于申报年龄的情况，也有实际年龄小于申报年龄的情况，对各种不同的情况，法律的处理方式和处理结果均有不同。

《保险法》在第三十二条规定：“投保人申报的被保险人年龄不真实，并且其真实年龄不符合合同约定的年龄限制的，保险人可以解除合同，并按照合同约定退还保险单的现金价值。保险人行使合同解除权，适用本法第十六条第三款、第六款的规定。投保人申报的被保险人年龄不真实，致使投保人支付的保险费少于应付保险费的，保险人有权更正并要求投保人补缴保险费，或者在给付保险金时按照实付保险费与应付保险费的比例支付。投保人申报的被保险人年龄不真实，致使投保人支付的保险费多于应付保险费的，保险人应当将多收的保险费退还投保人。”③

① 年龄错误条款（Misstatement of Age Provision）。

② 更多的教材将本条款称为“年龄误告条款”，但是，“年龄误告”一词让人感觉投保人错误告知年龄出于主观过失，而实际上，该条款在投保人错误告知年龄的问题上并不区分故意或过失，其所注重的乃是所告知的年龄在结果上是错误的，因此，我们在此用了“年龄错误”一词。中国保险行业协会在其颁布的《人身保险产品条款部分条目示范写法》中也采用了“年龄错误”的写法。

③ 在此条中，既有关于投保人权利的规定，又有关于保险人权利的规定，从 2009 年《保险法》修改的宗旨出发，我们更倾向于将年龄错误条款放在“保单持有人相关权利”一节来讲。

专栏 5—3

中国保险行业协会对年龄错误条款的示范规定

投保人在申请投保时，应将与有效身份证件相符的被保险人的出生日期在投保单上填明，如果发生错误，按照下列方式办理：

(1) 投保人申报的被保险人年龄不真实，并且其真实年龄不符合本合同约定投保年龄限制的，在保险事故发生之前本公司有权解除合同，并向投保人退还保险单的现金价值。本公司行使合同解除权适用“本公司合同解除权的限制”的规定。

(2) 投保人申报的被保险人年龄不真实，致使投保人实付保险费少于应付保险费的，本公司有权更正并要求投保人补缴保险费。若已经发生保险事故，在给付保险金时，按实付保险费和应付保险费的比例给付。

(3) 投保人申报的被保险人年龄不真实，致使投保人实付保险费多于应付保险费的，本公司会将多收的保险费退还给投保人。

(资料来源:《人身保险产品条款部分条目示范写法》第十四条。)

(二) 年龄错误条款的立法缘由

年龄错误的立法理由主要有：年龄的重要性和合同条款对当事人的公平性。

1. 年龄的重要性

年龄在人身保险中非常重要。从出险的机率来看，年长者比年轻者出险的机率要大。年长者的身体机能、反应能力较之年轻者差，遇到危险情况时，其反应的平均速度低于年轻者，遭遇危险的机率更大，因而出现意外的情况更多。从健康情况来看，年长者的健康状况普遍不如年轻者的健康状况，例如，50 岁人的健康状况比 30 岁人差，超过 70 岁，已经成为高危人群，遭遇疾病和死亡的可能性也更大。因为如此，在人身保险中，无论是健康保险、死亡保险或生死两全保险，年长者的费率都要高于年轻者的费率，而费率对保险来说非常重要，由此推知，年龄对保险非常重要。

2. 合同条款对当事人的公平性

年龄是保险人赖以确定保险费率的依据，如果投保人申报的被保险人年龄错误，可能会直接导致费率错误，本应高费率者收取了低费率，本应低费率者收取了高费率，更有甚者，有些年龄段的人由于属于高危人群，保险人根本不会承保，却因为投保人低报了年龄导致保险人承保了不应承保的风险。因此，一旦年龄错误，收取的保险费就会错误，而保费收取错误对保险合同双方当事人均可能有失公平。法律规定年龄错误条款，意在使保险费的收取与保险人承担的风险具有公平性，年龄大者应多收保费，年龄小者应少收保费。

（三）年龄错误的情形和处理方式

年龄错误的情形大致有三种情况，与之相应，法律上规定了三种处理方式。

1. 被保险人的真实年龄不在保险能够提供保障的年龄范围内

例如，某保险产品保障的年龄范围是16—70岁（保障范围在保险条款中都有约定）。被保险人真实年龄72岁，便不在此保障范围之内，当然，若被保险人真实年龄14岁，也不在保障范围之内。

对此种情形，法律规定的处理方式是：保险人可以解除保险合同。同时规定，保险人解除保险合同的，应当退还保险单的现金价值。[①] 但是，在保险合同成立两年后，保险人不得再以被保险人的真实年龄不符合合同约定的年龄限制为由解除保险合同。

这样规定的理由是：每种保险产品都有其承保的年龄范围，超出此年龄范围，因被保险人风险过大，保险人认为风险过高而无意承保。被保险人年龄超出范围，若订立保险合同时保险人知晓，便不会与投保人订立合同。但由于投保人错误申报才导致保险合同签订，之后得知被保险人的真实年龄，应允许保险人解除保险合同，保险人不再承担其不愿承担的保险责任，这是合同意思自治原则决定的。之所以要退还现金价值，是因为许多人身保险合同具有储蓄性质，合同储蓄部分的金额属于投保人所有，应予退还。关于解除合同、退还现金价值的问题，我们将在“人身保险合同的解除”和“现金价值”部分详细讲解。

专栏5—4

某保险公司保险合同关于年龄范围的限制

某保险公司保险合同第二条规定：“凡70周岁以下，身体健康者均可作为被保险人，由本人或者对其有保险利益的人作为投保人向本公司投保本保险。”对保险公司来说，70岁以上的人风险太大，不愿承保。

某公司女性疾病保险条款第二条规定：“凡16岁至60周岁以下，身体健康的女性均可作为被保险人，由本人或者对其有保险利益的人作为投保人向本公司投保本保险。”对保险公司来说，16岁以下的女性患女性疾病的风险非常小，投保者不会太多，而60岁以上的人风险太高，其不愿承保。

不过，法律对此种情形下的合同解除权作了限制，即在保险人的解除权只有在一定条件下才能行使。根据《保险法》第十六条第（三）、（六）款的规定，保险人解除权的限制分

① 退还现金价值是针对有现金价值的人身保险合同，譬如终身寿险而言的，如果某些人身保险合同没有现金价值，则不存在退还现金价值的说法。例如，短期意外保险没有现金价值，也就无法退还现金价值。

为三种情况：其一，保险人在订立合同时就知道投保人错告了年龄，则保险人不能解除保险合同，发生保险事故，保险人应当赔付；其二，保险人订立合同时并不知道投保人错告了年龄，但在合同成立后两年内知道的，则保险人可以解除保险合同，但保险人解除合同的时间只有30天，30天的解除期自保险人知道解除事由之日起计算，超过30天未解除合同的，保险人丧失解除权，将来发生保险事故，保险人应当赔付；其三，保险人订立合同时不知道投保人错告了年龄，在保险合同成立两年内亦不知道被保险人的年龄错误，或者保险人知道年龄错误但在两年内未解除保险合同，则两年期间经过后，保险人不得再解除保险合同，发生保险事故，保险人应当赔付（此点就是不可抗辩条款的内容）。

2. 被保险人真实年龄和申报年龄都在保险的保障范围之内，但因年龄申报错误，导致投保人缴付的保险费低于其应付的保险费

例如，某保险产品保障的年龄范围为16—70岁，被保险人真实年龄50岁，申报年龄40岁，此时，本应当投保人收取50岁人的保费，但因投保人申报年龄错误，只收取了40岁人的保费，而40岁人的应缴保费少于50岁人的应缴保费，也就是说，投保人少缴了保费，保险人少收了保费。

对于第二种情形，法律规定有两种处理方法：其一，保险人要求投保人补缴保险费；其二，若发生保险事故，在支付保险金时，保险人无须全额支付，只须依照投保人实际缴付的保险费与其应付保险费的比例给付保险金。

专栏5—5

被保险人年龄错误少缴保费情况下的赔付

某人在实际年龄48岁时投保保险金额10万元的普通终身保险，但在投保单中载明其年龄为46岁，申报年龄比实际年龄小两岁。假定48岁的年保费为350元，46岁的年保费为300元。后来该人发生保险事故死亡，保险公司应当赔付多少？

在此种情形下，保险人若在保险事故发生之前已知年龄错误，其可以要求投保人补缴每年的保险费50元；但若保险人不知年龄错误，后保险事故发生，保险人须按比例赔付，即：

$300/350 \times 100000 = 85714.29$（元）

法律之所以这样规定，其目的在于保持保险合同双方当事人的对价平衡。在被保险人本应多缴保费而少缴了保费的情况下，保险人实际承担的风险大于其收取保险费对应的风险，这对保险人来说是不公平的。为了纠正这种不公平，法律规定了两种措施：要么投保人补缴保费，要么保险人按照实收保费与应收保费的比例进行赔付。

3. 被保险人真实年龄和申报年龄都在保险的保障范围之内，但因年龄申报错误，导致

投保人缴付的保险费多于其应付的保险费

例如，某保险产品保障的年龄范围为16—70岁，被保险人真实年龄40岁，申报年龄50岁，此时，本应向投保人收取40岁人的保费，但因投保人申报年龄错误，却收取了50岁人的保费，而50岁人的应缴保费高于40岁人的应缴保费，也就是说，投保人多缴了保费，保险人多收了保费。

对于第三种情形，法律规定的处理方法是：保险人将多收的保险费退还给投保人，以体现对价公平的原则。《保险法》第三十二条第（三）款规定的正是这种情形："投保人申报的被保险人年龄不真实，致使投保人支付的保险费多于应付保险费的，保险人应当将多收的保险费退还投保人。"

专栏5—6

被保险人年龄错误多缴保费情况下的赔付

某人在实际年龄48岁时投保保险金额10万元的普通终身保险，但在投保单中载明其年龄为50岁，申报年龄比实际年龄大两岁。假定48岁的年保费为350元，50岁的年保费为400元。若该保费已经连续缴付了12年，则每年多缴50元，12年应当退还保险费600元。

专栏5—7

澳大利亚的年龄错误

《澳大利亚保险合同法》第30条是关于年龄错误的规定。

（1）本条中，关于人寿保险的标准公式SP/Q中的各个字母分别代表：

S是指（原）保险金额（包括任何红利）。

P是指在（原）保险合同下，已经成为应付保险费的数额或者应付保险费的总额。

Q是指如果保险费在正确的出生日期基础上确定，保险人可能收取的保险费或者可能收取的保险费总额。

（2）如果在签订人寿保险合同时，某一被保险人或者数个被保险人的出生日期被错误告知保险人：

①当（原）保险金额（包括任何红利）超过根据标准公式确定的金额时，保险人可以在任何时间变更合同，以不少于根据标准公式确定的金额数取代（原）

保险金额。

②当（原）保险金额（包括任何红利）少于根据标准公式确定的金额时，保险人可以采取下列两种措施之一：

第一，从保险合同签订之日起，将应付保险费数额减少到：加入保险合同基于正确的出生日期订立，被保险人应缴纳的保险费数额。将被保险人超付的保险费（小于任何已付红利现金价值的数额，超过假如以正确的出生日期订立合同时应付的现金价值），以及自保险合同签订之日，该笔超付保险费按规定产生的利息一并归还给被保险人。

第二，变更保险合同，以标准公式所计算的保险金额，取代（原）保险合同所确定的保险金额（包括任何红利）。

（3）当本条第（2）款适用于定期给付的保险合同时，保险金额应为每次给付的保险金额（包括任何红利）。

（4）本条第（2）款下的合同变更，其生效日期从签订合同之日起计算。

（资料来源：Peter Mann，*Annotated Insurance Contracts Act*（Fourth Edition），Lawbook Co.，2003.）

专栏5—8

性别错误

有些保险合同约定有性别错误条款，即投保人申报的被保险人性别错误时，保险人对其作相应处理，年龄与性别错误通常出现在人身保险的同一条款中，下面是某公司的年龄与性别错误条款：

被保险人的年龄以周岁计算。投保人在申请投保时，应在投保单上填明被保险人的真实年龄和性别，如投保人申报的被保险人年龄或性别不真实，按下列规定处理：

一、被保险人真实年龄不符合本合同约定的年龄限制，本公司可以解除合同，并在扣除手续费后退还保险费，但自本合同成立之日起逾2年的除外。

二、被保险人年龄或性别不真实，致使投保人实缴保险费少于应缴保险费的，本公司有权更正并要求投保人补缴保险费；如已发生保险事故，本公司在给付保险金时将按实缴保险费与应缴保险费的比例给付。

三、被保险人年龄或性别不真实，致使投保人实缴保险费多于应缴保险费的，本公司应将多收的保险费无息退还投保人，基本保险金额保持不变。

四、被保险人的年龄或性别不真实，致使红利保险金额与实际不符的，本公司有权根据被保险人的实际年龄或性别调整。如果因申报的被保险人年龄或性别不真实导致红利保险金额不足，本公司将不予任何补偿；如果红利保险金额超过根据其真实年龄或性别所应增加的红利保险金额，本公司有权扣除超额部分的红利保险金额。

三、宽限期条款[①]

宽限期条款，又称优惠期条款，是指分期支付的人身保险，次期以后的保险费届期未缴付，自期限届至之日起，保险人再给予投保人一定的宽限缴费期，在该期限内，保险合同仍然有效，发生保险事故保险人仍须赔付的条款。《保险法》第三十六条对宽限期作了规定："合同约定分期支付保险费，投保人支付首期保险费后，除合同另有约定外，投保人自保险人催告之日起超过三十日未支付当期保险费，或者超过约定的期限六十日未支付当期保险费的，合同效力中止，或者由保险人按照合同约定的条件减少保险金额。"可见我国宽限期的产生大致有三种方式：第一，如果保险人催告，宽限期为三十日；第二，如果保险人不催告，保险合同也没有另行约定，则法定宽限期为六十日；第三，如果保险合同对宽限期有特别约定，则适用保险合同的特别约定。

规定宽限期的目的是为了保护保险合同的有效性，保护被保险人的利益，同时也可以为保险人留住客户。宽限期的规定是从人身保险合同的特点出发的，人身保险具有长期性，由于保费数额较大，投保人通常需要分期缴费，但是，在保险合同存续期间，投保人可能因为经济上的一时困难而缓缴保费，或者可能因疏忽忘记缴付保费，如果不给投保人一定的宽限期，保险合同将会因未缴费而失效。而失效对双方当事人均无好处，对被保险人来说，其丧失了保险保障；对保险人来说，其丧失了客户，也不能继续收取保费。为了应对如此两败俱伤的局面，保险法给予投保人一定的缴费宽限期，以使合同在短时间内仍具效力。

宽限期条款的问题，我们在"人身保险合同的中止和复效"部分还要讲到，在此不再赘述。

四、复效条款[②]

复效条款是人身保险合同的常见条款，它是指人身保险合同效力中止后的两年内，如投保人与保险人协商一致，投保人补缴保险费后，已经中止的保险合同效力恢复，如两年期满双方不能协商一致，保险人有权解除合同的条款。《保险法》第三十七条规定了人身保险合同的复效问题。举例来说，张某投保了某人寿保险，保险合同约定保险费于每月 15 日缴付，但从 2009 年 8 月 15 日开始，张某应缴保费而未缴保费，保险公司给予其 60 日的宽限期后，即从 2009 年 10 月 15 日开始，保险合同进入中止期。依据我国《保险法》的规定，中止期

① 宽限期条款（Grace Period Provision）。
② 复效条款（Reinstatement Provision）。

的时间为两年，即从2009年10月15日至2011年10月14日为效力中止期。在此期间内，如果张某与保险公司协商一致，张某补缴保险费后，原保险合同从效力中止状态变为有效的合同。如果两年期间过去，张某与保险公司未能达成协议，张某未补缴保险费，则保险人可以解除保险合同。

投保人补缴保险费后，保险合同效力恢复，保险人开始承担保险责任，如补缴保险费后发生保险事故，保险人应当依约赔付。若两年过去，投保人仍未缴付保险费，保险合同未复效，则自保险合同效力中止之日起发生保险事故，保险人一概不负赔付责任。当然，即使保险合同复效，发生于保险合同效力中止期间的事故，保险人也不承担保险责任。

关于保险合同复效的相关问题，我们将在“人身保险合同的中止与复效”部分详细讲解。

五、犹豫期条款[①]

犹豫期条款，是指长期人身保险合同中规定的，投保人、被保险人于签收保单后，在一定期间内可以解除保险合同，保险人应退还全额保险费的一种特殊条款。犹豫期条款在我国立法中无明确规定，在保险实务中通常约定为10天。其期间一般自投保人签收保险单后开始计算。一般来说，投保人在犹豫期内解除合同，应当交还保险单，保险人可以收取一定的保险合同工本费，但在实务中，有些保险公司并不收取工本费。

专栏 5—9

中国保监会关于犹豫期的规定

中国保监会《关于推进投保提示工作的通知》规定：“一年期以上的人身保险产品一般有犹豫期（投保人、被保险人收到保单并书面签收日起10日内）的有关约定。除合同另有约定外，在犹豫期内，您可以无条件解除保险合同，但应退还保单，保险公司除扣除不超过10元的成本费以外，应退还您全部保费并不得对此收取其他任何费用。”

（资料来源：中国保监会《关于推进投保提示工作的通知》，保监发［2009］68号。）

设定犹豫期条款的目的是保护投保人、被保险人的利益，让其有充分的时间阅读保单并决定是否投保。犹豫期一般设定在长期性的人身保险合同中（中国保监会规定为一年以上

① 犹豫期条款（Free Look Provision）。

的人身保险合同），其设定的原因是由于人身保险合同是一种长期性甚至是终身性的合同，对投保人而言，意义重大；投保人在购买人身保险产品时往往没有充分的时间阅读保险条款，加之人身保险合同的条款具有较强的专业性，因此有必要在合同生效后设定一个特殊期间，使其有机会了解所购买的保险产品，并审慎考虑最终决定是否确实需要购买该保险产品。应该说，犹豫期的设定有利于充分保障投保人和被保险人的利益，同时有利于预防合同纠纷的产生，从长远角度而言，有利于维持保险公司的续保率。

犹豫期内发生保险事故，由于合同已经生效，保险人应当承担保险责任。犹豫期内投保人、被保险人解除保险合同，其法律后果为：保险人应当全额退还保险费（有些公司收取一定的保险合同工本费），并不再承担保险责任。但问题是，保险合同正式解除的时间界点如何确定？根据我国《合同法》，犹豫期内提出解除合同属于单方行使合同解除权。《合同法》第九十六条规定："当事人一方依照本法第九十三条第二款、第九十四条的规定主张解除合同的，应当通知对方。合同自通知到达对方时解除。"因此，签收保单后，投保人一旦在犹豫期内提出解除保险合同的要求，保险人收到投保人解约的请求时，须无条件撤单并退还保险费，并不再承担保险责任。

【案例5－2】 甲于3月15日提出投保申请，3月20日收到保险合同，3月22日（在合同约定的犹豫期内）甲提出解除合同的书面申请，并将该书面材料以挂号信的方式寄至保险公司，不料甲在从邮局回家的途中遇车祸死亡。对甲这一事故，保险公司是否应承担保险责任？

【分析】 甲在犹豫期内已明确提出解除合同的意思表示，并将这一书面申请通过挂号信的方式寄给保险公司，根据《合同法》的规定，该请求在邮寄途中，尚未到达保险公司，此时保险合同并未解除，在此期间，保险合同还是有效的，保险公司应该对甲的保险事故承担保险责任。

六、保单贷款条款①

保单贷款条款，又称保单质押贷款条款。其基本内容是：人身保险合同在保费缴满一定时期后（一般是一年或两年），投保人可凭保单向保险人申请贷款，其贷款的额度连同利息不得超过该保单上的现金价值，如果贷款本息达到保单上现金价值的数额时，合同终止。②

设置保单贷款条款的目的，主要是为了方便投保人融通资金，当然，保单贷款也可以为保险人留住客户，从而巩固业务。保单贷款一般出现在长期人身保险合同中。长期人身保险缴费期限较长，保单在一定年限后产生现金价值，但由于期限较长，投保人在此期间可能出现财务紧张。保单贷款的制度设计，帮助投保人从保险人处获得资金，借以缓减投保人的经济困难，因此对投保人很有益处。对保险人来说，如果没有保单贷款制度，投保人可能被迫

① 保单贷款条款（Policy Loan Provision）。
② 覃有土主编：《保险法概论》，北京大学出版社2001年版，第377页。

解除保险合同以获得保险解约金渡过经济难关，保险人也会因此失去客户，因而保单贷款对保险合同当事人均有好处。

但是，保单贷款有可能降低保险人未来的保险金给付，影响受益人的权利，降低保险的保障作用。此外，由于保单贷款使本应在保险人手中的资金流向了投保人，这势必会影响保险人的资金运用，减少了保险人的收益，因此，在保单贷款中，投保人仍须为保单贷款支付贷款利息。同时，由于保单贷款对保险人的资金运作产生了一定影响，不利于保险人的财务运作，故保单贷款必须适度。

关于保单贷款，我们在“人身保险合同的质押”中仍有论述，详细内容见该部分。

专栏 5—10

某保险合同中的保单贷款条款

“在本合同有效期内累积有现金价值的情况下，经投保人书面申请、本公司审核同意后，可办理保单质押贷款。贷款金额不超过贷款时保险单现金价值扣除各项欠款本息后余额的80%，每次贷款期限最长为6个月，贷款利息在贷款到期时与本金一并归还。逾期未能偿还的，当贷款本息、其他各项欠款本息之和达到保险单现金价值时，本合同终止。

保单质押贷款须填写保单质押贷款申请书及其他相关文件，并凭本合同保险单、最后一次缴费凭证及投保人的法定身份证明办理。”

七、保单转让条款[①]

人身保险保单作为个人资产的一部分，代表了一定的财产权利，是一种有价证券，因此，其能够像其他有价证券一样进行转让。国外人身保险保单转让较为常见，在我国则较少存在。

保单转让条款要求保单所有人转让保单时必须通知保险人，非经通知保险人，该转让行为对保险人不发生效力。保险人在得到转让通知后，于被保险人发生保险事故后向受让人支付保险金。

转让有绝对转让和相对转让之分。绝对转让指将保险单的所有权利都转移给受让人。相对转让则是只将部分权利有限制、有条件地转移给受让人，一旦这些限制或条件解除时，转让的权利复归原保单所有人。

① 保单转让条款（Assignment Provision）。

第二节　保险人权利相关条款

人身保险合同中，与保险人相关的权利很多，我们这里仅阐述**自杀除外条款、犯罪除外条款、战争除外条款**等经常出现的特殊条款。这些条款的内容中往往也包括一些与投保人、被保险人、受益人相关的权利，但是，由于其主要是保险人可以拒绝赔付的权利，故而我们将这些条款放在本节中阐述。

一、自杀除外条款[①]

（一）自杀除外条款的概念

自杀除外条款，是指以死亡为给付保险金条件的人身保险合同，自合同成立或复效一定期限内（通常为两年），如果被保险人自杀的，保险人不予赔付，超过一定期限，则保险人应予赔付的条款。《保险法》第四十四条规定："以被保险人死亡为给付保险金条件的合同，自合同成立或者合同效力恢复之日起二年内，被保险人自杀的，保险人不承担给付保险金的责任，但被保险人自杀时为无民事行为能力人的除外。"

所谓自杀，是指自己剥夺自己生命的行为。认定自杀须注意以下因素：

首先，自杀必须以被保险人有意思能力为前提。有意思能力，即指被保险人能够意识到自己行为的后果，具体到自杀上，是指被保险人能够意识到自己的行为能够导致自己死亡的后果。如果被保险人不能意识到自己的行为将使自己的生命终结，不能认定为自杀。

其次，被保险人在意思自主的状态下作出自杀的决定，即被保险人自主实施结束自己生命的行为。如果被保险人被他人胁迫而被迫结束自己的生命，则不属于自杀。同时，被保险人结束自己生命主观上属于故意。如果被保险人过失死亡，例如，误食毒蘑菇、不小心触电等导致死亡，则不属于自杀。

最后，自杀并非必须由自己完成。被保险人假他人之手结束自己生命的，亦属自杀，例如，被保险人卧轨或者自行闯进封闭高速公路，导致其被火车或汽车撞死，甚或被保险人寻求他人帮助，要求别人用一定的方式结束自己的生命者，例如，委托他人对自己实施"安乐死"者，虽非亲自动手，亦属自杀。

（二）自杀除外条款的立法理由

自杀除外条款规定两年内自杀者，保险公司可以拒绝赔付，两年过后保险公司应当赔

① 自杀除外条款（Suicide Exclusion Provision）。

付。自杀拒赔的理由主要有以下几个方面：（1）保险通常将故意行为作为除外责任，也就是说，由被保险人故意行为引起的损害，保险公司不予赔付。前文已述，自杀是被保险人在意思自主的情况下实施的结束自己生命的行为，主观上属于故意，因而保险公司通常不予赔付，如果赔付，将违背保险原理。（2）自杀拒赔有利于防止保险欺诈。将自杀作为除外责任，可以防止被保险人作出自杀决定之后，向保险公司投保然后自杀，再向保险公司索赔，以欺诈的手段使受益人获得巨额保险金。（3）法律不应鼓励自杀。自杀违反自然规律，是社会不提倡的行为。如果保险为自杀提供保障，在被保险人自杀后仍予以赔付，使其受益人获得保险金，则相当于鼓励被保险人自杀，因此，通常情况下，各国都规定自杀行为不受保险保障。在诸种理由中，对保险公司来说，最重要的是第二个理由，即以自杀除外条款抑制被保险人的保险欺诈或道德风险行为。

自杀应予赔付的理由通常是：（1）自杀数据已被统计到死亡率中，作为保险人计算费率的依据。自杀作为一种社会不可避免的现象，其死亡率已经被保险公司作为死亡数据的一部分计入整体死亡率，保险公司的费率中已包含有自杀因素，如果被保险人自杀，保险公司拒绝赔付，则保险公司多收了保费，对被保险人有失公允。（2）自杀的结果是死亡，保险产品如以死亡为给付条件，保险公司应予赔付。也就是说，自杀的结果和其他死亡方式的结果一样，都是被保险人的死亡，保险产品既然保障死亡结果，也不应排斥自杀。（3）为受益人或被保险人的家属利益着想，自杀不应拒赔。以死亡为给付保险金条件的保险合同，通常并不是为被保险人自身利益着想，而是为受益人或者被保险人的家属着想。获得保险金时，被保险人已经死亡，真正获得保险金的是受益人或被保险人的家属。投保人或被保险人购买保险时，大体是因为担心自己百年之后受益人或家属经济发生困难，故而以自己的身体或寿命为保险标的，通过缴纳保险费的方式为受益人或家属谋得一点经济利益。如果对自杀一概不予赔付，势必影响受益人或被保险人家属的生活，违背投保人或被保险人投保的意图。（4）从道义上来说，被保险人已经死亡，保险人不应以拒赔方式使其雪上加霜。如果一个人并非为诈取保险金而自杀，斯人已去，保险人若拒赔，从情理上很难说得过去，社会也鼓励保险人在被保险人死亡后为其送去保险金聊表慰藉。

在自杀拒赔与自杀赔付的争论中，最终，自杀赔付占了上风，即保险人对自杀通常应当予以赔付。但是，如果自杀一概予以赔付，可能会招致大量的保险诈骗或道德危险，即被保险人在自杀之前购买大额保险以便自杀后诈取保险金。为了解决被保险人诈骗或道德危险问题，法律上设计了两年的缓冲期，以之判别被保险人购买保险是否意在骗取保险金并减少道德危险。

一般来说，自杀的意图不可能维持两年之久，如果被保险人在订立保险合同时即产生以自杀方式骗取保险金的念头，则这种自杀念头一般会在两年之内实施，两年之外，如被保险人仍未自杀，说明被保险人的自杀意图只是一时冲动，当初订立保险合同时的自杀念头也早已消失，两年后自杀的，与其说是因为订立合同时的自杀意图所致，不如说是因新产生的自杀意图所致，故而两年的时间可以判断被保险人当初是否是为骗取保险金而订立保险合同。[①] 加之存在保险原则上不保障故意行为和法律不鼓励自杀两个理由，法律最终确定两年内自杀者，保险人不承担给付保险金的责任。

（三）《保险法》自杀除外条款的具体适用

第一，《保险法》第四十四条开宗明义地指出其适用范围为“以被保险人死亡为给付保险金条件的合同”，这说明，若不以死亡为给付保险金条件的合同，不适用自杀除外条款。

第二，被保险人在两年之内自杀的，保险人不承担给付保险金的责任，但应当按照合同约定退还保险单的现金价值。两年的期限，依照《保险法》的规定，自合同成立或者合同效力恢复之日起算，我们分别予以说明。

一般情况下，两年期限从合同成立之日起算，关于合同成立的时点，保险单一般都有明文记载，从该记载时间开始计算两年。

特殊情况，也就是说，如果存在合同效力恢复的情形，则从合同效力恢复之日起计算两年的期限。这是2009年《保险法》新增的规定。举例来说，被保险人张某因未缴保险费，合同于2010年10月10日效力中止，后张某与保险公司协商，于2011年5月10日缴付保险费，双方约定保险合同效力于5月11日零时恢复，则自杀除外条款的两年期限自2011年5月11日零时起算。

【案例5-3】 张某和李某系情侣关系，在认识之初，两人商议一起去保险公司购买保险，于2009年11月17日同时在同一保险公司分别为自己购买了一份终生寿险。保险合同约定：保险合同生效时间为2009年11月17日，若被保险人身故，保险公司赔偿保险金40万元，两人的保险除被保险人不同之外，其余完全相同。2011年10月，张某因家庭发生变故，一时想不开而自杀，4个月后，李某因追思张某，不能自拔，亦于2012年2月自杀殉情。张某的家人和李某的家人分别对保险公司提出了赔付40万元保险金的请求。结果，保险公司拒绝了张某家人提出的赔付保险金要求，而对李某的家人予以赔付。保险公司作出此种决定，其法律依据何在？

【分析】 张某和李某均因自杀身亡，但张某自杀时，其保险合同成立尚未满两年，依照《保险法》的规定，保险公司不须承担给付保险金的责任，但是，由于张某购买的保险属于具有现金价值的终身寿险，故保险公司应当退还张某保单的现金价值。对李某来说，其自杀时距合同成立已经超过两年，从《保险法》第四十四条可以推定，自保险合同成立时起超过两年自杀者，保险公司应当赔付，故保险人应当赔付李某家人保险金40万元。

---

① 当然，被保险人两年之内自杀，保险人可依拒赔的法律规定，这会让某些订立保险合同当时无意以自杀方式谋取保险金的被保险人丧失保障，也就是说，某人订立保险合同时并无自杀意向，亦无骗取保险金的故意，但在两年之内因各种原因突然自杀者，在现行法律制度之下不能获得赔付。这种情形的出现，一方面是因为法律始终无法找出确切的判断被保险人订立合同时是否有自杀骗取保险金倾向的方法，只好以两年为界模糊判断，判断结果不可能完全科学一致。另一方面，若以上述保险原理不保障故意行为和法律不鼓励自杀两个原因为理由，对两年之内的自杀行为不予赔付也勉强说得过去。

【案例5-4】 王某为自己投保了一份终身寿险，合同成立并生效的时间为2007年3月1日，缴费方式为分期付款。因王某未履行第三期缴纳保险费的义务，此保险合同的效力遂于2008年5月2日中止。2009年5月1日，王某补缴了其所拖欠的保险费及利息。经保险双方协商达成协议，此保险合同复效。2009年11月10日，王某自杀身亡，其受益人向保险公司提出赔付保险金的请求。而保险公司则认为"复效日"应为合同效力的起算点，于是便以合同效力不足两年为理由拒赔，双方因此发生纠纷。

【分析】 根据前述最高人民法院《关于适用〈保险法〉若干问题的解释（一）》法释[2009] 12号第三条规定："保险合同成立于《保险法》施行前而保险标的转让、保险事故、理赔、代位求偿等行为或事件，发生于《保险法》施行后的，适用《保险法》的规定。"本案例合同成立于《保险法》实施前，保险事故及理赔事件发生于《保险法》实施后，所以本案例适用《保险法》的规定。

《保险法》第四十四条规定自杀除外条款两年的起算点，在合同复效的情况下，自合同复效之日起算。因此，本案王某自杀后，两年的起算点为复效之日，即2009年5月1日，王某自杀时间为2009年11月10日，未达到《保险法》第四十四条规定的两年，故而保险公司可以拒赔。

第三，被保险人在两年以后自杀的，保险人承担给付保险金的责任。《保险法》第四十四条未对被保险人在两年以后自杀的情况加以规定，但由于其规定："以被保险人死亡为给付保险金条件的合同，自合同成立或者合同效力恢复之日起二年内，被保险人自杀的，保险人不承担给付保险金的责任。"我们能够从中反推，《保险法》的用意在于规定，两年之后自杀的，保险人应当赔付。

自杀除外条款的适用依据《保险法》第四十四条有除外规定，即被保险人在自杀时为无民事行为能力人的时候，保险人应当承担保险责任。《保险法》第四十四条第（一）款在对自杀除外条款的内容作了规定之后，紧接着规定："但被保险人自杀时为无民事行为能力人的除外。"依照我国《民法通则》的规定，被保险人为无民事行为能力人的情况有两种：一是不满10周岁的未成年人[①]，二是为不能辨认自己行为的精神病人[②]。需要注意的是，除了不能辨认自己行为的精神病人之外，《民法通则》还规定了"不能完全辨认自己行为的精神病人"，这种精神病人属于限制民事行为能力人，不在自杀除外条款例外的适用范围内。

二、犯罪除外条款

（一）犯罪除外条款的概念

犯罪除外条款是指人身保险合同中规定的，被保险人在保险保障期间故意犯罪或抗拒依法采取的刑事强制措施导致其伤残或死亡，保险人不承担赔付保险金责任的特殊条款。《保

① 我国《民法通则》第十二条第二款规定："不满十周岁的未成年人是无民事行为能力人。"
② 我国《民法通则》第十三条规定："不能辨认自己行为的精神病人是无民事行为能力人。"

险法》第四十五条对犯罪条款作了明确规定："因被保险人故意犯罪或者抗拒依法采取的刑事强制措施导致其伤残或者死亡的，保险人不承担给付保险金的责任。投保人已交足二年以上保险费的，保险人应当按照合同约定退还保险单的现金价值。"在我国保险实务中，保险公司通常在责任免除部分规定犯罪条款。例如，中国保险行业协会的《人身保险产品条款部分条目示范写法》规定："因下列情形之一导致被保险人身故的，本公司不承担给付身故保险金的责任……（2）被保险人故意犯罪或者抗拒依法采取的刑事强制措施。"①

（二）犯罪拒赔的立法理由

故意犯罪拒赔最初是保险人在保险条款中规定的，后来国家将其上升为法律条文。其理由主要有如下几个：

第一，故意犯罪本属"故意"行为，依保险原理，通常对被保险人的故意行为不予赔付。故意制造保险事故的行为称为"道德风险"，是保险制度刻意避免的行为。犯罪除外条款中的犯罪行为或抗拒依法实施的刑事强制措施的行为均属故意，依保险原理不应予以赔付。

第二，基于"任何人都不得从自己的错误行为中获利"的法律原则。罗马法学家庞波涅斯提出一条著名的法律格言："损人而利己乃违反衡平。"这一格言后来演化为了"任何人都不得从自己的错误行为中获利"的原则。故意犯罪行为或抗拒依法实施的刑事强制措施的行为都属于"错误行为"，如果仍然允许保险赔付，势必违反这一法律原则。

第三，基于社会公共政策考虑，故意犯罪行为或抗拒依法实施的强制措施的行为对社会危害巨大，为社会所否定，保险不应赔付。通常来说，故意犯罪或抗拒依法实施的刑事强制措施对社会危害巨大，社会公共政策不允许被保险人在犯罪后仍获得保险赔付，这也是故意犯罪行为之所以被拒赔的主要原因。正是基于对某种犯罪社会危害程度的考量，实务中对某种社会危害程度较小的犯罪却导致被保险人死亡的案件，也有国家的法院判决保险公司予以赔付。

（三）《保险法》故意犯罪除外条款的具体适用

1. 被保险人实施犯罪或抗拒行为主观上属于故意

被保险人故意犯罪或抗拒司法，其主观上恶性较大，甚至不排除利用保险制度达到不法目的的可能性，加之危害程度巨大，社会评价恶劣，因此保险人不应予以赔付。而对过失行为来说，其主观恶性不大，也没有利用保险制度达到不法目的的可能性，虽然有时危害也较大，毕竟其主观上属于无心之失。因此，对过失犯罪造成的损失，法律规定保险人应予赔付。抗拒依法采取的刑事强制措施，被保险人主观上也属故意，不存在过失的可能。

① 由于中国保险行业协会的《人身保险产品条款部分条目示范写法》以终身寿险为蓝本，故在条款中没有出现故意犯罪或抗拒依法采取的刑事强制措施导致残疾情形下的赔付问题。

专栏 5—11

被保险人过失犯罪保险公司应予赔付

刘某，45 岁，农民。刘某于 2008 年 6 月在保险公司购买了人寿保险。保险合同规定，刘某若在保险保障期间身故，保险公司将赔付 20 万元身故赔偿金，但若故意犯罪导致死亡的，保险公司不予赔付。2010 年 1 月，刘某自亲戚家回来，路上烟瘾发作，在路边的树林中停下抽烟，顺势烧了一堆火取暖，不料冬天风大，将带火苗的柴火吹入树林深处，刘某意识到问题的严重性，紧急采取措施灭火，不幸火借风势，越烧越大，最后烧毁了整片树林，刘某也不幸遇难。公安机关认定，刘某可能构成失火罪。刘某的家人向保险公司申请赔款，保险公司审查后，认为即使刘某的行为构成犯罪，也属于过失犯罪，依保险条款，只有故意犯罪造成身故的不予赔付，故对刘某家人赔付了 20 万元保险金。

2. 被保险人实施的须是犯罪行为或者抗拒依法采取的刑事强制措施行为

我国《刑法》第十三条规定了犯罪的概念，由于我国采取罪刑法定原则，故只有法律明文规定为犯罪的，才是犯罪行为。如果被保险人故意犯罪，则不仅应受刑罚处罚，其因故意犯罪或者抗拒依法采取的刑事强制措施导致伤残或者死亡的，保险人不承担给付保险金的责任。一般的违法行为导致被保险人死亡或伤残的，保险人仍应给付保险金。

犯罪除外条款除规定保险人可对故意犯罪行为拒赔外，还规定保险人可对被保险人抗拒依法采取的刑事强制措施的行为拒赔。刑事强制措施依我国《刑事诉讼法》的规定，包括拘传、拘留、取保候审、监视居住、逮捕等。

3. 被保险人故意犯罪或抗拒依法采取的刑事强制措施须导致其伤残或者死亡

被保险人故意犯罪或抗拒依法采取的刑事措施包括两种结果：一是被保险人伤残；二是被保险人死亡。被保险人的伤残或死亡可能是自己在实施犯罪行为或抗拒强制措施时不小心所致。例如，在抗拒逮捕逃跑时仓皇跳河被淹死；也可能是因公安机关、受害人或第三人的行为所致。例如，在抢夺时被群众围堵打成重伤，还可能是被法院执行死刑而死，甚至可能因犯罪同伙的行为致伤致死，例如，共同抢劫中因分赃不均相互殴打致死。凡此种种，不一而足。①

4. 犯罪除外条款适用的法律后果是，保险人不承担给付保险金的责任，投保人已缴足

---

① 《保险法》第四十五条强调因故意犯罪或抗拒依法采取的刑事强制措施“导致”被保险人伤残或者死亡。这里强调行为与结果之间的因果关系，此处的因果关系不宜过紧，也不宜过松。比如，被保险人与他人斗殴过程中被他人刺死，从紧理解，是他人行为导致被保险人死亡，本条不能适用；又如，被保险人偷盗遭人追打而死，从松理解，皆因自己偷盗才有一死，否则不致有死亡发生，可适用本条，但两种情况的适用结果似乎都难以让人满意。因此，法官在掌握因果关系时须张弛有度，松紧合适。

两年以上保险费的，保险人应当按照合同约定退还保险单的现金价值

关于保险人退还保险单现金价值，是因为某些保险单在保费缴付一定期间后产生了现金价值，现金价值本属于投保人的，保险人应予退还。《保险法》对现金价值的规定是，投保人已经缴付了两年保险费之后，方能退还。若被保险人故意犯罪或抗拒强制措施致其伤残或死亡时，投保人仅缴付一年保险费的，则现金价值不予退还。当然，我们所说的退还现金价值，仅针对具有现金价值的保险产品。例如，长期两全保险，有些保险产品不存在现金价值的说法。例如，短期意外伤害保险，保险人自然不需退还所谓的现金价值。

专栏 5—12

犯罪除外条款中的两个疑难问题

是否适用犯罪除外条款，有时很难判断，这里提出两种疑难情况，仅供读者讨论。

1. 是否所有的故意犯罪都适用犯罪除外条款

犯罪形态多种多样，犯罪条款笼统规定“故意犯罪”者，保险公司不承担给付保险金的责任，有时难免遭遇个案的挑战。例如，侮辱罪属于故意犯罪，被保险人韩某经常以言语嘲笑、侮辱杨某，一次侮辱杨某时，杨某盛怒，对韩某饱以老拳，将韩某打成重伤。韩某的重伤，究其原因乃因其侮辱行为所致，在刑法上，若韩某的行为构成侮辱罪，保险人可否适用犯罪条款对韩某不承担赔付责任？

对此，中国台湾保险法著名专家江朝国教授认为，并非所有故意犯罪均适用犯罪除外条款，适用犯罪除外条款的故意犯罪须符合下列几个条件：(1) 须被保险人的行为本质上系属故意之不法行为。此点强调被保险人的行为本质上已构成刑法上的犯罪，且为故意犯时，才可以适用犯罪除外条款。(2) 须该行为有致死或致伤的高度可能性。某些犯罪，致死致伤的可能性很高，例如杀人罪、抢劫罪等，某些犯罪致死致伤的可能性较低，诽谤侮辱罪属之，只有那些致死致伤可能性高的犯罪，才可以适用犯罪除外条款。(3) 须该行为与被保险人的死亡或伤害具有相当因果关系。只有当被保险人的行为与其死亡或伤残之间的因果关系紧密时，才可以适用犯罪除外条款。①

2. 畏罪自杀时保险公司是否应当赔付

畏罪自杀是否适用犯罪除外条款，也是一个争议问题。其争议点在于：依照《保险法》第四十五条，如果被保险人故意犯罪，保险公司不承担保险责任。但是，依照《保险法》第四十四条，如果被保险人在合同成立两年之后自杀的，保

① 江朝国著：《保险法论文集（二）》，台湾瑞兴图书股份有限公司 2002 年版，第 221—222 页。

险人应当承担责任。这样，被保险人先是实施故意犯罪，例如，被保险人杀人，后因畏惧司法审判而自杀，适用《保险法》第四十五条犯罪除外条款还是《保险法》第四十四条自杀除外条款，就成为一个棘手的问题。在保险公司是否赔付问题上，学界有两种看法。

第一种观点认为，保险公司不应赔付。其理由主要是：（1）从公共政策的角度考察，如果犯罪后仍能获得保险的保障，不仅是对犯罪行为的放纵和鼓励，而且不符合立法目的。在适用法律时，应当更加注重实现该法律所要达到的保护社会利益的目的，而不能拘泥于法律的条文规定。（2）被保险人死亡后，保险人向被保险人的遗属支付保险金只是基于保障这些人生活的需要，避免这些人在遭遇失去亲人的痛苦的同时，再次遭受到经济上的困难。这些保险金并不是被保险人的遗属理所应得的经济利益。因此，如果被保险人的遗属在生活上对此保险金并无十分迫切需要时，仍以此理由判令保险人赔付似显多余。其中，第一个理由是保险公司和法院最常适用的理由。

第二种观点认为，保险人应当赔付。其理由主要是：（1）故意犯罪行为并不必然导致自杀，更多的罪犯在犯罪后没有自杀，犯罪和自杀之间因果关系联系不强。（2）从人身保险的功能看，人身保险具有一定的储蓄性。在保险事故发生（即被保险人自杀）后，由于被保险人不可能领取保险金，保险人支付保险金的作用是向被保险人的遗属提供其应得的经济利益。而被保险人的遗属是无辜的，理应获得此种经济上的利益。（3）从公共政策的角度看，当死刑都不能阻止一个人的罪行时，取消犯罪人的保险并不能对我们的社会秩序产生什么保护作用。①

三、等待期条款

等待期条款，又称观察期条款，是指在人身保险合同里约定的，于保险合同生效后，保险人对被保险人所患疾病并不立即承担保险责任，而是经过一定期间后承担保险责任的条款。等待期条款一般出现在健康保险中。《保险法》对等待期条款并无规定，但在保险实务中较为常见。等待期间一般为90日至180日。如某住院医疗保险条款约定“被保险人自本合同生效之日起90日后因患疾病住院治疗的，本公司承担保险责任”。又如某长期健康保险条款中约定“被保险人在本合同生效之日起180日后初次发生的重大疾病，本公司承担保险责任”。

设立等待期条款的目的是防止被保险人的逆选择。逆选择是指投保人所为与保险人相反的选择，亦即投保人选择风险较高者购买保险或申请续保，而情况良好者则不欲购买保险或续保。保险人担心被保险人在投保之前已经患有某种疾病，或者被保险人的某种疾病在投保之前已处于潜伏期，但未能查出，此种疾病在未来一段时间内可能明显表现出来。投保人将

① 梁鹏、佟轶：“畏罪自杀应当获赔”，《中国保险报》，2009年3月6日。

已患有潜在疾病的身体投保，本身是一种逆选择。为了防止这种逆选择，最直接的办法就是设立等待期，在保险合同已经生效的情况下，保险责任尚要等待一段时间才能开始，等待期经过后，被保险人是否已患疾病，或者是否已有潜在疾病，通常能够判明。

等待期的法律效果是：通常来说，被保险人在等待期内发生的疾病，保险公司不承担保险责任。①

四、战争除外条款

战争除外条款，是指在人身保险合同有效期内，如果被保险人因战争或军事行动死亡或残废，保险人不承担给付保险金的责任的条款。

战争除外条款一般分为两类：身份型条款和结果型条款。身份型条款是指只要被保险人以现役军人身份投保，无论被保险人死于或残于何种原因，保险人都不承担保险责任。结果型条款是指只要死亡或残疾的直接原因是战争，保险人就不承担保险责任。

保险单设置战争除外条款的原因主要有以下几个方面：（1）防止军人的逆选择。由于军人在战场上的风险要比普通百姓高得多，军人在参战之前对其死亡或伤残投保是一种逆选择，对军人设置战争除外条款，可以防止军人的逆选择。（2）出于保险精算费率方面的考虑。战争或军事行动造成的伤亡是非正常情况下的死亡，保险人的生命表是根据正常死亡的历史资料编制而成，而并未将战争伤亡纳入。（3）战争伤亡风险太大，保险公司不宜承保。商业保险公司的业务考虑风险大小，若风险过大，保险公司将拒绝承保。正是基于上述考虑，保险公司规定了战争除外条款，对战争情况下的风险不予承保。

---

① 等待期后发生的疾病保险公司是否赔付，因保险合同约定不同而异。有些保险合同并未约定等待期发生疾病保险合同终止，则对等待期后发生的疾病保险公司应当承担保险责任；有些保险合同约定，在等待期内发生疾病的，保险公司不承担保险责任，并且保险合同终止，则被保险人等待期发生约定疾病的，保险人不承担等待期后所生疾病的任何保险责任。但是，若等待期内发生合同约定疾病后，保险人继续收取保险费，则保险合同可能继续有效，保险人可能承担保险责任。重庆市某法院的判决就是一例。

投保人罗某应某保险公司的要求到其指定的医院体检后，于 2007 年 11 月 2 日向该保险公司申请投保终身女性重大疾病险。同日，保险公司签发了保险单。保险合同条款约定："主险合同生效之日起 90 天内被保险人因疾病发生身故；一类重大疾病或二类重大疾病；因一类重大疾病或二类重大疾病的相关疾病就诊，保险公司不承担保险责任，扣除手续费后退还保险费，主险合同终止。" 2007 年 11 月 19 日，罗某经医院诊断为"右侧额颞叶胶质细胞瘤"（属保险合同约定的一类重大疾病）2008 年 12 月 31 日，罗某在家中病故。

罗某于 2005 年 11 月、2006 年 11 月按期缴纳了第一、二期保险费。

保险公司认为，被保险人在等待期内发生一类重大疾病，投保人在投保时故意隐瞒重大疾病，未履行如实告知义务而拒赔。罗亲属遂于 2009 年 4 月起诉至法院。

法院认为，根据保险合同约定，在等待期内发生的疾病，保险人确实不应赔付，但在罗某发生保险单约定的疾病后，保险公司没有终止合同，而是继续收取了保险费，使得保险合同继续有效。虽然其死亡的原因仍系等待期内所患疾病引起，但合同并没有约定等待期内患一、二类重大疾病，于等待期后死亡的，保险公司不承担保险责任。由此，保险公司应承担罗某死亡而产生的给付其受益人保险金的责任。

五、保险费自动垫缴条款

保险费垫缴条款，是指人身保险合同中约定的，投保人直到宽限期结束未缴付到期保险费时，若保险合同当时的现金价值净额足以垫缴到期保险费，保险人将以保险合同的现金价值自动垫缴应缴保险费，使保险合同继续有效，垫缴直至现金价值净值为零时，保险合同效力中止的条款。举例来说，某保险合同约定每月15日缴付保险费，但2009年3月15日投保人未缴保险费。若宽限期为60天，则2009年5月14日宽限期结束，保险人仍未缴保险费。此时，保险合同效力本应中止，但依照保险合同中关于自动垫缴保费的约定，保险人有权从该保险合同的现金价值中扣除到期保险费，自动为投保人缴付保险费，使本应效力中止的保险合同继续为有效保险合同，这样的扣除直至该保险合同现金价值为零，保险合同效力方归于中止。《保险法》未对保险费自动垫缴条款进行规定，但人寿保险合同通常有自动垫缴条款。一般来说，人身保险合同中的自动垫缴条款须经投保人同意方能有效。

专栏 5—13

某保险合同中的自动垫缴条款

"若宽限期结束时投保人仍未缴付保险费，本公司将对本合同及附加合同作保险费自动垫缴处理。若当时本合同现金价值净额足以垫缴到期保险费，本公司将同时自动垫缴本合同及附加合同应缴保险费，使本合同及附加合同继续有效。若本合同现金价值净额不足以垫缴全部到期保险费，则按当时本合同现金价值净额折算可垫缴天数，同样进行前述垫缴处理。

当保险单现金价值净额为零时，本合同及附加合同效力同时中止。"

规定保险费自动垫缴条款的目的，主要是为了防止保险合同因未缴保险费而效力中止。对保险人来说，其通过保险费自动垫缴条款，使得自己能够继续收取保险费。自动垫缴条款对投保人也有好处，若投保人因疏忽忘记缴付保险费，自动垫缴条款可以使保险合同继续有效。①

第三节 保单选择权条款

保单选择权条款是在保险合同中为投保人、被保险人设定的选择权。保单选择权主要有以下三种：

一、红利选择权条款

（一）条款内容

在人身保险合同中，向保单持有人支付红利的保险被称为分红保险。红利在一定意义上可以理解为部分保费的退还，保险人藉此增强产品的竞争力，招揽业务。红利来源于两“差益”：利差益和死差益。保单持有人可以选择取得红利的方式。

（二）可供选择的红利分配方式

第一，领取现金。一般在保单生效一至两年后，保单持有人可以领取现金红利。

第二，抵缴下期保费。保险人发出红利通知书，列明保险金额和扣除红利后应缴的保险费。

第三，累计生息。红利可留存在保险公司，并以公司的保证利率计息。大多数保险公司允许保单持有人可以在任一时间提取累积的红利。

第四，购买增额缴清保险。将红利作为一次缴清的保费购买增额缴清保险，以增加保险金额并提高保单的现金价值。

第五，购买定期寿险。购得的定期寿险金额取决于红利金额、被保险人的年龄和定期寿险的费率。可以只将红利的一部分用来购买定期寿险，余下部分可另作其他选择。

① 不过，有学者认为保险费自动垫缴对投保人有欠合理。“因为保险费自动垫缴条款固然可以使保险合同的效力免予中止，但是，若投保人不缴纳保险费是为了终止保险合同，则保险费自动垫缴条款将影响到投保人的利益。因此，直接以保险条款约定投保人事前未以书面作反对声明外，即发生保险费自动垫缴的效力，未尊重投保人的意愿……对此，美国的做法是，只有投保人主动提出要求，并将自己的意思书面表达出来时，才发生保险费自动垫缴的效力，而且，在发生保险费自动垫缴的效力后，投保人可以随时取消。”（参见许崇苗、李利著：《中国保险法：原理与适用》，法律出版社2006年版，第241—242页。）

二、现金价值选择条款

有关现金价值选择权在后文“现金价值”部分有进一步的说明。

（一）条款内容

长期的人身保险具有储蓄性，缴费达到一定时间后，逐年积存相当数额的责任准备金，并且随着时间的延伸而不断地增长。这种积存的准备金不因保险效力的变化而丧失其价值，投保人有权任意选择有利于自己的方式来处理这种现金价值。

在人寿保险发展初期，对保险单失效或解除后是否给付保险单积存的现金价值不作规定，而是由保险公司自行决定，从而使之成为保险公司一大利润来源，这显然对投保人是不公平的。1861 年美国马萨诸塞州议会通过了最初的《不可没收现金价值法》。该法律规定，对失效的保险单应以展期的定期寿险方式来给付保险金，即以保险单积存的现金价值来购买展期的定期寿险。

（二）现金价值的可选择方式

在一般保险单内往往会将各保险年度的现金价值列表，或说明现金价值的计算方法，使投保人可以随时了解他在保险期间所拥有的权利。

保险人对保险单积存的现金价值最终将根据投保人的选择以不同方式返还给投保人或被保险人，有时是用现金给付，也可以改为以缴清保险或展期保险的方式给付。例如：

第一，根据投保人的要求，用返还现金的方式办理退保手续。

第二，将原保险单改为缴清保险，也就是将现金价值作为趸缴保险费，用以缴清与原合同同一保险期间、同一类型的保险，这种改变保险的方式可能使保险金额有所下降，下降的幅度取决于当时积存的现金价值的多少。

第三，将原保险单改为展期保险，也就是将现金价值作为一次趸缴保险费，用以缴清与原保险合同同一保险金额的死亡保险，至于保险期间能否维持到原合同的保险期间或有所缩短，则将取决于当时积存的现金价值的多寡。如果当时现金价值抵充一次趸缴保险费不足以维持到原保单到期日，保险期间将根据金额大小相应缩短；如足以维持到原保险届满之时，则原保险期间不变；如果抵缴到原保险期后仍有多余，则剩余部分还可用以抵充购买展期生存保险。

第四，如保险效力维持到保险期届满，则以生存保险金给付的方式返还现金价值。

三、保险金给付选择条款

（一）条款内容

在人身保险业发展的早期，保险金的给付主要采取一次性的支付方式。后来在激烈的市场竞争中，保险人逐渐发展了多种给付方式供被保险人或受益人选择，并可根据实际情况，改换保险金的给付方式。

（二）保险金给付方式

第一，一次性支付现金方式。

第二，利息收入方式。受益人将本金留存在保险公司，按照与保险人约定的利率定期获取利息。受益人有权提取部分或全部保险金，受益人死亡后，他的继承人可领取该保险金的本息。

第三，等额收入方式。分期支付给受益人一笔固定的金额，直到本息支付完毕为止。如果受益人在本息支付完毕之前死亡，则剩余的本息由其继承人继续领取。

第四，定期收入方式。由受益人选定期间，在此固定的期间内，保险人按照约定的利率分期给付相应的保险金。如果第一受益人在保险金未领取完之前死亡，则由第二受益人继续领取。

第五，终身收入方式。受益人用领取的保险金投保一份终身年金保险，并按期领取年金直到死亡。这种给付方式与受益人的死亡率、年龄、性别等因素相关。

第六，信托。如果保险金额很大，而受益人为未成年人、精神病患者或残疾人，可将保险金付给一个受托人，由受托人代为管理并收取一定的手续费，受托人还对保险金代为投资，但不保证投资收益。

关键词

不可抗辩条款　年龄错误条款　宽限期条款　复效条款　犹豫期条款　自杀除外条款　犯罪除外条款　等待期条款　战争除外条款　保险费自动垫缴条款

思考题

1. 试述不可抗辩条款适用的条件和后果。
2. 年龄错误条款和不可抗辩条款的联系和区别是什么？
3. 详析《保险法》中自杀除外条款的具体适用。
4. 畏罪自杀保险人应否赔付？请在本书的基础上进一步思考。

第六章
人身保险合同的成立与生效

学习目的

- 了解人身保险合同订立的程序
- 熟悉人身保险成立、生效以及保险费缴付之间的关系
- 掌握告知义务的内容、告知的方式以及违反告知义务的法律后果
- 掌握保险人因投保人不履行告知义务的解除权及其限制
- 掌握说明义务的范围、说明方式以及不履行说明义务的法律后果

> 法律就是秩序，有好的法律才有好的秩序。
>
> ——［古希腊］亚里士多德[①]

人身保险合同的成立与生效，是人身保险合同的重要内容。本章主要讲述人身保险合同订立的程序，人身保险合同成立、生效和保险费缴付的关系，以及人身保险合同订立过程中投保人**告知义务**的履行和保险人**说明义务**的履行问题。

第一节　人身保险合同订立的程序

依照《合同法》的规定，合同订立须经过要约和承诺两个阶段，人身保险合同的订立也须经过这两个阶段才能成立。本节先阐述**人身保险合同的要约**，再阐述**人身保险合同的承诺**，最后论述人身保险合同要约与承诺中的特殊问题。

一、人身保险合同的要约

（一）合同订立中的要约

要约是指希望与他人订立合同的意思表示。发出要约的一方称为要约人，接受要约的人称为受要约人。举个简单的例子说明，你到商店去买空调，对营业员提出："我要买一台格力'新金豆'空调。"则你的行为便是要约，因为你提出与商店订立空调购买合同的意思，你就是要约人，商店是受要约人（营业员只是商店的代表）。

一个要约应当符合下列条件：（1）要约内容具体确定。即要约必须具有所订立合同的主要内容，例如，对一般合同来说，合同的标的和数量是主要内容，缺乏标的和数量，要约的内容就没有确定。上例中，合同的标的为空调，数量为一台，因此要约的内容是具体确定的。（2）表明经受要约人同意，要约人即受该要约约束。一般来说，要约人并不以口头或

① 亚里士多德（Aristotle，公元前384—公元前322年），斯吉塔拉人，是世界古代史上最伟大的哲学家、科学家和教育家之一。亚里士多德一生勤奋治学，从事的学术研究涉及逻辑学、修辞学、物理学、生物学、教育学、心理学、政治学、经济学、美学等，写下了大量的著作，他的著作是古代的百科全书，据说有400到1000部，主要有《工具论》、《形而上学》、《物理学》、《伦理学》、《政治学》、《诗学》等。他的思想对人类产生了深远的影响。他创立了形式逻辑学，丰富和发展了哲学的各个分支学科，对科学做出了巨大的贡献。亚里士多德还是一名法学家，在法学方面有很多精辟的论述。

书面表明“经受要约人同意，要约人即受该要约拘束”，但要约人往往通过打算正式订立合同的语言或行为表示该意思。如要约人在提出购买空调之后，随之加上一句“纯属玩笑”，则该意思表示并不构成要约。

（二）人身保险合同订立中的要约

人身保险合同订立中的要约，一般称为“投保”或“要保”，是指投保人希望与保险人订立保险合同的意思表示。关于要约的内容，体现为投保人意欲购买何种保险产品以及购买的数量。保险合同要约的意思表示，可以表现为口头形式或书面形式，但一般为书面形式。

保险合同的要约，一般以投保书的形式出现。投保书事先由保险人印制，在投保人申请投保或保险人推销保险时发给投保人，由投保人如实填写投保单的具体内容，在亲自签名后，将其交给保险人或其代理人，则投保人的投保行为，即订立保险合同的“要约”行为始得完成。

投保行为中比较容易出现的问题是对投保单所提问题的不实填写和投保单代签名问题，无论是前者还是后者，都可能遭致保险人的拒赔。因此，投保人对自己的投保行为须慎重对待。

专栏6—1

中国保监会对投保单签名问题的规定

2009年6月11日，中国保监会《关于推进投保提示工作的通知》中强调：“销售人员应确保投保人完整填写投保单，阅读并知晓保险合同内容，并亲笔签名。销售人员不得代替投保人填写投保资料，不得诱导投保人在空白或未填妥的投保单上签字。”

二、人身保险合同的承诺

（一）合同订立中的承诺

承诺是受要约人同意要约的意思表示。即受要约人收到要约人的要约后，对要约的内容表示完全接受。举例来说，要约人提出要购买一台空调，受要约人当即表示愿意以要约人提出的价格出售这台空调，则受要约人同意出售空调的意思表示即是承诺。

承诺要想有效，须符合下列要件：第一，承诺必须由受要约人作出。若要约人对某甲提出购买空调，某甲未有答复，某乙答曰愿以要约人提出的价格出售空调，则某乙的行为不构成对某甲要约的承诺；第二，承诺必须在合理的期限内向要约人作出。如要约人提出购买空调的要约，某甲一直未有回答，一年后方回答，则某甲的行为亦不为承诺；第三，承诺的内容应与要约的内容一致。若要约人提出购买“新金豆”格力空调，但某甲回答说愿以该价格出售“小金豆”空调，则某甲的行为不为承诺。

（二）人身保险合同订立中的承诺

人身保险合同承诺就是保险人承保的意思表示，即保险人接受投保人在投保单中提出的全部条件，同意在发生保险事故或约定的条件成立时承担保险责任。保险人的承诺，可以由保险人本人作出，也可以经保险人授权由代理人作出。承诺的形式，既可以为书面形式，也可以为口头形式。

在保险实务中，由于保险人承诺的形式多种多样，究竟什么样的行为才构成承诺取决于具体案例，并没有完全统一的认定方式。[①] 但是，一般来说，下列行为容易被法院认定为保险人的承诺：其一，保险人签发保险单的行为。保险人签发保单，表明其承认了保险交易，即使有时投保人未缴保费，法官也会认定保险人已经作出了承诺。其二，保险人在投保单上核保签章。在保险实务中，保险人接受投保人的投保单后，如果认为保险标的没有问题，就会在投保单上的核保栏中签上“同意承保”或者类似意思的文字，并加盖保险公司的印章。此时保单虽未签发，保险公司也没有明确以口头或书面形式表示同意承保，但由于保险公司已经经过核保，并没有发现保险标的存在问题，因此，签章行为可以认定为保险人的承诺。其三，保险人收受保险费。国外学者认为，在保险人收受了保险费的情况下，如果没有相反的证据证明，就表明保险人明确接受了要约。[②] 收受保险费并签发保险费收据的行为即构成承诺。其四，保险人的某些特殊行为或不行为。在某些国家，保险人接受投保人的投保单后，如果没有在合理的期间内作出承保与否的意思表示，则法律推定保险人已经承诺承保。此时，保险人的沉默也可能构成承诺。[③]

投保人提出要约，保险人对之承诺，其法律后果是保险合同成立。

三、人身保险合同订立中的特殊问题

人身保险合同订立过程中的特殊问题，主要是要约邀请、反要约和保险人提出要约的情形。

---

① E. R. Hardy Ivamy, *General Principles of Insurance Law*, 4th edition Butterworths, 1986, at 113。

② E. R. Hardy Ivamy, *General Principles of Insurance Law*, 4th edition Butterworths, 1986, at 112。法官 MacLaren 在 MCeLroy v. London Assance Corpn 一案中说：“如果保险公司在送达保单之前接受了保险费，我认为，保险公司接受保险费，并送达保险费收据的行为导致保险公司具有签发保单的义务。”这一判例成为英美法系认定收受保险费构成承诺行为的一个重要判例。

③ 甲向乙保险公司之代理人申请投保人寿保险 1000 美元，由代理人给出收据。内载条款云，“契约若经总公司认可者，自申请之日起生效，若公司不认可者，即将保险费退还。”但保险公司经过很长时间既未予拒绝，亦未将保险费退回。法院以该代理人虽未有代表公司出具收据之权，但甲已经执有此项收据，而保险人又长期未有拒绝之表示，未有将保险费退还，其契约应认为成立（Reck v. Prudential Ins. Co. of America, 1936, 116, N. J. Law 444）。

（一）人身保险合同订立中的要约邀请

要约邀请是希望和他人订立合同的意思表示。要约邀请与要约有所不同，要约邀请是邀请他人发出要约的意思表示，一旦他人回应要约邀请，他人发出的意思表示属于要约，而不是承诺，因此，他人对要约邀请的回应并不能成立合同。《合同法》第十五条规定：“寄送的价目表、拍卖广告、招标公告、招股说明书、商业广告等为要约邀请。商业广告的内容符合要约规定的，视为要约。”在保险实务中，保险人事先拟定保险条款的行为，或者以一定的方式招揽业务的行为，比如通过其业务员或保险代理人向客户发送宣传材料，不属于要约行为，而是要约邀请。如果将保险人的上述行为视为要约，将剥夺保险人对风险鉴别的权利，不符合保险经营的基本原则。但是，在某些情况下，当商业广告和要约难以区分时，容易被认定为要约。

专栏 6—2

广告还是要约?

美国一保险公司由邮局寄发传单，标题是“车祸及旅行意外伤害保险单”，保险金额 1.5 万美元，保险费 25 美分，保险期限 30 天，限 16 岁至 70 岁，死亡给付 1.5 万美元，伤害给付 7500 美元至 1.5 万美元不等，列表载明。投保者只须将传单的上半截扯下，填入出生日期、受益人姓名与关系并签姓名，连同保险费 25 美分邮寄至保险公司即可。被保险人霍克于 1969 年 10、11 月间接到此项传单，将传单的上半截扯下，照其指示填具姓名各项，并附 25 美分付邮寄出。保险公司于 11 月 13、14 日之间接到此申请，经审查后作出保险单，载明 11 月 21 日生效，寄予霍克。霍克于 11 月 15 日因车祸死亡，其受益人请求保险金而被拒绝。本案具体问题在于：保险公司所寄的传单是要约还是广告？被保险人寄去的签单与保险费应视为投保的申请，还是承诺？该公司传单的文义含糊，既说“只须付 25 美分填表寄出即可得 1.5 万美元的意外伤害保障”；又说“立即填表寄出……到明天可能就太迟了”等，这样以一个普通人寻常合理的想法，自然期待此项保险以填寄表格及支付 30 天的保险费 25 美分生效。法院依“合理期待”的学说，判决保险人的传单为要约，被保险人填具申请书并寄出保险费为承诺。

（资料来源：李玉泉著，《保险法》，法律出版社 2003 年版，第 163 页。）

（二）人身保险合同订立中的反要约

所谓反要约，是指受要约人向原要约人提出的要约，此时，受要约人称为新要约的要约人，而原要约人称为新要约的受要约人，由于原要约与新要约的方向正好相反，因此称其为

“反要约”。我国《合同法》第三十条规定：“承诺的内容应当与要约的内容一致。受要约人对要约的内容作出实质性变更的，为新要约。有关合同标的、数量、质量、价款或者报酬、履行期限、履行地点和方式、违约责任和解决争议方法等的变更，是对要约内容的实质性变更。”

投保人提交投保单，保险人须根据不同的险种进行核保，核保的结果，可以完全接受投保人的要约，也可以有条件地接受，还可以完全拒绝。在完全接受的情况下，保险人的接受就是承诺，保险合同成立；在完全拒绝的情况下，保险人拒绝承诺，保险合同不能成立；但是，在有条件接受的情况下，由于保险人的接受附有条件，已与投保人提出的要约内容有所不同，因此不能算做对投保要约的承诺，这种附有条件的接受就是合同法上“反要约”在保险合同领域的表现。

保险人的反要约通常出现在需要体检的保险领域。体检后，若保险公司发现被保险人属于次标准体，则会增加保险费，而对保险费的更改构成保险人对要约的实质性变更，保险人增加保险费的行为就成为“反要约”行为，只有等投保人接受之后，保险合同才能成立。当然，在其他领域也可能出现反要约的情形。

专栏 6—3

保险合同不成立不影响暂保单赔付

美国人史密斯向某保险公司投保，购买某保险，基本人寿保险金额 3 万美元，意外死亡 0.5 万美元，全部残疾时免缴保险费，每月保险费为 14.6 美元。史密斯提交了投保单，并缴付了第一期保险费，在核保过程中，保险公司认为史密斯为铁路工人，职业危险性较大，于签发之正式保单中，将全部残疾及意外死亡两项删去，并将保险费提高至每月 19.2 美元。代理人将此种变更向史密斯说明，但史密斯不接受，保险公司也未退还保险费。之后，史密斯因车祸死亡，代理人知道后在第二天即通知保险公司退还保险费，保险公司数日后方以支票方式寄至被保险人寓所。史密斯之妻请求保险公司赔付，保险公司辩称，保险人的保险单变更了保险人的投保书内容，应为新的要约，而不是对原投保的承诺，保险合同未能成立，故保险人不承担保险责任。法官认为，保险人签发的保单并未生效，变更保险费和承保事项属于反要约，但保险人一直未退还保险费，而此前收取第一期保险费时签发的保费收据可以作为暂保证明，此暂保合同一直处于有效状态，保险公司虽可以拒绝承担所签发保险单的保险责任，但暂保单的责任却不能免除。

（资料来源：桂裕著：《保险法》（增订新版），台湾三民书局 1984 年版，第 112 页。）

（三）保险人提出要约

订立保险合同，通常由投保人提出要约，但也有少数情况下，要约由保险人提出。

1. 保险人以两联式卡片销售保险

有时，保险公司为了简化保险合同订立程序，往往将保险合同的内容书写于一张纸质卡片上，该张卡片分为两联，只要投保人在两联保险卡上分别签名，撕下投保人保存联自己保存，另一联由保险公司保存，保险合同即成立。投保人要做的，仅仅是同意在保险卡上签名而已。在这种情况下，保险人提供保险卡的行为应当是要约，而投保人在保险卡上签名的行为即为承诺。例如，某保险公司赠送的“幸福伴你行”旅游保险即属于这种情况，投保人无需填写投保单，只需在保险条款上签名即可。

2. 保险人向投保人发出未保留核保权续保单

保险人为了维持业务，留住客户，在保险期限届满前通常会向投保人发出续保投保单。续保投保单分两种：一种是保留核保权的，即投保人若续保，须经过保险公司重新核保，再次确定保险费。一种是未保留核保权的，即投保人若续保，不须经保险人再行核保。后一种情况，续保合同内容与原保险保单一致，若保险人未特别声明“本续保合同非经本公司同意承保，不生效力”，则只要投保人签名同意续保，则保险合同成立。因此，保险人发出未保留核保权保险单的行为为要约，投保人签字确认的行为为承诺。

第二节 订立过程中双方当事人的义务

当事人在订立合同的过程中，都需要履行一定的义务。因为保险合同是“最大诚信”合同，合同当事人在订立合同时的诚信要求比一般合同更为严格。而这种严格的诚信，最主要的表现就是各国保险法规定的告知义务和说明义务。告知义务是投保方的义务，而说明义务则是保险人一方的义务，而一方当事人的义务又是他方当事人的权利，此二义务的同时出现，充分说明了合同当事人权利义务的对等性。

一、告知义务

《保险法》第十六条明确了投保人的告知义务及不完全履行的法律后果。

（一）告知义务的概念与法律性质

告知义务，又称如实告知义务，是指在保险合同订立时，投保人、被保险人应当将与保险标的有关的“**重要事实**”告知保险人的义务。[①] 例如，重大疾病保险要求投保人、被保险人告知被保险人的既往病史，既往病史对保险人来说，属于被保险人的“重要事实”；对人身意外伤害保险来说，被保险人的职业属于“重要事实”，投保人、被保险人应当如实告知保险人。

告知义务的法律性质可以归结为两方面：一方面，告知义务是先合同义务。所谓先合同义务，是指在合同成立之前就应当履行的义务，它是针对合同义务而言的。所谓合同义务，是指合同成立后产生的，规定在合同条款中的义务，其履行也在合同成立之后。告知义务，须在订立合同的过程中进行，投保人填写投保单并将之交给保险人或其代理人，通常除被认为是投保人的要约行为外，还被认为是投保人履行告知义务的行为。很明显，这一行为完成时，投保人仅完成了要约行为，没有保险人的承诺，合同尚未成立，因此，告知义务履行于合同成立之前，属于“先合同义务”。另一方面，告知义务是法定义务。《保险法》第十六条第（一）款规定：“订立保险合同，保险人就保险标的或者被保险人的有关情况提出询问的，投保人应当如实告知。”这一法律规定的义务，不允许当事人通过协议的方式限制或免除。既然法律明文规定投保人“应当如实告知”，告知义务便属于投保人的“法定义务”。[②]

（二）告知义务的立法依据

法律为什么要对投保人的如实告知予以规定？通行的理论是风险测定说。只有投保人对保险标的的“重要事实”如实告知，保险人才能有效地测定风险，从而公平地订立合同。保险合同是一种以保险标的的风险作为保险对象的合同，保险标的的风险状况，投保人较为清楚，保险人即使进行了考察，也不会比投保人更为清楚，从这个意义上说，保险合同是一种信息极不对称的合同。但是，保险合同承保对象的特殊性，使得保险人必须清楚了解保险标的状况，否则无法确定承保与否以及保险费的多寡。然而，投保人如果是一个“理性人”的话，就不会主动告诉保险人关于保险标的的风险状况，甚至会对保险人隐瞒风险，因为告知保险人风险状况只能导致保险人拒保或者提高保险费，也就是说，投保人没有主动告知的动力。为了维持保险合同的公平性，也为了使保险市场能够长久存在，法律必须要求投保人对保险人如实告知，以便保险人正确测定风险，订立公平的合同。[③]

---

① 有些国家或地区也将告知义务称为“说明义务”。例如，台湾地区《保险法》第64条，台湾地区保险法学者称其为“说明义务”，但其内容等同于我国大陆地区学者所称的“告知义务”。

② 但是，有学者认为这种法定义务与其他法律上的纯粹义务不同。“违反纯粹义务时，法律一面允许权利人诉请强制执行，以实现其拘束，一面允许相对人强求损害，以制裁之。而违反告知义务，保险人则不能强制投保人履行此项义务，通常亦不能强求损害赔偿，仅在违反此义务时，对义务人课以一定不当利益之法律上的拘束，以收间接强制其行为之效果。”参见陈云中著：《保险学》，台湾五南图书出版公司1985年版，第178页。

③ 关于告知义务的立法依据，理论上还有合同要素说、诚意合同说、瑕疵担保说等学说，但最为通行的说法是风险测定说。

专栏 6—4

曼斯菲尔德大法官与告知义务的确立

曼斯菲尔德大法官是英国法律史上最著名的大法官之一，他生活在公元 18 世纪，正是他在著名的 Carter v. Boehm 一案中确立了投保人的告知义务。同时，在该案中，曼斯菲尔德大法官还阐明了告知义务的依据——最大诚信原则。在该案中，英国保险人承保的是苏门答腊岛上的马尔罗博格承保在一年之内被敌军占领的风险。之后不久，法国人攻打该城堡并最终将其攻占，于是被保险人向保险公司提出索赔。保险公司以被保险人在投保时没有如实告知相关情况拒赔，理由是：(1) 被保险人没有披露该城堡的状况（该城堡只是在修建中的工事）；(2) 没有披露法国人不能够在海岸上解救盟友的事实；(3) 法国人在一年前曾经威胁过该城堡。对此案，曼斯菲尔德大法官最终判决被保险人胜诉，被保险人不负有披露这些事实的义务，因为城堡的情况并非只有被保险人自己知道，保险公司应当对该城堡的相关状况进行调查。

尽管曼斯菲尔德大法官判决该案的被保险人不负有披露信息的义务，但在该案中，曼斯菲尔德大法官也用大量的篇幅和文字论述了被保险人应当对保险标的相关情况进行告知的合理性。他认为，保险合同是一个投机合同，保险人所评价的风险大多只有被保险人知道，保险人信赖被保险人的陈述，相信被保险人没有隐瞒所知道的情况，如果被保险人的隐瞒会使保险人相信某一情况不存在，并以此为基础作出了错误的风险评估，那么该隐瞒就构成了欺诈，保单无效。

曼斯菲尔德大法官的这些论述，形成了告知义务的理论依据，被保险人告知义务由此确立。1906 年的英国《海上保险法》正式规定了告知义务。

（资料来源：曹兴权著，《保险缔约信息义务制度研究》，中国检察出版社 2006 年版，第 141—142 页。）

（三）告知义务的履行主体

《保险法》第十六条第（一）款规定，“投保人应当如实告知”，明确规定告知义务的履行主体是投保人。在保险实务中，由于填写并提交投保单的主体是投保人，而告知义务的履行形式通常是填写并提交投保书，故而一般情况下，投保人是告知义务的履行主体。①

① 但是，由于被保险人对保险标的的状况最为熟悉，许多学者主张，在投保人与被保险人不一致的情况下，被保险人也应当是告知义务的履行主体。投保人与被保险人不一致的情况为数不少，在这种情况下，被保险人与保险标的的联系更为密切，也更了解保险标的，在人身保险中尤其如此。人身保险的保险标的为被保险人的寿命或身体，投保人通常不可能比被保险人自己更了解自己的身体状况，因此，如果从让保险人更了解危险的角度看，此种情形，赋予被保险人告知义务并无不可。我国保险法之所以未规定被保险人为告知义务履行主体，大概是考虑投保行为（包括告知行为）由投保人作出，被保险人告知不便所致。

（四）告知的内容

投保人告知的内容，应当为关于保险标的的“重要事实”。所谓“重要事实”，一般认为是指足以影响保险人决定是否同意承保，或者足以影响保险人决定提高保险费率的事实。《保险法》没有明确指出告知义务的内容，但间接地指出了何为“重要事实”。其第十六条第二款规定：“投保人故意或者因重大过失未履行前款规定的如实告知义务，足以影响保险人决定是否同意承保或者提高保险费率的，保险人有权解除合同。”其中，“足以影响保险人决定是否同意承保或者提高保险费率的”，所指正是“重要事实”。[①] 举个例子来说，对于健康保险被保险人曾经患过肝炎并因之住院治疗是一个重要事实，但被保险人曾经患过感冒并不是重要事实。因为肝炎有可能导致肝癌，最后导致被保险人重病甚至死亡，保险公司对有此种病史的被保险人至少会决定提高保险费，有些保险公司甚至会作出拒保决定。但是，感冒对普通人来说是一种常见疾病，基本不会因感冒导致非常重大的疾病，保险公司不会因感冒多收保险费或者拒保。

保险实务认为，“重要事实”的表现就是保险人在投保单中对投保人、被保险人询问的问题。保险人是保险实务的经营者，他们更知道保险标的的哪些事实会影响自己决定承保或提高保险费率；反之，投保人则对何种事实影响保险人决定承保和提高保险费率知之甚少，对保险标的的风险以及影响风险的因素都不甚了解。基于对风险了解的多寡，法律将决定“重要事实”的权利交给了保险人，让他们在投保单中将其认为可能影响承保或者费率的问题提出，由投保人予以回答，以便完成告知义务的履行。这样，保险人所提问题涉及的事实就成为告知义务中的“重要事实”。

法律将决定哪些事实是“重要事实”的权利交给了保险人。但是，如果保险人为了减轻责任，滥用这种权利，在投保单中列出许多不影响承保或者费率的问题要求投保人回答。一旦回答错误或不回答，保险公司都可以以投保人未如实告知拒赔，那该如何？

在此，理论上的解决办法是，采取“理性保险人”的标准决定哪些问题是保险人应当提出的，哪些问题是保险人不应该提出的。所谓“理性保险人”的标准，是指当时保险市场中有相当经验和知识的保险人，即不应当期望该保险人比其他保险人有更多的知识和更高的预见力。[②] 简单地说，就是当时当地保险市场中的一个普通保险人认为应当提出的问题，就是涉及“重要事实”的问题；而该普通保险人认为不会影响该保险承保或者提高费率的问题，则不属于涉及“重要事实”的问题。[③]

---

① 这里的“足以影响”，应理解为该事实对保险人的承保决定具有实质影响，即如果保险人因投保人未进行告知而不知晓该事实，他的承保行为会违背其真实意愿，而如果保险人知道该事实就会拒绝承保或者提高费率水平。参见吴定富主编：《〈中华人民共和国保险法〉释义》，中国财政经济出版社 2009 年版，第 43 页。

② Semin Park, *The Duty of Disclosure in Insurance Contract Law*, Dartmouth Publishing Company Limited, 1996. at 77。

③ 对一个具体的纠纷来说，未告知的事实是否“足以影响”保险人，应当以谁的标准判断是重要事实认定的重要问题。英国曾经采用过所谓“特定的被保险人标准”、“特定的保险人标准”和“谨慎保险人标准”等认定原则。“谨慎保险人标准”为英国 1906 年《海上保险法》所采用，并为后世许多国家的保险法所效仿，成为告知义务适用中判断事实重要性的主导规则。我们这里所说的“理性保险人标准”实际上与“谨慎保险人标准”意思相同。参见吴定富主编，《〈中华人民共和国保险法〉释义》，中国财政经济出版社 2009 年版，第 43 页。

【案例 6－1】

牛皮癣应当告知吗？

2007 年 1 月 31 日，郑某向某保险公司投保了 10 万元重大疾病终身保险和 10 万元附加意外伤害保险。保险公司体检时发现郑某有高血压、左心室肥大，于是以次标准体加费承保。2008 年 2 月，郑某因高血压、冠心病、心衰三度住院治疗，住院病历记载高血压病史 7 年，否认糖尿病、心脏病史。3 月 1 日，郑某的妻子又为郑某投保了 6 万元保险，告知了该次住院的情况，保险公司再次以次标准体加费承保。6 月 22 日，郑某再次就诊，诊断结论为：药物性多器官损害、药物性心肌瘤、高血压病三期、冠心病、糖尿病。8 月 14 日，郑某再次要求加保保险，保险公司拒保。8 月 17 日，郑某因药物性多器官功能损害导致全身衰竭去世。随后，郑妻向保险公司提出给付身故保险金的申请。保险公司调查后发现投保时郑某已患有牛皮癣并服用激素 2 年，但是郑某投保时未告知，该事实对保险事故构成重大影响，保险公司因此拒付。郑妻遂诉至法院。

郑妻认为，投保书并未明确问及郑某的皮肤病史，并且被保险人经保险公司体检过，体检报告中也没有问及皮肤病史，对此投保人没有告知义务，保险公司不应拒赔。

保险公司认为，虽然投保书中没有明示牛皮癣，但有“有无慢性病或自觉不适症状”的询问，投保人在一直服用激素治疗的情况下告知“无”，已构成了不实告知，并且其不实告知的事实对保险身故的发生有严重影响。因此，保险公司可以因过失未履行告知义务解除保险合同并拒付保险金。

（案例来源：罗忠敏主编：《新保险法案例精析》，中国法制出版社 2009 年版，第 73 页。）

【分析】 本案是一个关于告知内容的案例。案例争议点是保险人未明确列明的问题所涉及事实是否属于重要事实，重要事实的判断标准是什么。一般来说，投保单中保险人所提问题涉及的事实是重要事实，投保人应当如实回答，对投保单未提出的问题，投保人可以不回答，保险人不得以此拒赔。本案保险人在投保单中未提出关于“牛皮癣”的问题，因此投保人无法对此回答，保险人也不能以此拒赔。但是，有时候保险人会在投保单中提出一些范围很广的问题，比如是否患有慢性病，而何为“慢性病”，其内涵和外延均不明确，因此投保人无法回答。基于此，法院最后判决本案保险公司败诉，应依约赔付保险金。另外，从“理性保险人标准”来看，一个普通的保险人也不会将“牛皮癣”这样一种疾病作为投保该保险的重要事实，要求投保人进行告知，因此，“牛皮癣”不应当是重要事实，投保人可以不予告知。

（五）告知的方式

投保人对告知义务的履行，《保险法》明确规定投保人的告知为询问告知，其第十六条第（一）款规定：“订立保险合同，保险人就保险标的或者被保险人的有关情况提出询问的，投保人应当如实告知。”

告知方式分为主动告知和询问告知。主动告知是指投保人主动地将自己所了解到的有关保险标的的状况告知保险人，并不以保险人的提问为前提。[①] 询问告知是指投保人对保险人的告知以保险人的提问为前提，保险人所提问题关涉的事实就是重要事实，投保人对保险人所提问题的如实回答即为履行告知义务。可见，只要保险人提问，投保人就应当采取询问告知的方式予以回答。在我国人身保险实务中，保险人一般都采取在投保单中提出问题，让投保人进行回答，因此，人身保险一般采取询问回答的方式。[②]

投保人并不知道自己在投保活动中应告知些什么内容，而保险人从事保险业务，非常熟悉哪些事项与承保与否、增加保险费与否有关，因此采取询问告知方式更加方便投保人投保，也便于保险人评估风险，对保险合同双方当事人均有好处。

专栏 6—5

从主动告知到询问告知

在保险业发展的早期，囿于通讯、交通、检测技术等搜集技术的落后状况，各国对投保人的告知均采用了主动告知方式。通讯、交通、检测技术的落后，使得保险人在很多情况下不能判断风险的大小，其对风险的判断，多赖于投保人的诚信告知，因此，采取主动告知有其合理性。

在英国1906年《海上保险法》颁布之前，采取了主动告知的方式，经写入《海上保险法》后，这一做法延续至今。但是，随着科学技术的发展，医疗检查手段的进步，保险人在许多情况下已经可以较为充分地判断风险状况，于是有些国家开始摈弃主动告知，采取询问告知方式，要求保险人对风险状况提问，投保人予以回答。其中，德国《保险契约法》1939年的立法修改采取询问告知尤为引人注目。（资料来源：李庭鹏著，《保险合同告知义务研究》，法律出版社2006年版，第20页。）

（六）违反告知义务的法律后果及因果关系

《保险法》第十六条第（二）、（四）、（五）款规定了违反告知义务的法律后果。

“投保人故意或者因重大过失未履行前款规定的如实告知义务，足以影响保险人决定是

① 例如我国《海商法》第二百二十二条规定海上保险的告知义务即为主动告知：“合同订立前，被保险人应当将其知道的或者在通常业务中应当知道的有关影响保险人据以确定保险费率或者确定是否同意承保的重要情况，如实告知保险人。保险人知道或者在通常业务中应当知道的情况，保险人没有询问的，被保险人无需告知。”

② 在我国，区分海上保险和非海上保险，采取了不同的告知方式。海上保险通常采取了主动告知的方式，非海上保险则通常采取询问回答的方式。这是我国学界通常的说法。在人身保险合同实务中，保险人基本都在投保单中提出问题以便投保人进行回答，故而我们认为，询问告知方式是人身保险合同投保人、被保险人的一般告知方式。

否同意承保或者提高保险费率的，保险人有权解除合同。

投保人故意不履行如实告知义务的，保险人对于合同解除前发生的保险事故，不承担赔偿或者给付保险金的责任，并不退还保险费。

投保人因重大过失未履行如实告知义务，对保险事故的发生有严重影响的，保险人对于合同解除前发生的保险事故，不承担赔偿或者给付保险金的责任，但应当退还保险费。”

分析起来，违反告知义务的法律后果，主要有三：其一，保险人可以解除保险合同；其二，对解除合同前发生的保险事故，保险人不予赔付；其三，保险人可以不退还保险费。但是，具体适用何种法律后果，则是根据投保人违反告知义务的主观状况来决定的，总体来说，投保人、被保险人的主观过错愈是严重，此三种后果的适用对其愈为不利。

投保人的主观状况主要分为故意和过失两大类，但过失又可以分为重大过失、一般过失和轻微过失三种。依照《保险法》的规定，投保人、被保险人由于一般过失和轻微过失未如实告知的，不需承担不利的法律后果。当然，如果投保人没有过错，即使其告知的情况不实，或者对应当告知的情况没有告知，其也无需承担不利法律后果。只有投保人因故意或者重大过失未履行如实告知义务的，才需承担不利的法律后果。下面，我们分别就投保人故意和过失未履行告知义务的情形，对其法律后果加以阐述。

1. 投保人故意不如实告知的法律后果及因果关系①

（1）投保人故意不履行告知义务的法律后果。投保人故意不如实告知，其法律后果包括：保险人可以解除合同、保险人对解除合同前发生的保险事故不予赔付、保险人对投保人已缴的保险费不予退还三个方面。

第一，保险人可以解除保险合同。投保人不履行告知义务对保险人影响重大，以至于其不能正确判断是否承保或以何种费率承保，而正确判断是否承保和保险费率是保险人签订保险合同的前提，由于此一前提欠缺，故而法律允许保险人将已经签订的合同恢复到合同解除之前的状态，此即允许保险人解除已经订立的保险合同。保险人解除合同，既可以在保险事故发生之前，也可以在保险事故发生之后。

第二，保险人对解除保险合同之前发生的保险事故不予赔付。之所以对解除合同之前的保险事故不予赔付，也是考虑投保人不履行告知义务使得保险人订立了本来不欲订立的合同，如果保险人知道保险标的的真实情况，其不会订立合同。在保险人基于保险标的的不真实情况订立了保险合同时，若再要求其对已经发生的保险事故予以赔付，则有失法律之公平。因此，《保险法》第十六条第四款规定：“投保人故意不履行如实告知义务的，保险人对于合同解除前发生的保险事故，不承担赔偿或者给付保险金的责任。”

第三，保险人对已收的保险费不予退还。这是对投保人故意不如实告知的一种惩罚。由

① 故意是过错的一种，过失的对称，是指行为人对于构成不法行为的事实，明知并有意使其发生，或者预见到损害后果的发生并希望或者放任该结果发生的心理状态。前者称为直接故意，后者称为间接故意。与过失不同，故意表现为行为人对损害后果的追求、放任的心态，而过失则表现为行为人不希望、不追求、不放任损害后果的心态（参见魏振瀛、徐学鹿、郭明瑞主编：《北京大学法学百科全书·民法学 商法学》，北京大学出版社 2004 年版，第 376 页）。举例来说，假如被保险人患有高血压，并长期服药多年，在填写投保单时，却仍然在“是否患有高血压”一栏中填“否”，则被保险人的错误告知属于故意。

于投保人主观上处于故意，其主观恶意重大，应当对其施以一定的惩戒，因此，原本应当退还的保费在此不再退还。

【案例 6－2】

故意不如实告知，保险公司不予赔付。

2008 年 5 月 12 日，王某因病住院，经诊断为膀胱癌。医院对其做膀胱部分切除、左输尿管移植手术后，王某出院上班工作。2009 年 8 月，保险公司员工到王某所在公司宣传动员职工参加某项人身保险，此项保险手续简便，不用检验身体。看到大家都参加，王某也每月出资 50 元，参加此项保险，保险金额为 1 万元，保险期限 10 年。保险责任包括：被保险人生存到保险期满或者被保险人在有效保险期间因疾病或意外伤害事件而致身故，保险公司给付保险金人民币 1 万元。王某在填写投保单时，其中被保险人健康一栏有："是否患有癌症等重大疾病"，王某填写为"否"。保险公司签发了保险单。2009 年 9 月 8 日，王某急诊住院，诊断为膀胱癌转移，尿路感染，全身衰竭。王某于同年 10 月 19 日病故。王某之妻刘某以保险单上指定受益人的身份，向保险公司申请给付保险金。保险公司才发现王某隐瞒投保条件，带病投保，故拒绝给付保险金。刘某不服，遂向法院起诉。

【分析】 人身保险合同是最大诚信合同。投保人应当在订立保险合同时或订立合同之前，将与保险标的有关的重要事实向保险人如实告知。《保险法》明确规定了投保人故意不如实告知的法律后果。"本案例中投保人王某明知自己患有癌症，但却故意隐瞒事实，不如实告知保险人。因此，保险人可以依法予以解除合同并拒绝承担给付保险金的责任，也不退还保险费。

（2）故意不如实告知与保险事故之间的因果关系。投保人故意不履行告知义务，可能发生保险事故，亦可能未发生保险事故。在发生保险事故的情况下，亦有两种可能：其一，所发生的保险事故系因投保人不履行告知义务所涉事项引起，或很可能因该事实所引起。例如，投保人未告知其已患有胃癌，而被保险人终因胃癌而死亡，或者投保人未告知其曾经患有胃炎并因之住院，而被保险人终因胃癌死亡。其二，所发生之保险事故并非因未告知之事实所引起。例如，投保人未告知被保险人投保前已患有胃癌，但被保险人终因车祸而亡，而车祸亦属保险保障范围。此两种情形，前者为未告知事实与保险事故有因果关系；后者为二者之间无因果关系。

在投保人故意未如实告知的情况下，保险人的赔付是否考虑因果关系？在投保人故意未如实告知的事实与保险事故存在因果关系的情况下，保险人固然可以拒赔，但如未如实告知之事实与保险事故之间并无因果关系，保险人可否以投保人未如实告知拒赔？

依《保险法》，在投保人故意未如实告知的情况下，保险人的赔付不考虑因果关系，亦即，只要投保人故意不履行告知义务，保险人均可以拒赔，而不论未如实告知的事实与保险事故之间是否有因果关系。《保险法》第十六条第（四）款的规定便是明证："投保人故意不履行如实告知义务的，保险人对于合同解除前发生的保险事故，不承担赔偿或者给付保险金的责任，并不退还保险费。"① 之所以规定不考虑因果关系，大约是出于对投保人恶意的惩罚。

2. 投保人重大过失不如实告知的法律后果和因果关系

《保险法》第十六条第（五）款规定："投保人因重大过失未履行如实告知义务，对保险事故的发生有严重影响的，保险人对于合同解除前发生的保险事故，不承担赔偿或者给付保险金的责任，但应当退还保险费。"重大过失，是指当法律对某种行为人于某种情况下应当注意和能够注意的程度有较高要求时，行为人不但没有遵守法律对其较高的要求，甚至连人们都应注意并能注意的一般标准也未达到的过失状态。重大过失是针对一般过失和轻微过失而言的，如果说一个普通人应当注意到，而其未注意到的状态为一般过失的话，重大过失应当为一个更应注意到某事实的人，未能注意到一般人应该能注意到的该事实，重大过失表现为行为人的极端疏忽或极端轻信的心理状态。② 例如，如果一个普通人没有注意到失血过多将导致休克属于一般过失的话，一个医生没有注意到病人失血过多而导致休克则属于重大过失。投保人因重大过失未如实告知，其主观恶性程度高于因一般过失和轻微过失未如实告知，因此保险法对其课以一定的不利后果。

（1）投保人重大过失不履行告知义务的法律后果。投保人因重大过失不履行告知义务的法律后果主要是：保险人可以解除合同，对保险合同解除前发生的保险事故，保险人可以拒绝赔付。

第一，保险人可以解除合同。与投保人故意不履行告知义务一样，在投保人因重大过失未能履行告知义务的情形下，保险人也可以解除保险合同。其可以解除保险合同的理由，与故意不履行告知义务解除合同的理由相同，均是因为不实告知影响保险人决定是否承保或保险费率的多寡，导致保险人订立了本不欲订立的合同，应允许保险人将合同效力恢复至未订立合同之时。当然，保险人解除合同，既可在发生保险事故之前，亦可在发生保险事故

---

① 特别是对照本条第（五）款投保人因重大过失未如实告知的规定理解，更觉故意未如实告知不考虑因果关系的正确。有学者指出："投保人因重大过失未履行如实告知义务的情形，保险人对于合同解除前发生的保险事故不承担保险责任，以'对保险事故的发生有严重影响'为条件。这意味着，投保人过失未履行告知义务，如果对保险事故发生没有影响或只有轻微影响，则保险人仍要承担保险赔偿或给付责任；但是对投保人故意不履行告知义务的情形，保险人不承担保险责任，无论未告知的事实对保险事故发生有无影响，不要求因果关系这个条件。"（参见吴定富主编：《〈中华人民共和国保险法〉释义》，中国财政经济出版社 2009 年版，第 46 页）对此，台湾地区《保险法》则规定，未告知之事实须与保险事故之间存在因果关系，否则保险人不能解除合同或拒赔。该法第 64 条第 2 款规定："要保人故意隐匿，或因过失遗漏，或为不实之说明，足以变更或减少保险人对于风险之估计者，保险人得解除契约；其风险发生后亦同。但要保人证明风险之发生未基于其说明或未说明之事实时，不在此限。"也就是说，台湾地区《保险法》不区分故意或过失，都要求未告知事实与保险事故之间存在因果关系，否则保险人不能解除合同或拒赔。台湾地区学者的态度则比较折衷，江朝国教授指出："原则上，保险事故发生后，若保险人差值要保人于订约时有违反据实说明义务之事实，而该事实和保险事故之发生无因果关系者，保险人不得主张解除契约不负理赔之责；唯若能证明保险人若于订约时知该事实，依一般核保原则即不会承保者，则保险人亦得解除契约免理赔之责，不论该未经据实说明事项和保险事故发生是否具有因果关系，同理，若属保险人增加保费而得承保者，保险人于无因果关系之情形，不得主张解除契约免除赔偿义务，而得增收保费而已。"（参见江朝国著：《保险法论文（一）》，台湾瑞兴图书股份有限公司 1997 年版，第 169 页）但台湾地区学者施文森教授认为，未告知的事实与保险事故之间必须有因果关系，否则保险人不能拒赔。

② 魏振瀛、徐学鹿、郭明瑞主编：《北京大学法学百科全书·民法学　商法学》，北京大学出版社 2004 年版，第 1237 页。

之后。

第二，对保险合同解除前发生的保险事故，保险人可以拒绝赔付。保险人可以拒绝赔付的理由，亦如在故意不如实告知情况下的理由，即保险人若知道该事实之真相，必不订立合同，在因投保人过错而导致其订立了本不欲订立的合同时，再要求其对保险事故赔付，有失公平。

不过，与故意不履行如实告知义务后果不同的是，因重大过失不履行如实告知义务，在发生保险事故后，保险人虽不承担保险责任，但应当退还保险费。之所以要求保险人退还保险费，大约是因为投保人对不如实告知主观恶意较之故意较轻，《保险法》对其并不施以同样的惩罚。

【案例 6-3】

投保人重大过失未告知，保险公司不须赔付

李女士是某省医学院的一名基础课教师，2007 年 11 月，李女士为自己投保了重大疾病保险。投保时，李女士在投保书中告知了自己曾于 2007 年 6 月因甲状腺肿大入院手术治疗，保险公司经核保认为，李女士告知的甲状腺结节属可保范围内，因此予以承保并签发了保险单。2008 年 6 月 30 日，李女士向保险公司申请赔付甲状腺癌医疗费用。保险公司经调查，发现李女士 2007 年 6 月入院手术治疗并非因李女士告知的甲状腺结节而是甲状腺癌，为此，保险公司以不实告知为由向李女士发出了拒赔通知书。李女士不服，起诉至法院。原来，李女士因甲状腺肿大住院治疗时所患的正是甲状腺癌，并且治疗过程中也动用了化疗的办法，住院时她的丈夫和家人为了减轻她的思想负担，一直对她隐瞒病情，告诉她患的是甲状腺结节，李女士虽然半信半疑，但也没有太在意，在填写投保单时，告知患过甲状腺结节，但未告知甲状腺癌。

在该案的审理中，存在两种意见：一种意见认为，保险公司应当承担保险责任。李女士在投保时，由于家属对其隐瞒了病情，因此，她本人并不知道自己患有癌症。2007 年 6 月李女士入院手术治疗，李女士对自己入院手术治疗作了告知，因此，李女士并没有违反如实告知的义务。另一种意见认为，保险公司不应当承担保险责任。李女士 2007 年 6 月入院手术治疗，医院还对其进行了化疗，即使家属未告知其真实病情，李女士作为一名医学院教师，不可能不知道化疗是治疗癌症的常用手段。因此，李女士至少存在重大过失未如实告知，保险公司不应承担保险责任。

【分析】 保险合同为最大诚信合同，李女士对自己的健康状况有如实告知的义务。投保前，李女士的家人虽告诉李女士其 2007 年住院所患的是甲状腺结节，但治疗过程中采用了化疗的方法。对于化疗的方法，普通人都知道这是针对癌症的疗法，李女士作为一名医学院的教师，更加知道化疗的意义。如果普通人未意识到化疗的意义属于一般过失的话，李女士未意识到化疗的意义则属于重大过失。因重大过失未履行如实告知义务的，保险人可以拒赔，故本案保险人拒赔正当。需要说明的是，本案发生于 2009 年《保险法》修改之前，依照当时的《保险法》，只要投保人一般过失，保险人都可以拒绝赔付。但是，依照 2009 年修改的《保险法》，只有投保人重大过失未履行告知义务，保险人才可以拒赔。本案李女士属于重大过失未履行告知义务，无论依修改前的《保险法》，还是修改后的《保险法》，保险人都可以拒赔，但是，保险人拒赔的，应当退还保险费。

（2）因重大过失不如实告知与保险事故之间的因果关系。根据《保险法》的规定，投保人因重大过失不如实告知应当与保险事故之间具有因果关系，否则保险人对已发生的保险事故应当承担责任。《保险法》第十六条第（五）款规定："投保人因重大过失未履行如实告知义务，对保险事故的发生有严重影响的，保险人对于合同解除前发生的保险事故，不承担赔偿或者给付保险金的责任，但应当退还保险费。"此处的"对保险事故的发生有严重影响的"，就是要求二者之间具有因果关系。

【案例 6－4】

未告知之事实须与保险事故存在因果关系

张某数年前成为自由职业者，有时炒股，有时做兼职销售，其有长期投保的习惯，他在一家保险公司投保了意外伤害险。投保时，鉴于其与营销员段某很熟悉，张某仅填写了姓名、身份证号码等基本信息，其余事项则由营销员代填，张某最后在投保书的"被保险人声明与授权"一栏中签字确认。之后，张某在自己房间外擦玻璃，不慎从五楼摔下，造成二级伤残。随后，张某向保险公司索赔，保险公司审查后发现，张某在投保单上填写的职业、收入情况等与实际情况不符，遂以张某未履行如实告知义务拒赔，双方因此诉至法院。

（案例来源：吴定富主编：《〈中华人民共和国保险法〉释义》，中国财政经济出版社 2009 年版，第 46—47 页。）

【分析】 张某在填写了基本信息内容之后，让营销员段某替其填写其他内容，段某所填写的内容与实际情况不相符合，保险公司因此拒赔。但是，根据《保险法》的规定，投保人因重大过失未告知的事实必须与保险事故之间存在因果关系，即保险事故必须是投保人未如实告知的事实引起的。本案张某未如实告知的事实是职业，而职业与其在家中擦玻璃摔伤之间并无因果关系，因为不管从事何种职业，都可能在家中擦玻璃。故而，法院认为，投保人张某从楼上坠楼致残，纯属意外，与张某的职业状况和投保经历毫无关联，保险事故的发生并非由其未告知的事项引起的，即张某未如实告知的事实对保险事故的发生不存在严重影响，保险人应当赔付。

（七）解除权的限制

无论投保人故意不履行如实告知义务，还是因重大过失不履行如实告知义务，保险人都可以解除保险合同，对解除保险合同之前发生的保险事故，保险人可以拒绝赔付。保险人享有的解除权，本来是一个正当的权利，但实践中，保险公司有时滥用解除权损害保险消费者的利益，故而《保险法》规定了对保险人解除权的限制。此种限制，主要有以下三种情形：

1. 保险人在订立合同时已知投保人未如实告知，保险人不得解除合同[①]

如果保险人在订立保险合同时，已经知道投保人未如实告知，但其仍然订立保险合同。一方面，说明保险人愿意接受已经错误告知事实的风险，或者能够接受以该种费率承保包括错误告知内容在内的风险，既然保险人愿意接受，则事后不应再允许其解除保险合同；另一方面，如果保险人不愿意接受错误告知的风险，或者不愿意以该种费率接受错误告知的风险，而保险人在知道投保人不如实告知后依然订立合同，说明保险人有意投机：若被保险人不发生保险事故，保险人将白白赚取保险费；若发生保险事故，保险人则以投保人未如实告知要求解除保险合同，不承担赔付责任。对保险人的这种投机行为，法律不应鼓励。因此，《保险法》第十六条第（六）款规定："保险人在合同订立时已经知道投保人未如实告知的情况的，保险人不得解除合同。"

【案例 6－5】 谢某经保险公司代理人杨某介绍，为自己投保 A 终身保险及附加住院医疗保险，缴付了首期保险费 2050 元之后，保险合同生效。半年之后，谢某以患"扩张性心肌病"疾病住院为由，两次成功向保险公司索赔，保险公司分别给予了赔付，赔款经杨某之手给予谢某。在第二次赔付后，保险公司依约终止了合同。又过半年，该杨某又向谢某推荐 B 终身保险。谢某决定购买，填写投保单时，谢某在投保单"是否患有心脏疾病"处填写了"否"字。杨某看过后将投保单交给公司，公司随后签发了保险单。两个月后，谢某又因心肌炎住院，出院后向保险公司提出索赔。保险公司审查后认为，谢某在投保前已患有心肌疾病，但在填写投保单时却填写了"否"字，谢某的行为属于不实告知，保险公司拒绝赔付。双方因此诉至法院。

【分析】 根据《保险法》，保险公司应当赔付。谢某曾因心肌疾病住院，但在填写 B 终身保险单时，却在"是否患有心脏疾病"处填写了"否"，确实属于不实告知。但是，在订立 B 终身保险时，保险公司已经知道谢某之前曾患有心脏疾病，因为此前保险公司曾经对谢某的扩张性心肌炎予以赔付，并且，谢某两次投保都经过保险公司代理人杨某之手，赔款也经过杨某之手，杨某对谢某二次投保时已患扩张性心肌炎的事实心知肚明。此种情形，明显属于《保险法》规定的"保险人订立合同时已经知道投保人未如实告知的情况"，保险公司因此不能解除合同，并且对发生的保险事故应予赔付。

2. 保险合同成立后两年内，保险人若知道投保人未如实告知，其应当在 30 日内解除合同，超过 30 日，保险人丧失解除权

保险人在知道投保人未履行如实告知义务后，仍然存在投机的可能。在被保险人不出险时，不去解除保险合同，一旦被保险人出险，马上以未如实告知为由要求解除合同。为了防止这种行为，《保险法》要求保险人在 30 天内解除合同。此 30 天的解除期限，自保险人知道解除事由之日（即保险人知道投保人存在故意或重大过失不如实告知的情形之日）起算，超过 30 日的，保险人不再享有解除权，保险合同为有效合同。此 30 天的合同解除期，在法

[①] 在我国，由于保险代理人是保险公司的代理人，因此，一般情况下，保险代理人知道的情况，视为保险人知道。

律上属于除斥期间，不因各种原因中止、中断和延长。[1]

3. 保险合同成立两年内，保险人若仍不知道投保人存在不如实告知的情形，则两年期间经过后，保险人不得解除合同

《保险法》赋予保险人解除权，但这一权利不可能无限期存在，即使在保险人一直不知投保人存在不实告知的情况下，也不可能让解除权一直存在下去。如果这样，即使保险人知道存在不实告知，仍会佯作不知，不在30天内解除保险合同，直到保险事故发生再提出其刚刚发现投保人未如实告知，从而解除合同，拒绝赔付。因此，必须给予保险人行使解除权的最长期限。在此，《保险法》第十六条第（三）款规定："自合同成立之日起超过二年的，保险人不得解除合同"，也就是说，两年的期限是保险人行使解除权的最长期限，该期限的起算点为保险合同成立之日。自保险合同成立之日起两年期间经过后，保险人不得解除合同，保险合同为有效合同。本条规定的两年最长期限，可以理解为解除权的最长除斥期间。[2] 两年解除权限制的规定，实际上就是不可抗辩条款的规定。关于不可抗辩条款，在"人身保险合同的特殊条款"中已有详述，读者可以参阅该部分。

对保险人的解除权进行限制，其法律后果不仅仅是已经订立的保险合同不能解除，更重要的是，保险合同成为有效合同，之后发生的保险事故，保险人均应当赔付。对此后果，《保险法》第十六条第（三）、（六）款在结尾处均规定："发生保险事故的，保险人应当承担赔偿或者给付保险金的责任。"

二、说明义务

（一）说明义务的概念和法律性质

说明义务是指订立保险合同时，如果采取保险人提供的格式合同，则保险人应当就保险合同的内容，特别是保险合同中免除保险人责任的内容向投保人解释的义务。例如，人身保险合同格式条款规定，被保险人无证驾驶机动车发生保险事故，保险人不承担保险责任的，保险人在订立合同时应当将该条款对投保人解释。再如，人身保险合同格式条款规定，被保险人故意自伤的，保险人不承担保险责任，保险人在订立合同时也应当就该条款向投保人

[1] 除斥期间是法律上的一个期间概念，其含义是：法律规定某种权利预定存在的期间，权利人在此期间不行使权利，预定期间届满，便发生此权利消灭的效果。《保险法》第十六条第（三）款规定的30日就是除斥期间，经过30日后，保险人的解除权就消灭。除斥期间与诉讼时效不同，诉讼时效经过后，实体权利并不消灭，除斥期间经过后，消灭的是实体权利本身。此外，诉讼期间是可变期间，可以中止、中断和延长；但除斥期间是不变期间，不适用中止、中断和延长的规定。举例来说，《保险法》第二十六条规定："人寿保险的被保险人或者受益人向保险人请求给付保险金的诉讼时效期间为五年"，如果五年期间届满，被保险人或受益人请求保险公司履行给付保险金义务的实体权利并没有消灭，但其胜诉权已经消灭。换句话说，被保险人或受益人仍然有权利请求保险人给付。但若保险人不给付，诉至法院，由于被保险人或受益人的胜诉权消灭，故被保险人或受益人不能胜诉。但被保险人或受益人的实体权利没有消灭，若保险人愿意给付，被保险人或受益人仍有权接受。但对除斥期间来说，如果其超过，实体权利和胜诉的权利均已消灭。人寿保险五年的诉讼时效，在出现法律规定的可延长情况时（该情况在《民法通则》中有规定），可以延长到五年以上。但对30日的除斥期间来说，在任何情况下，均不会出现期间延长的情形。

[2] 吴定富主编：《〈中华人民共和国保险法〉释义》，中国财政经济出版社2009年版，第48页。

解释。

说明义务的法律性质可以分为两个方面：一方面，说明义务是先合同义务。说明义务须在订立保险合同时履行，通常保险人的职员或者代理人在向投保人推销保险时就合同相关内容向投保人解释，这一行为发生在保险合同成立之前，因此，保险人的这一义务属于先合同义务。另一方面，说明义务属于法定义务。在我国，说明义务是由法律明文规定的，《保险法》第十七条就是对说明义务的规定，保险人所负的说明义务，不允许保险合同当事人通过约定的方式限制或排除，因此是典型的法定义务。

从《保险法》第十七条的规定来看，说明义务分为以下两类：

一类在学理上称为“一般说明义务”。其表现为《保险法》第十七条第（一）款，该款规定：“订立保险合同，采用保险人提供的格式条款的，保险人向投保人提供的投保单应当附格式条款，保险人应当向投保人说明合同的内容。”由于该款没有明确限定说明哪些条款的内容，只是宽泛地要求保险人向投保人说明格式条款的内容，故而称为“一般说明义务”。

另一类学理上称为“明确说明义务”，其表现为《保险法》第十七条第（二）款，该款规定：“对保险合同中免除保险人责任的条款，保险人在订立合同时应当在投保单、保险单或者其他保险凭证上作出足以引起投保人注意的提示，并对该条款的内容以书面或者口头形式向投保人作出明确说明；未作提示或者明确说明的，该条款不产生效力。”该款将保险公司说明的范围限定为“免除保险人责任的条款”，并要求保险人“明确说明”，故而称为“明确说明义务”。

（二）说明义务的立法依据

法律之所以要求保险人承担说明义务，主要是由于保险产品的特性决定的。首先，保险产品是一种风险承担和保障，不像普通商品一样看得见、摸得着。从某种意义上说，投保人购买的保障是看不见、摸不着的，只有通过保险人的解释，投保人才能深入了解该产品的特征，从而决定是不是自己需要的保障，进而决定是否购买。其次，保险产品本身比较复杂，普通百姓较难理解。一个人身保险合同，有时长达20多页，如此复杂繁多，投保人根本不会去阅读，并且，其内容设计即使专业人员看起来也较为困难，更不用说普通百姓。因此，保险人有必要加以解释，这也是订立合同的诚实信用原则所要求的。最后，保险产品通常采取由保险人提供格式条款的形式。由于采取格式条款，投保人丧失了普通合同应有的协商机会，为了对投保人丧失的协商机会予以弥补，有必要要求保险人对保险条款予以说明。但是，对保险人来说，其并没有对保险条款进行说明的动力，因为格式条款由保险人制定，其可以在合同中设置一些对自己有利的条款，可以免除或限制自己的责任。如果诚信地加以说明，对自己反倒不利，故而从“理性人”的角度出发，保险人不愿对投保人说明保险合同的条款。一方面，保险产品的特性决定了保险人应当说明；另一方面，保险人又没有说明的动力，因此，法律有必要规定保险人应当履行说明义务，这就是说明义务的立法依据。[①]

（三）说明义务的履行主体

依照《保险法》第十七条的规定，说明义务的履行主体为保险人。在实践中，人身保险的保险产品主要通过保险代理人销售，故而保险代理人成为实际的履行主体，其代理保险人履行说明义务。

（四）说明的内容

《保险法》规定的说明内容，因一般说明义务与明确说明义务而有所区别。

一般说明义务的说明范围是“保险合同的内容”，当然，这是指在采用保险人提供格式条款的情况下。不过，《保险法》没有对“保险合同的内容”详细规定，也没有规定不履行一般说明义务的法律后果。[②] 因此，一般说明义务在实践中不易落实。

明确说明义务的说明范围是“免除保险人责任的条款”。《保险法》对明确说明义务的范围作了重点修改。原法规定的明确说明义务范围是“责任免除条款”，而许多保险合同条款都有专门的一个部分，称为“责任免除”，如果依照原法的规定，保险人只需要说明该部分即可。但是，保险公司的许多不承担保险责任的条款放置于保险合同的“投保人、被保险人义务”和“理赔处理”部分，投保人并不知晓这些免责条款的内容，因此，2009 年新修改的《保险法》扩大了保险人说明义务的履行范围，将保险人的说明范围由“责任免除条款”扩大为“免除保险人责任的条款”，要求保险人不仅要对保险合同条款中的“责任免除”部分说明，也须对保险合同其他部分的“免除保险人责任的条款”进行说明。但是，究竟哪些条款属于“免除保险人责任的条款”，《保险法》也没有规定。

无论是一般说明义务的说明范围，还是明确说明义务的说明范围，《保险法》的规定都较为抽象，为了加强说明义务的可操作性，中国保监会对说明义务作了一些探索性的规定，集中表现在其下发的《关于推进人身保险投保提示工作的通知》中。

---

① 《保险法》的说明义务，秉承了我国《合同法》的说明义务。我国《合同法》第三十九条规定：“采用格式条款订立合同的，提供格式条款的一方应当遵循公平原则确定当事人之间的权利和义务，并采取合理的方式提请对方注意免除或者限制其责任的条款，按照对方的要求，对该条款予以说明。”

② 由于《保险法》对“保险合同的内容”没有详细规定，如果将“保险合同的内容”理解为保险合同的所有内容，则一般说明义务的履行无法真正得到落实。其原因是：第一，保险人的履行成本过高。要求保险人将长达 20 余页的保险合同一一向投保人说明，几近没有可能；第二，有些保险条款的内容，仅仅是一般保险学知识，对投保人的权利没有影响，不需要进行说明；第三，《保险法》没有规定保险人不履行一般说明义务的法律后果，保险人不履行一般说明义务对其没有影响，故而其趋向于不履行说明义务。但是，保险合同的普通条款，有时也应当向投保人说明，例如，犹豫期条款不属于免除保险人责任的条款，保险人无须“明确说明”，但投保人往往不知道保险合同中有该条款，保险人应当说明。不过，中国保监会也注意到一般说明义务的不易落实，针对应当说明的条款，特别下发了《关于推进人身保险投保提示工作的通知》规范保险人的说明义务。

专栏 6—6

中国保监会对条款重点内容进行提示的要求

在介绍公司产品时，销售人员应主动提供产品条款，主动就条款重点内容向投保人进行解释说明，帮助投保人正确理解保险产品，说明内容包括但不限于以下内容：

1. 应提醒投保人仔细阅读保险条款，重点关注保险责任、责任免除、被保险人权利和义务、免赔额或免赔率的计算、申请赔款的手续、退保的规定等内容，应提醒投保人注意准备购买的产品的保障范围是否能满足自身需要。

2. 应提醒投保人多数人身保险产品期限较长，如果需要分期缴纳保费，应明确告知投保人缴费年期，并请投保人充分考虑是否有足够、稳定的保费支付能力，不按时缴费可能会影响投保人的权益。

3. 对于保险期间为一年期以上的人身保险产品，应提醒投保人注意产品犹豫期（投保人、被保险人收到保单并书面签收日起 10 日内）的有关约定，同时明确告知投保人除合同另有约定外，犹豫期内投保人可以无条件解除保险合同，但应退还保单。保险公司除扣除不超过 10 元的成本费以外，应退还全部保费并不得对此收取其他任何费用。

4. 应提醒投保人在犹豫期过后退保时，投保人会有一定损失，建议尽量避免中途退保。退保时退还给投保人的金额应根据保险合同的具体约定进行确定。

5. 如果投保人购买分红保险、投资连结保险、万能保险等人身保险新型产品，销售人员应进一步提示投保人关注下列事项：

（1）分红保险产品：分红水平主要取决于保险公司的实际经营成果。如果实际经营成果优于定价假设，保险公司才会将部分盈余分配给投保人。如果实际经营成果差于定价假设，保险公司可能不会派发红利。产品说明书或保险利益测算书中关于未来保险合同利益的预测是基于公司精算假设，不能理解为对未来的预期，红利分配是不确定的。

（2）投资连结保险产品：应向投保人详细说明投资连结保险的费用扣除情况，包括初始费用、买入卖出差价、死亡风险保险费、保单管理费、资产管理费、手续费、退保费用等。应将投资连结保险账户价值的详细计算方法向投保人进行解释。应提醒投保人投资连结保险产品的投资回报具有不确定性，投资风险全部由投保人承担；产品说明书或保险利益测算书中关于未来保险合同利益的预测是基于公司精算假设，不能理解为对未来的预期，实际投资可能赢利或出现亏损。提供灵活缴费方式的，还应当特别提示投保人停止缴费可能产生的风险和不利后果。

（3）万能保险产品：应提醒投保人万能保险产品通常有最低保证利率的约定，最低保证利率仅针对投资账户中的资金。应向投保人详细说明万能保险的费用扣除情况，包括初始费用、死亡风险保险费、保单管理费、手续费、退保费用等。应将万能保险账户价值的详细计算方法向投保人进行解释。应提醒投保人保险公司每月公布的结算利率只能代表一个月的投资情况，不能理解为对全年的预期，结算利率仅针对投资账户中的资金，不针对全部保险费。应提醒投保人产品说明书或保险利益测算书中关于未来保险合同利益的预测是基于公司精算假设，最低保证利率之上的投资收益是不确定的，不能理解为对未来的预期。提供灵活缴费方式的，还应当特别提示投保人停止缴费可能产生的风险和不利后果。

6. 如果投保人在银行等兼业代理机构购买保险，应提醒投保人注意该产品属于保险产品，经营主体是保险公司，投保人不宜将保险产品与银行存款、国债、基金等进行片面比较。

7. 如果投保人购买了健康保险产品，销售人员应就条款是否有医疗费用补偿原则的约定、是否有免赔额或赔付比例的约定、是否有疾病观察期约定、是否有保证续保的约定等内容主动告知投保人，并将有关约定逐一进行详细解释。

8. 如果投保人为其未成年子女购买保险产品，应提醒投保人因被保险人死亡给付的保险金总和应符合中国保监会的有关规定。

此外，2009 年 9 月 27 日，中国保监会出台了《人身保险新型产品信息披露管理办法》，对分红保险、投资连结保险、万能保险的信息披露作出详细规定，这些规定也是保险监督管理机构对人身保险新型产品说明义务的要求。

（五）说明的方式

对一般说明义务，《保险法》未规定说明的方式。

对明确说明义务，《保险法》要求保险人采取提示与解释相结合的方式予以说明。所谓提示，是指保险人应采取一定的措施，提醒投保人注意保险单证上载明的“免除保险人责任的条款”。例如，在涉及保险合同的“免除保险人责任的条款”部分，将该部分的文字加黑、加粗、加下划线或者采用不同颜色的文字，以示与合同其他文字的区别。所谓解释，是指保险人采取口头的或书面的方式向投保人解释“免除保险人责任的条款”的内容。例如，由保险代理人逐条向投保人口头讲解每一条“免除保险人责任的条款”的内容，或者由保险公司统一印制对“免除保险人责任的条款”的书面解释，将之交给投保人阅读。提示与解释相结合的方式，体现在《保险法》第十七条第（二）款中，该款规定：“对保险合同中免除保险人责任的条款，保险人在订立合同时应当在投保单、保险单或者其他保险凭证上作出足以引起投保人注意的提示，并对该条款的内容以书面或者口头形式向投保人作出明确说明。”

实践中，保险人明确说明义务要求的“提示”，多采取将该部分文字加粗的方式[①]，以

① 如果合同文字采取五号字，在不仔细辨别的情况下，加粗与不加粗的文字很难有所区别，因此，保险公司应当采取更加有效的措施保证提示义务的履行。

示与其他文字的区别。对《保险法》要求的“解释”，诸多保险公司采取的办法是，在投保单上设置“声明”栏或“声明与授权”栏，栏中内容大致为：“本人（投保人）兹申明对保险合同中关于保险责任、免除保险人的责任、犹豫期、险种说明、合同生效、合同解除的内容及保险公司的说明已经了解”。由投保人在填写投保书时阅读该部分内容并签字确认，以此证明保险人已经履行解释义务。① 对人身保险新型产品，包括万能保险、分红保险、投资连接保险，《人身保险新型产品信息披露管理办法》规定，向个人销售新型产品的，保险公司提供的投保单应当包含投保人确认栏，并由投保人抄录下列语句后签名：“本人已阅读保险条款、产品说明书和投保提示书，了解本产品的特点和保单利益的不确定性。”

值得注意的是，在履行说明义务之前，如果保险人采取格式合同的方式与投保人订立保险合同，则保险人在给予投保人投保单时，必须附上格式条款，以便投保人、被保险人阅读。此点是2009年修改《保险法》新增加的规定。

专栏6—7

中国保监会对保险人在投保过程中行为要求

1. 在投保人填写投保单前，销售人员应提示投保人认真阅读并亲笔签署投保提示书。

2. 在投保人填写投保单时，销售人员应向投保人依次解释投保单上各项内容的意义和填写要求，说明填写投保单的注意事项，帮助投保人阅读并充分理解投保资料，提醒投保人认真阅读“投保须知”和条款等内容。

3. 销售人员可以向投保人询问投保事项涉及的有关情况，并向投保人说明未如实告知的有关后果；销售人员不得阻碍客户履行告知义务或诱导客户不如实告知。

4. 销售人员应提醒投保人根据自身实际情况选择缴费方式，应建议投保人使用银行划账等非现金方式缴纳保费。

5. 销售人员应确保投保人完整填写投保单，阅读并知晓保险合同内容，并亲

① 不过，由于保险人在订立合同时并未真正向投保人解释保险合同中“免除保险人责任的条款”，只是取得了已经解释的证据，故而，这样的证据很可能被法院所否认。例如，河南新郑市发生的一例保险纠纷即属此种类型：王某以其子史某为被保险人与保险公司订立了保险合同，投保“A两全保险”。合同约定，被保险人身故，受益人应得到保险金1万元，王某将自己指定为受益人。之后，史某因疾病死亡，王某要求保险公司赔偿，保险公司提出，保险合同中有约：“被保险人在本合同生效之日起180日内因疾病死亡的，保险公司不负保险责任”，因史某在保险合同生效之后65天死亡，故保险公司不承担保险责任。王某则认为，保险公司的业务员并没有向其说明合同中的这一免责条款，因此这一条款没有效力。保险公司则认为，王某在投保单的“声明栏”中签字，表明保险公司已经履行了明确说明义务。法庭上，王某请出其投保当时若干在场的证人作证，并辅以其他证据，最终，法院认为保险公司取得的证明其已经履行说明义务的证据不足采信，判决保险公司败诉。

笔签名。销售人员不得代替投保人填写投保资料，不得诱导投保人在空白或未填妥的投保单上签字。

6. 销售人员应将投保人签署的投保资料及时交回保险公司。保险公司必须妥善保管投保人填写或交付的资料，并不得擅自将客户的个人信息对外泄漏。

7. 销售人员应主动告知投保人公司客户服务电话和联系方式。应提醒投保人若对条款存在疑问，可以直接向保险公司进行咨询。

8. 销售人员应主动告知投保人保险公司将按照规定开展客户回访工作，提示投保人准确、完整地填写家庭住址、联系方式和个人信息，以便保险公司能够及时回访，确保自己的利益得到切实保障。提示投保人在回访中对各项问题如实答复，不清楚的地方可以立即提出，并要求保险公司进行详细解释。

9. 销售人员应提醒投保人若发现销售人员在保险销售过程中存在误导销售行为，或认为自身权益受到侵犯，请注意保留书面证据或其他证据，可向保险公司反映（公司投诉电话）；也可以向当地保监局（或保险行业协会）投诉（当地保监局或保险行业协会投诉电话）；必要时还可以根据合同约定，申请仲裁或向法院起诉。

（资料来源：中国保监会《关于推进投保提示工作的通知》，2009 年 6 月 11 日保监发［2009］第 68 号。）

专栏 6—8

回访制度与说明义务的履行

中国保监会规定了回访制度，以督促保险公司履行说明义务。所谓回访制度，就是要求保险公司对售出的人身保险保单客户进行访问，以了解业务员在销售保单的过程中是否履行了说明义务，是否违反了中国保监会关于投保提示的要求。下面是中国保监会所规定的回访形式和回访内容：

回访形式：保险公司应建立客户回访制度，并及时记录客户回访情况。各保险公司应在犹豫期内通过电话、信函、电子邮件、短信或上门等合适的方式对一年期以上人身保险新单的投保人进行 100% 回访。对于明确要求不回访的，保险公司应要求客户在投保单上亲笔书写并签名确认：“本人拒绝接受 × × 公司回访服务并愿意承担由此带来的风险。”对离司保险营销员所有业务和失效保单应于离司前进行 100% 回访，并告知长期险客户接替服务的人员姓名和联系方式。对 1000 元以上的退保客户、满期客户和理赔客户进行 100% 回访。对其余客户进行抽查回访。

各保险公司应指定专门部门负责客户回访工作，配备足够的人力和提供必要的设施。各保险公司应在收到保单送达回执、完成客户回访且确认销售环节不存在误导等问题后，才能向保险销售人员发放佣金或手续费；采用各种方式仍不能完成回访的，应暂停计发佣金或手续费，待回访成功后补发；回访中发现存在误导等问题的，应及时安排非销售人员担任的服务专员妥善处理，并自下发问题件工作单之日起10个工作日内处理完毕。

回访内容：对于一年期以上的个人人身保险新单，客户回访内容应包括：通过询问身份证号码等方式有效确认受访人是否投保人本人；是否了解购买的是保险产品；是否本人签名；是否认真阅读产品说明书；是否了解保险责任及责任免除；是否了解犹豫期内的权利；是否了解退保费用扣除及万能、投连产品费用扣除情况；是否了解购买的是期缴或趸缴产品；对于新型寿险产品，是否了解保单利益中不确定的部分。

（资料来源：中国保监会：《人身保险业务基本服务规范》（征求意见稿），保监厅函［2009］323号，第十一、十二条。）

（六）违反说明义务的法律后果

保险人违反一般说明义务，《保险法》没有规定相应的法律后果，但是，这并不等于违反一般说明义务不会遭受任何惩罚，由于中国保监会对保险人履行说明义务也有一定的要求，如果保险人违反一般说明义务属于中国保监会所要求的范围，可能遭致中国保监会的行政处罚。例如，中国保监会《人身保险新型产品信息披露管理办法》规定，保险公司未按照本办法要求进行信息披露的，由中国保监会及其派出机构责令其限期改正；逾期不改正的，处1万元以上10万元以下的罚款。对其直接负责的主管人员和其他直接责任人员给予警告，并处1万元以上3万元以下的罚款。

保险人违反明确说明义务，其法律后果为该“免除保险人责任的条款”无效。之所以规定这样的法律结果，是因为保险合同采取了格式条款，格式合同的本质决定了投保人并不真正参与合同谈判。由于不参与合同谈判，投保人对合同内容，特别是免责条款的详细内容均不知晓，特别是保险条款非常冗长，令人不忍卒读，如果保险人不加以说明，投保人根本无从知晓免责条款的内容。依照格式合同订立的基本理论，这样的条款不应算是订入了合同，对投保人不产生效力，因此，《保险法》规定，如果保险人违反说明义务，“该条款不产生法律效力”。

“免除保险人责任的条款”无效，意味着如果发生保险事故，保险人不能以合同中存在该免责条款为由不承担保险责任。实践中，因保险人未履行说明义务，法院判决保险公司赔付的案例比比皆是。

需要注意的是，“免除保险人责任的条款”无效，仅仅意味着该条款的无效，保险合同的其他条款仍然有效，此种情形称为保险合同的部分无效。正是因为保险合同只有部分“免除保险人责任的条款”无效，其余部分仍然有效，保险人才应当对已经发生的保险事故承担保险责任。

【案例6-6】

未履行说明义务保险公司被判赔付

2005年4月25日，原告刘某作为投保人与被告某保险公司签订了人身保险合同。约定：被保险人为原告丈夫肖某，受益人为原告刘某，以被保险人死亡为给付保险金的条件，保险金额为每份1万元，原告刘某购买3份；保险金的给付按被保险人死亡时年龄计算，在26—60岁间死亡给付保险金额的5倍；保险费缴费方式为10年限缴，每年4254元；等等。合同还规定了保险人的说明义务，投保人的告知义务。因签订合同时保险公司内部举行业务竞赛，时间紧迫，没有对告知事项充分说明，被保险人是否患有有关疾病的栏目也系该公司业务员填写，投保书上的“申明与授权”一栏中，投保人没有签名。保险合同签订后，原告刘某依约缴付了3年保险费。2008年9月14日，被保险人肖某因肝癌经治疗无效死亡，死亡时为51岁。同年11月14日，原告刘某要求保险公司给付保险金。保险公司在核查后发现，肖某此前已经患有甲型肝炎，但在投保时，“在是否患有肝炎”一栏中，填写的是“否”字，因此为被保险人不实告知，依据保险合同的约定，投保人不实告知的，保险人可以拒赔，故保险公司拒绝赔付，双方因此诉至法院。

（案例来源：http：//www.110.com/ziliao/article－142631.html，2009年8月4日访问。案例内容略有改动。）

【分析】被保险人患有甲型肝炎，在投保时未告知保险公司，此种情形属于投保人违反告知义务的情形，根据《保险法》的规定，保险人对此种情形可以不承担赔偿责任。但是，本案中，投保书的是否患有相关疾病的栏目是保险公司的业务员填写的，因此，在认定投保人是否真的未履行告知义务上，并不容易。然而，投保书的“声明与授权”栏中，投保人未签字，这表明，投保人对告知的内容是否属实没有确认。而且，“申明与授权”一栏通常包含证明保险人已经履行说明义务的文字（该案的“申明与授权”一栏也包括了保险人已履行说明义务的文字），投保人在该栏中未签字，不能说明保险人履行了说明义务。而实际上，订立保险合同时，保险公司内部正在举行业务竞赛，保险公司根本没有解释合同中的免责条款。根据《保险法》的规定，在保险人未履行明确说明义务的情况下，保险合同的免责条款无效，因此法院判定，保险合同的免责条款无效，保险人应当赔付保险金。

第三节　人身保险合同的成立

一、人身保险合同成立的时间

人身保险合同的成立是指保险合同当事人经要约与承诺程序，就人身保险合同内容达成一致的事实状态。

人身保险合同成立的时间为保险人承诺之时。《保险法》第十三条对此规定："投保人提出保险要求，经保险人同意承保，保险合同成立。"[①] 保险合同是诺成合同，一旦保险人同意承保，保险合同即成立。但是，由于保险合同订立过程的复杂性，确定保险人何时承诺并不容易。实践中，人身保险合同订立的情形多种多样，有的人身保险合同在保险业务员同意承保时双方意思表示即达成一致，保险合同成立；有的保险合同须待体检合格后，保险人签章同意承保，保险合同才能成立；有的则须等待保险公司相关领导批准，保险合同才能成立。因此，从理论上说，保险合同成立的时间可以统一界定为要约与承诺一致之时，但从实践上说，寻找所有人身保险合同成立的统一时点并不现实。因此，许多保险公司从实际出发，将保险合同成立的时点载明于人身保险合同中，并据此确定人身保险合同成立的时间。[②]

二、人身保险合同成立与保单交付

人身保险合同成立与保险单的交付之间关系较为复杂。某些保险合同，一旦成立，保险人即刻交付保险单，人身保险合同成立与交付几乎同时完成。例如，简易交通工具人身意外保险，由保险人将保险单交给投保人，投保人在保险单上签名，此时保险合同成立。随后，保险人撕下一半留存，将另一半交给投保人，此即交付保险单。另一些人身保险合同成立后，保险人尚不能马上交付保单，交付保单还需要经过一段时间，例如，在经过相关领导批准承保后，再由系统出单。下面，我们分两方面来讲人身保险合同成立与交付保险单之间的一般关系。

一方面，人身保险合同成立并不表明保险人已经交付了保险单。一般来说，人身保险合同成立在前，交付保单在后，从人身保险合同成立到保险单交付之间存在一定的时间间隔。投保人提出要约，保险人同意承保，保险合同成立。保险人须在保险单上填写成立的日期，并加盖保险公司的印章，然后将保险单送交投保人，期间必然要经过一段时间，这段时间，可能是一小时、几小时，甚至可能是几天、十几天。当然，在一定条件下，也可能出现保险单交付与保险合同成立同时完成的情形。

另一方面，交付保险单通常能够证明保险合同已经成立。一般来说，保险人只有在悉数同意了投保人的投保要求后，才会签发保险单。既然保险人同意了投保人的投保请求，双方意思表示一致，人身保险合同已经成立，故而此后保险人签发保险单的行为能够证明人身保

---

① 在保险实践中，保险合同的订立并非均由投保人提出要约，保险人予以承诺。对某些简易保险合同来说，要约是保险人提出来的，承诺人恰恰是投保人。因此，《保险法》的规定不尽完善，但其表达的要约与承诺一致，保险合同及成立的意思是正确的。

② 保险法上，一些期限的起算自保险合同成立开始。例如，不可抗辩两年抗辩期的起算、自杀除外条款两年期限的起算均自保险合同成立开始，而实践中要约与承诺何时达成不易辨明，因此，在人身保险合同中载明合同成立的日期确有必要。但也有观点认为，在保险合同中约定保险合同成立的时点是保险人一厢情愿之举，保险合同真正的成立时点应根据该合同订立的实际情况具体分析。

险合同已经成立。但是，在少数情况下，保险单也许并不是人身保险合同成立的证明，而可能是一个新的要约。例如，保险人签发的保险单与投保人的要求不一致，其保险费大大超出投保人投保时的要求，或者保险人在保险单中变更了被保险人，此时，由于保险人与投保人并未就人身保险合同的内容达成一致，人身保险合同没有成立。保险人签发的保险单，虽形式上是一个保险单，但其实质是向投保人发出的新的保险要约，此时的保险单不能证明保险合同已经成立。

三、人身保险合同成立与保险责任的开始

人身保险合同成立与保险责任的开始是两个概念，《保险法》第十四条规定："保险合同成立后……保险人按照约定的时间开始承担保险责任。"可见，一般情况下，保险合同成立先于保险责任的开始，但是，由于保险责任开始的时点可以约定，故特殊情况下，保险责任的开始可以与保险合同成立的时点相同甚至提前，关键在于保险合同如何约定。下面，我们分两方面来说这个问题：

其一，一般情况下，人身保险合同成立并不意味着保险责任的开始。一般来说，保险合同成立在前，保险责任开始在后。保险实务中，在人身保险合同成立后，须待保险合同生效，然后保险人才开始承担保险责任。例如，保险合同约定，保险人同意承保后，须待投保人缴付首期保险费，才开始承担保险责任。或者，保险合同附有期限，在该期限到来之前，保险合同虽成立，但不承担保险责任。①

【案例6－7】

保险合同成立但保险人不承担保险责任

某甲为一名业余探险者，假期欲组织"驴友"进行野外探险。众"驴友"商定，8月1日出发。为保证野外探险的安全，某甲于7月24日向保险公司购买旅游意外伤害保险。保险公司工作人员听说8月1日才出发，遂少收了其保险费，但在保险单上载明保险公司承担责任日期为8月1日零时起，并当即将保险单交给某甲。7月28日，某甲登山技痒，遂独自出门攀登西山。午间，天降小雨，下午2时许，变为中雨，且越下越大，西山山谷狭窄，陡然间突发洪水，某甲猝不及防，被洪水淹死。事后，其家属持旅游意外伤害保险单要求保险公司赔付。

【分析】 某甲与保险公司订立保险合同于7月24日，双方就合同内容进行磋商，并就保险费、保险事项等内容达成一致，保险公司签发了保险单，这一行为充分证明保险合同已

① 保险合同成立并不表明保险人已经签发了保单，同样，保险合同成立也不意味着保险责任已经开始，在这一点上，交付保单和保险责任开始与保险合同成立的关系似乎相同。但是，签发保单与保险责任的开始并不相同，通常来说，交付保单之后，保险责任才能开始，但在某些情况下，由于送达保单的迟延或者其他原因，保险公司交付保单的行为可能滞后，在交付保单时，保险合同约定的承担责任的期限已经届至，也就是说，保险人已经开始承担保险责任，但保单尚未送达投保人或被保险人。

经生效。但是，保险合同生效并不意味着保险责任开始，某甲为节省保险费，与保险公司约定保险期间自8月1日零时起。发生保险事故日期为7月28日，其时，保险合同虽已成立，但保险责任尚未开始，因此，保险公司不须承担保险责任。

其二，特殊情形下，保险责任开始的时点可以与保险合同成立的时点相同，甚至提前于保险合同成立的时点。此种情形，一般需当事人在合同中加以约定。保险责任开始的时点与保险合同成立的时点相同的情况，比如某些简易人身保险合同可以约定，保险人在同意承保之时即开始承担保险责任，此时保险合同成立与保险责任开始时点一致。当然，保险合同也可以约定保险责任开始的时点早于保险合同成立。例如，旧的德国《保险契约法》第2条第1款即规定："保险契约的效力可以约定溯及契约订立前适合的时点开始"，因此，倘若保险条款中约定，保险责任追溯至保险合同成立前的某一时点，保险人自应承担赔付责任。

专栏6—9

北京市高级人民法院对人身保险合同成立与保险责任的规定

1. 人身保险中的投保人按照保险人的要求，预缴了保险费，但由于保险人或其代理人自身的原因，未及时对投保单作出处理，如果发生了应予赔偿或给付保险金的保险事故，作如下处理：

（1）被保险人符合承保条件，应认定保险合同成立。保险人应当承担保险责任。承保条件根据保险业的通常标准进行裁判。

（2）被保险人不符合承保条件，应认定保险合同不成立。保险人对未及时处理投保业务有过错的，承担缔约过失责任。

2. 人身保险合同不因保险人预收保险费而当然成立。保险人预收保险费后在合理期限内拒绝承保的，应当及时退还投保人预缴的保险费，保险人对因其超过合理期限退还保险费而产生的利息损失亦应赔偿。

（资料来源：北京市高级人民法院《关于审理保险纠纷案件若干问题的指导意见》（试行），2004年12月20日北京市高级人民法院审判委员会第138次会议通过，2005年3月25日施行。）

四、人身保险合同成立与保险费缴付的关系

从理论上看，人身保险合同成立先于保险费缴付。《保险法》第十四条规定："保险合同成立后，投保人按照约定交付保险费……"从《保险法》的文字表述来看，保险合同成立在前，投保人缴付保险费在后。《保险法》如此规定的理论基础在于：缴付保险费是保险合同约定的义务，没有保险合同，就没有缴付保险费的义务，更谈不到投保人缴付义务的履

行。因此，投保人缴付保险费应当在保险合同成立之后。在我国人身保险实务中，只有少数保险公司采取了待保险合同成立后再收费的方法。从实践来看，人身保险合同的成立往往后于保险费的缴付。[①] 其原因主要是因为保险人担心自己承担保险责任后，投保人仍然不缴保险费，而保险法又不允许保险人以诉讼的方式催收人寿保险保险费，故而将收取保险费的环节提前。保险人收取保险费后，保险合同可能仍未成立，此时若发生保险事故，保险人是否应当赔付特别容易发生纠纷。对此如何处理，《保险法》没有规定。[②]

第四节　人身保险合同的生效

一、人身保险合同生效的含义

（一）人身保险合同生效的概念

人身保险合同的生效，是指已经成立的保险合同在当事人之间产生了法律约束力，即人身保险合同对当事人双方具有约束力，当事人不可随意违反人身保险合同的约定，违反约定将遭受某种不利的法律后果。

（二）人身保险合同生效与人身保险合同成立

合同的成立与合同的生效是两个不同的范畴。合同的成立只是双方当事人的意思表示达成一致，而已经成立的合同却不一定在双方当事人之间产生法律约束力。但是，倘若合同生效，则必然在双方当事人之间产生约束力。

如果以合同成立与生效的时点是否相同为标准划分合同的话，合同可以分为成立与生效时点一致的合同和成立与生效时点不一致的合同。顾名思义，成立与生效时点一致的合同，在合同成立时即生效，自成立之时起，合同就在当事人之间产生法律约束力，以此维持双方当事人订立合同的严肃性，禁止双方当事人随意违反合同内容。绝大多数合同都属于这种类型。因此，我国《合同法》第四十四条规定："依法成立的合同，自成立时生效。"成立与生效时点不一致的合同，在合同成立时并未生效，合同生效须等待一定时间或待条件成熟。

---

① 此时保险公司所收保险费，在财务上称为暂保费。保险公司通常认为，这种暂保费只具有预付款性质，但从消费者角度看，其所缴费用就是保险费。

② 在国外，通过保险人提供临时保障来解决保险人已收保险费、但保险合同尚未成立的问题。在我国，中国保险行业协会也鼓励保险人在收取保险费后为被保险人提供临时保障，即保险人在收取保险费后，给予投保人暂保单，以保障收取保费至保险人开始承担保险责任，或者保险人拒绝承保退还保险费期间的保险事故（参见关于暂保单的论述）。此外，北京市高级人民法院《关于审理保险纠纷案件若干问题的指导意见》也对收取保险费与保险合同成立之间的关系及责任承担作出了规定。

之所以出现这一情况，乃是因为实践中存在双方当事人先签订合同，但一方当事人不欲马上接受合同的约束，于是提出过些时间或者等待某一条件成熟后再接受合同的约束，此即附条件或附期限的合同。由于合同法采取订立自由原则，对当事人之间的这种约定，国家法律并不多加干涉，而是承认其效力，于是出现了合同成立与合同生效时点不一致的情形，合同成立先于合同生效出现。

专栏 6—10

罗马法不区分合同的成立与生效

对于现代意义的合同成立与生效，在罗马法上实际上是不区分的，而是将不成立的合同与无效合同一并包括在合同无效的概念内。这是因为，古罗马时代交易比较简单，合同成立与生效不一致的情形比较少。罗马人认为，合同如果不能生效，则纵然成立也没有意义。所以他们对成立与生效不加区分。罗马法的这一做法，直接影响到了法国法及其学说理论。

（资料来源：韩世远著，《合同法总论》，法律出版社 2004 年版，第 169 页。）

在我国人身保险合同实践中，人身保险合同通常属于成立与生效时点不一致的合同。我国《保险法》第十三条第（三）款规定："依法成立的保险合同，自成立时生效。投保人和保险人可以对合同的效力约定附条件或者附期限。"保险公司通常会对已经成立的人身保险合同设定一定的条件或期限，使已经成立的合同不能生效。例如，投保人缴付首期保险费就是常见的人身保险合同生效条件。如果投保人不缴付首期保险费，即使双方当事人对保险合同的内容意思表达已经达成一致，合同已经成立，保险合同也不能生效。此外，保险人也会将保险人签发保单作为保险合同生效的条件，在此种情况下，即使保险人合同成立、投保人缴付了首期保险费，只要保险人不签发保单，保险合同也未生效。当然，保险人也可以将保险合同生效的时间推迟到合同成立后的某一时点，在该时点到达之前，保险合同虽成立但未生效。保险人之所以设置这些条件和期限，是希望将合同效力的主动权掌握在自己手中，在自己认为适当的时候才让保险合同生效，以此保证保费的收取或降低所承担的风险。

二、人身保险合同生效的要件

人身保险合同的生效要件是指任何一个对当事人具有法律拘束力的人身保险合同应当具备的要件，如果不具备这些要件，当事人的权利不受法律保护。人身保险合同的有效要件可以分为一般要件和特殊要件。一般要件与普通合同一样，包括主体合格、内容合法和当事人意思表示自愿真实；特殊要件主要是保险法规定的一些特殊要件，缺乏这些特殊要件，保险合同也无法生效，或者部分条款无法生效。

（一）人身保险合同的一般生效要件

1．主体合格

主体合格是指订立人身保险合同的双方当事人都必须具有订立保险合同的资格。人身保险合同的双方当事人即保险人和投保人。就保险人而言，是指必须是经国家保险监督管理部门批准允许其经营保险业务，并在工商行政管理部门领取营业执照，在核定的经营范围内从事保险业务的保险组织。在我国，经营人身保险的组织，既可以是人身保险公司，也可以是财产保险公司，但财产保险公司经中国保监会批准才可以经营短期健康保险和意外伤害保险。就投保人而言，要求其必须具备签订保险合同的能力，并对保险标的具有保险利益。也就是说，自然人和法人都可以作为投保人，但对自然人来说，其应当是完全民事行为能力人，法人则一般都可以投保，但由于人身保险的标的是人的寿命和身体，故而法人投保的被保险人一般是其员工或债务人等。

2．内容合法

人身保险合同内容不合法，必然危害社会秩序或社会公序良俗，因此无法获得法律的保护，对双方当事人均不应有法律约束力，亦即不能生效。人身保险合同的内容合法主要包括两方面的内容：一是保险合同的内容不得与我国现行的保险法及其他法律、法规相抵触；二是保险合同的内容不得违背社会的公序良俗。例如，保险人不可以为犯罪行为提供保障，如保险合同约定为被保险人故意重伤他人的行为提供保障，则该保险合同无效。

3．合同当事人的意思表示自愿真实

人身保险合同当事人订立合同必须是自愿的。除法律规定必须保险的外，任何组织和个人都不得强制他人订立人身保险合同，不得把自己的意志强加给他人。人身保险合同当事人订立保险合同的意思也必须是真实的，他人不得通过欺诈的手段骗取当事人订立合同。[①] 因当事人重大误解而订立的人身保险合同，其效力待定。当然，当事人的意思表示自愿真实，还必须建立在双方意思表示一致的基础上。

（二）人身保险合同的特殊生效要件

人身保险合同的特殊生效要件，是《保险法》对人身保险合同生效要件的特别规定，不符合这些要件，人身保险合同可能全部无效或部分无效。因此，这部分内容，实际上也是对《保险法》规定的人身保险合同无效的论述。

在《保险法》上，人身保险合同不能生效或者无效包括两类：人身保险合同全部无效和人身保险合同部分条款无效。

1．人身保险合同全部不生效或无效

---

① 从某种意义上说，投保人违反告知义务订立的保险合同是意思表示不真实的保险合同，投保人的不实告知导致保险人对订立合同与否或以何种费率订立合同产生了误解，因此，即使订立了保险合同，保险公司也可以拒赔。同样，保险人违反说明义务，从另一个角度说，也可以认为是保险人的行为导致投保人意思表示不真实。

人身保险合同全部不生效或无效，是指人身保险合同的全部条款都不能生效或无效，主要包括两种情况：其一，订立人身保险合同时，投保人对被保险人不具有保险利益的，合同无效。这是《保险法》第三十一条的规定。由于投保人对被保险人没有保险利益极容易引起赌博或投保人对被保险人的道德危险行为，可能危及被保险人的生命，故而《保险法》规定，投保人在订立合同时必须对被保险人享有保险利益，否则所订合同无效。其二，以死亡为给付保险金条件的合同，未经被保险人同意并认可保险金额的，合同无效。这是《保险法》第三十四条的规定。法律之所以这样规定，其意也在尽量避免赌博行为和道德危险。①

2. 人身保险合同的部分不生效或无效

人身保险合同的部分不生效或无效，是指人身保险合同的一部分条款不生效或无效，其余条款依然有效，主要包括两种情形：其一，订立保险合同时，保险人未对免除自己责任的条款明确说明，该免除自己责任的条款不产生效力。这是《保险法》第十七条的规定。其二，采取保险人提供的格式条款方式订立人身保险合同的，合同中的两类条款无效：一是免除保险人依法应承担的义务或者加重投保人、被保险人责任的。二是排除投保人、被保险人或者受益人依法享有的权利的。如果合同中出现了上述两类条款，该条款不产生效力，但是，由于保险合同的其余条款有效，发生相应的保险事故时，保险人仍应当赔付。

三、人身保险合同生效的时间

对普通合同来说，合同成立即生效，因此合同生效的时间就是合同成立的时间，即受要约人承诺的生效为双方当事人意思表示一致之时。《保险法》第十三条第（三）款也规定：“依法成立的保险合同，自成立时生效。投保人和保险人可以对合同的效力约定附条件或者附期限。”依照这一规定，原则上保险合同成立与保险合同生效同时发生，附条件和附期限的情形只是例外的情形。但是，保险实践中的情形却没有完全依照《保险法》的规定。在人身保险合同中，根据保险人与投保人的约定，也有少数人身保险合同成立时即生效的情形，多见于各种简易人身保险合同中。然而，对绝大多数人身保险合同来说，合同成立时并不生效，保险人一般会对合同的生效附有条件或期限，使得人身保险合同生效的时间后于合同成立的时间。

---

① 大部分教材中所说的合同全部无效的情形仅限于上述两种，但《保险法》第三十三条规定的情形也许属于合同全部无效的情形。《保险法》第三十三条规定：“投保人不得为无民事行为能力人投保以死亡为给付保险金条件的人身保险，保险人也不得承保。父母为其未成年子女投保的人身保险，不受前款规定限制。但是，因被保险人死亡给付的保险金总和不得超过国务院保险监督管理机构规定的限额。”本条没有规定投保人为无民事行为能力人投保以死亡为给付保险金条件的保险合同的法律后果，但其立法原因在于：无民事行为能力人没有“同意”的能力，且投保人极其容易对其产生道德危险，加之要防止赌博行为。可见立法禁止为无民事行为能力人投保以死亡为给付保险金条件的保险合同之原因与《保险法》第三十四条基本相同，既然可以在第三十四条规定合同无效的法律后果，对第三十三条的法律后果，也可以作相同的认定。此外，立法禁止父母为未成年子女投保超过中国保监会规定的金额的保险，其意也在防止道德危险，但其法律后果的认定是否可以认定为无效合同，尚值商榷。

（一）附条件人身保险合同的生效时间

所谓附条件，是指当事人在合同中约定一定的条件（不确定的将来事实），将条件的成就（发生或出现）作为合同效力产生的依据。例如，甲、乙约定，甲向乙交付笔记本电脑一台，乙试用一周不发生故障，买卖合同生效。这里，试用一周不发生故障就是买卖合同所附的条件。在《合同法》上，附条件可以分为附延缓条件和附解除条件。附延缓条件也称生效条件，是指合同效力的发生取决于所附条件的成就；附解除条件是决定已经生效的合同是否解除的条件，条件成就则合同效力终止。本部分阐述人身保险合同的生效，因此只讲附延缓条件。

人身保险合同中附延缓条件的，必须等条件成就时，保险合同才能生效。在条件成就之前，即使保险合同已经具备了生效要件，但其效力受到限制而处于停止状态。人身保险合同最常见的延缓条件有两个：一是投保人缴付全部保险费或首期保险费；二是保险人签发保险单，且许多人身保险合同均规定，两条件必须全部成就，保险合同才能生效。例如，许多人身保险合同约定："自本合同成立、本公司收取首期保险费并签发保险单时起本合同生效。"如投保人于10月20日缴付首期保险费时，人身保险合同于该日并未生效，10月24日，保险人签发保险单，于是，保险合同自10月24日起生效。

（二）附期限保险合同的生效时间

所谓附期限，是指合同当事人指明一定的期间，把该期间作为合同发生或者终止的依据。例如，某甲向某乙购买水果，但某乙的水果10月1日方能运到，某甲与某乙9月24日签订合同时约定："本合同10月1日生效"，则9月24日至10月1日的期间为合同所附期限。《合同法》上的附期限，分为始期和终期。始期又称生效期限，是指所附期限到来之时，合同始发生效力；终期是指所附期限到来之时，合同效力结束的期限。本部分阐述人身保险合同的生效，因此只讲附始期的问题。

人身保险合同中附期限的，必须等该期限到来，保险合同才能生效。在该期限到来之前，即使保险合同已经具备了生效要件，但其效力受到限制而处于停止状态。人身保险合同所附始期，通常有两种情况：一是保险人与投保人直接在合同中约定，某一天为保险合同生效日期。例如，双方就人身保险合同内容达成一致时间为10月1日，但保险人在保险合同中所写合同生效日期为10月15日，则合同生效日期为10月15日。二是人身保险合同中约定的"次日零时起保"，即保险人将保险合同生效的期限推迟至某事实出现后的次日零时。例如，保险人与投保人约定："自保险合同成立的次日零时起保险合同生效"，则从保险合同成立之时至次日零时为保险合同所附期限，只有次日零时届至，保险合同才能生效。[①]

① 在人身保险合同中通常既附有条件，又附有期限。例如，人身保险合同可能约定："自本合同成立、保险人缴付首期保险费、保险人签发保单的次日零时起本合同生效"，则缴付首期保险费、保险人签发保单为条件，次日零时的约定则为期限。

四、人身保险合同生效与保险责任的开始

人身保险合同的生效与保险责任的开始是两个不同的概念，它们之间的关系是：一般情况下，人身保险合同生效保险责任同时开始，但也存在保险责任开始早于或晚于人身保险合同生效的情况。

通常，人身保险合同生效，保险责任同时开始。人身保险合同生效，意味着当事人开始履行合同，保险人履行合同的主要表现就是承担风险，即开始承担保险责任。人身保险单通常设有“保险期间”一栏，该栏规定了保险人开始承担保险责任的时间和保险责任结束的时间。在一般情况下，保险期间的开始时间和保险人承担保险责任的开始时间是一致的①，有些保险公司在条款中直接约定：“保险合同自本公司收取保险费并签发保险单之日的次日零时起开始生效，本合同生效的日期为本公司开始承担保险责任的日期。”②

某些情况下，保险责任开始的时间早于人身保险合同生效的时间。由于人身保险已经形成了在保险合同生效前收取保险费的惯例，某些公司为了表示其对客户的友好，可能将保险责任追溯至收取保险费之时。而收取保险费之时，保险合同尚未生效，有时甚至保险合同尚未成立。③ 此时，保险责任开始的时间早于保险合同生效的时间。④ 例如，某公司保险条款约定：“投保人在本公司签发保险单前先缴付相当于第一期保险费，且投保人及被保险人已签署投保书，履行如实告知义务并符合本公司承保要求时，若发生下列情形之一，本公司将负保险责任：（1）被保险人因意外伤害而发生保险事故；（2）被保险人因疾病身故，但被保险人已完成本公司之身体检查，且身体检查结果不影响本公司是否承保的决定。”同时，该保险条款规定保险合同生效日为投保人缴付首期保险费，保险人签发保险单的次日零时。

另有一些情况下，保险责任开始的时间晚于人身保险合同生效的时间。某些情况下，保险人为了防止投保人的逆选择，约定保险合同生效后，还需经过一定的时间才开始承担保险责任，此种情形在不体检的人身保险中较为常见。因为对不体检的人身保险来说，投保人逆向选择的机率更高。等待期条款（或观察期条款）是保险责任开始晚于保险合同生效时间的典型例证。例如，某公司在其长期健康保险条款中约定：“被保险人在本合同生效之日起180日后初次发生的重大疾病，本公司承担保险责任。”可见，该保险合同生效后180天后，保险人才开始承担保险责任。

---

① 秦道夫主编：《保险法论》，机械工业出版社2000年版，第93页。

② 通常，保险人会在条款中约定：“保险合同自本公司收取保险费并签发保险单之日的次日零时起开始生效，本合同生效的日期为本公司开始承担保险责任的日期。”同时，保险单记载有签发保单的日期，保险单载明的保险期间则为保险单签发日期的次日。例如，某保险单的签发日期记载为2009年8月12日，保险期间则记载为2009年8月13日至2039年8月12日。

③ 此种情形，其实有些类似于保险人为被保险人提供临时保障。

④ 此种情形在责任保险中更为常见。例如，期内索赔式责任保险合同项下保险人承担的保险责任可以追溯至保险期间开始之前的某一时期。也就是说，甚至在保险合同尚未成立时发生的保险事故，只要其在保险期限内提出索赔，保险公司也应当承担责任。此种情形，保险责任开始的时间早于保险合同生效的时间。参见卞江生：《保险费法律问题研究》；载贾林青、许涛主编：《海商法保险法评论》第2卷，知识产权出版社2007年版，第253页。

五、保险费缴付与人身保险合同生效的关系

《保险法》仅规定，在保险合同成立后，投保人按照约定缴付保险费，未明确规定保险费缴付与保险合同生效之关系。但在我国人身保险合同实践中，许多保险公司将保险费的缴付作为人身保险合同生效的前提条件。也就是说，保险费的缴付先于保险合同的生效，只有缴付了保险费，保险合同才能生效。之所以出现这样的情形，是因为2009年修订前的《保险法》规定人身保险不允许保险人以诉讼的方式催缴保险费。[①] 由于保险人不能以诉讼的方式催缴保险费，投保人便可以在人身保险合同生效后依然不缴保险费。为了防止出现自己承担责任但无法收取保险费的情形出现，保险人倾向于将保险费缴付作为人身保险合同生效的条件。这样，只要投保人不缴付保险费，保险合同就不生效，保险公司也不需要承担保险责任。此种做法，已成为保险业界的主流做法。当然，在保险实务中，也有保险公司在人身保险合同生效后方收取保险费，但采取生效后收取保险费做法的保险公司极少。

六、无效保险合同及其处理

人身保险合同可能因某种情形的出现而整体无效。例如，订立保险合同时，投保人对被保险人不享有保险利益，或者所订人身保险合同为以死亡为给付保险金条件的合同，但未经过被保险人同意并认可保险金额。这些内容，我们在本节“人身保险合同的特殊生效要件”中已有阐述。

若人身保险合同整体无效，依照合同无效的理论，此种无效为自始无效，即自人身保险合同订立时起即无效，视为双方当事人之间没有保险合同关系。保险人应当将投保人所缴保险费退还给投保人。即使保险合同中约定的保险事故已经发生，保险人也不承担保险责任。

人身保险合同也可能因某种情形的出现而导致某些条款无效，但合同整体仍有效。例如，保险人对合同中的某些免责条款未加说明；或者，保险人提供的格式合同中存在排除投保人、被保险人或者受益人依法享有的权利的条款，存在免除保险人依法应承担的义务或者加重投保人、被保险人责任的条款。出现这些情况，均为合同条款部分无效。

人身保险合同条款部分无效，通常是免除保险人责任的条款无效，如果仅此种条款无效，合同整体依然有效，则保险人不能免除赔付保险金的责任。

关键词

要约　人身保险合同的要约　承诺　人身保险合同的承诺　告知义务　说明义务

---

① 2009年修订后的《保险法》对此作出更改，规定保险公司对人寿保险的保险费，不得用诉讼方式要求投保人支付。由“人身保险”变为“人寿保险”一字之差，差别甚巨。

重要事实　解除权　解除权的限制　人身保险合同成立　保险费缴付
人身保险合同生效　人身保险合同的生效时间

思考题

1. 人身保险合同订立经过哪些程序？请考虑其订立程序中的特殊性情形。
2. 投保人告知义务的内容包括哪些？
3. 投保人违反告知义务的法律后果如何？
4. 对保险人解除权的限制包括哪些方面？
5. 保险人说明义务的范围包括哪些？
6. 保险人违反说明义务将有怎样的法律后果？
7. 保险合同的成立、生效以及保险费的缴付之间是什么关系？

第七章

人身保险合同的效力变动

学习目的

- 了解人身保险合同变更的概念和内容
- 了解人身保险合同终止的方式
- 熟悉人身保险合同变更的要件
- 掌握人身保险合同宽限期的相关内容
- 掌握人身保险合同效力中止的适用条件
- 掌握人身保险合同效力中止的法律后果
- 掌握人身保险合同复效的条件

法律的生命不在于逻辑，而在于经验。

——【美国】霍姆斯[①]

人身保险合同生效后，其效力会产生一定的变动，变动的内容，既包括合同内容的变更，合同效力的中止、复效和终止，也包括合同的转让、质押和解除。在本章中，我们仅就保险合同的变更、中止、复效和终止进行阐述，其余部分另章阐述。

第一节　人身保险合同的变更

一、人身保险合同变更的概念

人身保险合同的变更，是指在人身保险合同有效期间，当事人根据主客观情况的变化，依照法律规定或合同约定的条件和程序，在协商一致的基础上，对保险合同的内容加以修改或补充。

理论上，人身保险合同的变更有广义的变更和狭义的变更两种。广义的人身保险合同变更，是包括人身保险合同主体、客体、内容三者在内的合同变更。狭义的人身保险合同变更仅指人身保险内容的变更。《保险法》第二十条第（一）款规定："投保人和保险人可以协商变更合同的内容。"可见，《保险法》上所指的保险合同变更，是指狭义的人身保险合同变更，即保险合同内容的变更。

二、人身保险合同变更的要件

一个有效的人身保险合同，其内容若要变更，须符合一定的条件。

（一）人身保险合同的变更必须以当事人已经存在的合同关系为基础

人身保险合同的变更，必须存在一个既存的人身保险合同，以之作为载体，对其内容加

① 霍姆斯（O. W. Holmes，1841—1935），现代实用主义法学的创始人。1866年毕业于哈佛大学法学院，1870年进入哈佛大学法学院担任讲师、教授。1902—1932年，担任美国联邦最高法院法官。他的主要著作有：《普通法》、《法律之路》、《霍姆斯法官的司法见解》。此语引自霍姆斯法官的《普通法》一书。

以修改，方为人身保险的变更。如果没有既存的人身保险合同，则当事人协商的结果只能是一个新合同的订立，而非既存保险合同的变更。所以，存在一个需要变更的人身保险合同是人身保险合同变更的前提。

（二）人身保险合同的变更须依法律的规定或当事人的约定

人身保险合同变更的依据有：

（1）依法律规定而变更。例如，《保险法》第三十二条第（二）款就年龄错误作出的规定："投保人申报的被保险人年龄不真实，致使投保人支付的保险费少于应付保险费的，保险人有权更正并要求投保人补缴保险费，或者在给付保险金时按照实付保险费与应付保险费的比例支付。"即在投保人申报年龄不真实导致保险人少收保险费时，保险人可以要求投保人补缴保险费。对保险费的补缴，实际上是对保险合同内容的变更。依据法律变更保险合同，无论双方是否能够达成意思表示一致，均需变更。例如，前例中保险人如与投保人就补缴保险费达成一致，则保险合同自然变更；但若双方无法就补缴保险费达成一致，则保险人只能依照《保险法》的规定按比例赔付，比例赔付实际上是对保险金额的变更，也属于保险合同变更的一种。①

（2）依当事人的约定而变更。此种约定，既包括事先约定，即双方在订立合同时即约定，当某种情况出现时，变更保险合同内容；也包括事后约定，即双方在某一情况已经出现的情况下寻找对合同条款的修改。前者如意外伤害保险中经常出现的职业变动条款，例如，某公司条款规定："被保险人所变更的职业或职务，依照本公司职业分类其危害性减低时，本公司于接到通知后，自职业或职务实际变更之日起就其差额按月计算退还未满期保险费。"该条款规定，在职业风险降低的情况下，保险费将减少，这便是保险合同内容的变更；后者如投保人收到保险单后，发现条款中规定有保险费从现金价值中垫缴的条款，即刻与保险人协商取消了该条款。无论事先约定还是事后约定，约定变更均需双方当事人达成一致，否则不能变更合同内容。

（三）人身保险合同变更必须符合法定形式

人身保险合同通常采取书面形式，当其变更时，法律也要求采取书面形式。《保险法》第二十条第（二）款规定："变更保险合同的，应当由保险人在保险单或者其他保险凭证上批注或者附贴批单，或者由投保人和保险人订立变更的书面协议。"此款中，采用了"应当"一词，表明《保险法》对变更保险合同采取书面形式的硬性要求，书面形式可以表现为：第一，批注形式，即在保险单或保险凭证上添加文字；第二，批单形式，即在批单上填写文字，再将批单粘附在保险单或保险凭证上；第三，书面协议形式，即另行签订一个协议，作为原保险合同的一个补充协议，其内容代替原保险合同的相关内容，新协议中与原保险合同内容相矛盾的，依照新协议履行。不管采取何种形式，都需列明所变更内容。

① 有学者认为，保险合同的变更双方当事人必须达成一致。但是，在依据法律变更的情况下，如果一方当事人坚持不予变更合同内容，即双方不能达成一致意见，保险合同依然需要根据法律规定而变更。

【案例 7－1】

未采取法定形式变更无效

2008 年 6 月 10 日，刘某到保险公司以自己为被保险人投保了一份人寿保险，保险金额 20 万元，并指定其子（下称“刘子”）为受益人。3 年后，刘某因病身故，刘子作为受益人，向保险公司提出给付保险金的申请。保险公司通过审核确认了刘子的受益人身份后，同意向其给付保险金。但是，被保险人的女儿（下称“刘女”）找上门来，向保险公司提出领取保险金的要求。理由是她持有父亲生前所立并经公证机关公证的遗嘱，遗嘱上写有刘某身故后，全部保险金归其女儿所有，而且此遗嘱立于半年前。那么，到底谁有权领取保险金呢？

由于投保人刘某在变更受益人时，没有以书面的形式通知保险人，保险公司只能按保险单上的记载，将保险金支付给已指定受益人，即刘子。

【分析】　保险法规定受益人是由投保人或被保险人指定的享有保险金请求权的人，投保人或被保险人变更受益人须书面通知保险人。保险人收到变更受益人的书面通知后，应当在保险单、保险凭证上批注，或者添加批单。本案中，被保险人虽然在遗嘱中变更了受益人，但并没有在生前书面通知保险人，也没有通过批注或批单的形式变更保险合同，因此保险人应向保险单或有关凭证上记载的受益人给付保险金。

（四）人身保险合同的变更必须引起合同内容的变化

人身保险合同的变更应使新合同与原合同内容有所不同，若变更结果没有任何内容变化，则不存在保险合同的变更。例如，法律虽规定在年龄错误的情况下，保险人可以要求补缴保险费，或者按照实缴保险费与应缴保险费的比例赔付，即可以变更保险费或保险金额，但保险人并未行使此种权利，则保险合同的内容没有任何变化，保险人应当依照原保险合同履行义务。

三、人身保险合同变更的一般内容

人身保险合同中，当事人可以变更的内容很多，但一般来说，当事人变更的内容主要有保险责任、保险期间、保险费数额、保险金额、保险费的缴付方式、受益人等。

（一）保险责任的变更

在保险合同有效期间，若被保险人主观或客观情况发生变化，投保人可以与保险人协商增加或减少保险责任。例如，某甲购买的意外险将生育风险排除在外，某甲即将分娩，担心出现意外，便与保险公司约定加保生育意外风险。再如，某乙原患有高血脂和高血糖疾病，通过体育锻炼和合理饮食，发现高血脂与高血糖均已降低，遂与保险公司协商取消其健康保险中承保的高血压、高血脂并发症风险。一般来说，变更保险责任，保险费或保险金额也会发生变化。

（二）保险期间的变更

人身保险合同订立后，如果投保人认为需要适当延长原保险合同的期限，可以与保险人协商变更保险期限。不过，变更保险期间的行为应在原保险合同的有效期间进行，若变更保险期间时，原保险合同的有效期间已经过，则是订立一个新合同，而非变更原合同。如投保人为被保险人的某项职务行为同保险人订立了一份意外伤害保险，原定的此项职务行为的开始日期到结束日期为保险合同的有效期限。但由于此项职务行为的结束日期有所延长，因此投保人在原保险合同有效期内提出更改保险合同期间的书面申请，延长原保险合同的期限。保险人在原保险合同有效期内审核后表示同意，并出具批单，更改了原保险合同的期限，此为变更保险期间。一般而言，延长保险期限，保险人要加收延长期间的保险费。但如果延长期间改变了原合同的性质或延长期间超过了一定限度，则一般按重新订立办理；[①] 投保人也可以缩短原保险合同的期间，但缩短期间也须依照法律的规定进行，或者与保险人通过约定的形式进行。

（三）保险金额的变更

投保人确定保险金额，与其风险程度、风险期间以及经济能力有很大关系。若这些因素发生变化，则投保人可能变更保险金额。例如，某甲无子，为解决养老难题，遂购买养老保险。最初，养老保险合同约定，60 岁以后每月领取 1000 元养老金，随后，某甲经济状况大大提高，加之担心通货膨胀，遂与保险公司协商，通过多缴保费的形式提高每月的养老金，将其提升至每月 2000 元。

（四）保险费数额的变更

由于危险程度的增加或减低，保险人可能要求变更保险费。此种情形在财产保险中较为常见。例如，《保险法》在财产保险部分规定了危险增加或减少，保险人对保险费的法定调整。人身保险也存在这样的情形，最典型的变更就是职业和工种的变化引起保险费的增加或减少。

【案例 7－2】

变更保险费应保留证据

张先生为其女儿在某保险公司投保，购买了保健医疗人寿保险保单，保险期间自 2005 年 3 月 20 日至 2020 年 3 月 19 日，年缴保费 350 元。该保单附加住院医疗保险，保险期间自 2005 年 3 月 20 日至 2006 年 3 月 19 日。保险金额 1 万元，年缴保险费 260 元。

---

① 例如，原保险合同为一年期的短期意外伤害保险合同，投保人决定延长为 10 年，则由于短期意外伤害保险与长期意外伤害保险在费率水平、保险责任、免责事项上均有不同，投保人可能需要订立新的长期意外伤害保险合同，而不是变更原短期意外伤害保险的保险期间。

同日，张先生又为其女儿购买少儿开心两全人寿保险单，保险期间自2005年3月20日至2020年3月19日，年缴保险费600元。该保单附加住院补贴保险，保险期间自2005年3月20日至2006年3月19日，保险金额5400元，年缴保险费150元；该保单还附加个人意外伤害医疗保险，保险期间自2005年3月20日至2006年3月19日，保险金额5000元，年缴保险费22.5元。

上述保险购买完毕之后，保险公司和投保人双方均开始履行合同，保险公司通过银行划拨的方式收取了保险费。2006年3月19日，各附加保险合同均履行完毕。

从2006年开始，保险公司的险种进行调整。原保健医疗人寿保险附加的住院医疗保险变更为独立的险种——个人住院费用医疗保险，保险费每年439元。2006年3月20日，保险公司营销员代张先生投保个人住院费用医疗保险。保险期间自2006年3月21日至2007年3月20日，年缴保险费439元，保险公司出具了保单。

同日，保险公司营销员代张先生将未整合的附加个人意外伤害医疗保险的保险金额由5000元提高至1万元，保险期间自2006年3月21日至2007年3月20日，年缴保险费亦相应提高至45元，保险公司未出具保单。

此后，保险公司于2007年3月从张先生银行账户分别划拨439元和45元作为个人住院费用医疗保险和附加个人意外伤害保险的保费。

张先生得知自己账户上的钱被保险公司划拨之后，在法院提起诉讼，认为自己并未授权保险公司营销员代为购买个人住院费用医疗保险，也并未授权保险公司营销员购买附加个人意外伤害医疗保险，更未将保险金额从5000元提高到1万元。保险公司从其账户上划拨款项于法无据，诉请保险公司返还484元保费。

保险公司则认为，营销员在为张先生购买个人住院费用医疗保险和附加个人意外伤害医疗保险时已经电话取得张先生的同意，公司与张先生之间的保险合同合法有效，因此公司才从张先生的银行账户中划拨款项作为保费。在开庭时，该营销员出庭作证，证明自己确实打电话给张先生，张先生同意投保。但张先生表示，营销员从未打电话给自己，自己也未允许营销员代自己投保。

法院认为，因营销员与保险公司之间存在利害关系，且张先生不同意营销员的说法，因此，营销员在法庭的证言不能单独证明其代张先生投保已经经过张先生同意，营销员无权代理张先生购买保险。保险公司应当退还张先生保费484元。

【分析】 营销员在代张先生购买保险时是否真的打电话通知了张先生，我们不得而知，但是，此案保险公司之所以败诉的一个重要原因就是营销员在代张先生购买保险时未取得张先生同意投保的证据。如果营销员取得了张先生同意投保的证据，其证据将支持保险公司胜诉。这种证据，以书面形式的最为有效。例如，营销员取得张先生的授权委托书或者其他能够表明张先生同意投保的书面文件。在营销员电话办理业务时，如果保留其与张先生谈话的录音，亦能作为证据证明张先生同意投保。

营销员是保险公司的代理人，其行为代表保险公司的行为，在开展业务的过程中，务必注意收集投保人对各个事项同意的证明，否则保险公司在诉讼中可能因为证据不足而败诉，营销员也因此可能遭到保险公司的罚款处罚。为了保险公司和营销员个人的利益，收集证据至关重要。

（五）保险费缴付方式的变更

除了趸缴（即一次缴清）之外，可供投保人选择的支付保险费的方式还有年缴、半年缴、季缴和月缴。投保人可根据自己的实际情况提出变更缴费方式的要求。如可将每年缴费次数多、缴费周期短的方式变更为缴费次数少、周期长的方式，例如将月缴变更为半年缴。缴费方式变更的次数有一定的限制，且主险的缴费方式变更将影响附加险的缴费方式。

在长期人寿保险合同中，投保人可能在缴足一定年限的保费之后，由于某种经济上的或其他原因不愿再继续支付保费，却又想维持保险合同。在这种情况下，保险人允许投保人将保单中积存的责任准备金作为趸缴保险费，相应地，原保险合同的内容发生了变化。对于此种情况，一般有两种变更方式：第一，变更为减额缴清保险。第二，变更为展期保险。一般地，改为展期保险后，在两年内，投保人可申请恢复为原保险，但需补缴保费及相应的利息。但考虑到逆选择的问题，原则上改为减额缴清保险的投保人不能要求恢复原保险。

此外，有些人身保险保单包括"自动垫缴"条款，即在投保人不缴付保险费的情况下，保险人可以以保险单的现金价值自动垫缴保险费，此时，缴费方式由投保人亲自向保险人缴付或银行划拨缴付变更为从保险现金价值中缴付，也属于保险费缴付方式的变更。

（六）受益人的变更

在人身保险合同中，受益人是主要内容之一，特别是涉及死亡的人身保险合同，受益人是保险人给付保险金的对象。为了将来履行方便，在订立合同时，保险人一般都会提醒投保人填写"受益人"一栏。

依照《保险法》的规定，投保人和被保险人都可以变更受益人。由于受益人是将来领取保险金的人，为了防止其杀害被保险人领取保险金的道德危险，《保险法》要求投保人在变更受益人时须经过被保险人的同意，这样，被保险人就可以通过判断该指定受益人的道德危险程度决定是否变更其为受益人。在保险合同期间，投保人或被保险人可以不限次数地变更受益人。变更形式，可以是增加受益人、减少受益人或者取消受益人，或者变更各受益人的受益份额。

投保人或被保险人变更受益人与变更其他事项不同。主要不同之处在于：受益人的变更属于法律规定的变更，不需与保险人协商并达成一致，也就是说，不需要经过保险人的同意，只需通知保险人即可。不过，在投保人或被保险人通知保险人后，保险人亦需办理相关手续，依《保险法》，手续乃是在保险单或保险凭证上批注或者附贴批单。[①]

四、人身保险合同变更的效力

总的来说，人身保险合同变更的效力体现为：变更后的合同取代了变更前的合同，双方当事人应当按照变更后的合同履行。人身保险合同变更生效后，即保险人在保险单后的保险凭证上批注或者附贴批单后，变更后的人身保险合同即对双方当事人产生法律约束力，任何一方违反变更后的合同都构成违约。

人身保险合同的变更没有溯及既往的效力。变更后的合同对变更前已经履行的部分没有约束力。例如，变更后的合同约定对糖尿病并发症不予赔付，而变更前保险人已经对此进行过赔付，变更后不能要求返还已经赔付的保险金。但是，如果在合同变更前已经发生保险事故，通常情况下，即使合同已经变更，但保险事故发生在变更之前，应当依照变更前的合同内容进行赔付。

人身保险合同的变更并不会引起合同效力的中止或中断。在当事人未就变更内容达成一致之前，原保险合同继续有效，当事人应按照原保险合同履行义务，而不得以保险合同正在变更为由中止或中断合同的履行。在保险合同变更过程中发生的保险事故，依照原保险合同予以赔付。

---

① 受益人作为人身保险合同的一个内容可以变更，被保险人是否可以变更？这个问题在理论界存在争议。有学者认为，被保险人不能变更，因为被保险人是人身保险合同保障的对象，一旦被保险人变更，就是对原人身保险合同的彻底否定，变更后的人身保险合同实际上是一个新的人身保险合同，而不是原合同的变更。也有学者认为，在特殊情况下，被保险人的变更构成人身保险合同的变更，这主要是针对团体人身保险合同而言。“在团体保险中，被保险人发生变动是经常的事，一般在保险条款中有被保险人发生变动的规定。如投保人因在职人员变动需要加保的，应书面通知保险人，保险人审核同意并收取相应的保费后，开始承担保险责任；被保险人离职的，保险人对其所负的保险责任自其离职之日起终止，但需退还其未满期保险费；投保人的在职人员少于保险合同规定的 8 人时，保险人可以解除保险合同。解除保险合同时，如果未发生过保险金给付的，可退还未满期保险费。”（参见许崇苗、李利：《中国保险法：原理与适用》，法律出版社 2006 年版，第 447 页。）此外，也有学者认为，被保险人信息发生变动，也应当视为被保险人的变更，例如，被保险人名称、住址、通讯方式等的变更也属于被保险人的变更。我们认为，人身保险的被保险人通常不可以变更，实质性的变更被保险人（即被保险人更换）乃是签订新的保险合同。对于团体保险来说，如果将其视为一个合同，则确实存在集体被保险人中的某些个体的变动，应属被保险人的变更；但若将团体保险合同作为个体保险合同的集合，则集体被保险人中的增加或减少，则是订立新合同或取消原有保险合同，其不属于保险合同的变更。对于被保险人信息的变更，由于并非被保险人的实质性更换，将之视为被保险人的变更，进而视为保险合同的变更，值得商榷。

第二节　人身保险合同的中止与复效

一、人身保险合同的中止

（一）人身保险合同中止的概念

人身保险合同的中止，是指在一定条件下，处于有效期的人身保险合同，因某种事由的出现导致合同效力处于暂停状态。这里的效力暂停状态不同于保险合同未生效，在效力暂停之前，保险合同已经生效，为有效合同。这里的效力暂停状态，也不同于效力终止，效力已经终止的保险合同无法恢复效力；但效力中止时，如果符合一定的条件，保险合同的效力仍可恢复，重新成为有效合同。效力暂停时，保险合同的实际效力处于未确定状态。《保险法》在第三十六条规定有保险合同效力中止问题："合同约定分期支付保险费，投保人支付首期保险费后，除合同另有约定外，投保人自保险人催告之日起超过三十日未支付当期保险费，或者超过约定的期限六十日未支付当期保险费的，合同效力中止，或者由保险人按照合同约定的条件减少保险金额。被保险人在前款规定期限内发生保险事故的，保险人应当按照合同约定给付保险金，但可以扣减欠缴的保险费。"

专栏 7—1

意大利和中国台湾地区关于保险合同效力中止的规定

《意大利民法典》第 1901 条第 2 款规定："如果约定的期间届满，投保人没有继续支付保险费，自期间届满后第 15 日的 24 时起，保险契约处于效力未定状态。"

我国台湾地区"保险法"第一百一十六条第（一）款规定："人寿保险之保险费到期未支付者，除契约另有约定外，经催告到达后逾期 30 日仍不支付时，保险契约之效力停止。"

台湾地区"保险法"对保险合同效力中止的用语为"效力停止"，意大利的用语则为"效力未定"，我国采取了"效力中止"的用语，但含义基本相同。需要注意的是，台湾地区的"效力停止"适用于人寿保险，而非人身保险，意大利的"效力未定"则适用于所有分期支付的保险合同，不独人身保险合同适用。

（二）人身保险合同中止的立法依据

各国《保险法》基本都有关于人身保险合同中止的规定。其立法依据为：尽可能给人身保险合同的有效性留下机会，以维护保险合同双方当事人的利益。人身保险合同，特别是人寿保险合同是长期性合同，且由于带有一定的储蓄性或投资性，保险费较高，投保人没有能力一次性支付，或者不愿一次性支付。为了保证保险费的缴付，人身保险合同采取了在较长期限内分期支付的形式。由于支付期较长，其间难免会出现投保人因疏忽遗忘缴付保险费，或者因经济状况变化暂时无法缴付保险费的情况。投保人未缴保险费，保险人本来可以解除合同。但是，这种解除对合同双方当事人均无好处，对投保人来说，其需要保障的被保险人失去了保障；对保险人来说，其失去了客户，也失去了应收的保险费。为了避免这种两败俱伤的后果，保险公司在实践中采取了暂时中止合同效力的做法，给双方当事人以机会，一旦投保人继续缴付保险费，则中止的保险合同效力恢复。这一做法最后被引入法律中，其客观上为保险合同的有效性留下了机会，也维护了保险合同双方当事人的利益。

（三）人身保险合同效力中止的适用条件

保险合同效力中止仅出现于人身保险合同中。人身保险合同效力中止的适用条件主要有以下三个方面：

第一，必须是分期支付保险费的人身保险合同。人身保险合同保险费的缴付，既有趸缴的，也有分期缴付的。在趸缴的情况下，基本不会出现合同效力中止的问题。投保人一次性缴付了保险费，保险合同生效，没有法律规定或者合同特别约定的情形出现，保险人不得解除合同，也就是说，没有特殊情况出现，人身保险合同一直处于有效状态，不会出现合同效力的中止。只有在分期缴付保险费的情况下，才可能出现合同效力中止。《保险法》第三十六条第（一）款开始即规定："合同约定分期支付保险费……合同效力中止。"可见，分期支付保险费是保险合同效力中止的适用条件。

第二，投保人缴付了首期保险费。如前所述，现代人身保险合同实践将缴付保险费作为保险合同生效的前提，在分期付款的情况下，缴付保险费就是缴付首期保险费，只有投保人缴付了首期保险费，保险合同才能生效，否则，保险合同不能生效，也就不会出现效力中止。《保险法》第三十六条第（一）款在规定了分期付款之后接着规定："投保人支付首期保险费后……合同效力中止。"也可以看出，支付首期保险费是合同效力中止的前提。

第三，次期或以后当期保险费未缴付。对投保人来说，其在履行保险合同中最重要的义务是缴付保险费，如果不缴付保险费，意味着其不履行保险合同最重要的义务。基于权利义务的对等性，保险人此时可以不履行其承担的最重要的义务——承担风险的义务。保险人不承担风险，意味着保险合同面临解除的风险，保险合同中止正是保险合同解除的前奏。为了避免合同的直接解除，法律设立了中止制度，以延缓保险合同解除。但是，无论如何，只有在投保人不缴付次期或以后当期保险费的情况下，人身保险合同才可能进入效力中止程序。《保险法》在第三十六条第（一）款中两次提到"未支付当期保险费"，说明保险费未缴付是人身保险合同中止的条件之一。

第四，宽限期经过。投保人不支付次期以后的保险费，并不意味着保险合同效力马上中止。出于对投保人、被保险人利益保护的考虑，法律赋予投保人一定的宽限期，在此宽限期内，即使投保人不缴付保险费，保险合同也不会效力中止，只有在宽限期之外，合同效力才开始中止。

宽限期期间为多长？又是如何确定的？确定宽限期的方法有三种，依据不同的方法，宽限期的期间有所不同：第一种为保险人催告与法定相结合的方法。法条对此的描述是“自保险人催告之日起超过三十日未支付当期保险费”。以该种方法，在投保人未缴付当期保险费的情况下，保险人应当催告，催告之日起30日为宽限期。① 第二种为完全法定的方法。法条对此的描述是“超过约定的期限60日未支付当期保险费的，合同效力中止。”此种确定方法，不要求保险人催告，直接由法律给予了一个60日的宽限期。也就是说，在保险人没有催告的情况下，法定宽限期为60日，此60日的起算，自合同约定的保费缴付的最后一日的次日开始。② 第三种为完全约定的方式。法条对此的表述是“除合同另有约定外”。也就是说，双方当事人可以不遵守前两种确定宽限期的方式，以合同自由为基础约定宽限期。③ 此三种方法，保险人可以任意选择其中一种确定宽限期。

宽限期经过后，自次日零时起，保险合同效力中止。

【案例7-3】

通知被保险人自缴保险费视为催告

1995年6月，投保人刘某与某保险公司签订了简易人身保险合同，约定保险金额为人民币9260元，受益人为其子刘亮。保险费由保险人委托投保人所在单位的协保员曹某在每月发放的职工工资中扣除，简易人身保险保险证由曹某统一保管登记。从1999年起，投保人所在的单位因实行“两费自理”，对职工停止按月发放工资，导致曹某中断了按月扣保险费。9月29日，曹某按照保险公司的要求通知投保人领取保险证，自己缴费，包括刘某在内的投保人陆续取走了保险证。11月22日，刘妻卢某到保险公司缴保险费，因当时代办所

---

① 这里存在一个问题，《保险法》未规定保险人催告的时点，若保险人在投保人应缴保费的期限经过后再催告，则能够保证投保人、被保险人获得30日的法定宽限期。但是，若保险人在应缴保险费的期限到来之前即进行催告，则法律规定的30日宽限期不能获得保证。举例来说，假如5月1日为双方约定的缴付保险费的最后期限，若保险人在5月5日发现保险人未缴付保险费，马上催告，则投保人、被保险人可以获得35天的宽限期。若保险人在4月25日催告，则4月25日至5月24日为宽限期，但保险人获得的实际宽限期间仅为5月2日至5月24日，不足30日。实践中，保险公司多在缴费期限到来之前催告，这样极可能造成宽限期不足30天的情况。立法的本意在于至少给予投保人、被保险人30天的宽限期，如保险人在缴费期限到来之前催告，30天的宽限期起算之日应是缴费期到来之日的次日开始。即若保险人在5月1日之前催告，30天的起算日应为5月2日。

② 若保险人在60日宽限期即将结束时又行催告，则宽限期为60日？抑或自催告之日起30日？例如，60日的宽限期应至10月1日结束，但9月30日保险公司发来催告，宽限期为10月1日抑或10月30日？对此，各方有不同的理解，据全国人大法工委相关人士的理解，此种情形，宽限期应至催告之日起30日结束，在本例中，应为10月30日。

③《保险法》虽允许当事人自由约定宽限期，但是，如果当事人约定低于60日的宽限期，并不是法律所欲看到的。如果法律允许保险人约定低于60日的宽限期，则没有必要规定第二种法定60日的宽限期。因此，从立法本意看，完全约定的宽限期应高于60日。

没有上班而未缴成，在返回路上遇到曹某，才将全年保费交给她，让她代缴。曹曾于当日、次日两度缴纳该保险费，均因代办所没人上班而未成，直到11月25日曹某将收取的刘某的保险费转交给了代办所。而刘某已于11月24日遇车祸身亡。刘亮及卢某要求保险公司予以赔偿遭拒，遂诉至法院。

保险公司认为，保险合同约定按月缴纳保险费，1999年第一笔保险费应于1月缴付，如果在3月底尚未缴付，超过60日法定宽限期，保险合同即自动中止、失效。刘某于11月24日死于车祸，其家人11月25日才一次性缴清全年保险费，也即刘亮及卢某是在保险合同失效、保险事故发生后补缴保险费，实质上是一种欺诈，因此保险公司不予赔偿。

法院认为，在变更缴保险费方式之前，由保险公司掌握保险证，并由单位从投保人的工资中扣保险费，致使投保人确定何时没有按期缴付保险费已成为事实上的不可能。即使按照保险公司的通知，也应从1999年9月29日开始计算由投保人自行缴费。由此可见，刘亮及卢某于11月25日缴清全年保险费，并没有超过60日的宽限期。而卢某将全年保险费缴给曹某，应视为缴到了保险分公司，因此认为其保险费是在保险事故发生后补缴也是没有依据的。后经调解结案。

（案例来源：罗忠敏主编，《新保险法案例精析》，中国法制出版社2009年版，第137—138页。）

【分析】 本案发生于1999年，当时《保险法》关于宽限期的规定只有两种：法定的60日及双方约定。此案当事人没有约定，因此适用法定60日的规定，投保人应缴保险费的时间为1月底，但被保险人在11月25日才缴付保险费，已经完全超过60日的宽限期。但是，本案提出的问题是：在投保人不知道何时缴付保险费的情况下，是否开始起算宽限期，对此问题，存在争议，我们也可以从法院和保险公司的观点看出，该争议至今未能解决。不过，对本案来说，问题并不复杂，保险公司在9月29日通知投保人领取保险证，并自己缴付保险费，可以看做保险人的催告。根据2009年新修订的《保险法》，自保险公司催告之日起30日为宽限期，被保险人在11月24日死亡，保险费于11月25日缴付，其时，宽限期已经经过，保险合同效力中止。因此，如果根据2009年新修订的《保险法》，保险人不承担保险责任。

关于宽限期，还有一个重要的问题，那就是在宽限期内发生保险事故的法律责任问题。《保险法》第三十六条第（二）款规定："被保险人在前款规定期限内发生保险事故的，保险人应当按照合同约定给付保险金，但可以扣减欠缴的保险费。"由此可见：第一，宽限期发生保险事故，保险人应当赔付。其理由是，所谓宽限期，实际上是法律给予投保人、被保险人的优惠期，此处的优惠，乃是让本应失去效力的合同继续有效。也就是说，在宽限期内，人身保险合同处于有效状态，既然是有效合同，发生保险事故，保险人自然应当依照合同约定的内容予以赔付。第二，保险人可以从保险金中扣减投保人欠缴的保险费。此点较容易理解，保险人支付赔款给投保人、被保险人，但投保人尚有欠缴的保险费，因此应予扣除。①

【案例 7－4】

宽限期内保险人应予赔付

李某于 2005 年 12 月在保险公司投保简易人身保险 10 份，保险合同约定，如发生人身意外死亡，给付保险金 1 万元。保险费每月 10 日由被保险人缴付给保险公司。2007 年 8 月，李某因企业倒闭破产，下岗待业，8 月 10 日无力按期缴付保险费，9 月 10 日仍未支付保险费。10 月 5 日，李某外出时遭遇车祸身亡。被保险人的指定受益人要求保险公司给付保险金。保险公司接到申请后，经核查认定李某 8 月 10 日和 9 月 10 日均未缴付保险费，10 月 5 日发生事故，已超过 7 月 10 日缴保险费 60 日，合同效力中止，故而拒绝赔偿。李某受益人于是将保险公司告上法庭。

（案例来源：张洪涛、庄作瑾主编，《人身保险案例分析》，中国人民大学出版社 2006 年版，第 175—176 页。）

【分析】 本案发生于 2009 年修订《保险法》之前，所涉问题为宽限期的起算点问题。李某的受益人认为应当从 8 月 10 日起算，保险公司则认为应从 7 月 10 日起算。当时的《保险法》规定，除合同另有约定外，投保人超过规定的期限 60 日未支付当期保险费的，合同效力中止。本案当事人没有特别约定，应适用法定的 60 天宽限期。60 日的宽限期，自“规定的期限”起算，此处“规定的期限”应指合同中约定的应缴保险费而没有缴付的日期。李某于 7 月 10 日缴付了保险费，8 月 10 日应缴而未缴，因此，宽限期应当从 8 月 10 日开始计算。李某 10 月 5 日发生车祸，而 10 月 5 日尚在 60 天的宽限期内，因此保险人应予赔付。本案若发生在 2009 年《保险法》修改后，如果保险人没有催告，仍然采用法定 60 日的宽限期，保险人亦应赔付。

专栏 7—2

中国保险行业协会，《人身保险产品条款部分条目示范写法》中的宽限期

分期支付保险费的，投保人支付首期保险费后，除本合同另有约定外，如果投保人到期未支付保险费，

写法一：自接到本公司催告之日的次日零时起 30 日为催告期，催告期内发生

① 保险人可以从赔款中扣减宽限期的保险费是法律明文规定的。但保险人是否可以扣减投保人欠缴保险费的利益，例如，该保险费所产生的利息，在这个问题上，曾经发生过一些纠纷，但法律并未赋予保险人扣减欠缴保险费的利益，可以理解为保险人只能扣减宽限期保险费，对该保险费的其他利益，保险公司不能扣除。

的保险事故，

写法二：自保险费约定支付日的次日零时起60日为宽限期，宽限期内发生的保险事故，

本公司仍会承担保险责任，但在给付保险金时会扣减投保人欠缴的保险费。

如果投保人宽限期/催告期结束之后仍未支付保险费，则本合同自宽限期满/催告期满的次日零时起效力中止。

（资料来源：中国保险行业协会：《人身保险产品条款部分条目示范写法》，第八条。）

（四）中止期的期间

中止期是指宽限期经过后，自人身保险合同效力处于暂停状态的一定期间。中止期的期间，一般为2—5年，《保险法》规定的中止期期间为两年。《保险法》第三十七条规定："自合同效力中止之日起满两年双方未达成协议的，保险人有权解除合同。"这就是对中止期的规定。两年期间的规定，主要是考虑投保人恢复缴付保险费的能力。投保人不缴保险费，大致出于两方面的原因，一是疏忽忘缴，二是经济水平下降，影响到缴付能力。对前者，给予两年的期限，足以令投保人发现自己的疏漏；对于后者，也有两年的时间来恢复经济能力，因此，两年的规定较为合理。

（五）效力中止的法律后果

人身保险合同效力中止，只是合同效力的暂时停止，其效力处于不确定状态，即存在继续有效或者解除合同的双重可能。经过一定的程序，保险合同的效力可以恢复，若不经此程序，保险人有权解除合同。

在中止期内，若发生保险事故，保险人可以拒绝赔付。这是因为，投保人未缴保费已达一定的期间，在效力中止之前，法律已经给予投保人、被保险人一定的宽限期让其缴付保险费，且在宽限期内发生的保险事故保险人应予赔付。进入中止期后，投保人、被保险人仍然不缴付保险费，若仍要求保险人在没有收取当期保险费的情况下承担保险责任，未免过于偏袒投保人、被保险人，因此，中止期内发生的保险事故，保险人可以拒赔。

两年的中止期期间，投保人补缴了保险费，经过一定的程序，保险合同效力恢复，这就是下面将要讲到的人身保险合同复效问题。在此期间，保险人不可以解除保险合同。

两年的中止期经过后，保险人可以解除人身保险合同。在保险合同中止期间，法律之所以规定保险人不能直接解除合同，乃是考虑为投保人、被保险人留下恢复合同效力的时间。两年期间经过，投保人、被保险人没有珍惜如此机会，为了使长期处于不确定状态的合同关系稳定下来，法律必须采取行动确定合同的效力，因此，法律赋予保险人解除权，以便其解除保险合同，终结双方当事人之间的合同关系。不过，对有现金价值的保险合同来说，保险人解除保险合同的，须依照合同约定退还保险单的现金价值。

【案例7-5】

中止期发生保险事故，保险公司不承担保险责任

2007年12月2日林某在某保险公司营销员王某的动员下向保险公司投保了“A养老保险”，基本保额为3万元，意外保额为6万元，保险费为年缴，每年12月2日为该年的最后缴付日。2009年2月7日深夜，被保险人林某驾驶一辆三轮摩托车在郊区的一条公路上正常行驶时，一辆卡车从其后部违章超车时，因车速过快，将林某连车带人撞倒，林某头部受重伤，送医院抢救无效，于2009年2月8日死亡。事故发生后，受益人林某的妻子王某持A养老保险单等资料来到保险公司，以林某意外死亡属保险责任范围为由，申请给付意外伤害保险金6万元。

保险公司接到报案及索赔申请时，进行了认真的调查。经调查发现，投保人林某本应于2008年12月2日缴付第二期保险费，但其并未及时缴付，直至60天宽限期满（2009年2月2日）时，投保人仍未缴付保险费。保险公司据此认为，被保险人林某2009年2月8日死亡时，由于保险合同效力已经中止，且未及时复效，保险公司对该次事故不承担保险责任。因此，拒付意外伤害保险金。

（案例来源：李玉泉主编，《保险法学案例教程》，知识产权出版社2005年版，第235页。）

【分析】 本案涉及中止期内发生的保险事故，保险公司是否赔付的问题。林某于2007年12月2日缴费订立合同，约定每年12月2日为该年的最后缴费日，也就是说，宽限期的起算日为每年12月2日。由于保险公司没有催缴，也没有在合同中对宽限期有特别约定，故宽限期依法为60日。60日过后，保险合同进入效力中止期，而中止期内发生的保险事故，保险人不予赔付。从12月2日开始计算宽限期，应于2009年2月2日结束，被保险人发生事故在2009年2月7日深夜，此时已处于效力中止期，故保险公司拒赔合法。

二、人身保险合同的复效

（一）人身保险合同复效的概念

人身保险合同的复效，是指在人身保险合同效力中止期内，经保险人与投保人协商一致，且投保人补缴保险费后，效力中止的人身保险合同恢复为有效保险合同。人身保险合同的复效，乃是《保险法》通过保险合同效力中止为投保人或被保险人留下合同继续有效的机会，该机会通过复效的规定变为现实。

人身保险合同复效对保险合同当事人均有好处，“就投保人或被保险人方面而言，其可以迅速获得保障，且可以避免因健康状况改变而不易另觅新保；重新投保手续繁琐，且保险费可能因年龄增长而提高。对保险人而言，其可以维持有效的合同，避免一再招揽新保而造成保险人佣金、租金及各种管理费用成本的升高。”①

① 江朝国著：《保险法论文集（三）》，台湾瑞兴图书股份有限公司2002年版，第209页。

（二）人身保险合同复效的条件

人身保险合同效力终止后，并非随时随地均可复效，其复效需要符合下列条件：

1. 保险人没有解除合同

保险人解除合同的原因较多，如果在人身保险合同宽限期或中止期因某种原因解除了保险合同（不包括因中止期经过而解除保险合同，因为此时中止期尚未经过），则人身保险合同当然不能复效。举例来说，投保人在订立合同时故意未履行告知义务，保险人在人身保险合同效力中止期间发现了这一问题，于是根据《保险法》第十六条的规定，在中止期内解除了保险合同，则由于在投保人与保险人之间已经不存在合同关系，故也不存在合同是否复效的问题。

2. 申请复效的时间在中止期内

《保险法》第三十七条规定："自合同效力中止之日起满两年双方未达成协议的，保险人有权解除合同。"可见，在我国，申请复效的时间必须在两年之内，也就是在合同效力中止期内。[①] 在此期间经过之后，保险人可以解除合同而终止合同效力。例如，投保人孙先生投保了某公司的一份长期寿险，合同期间为 10 年。自 2004 年 5 月 10 日起至 2014 年 5 月 9 日止，合同约定于每年 5 月 15 日前支付当年度的保险费。假设孙先生 2010 年 5 月 15 日前未支付当年的保险费，2010 年 5 月 16 日至 2010 年 7 月 14 日为宽限期。如果孙先生在宽限期内仍然没有支付保险费，则保险合同的效力中止。2010 年 7 月 15 日至 2012 年 7 月 14 日为申请合同复效的期间。如果在这期限内孙先生没有申请合同复效，那么，保险人有权解除合同而终止合同的效力，但同时应退还合同的现金价值。

3. 投保人与保险人就复效协商并达成一致

依《保险法》，人身保险合同进入效力中止期，要想恢复效力，双方当事人须进行协商，并就复效达成一致意见。此点在《保险法》上的表现是："经保险人与投保人协商并达成协议。"在实践中，协商的过程一般由投保人启动，一般来说，投保人寻求复效的，保险人安排投保人填写复效申请书，然后双方进行协商。关于协商的内容，《保险法》没有规定[②]，但双方对合同复效与否的意思表示必须一致，合同效力才能恢复。如果投保人提出复效申请，但双方协商时对复效的条件不能达成一致，则合同效力无法恢复。

4. 投保人补缴未缴付的保险费

人身保险合同之所以存在中止、复效等问题，皆因投保人未缴保险费所致。如保险人按

---

① 当然，中止期外，如果投保人申请复效，而保险人又同意复效的，保险合同效力也可以恢复。但这种通过约定恢复效力的做法，与《保险法》第三十七条规定的复效已经有所出入，或许我们可以说，《保险法》第三十七条规定的是法定的中止期和法定的复效，而中止期以后双方同意复效的，属于约定的复效。

② 实务中的程序是，首先应由投保人提出复效申请，并按保险人的要求提供相关文件和证明，包括被保险人的健康检查报告等。对于保险人询问的被保险人在合同中止期间的有关情况，投保人应如实告知，然后经保险人审核同意，即可达成恢复合同效力的协议。此种程序，实际上是赋予保险人关于复效的同意权。因为如果保险人不同意复效，则双方无法就复效达成一致，保险合同无法复效。但保险人是否应当享有同意权，学界颇有不同看法，例如，台湾学者江朝国教授即认为保险人不应享有同意权。

期缴付保险费，则不存在如此复杂的问题。现投保人申请合同复效，自当补缴未缴之保险费，否则保险人依然无法承保。[①] 至于是否应当收取所补缴保险费的利息，我国保险法未作要求。[②]

（三）与人身保险合同复效相关的几个争议问题

人身保险合同的复效是一个复杂的问题。说其复杂，乃因为其涉及保险合同的效力恢复，难免与保险合同最初订立、履行中的一些问题相联系。例如，其与告知义务的关系、与不可抗辩制度的关系，从而显示出复杂性。这种复杂性的根源是：我们怎样认识复效后的保险合同，其是原保险合同的继续，还是一个新的保险合同，对这个问题的不同回答，将导致不同的观点。还有，理论与实务操作中的不同，也会导致不同的看法。下面这些问题，读者了解一下即可，有兴趣者，可以深入研究。

1. 复效时是否应当如实告知?

通行的观点认为，即使在复效时，投保人也应当如实告知，其主要理由是：第一，保险人对风险重新判断的需要。一方面，从地位的平等性和权利的对等性而言，法律应该赋予保险人对风险进行重新评价的权利。保险合同效力的中止是由于投保人欠缴保险费造成的，是否愿意复效完全取决于投保人的自愿。愿意复效的，先由投保人向保险人提出申请，然后，由保险人与投保人双方重新协商。在协商过程中，应当允许保险人重新对风险进行评估。另一方面，由于风险的不确定性以及保险合同的射幸性特征，在合同效力中止期间，风险状况是否发生变化，也需要保险人重新对其进行评估。根据保险实务中积累的经验，复效期间的风险评估比合同订立时的风险评估更为重要。虽然现代科技比较发达，而且以后也会越来越发达，保险人可以利用高科技技术进行检测，但是，就像医生看病不能仅仅依赖医疗器械的检测而必须与病人的陈述结合一样，保险人对风险的重新评估依然需要投保人的如实告知，尤其是在人寿保险中。更何况许多疾病并非通过一般的体检就可查出。第二，投保人“逆选择”的普遍存在。投保人未按时支付当期保险费的原因多种多样，就投保人的主观状态而言，可能出于故意或非故意。对于出于非故意的中止效力的保单在短期内申请复效，一般逆选择的机会极小。但是，保险合同效力的中止是因投保人的故意所为，还是非故意所为，在实务中很难区分，而且似乎也没有区分的必要，因其与将来是否申请复效，以及复效是否基于逆选择，好像没有必然的联系。根据各国保险经营中积累的经验显示，在保险合同效力中止期间，那些仍具可保条件的被保险人一般不太愿意申请保单复效，反而是那些不可保的

① 当然，如果投保人与保险人协商一致，提高或降低了保险费，此种情形，已属对原保险合同的变更，保险人只是对变更后的合同同意继续履行。

② 关于投保人应否补缴未缴保险费所生之利息，有不同观点，现列出作为参考：一种观点认为，由于中止期间保险人不承担保险责任，故而保险人若要收取未缴保费之利息，应退还中止期间的风险保费。另一种观点认为，复效使投保人享有的原合同订约时候年龄段的费率，优于复效时对应的年龄订立新保单的保费。因此，自然应补缴所有的保费和利息，不应扣除中止期间的风险保费。否则必然导致投机行为的发生。《保险法》对此未作规定，中国保险行业协会制定的《人身保险产品条款部分条目示范写法》也未规定收取利息，只是强调，“经本公司与投保人协商达成协议，在投保人补缴保险费后，合同效力恢复。”

被保险人更倾向于申请复效。

但也有观点认为，保险合同复效之时，投保人无须再履行如实告知。其主要理由是：第一，保险合同订立数年之后，被保险人的风险已经发生了变化，此时要求如实告知，将导致法律立法目的落空。例如，30 岁人的身体与 40 岁人的身体状态完全不同，此时要求投保人如实告知，则可能在这 10 年期间被保险人健康状况已经变化，如实告知可能导致保险人拒保，如果被保险人拒保，则人身保险合同中止与复效制度的立法目的落空。第二，复效的保险合同是原保险合同的继续，如果要求投保人如实告知，保险人再加以审查方能承保，则似乎更像是订立一个新合同，不过采取了“合同复效”的名义。

2. 审核复效申请期间被保险人死亡应否赔付？

在人身保险合同复效实务中，投保人要想恢复合同效力，须向保险人缴付复效申请书。缴付申请书后，保险人对复效申请进行审查。若在保险人审查期间，被保险人发生保险事故或死亡，保险人应否承保赔付责任？此问题在理论界亦有不同看法。

一种观点认为，复效审查期间被保险人发生保险事故，保险人不应赔付。理由是：一方面，《保险法》要求投保人与保险人协商达成一致意见，合同才能复效。复效申请尚在审查期间，很难说双方就复效达成了一致。既然双方并未就复效达成一致，保险合同尚处于效力中止阶段，保险人当然可以拒赔。另一方面，如果投保人还没有缴付保险费，或者没有提供相关的文件或资料证明其可保性，合同便更不能恢复效力。

另一种观点认为，复效审查期间被保险人发生保险事故，保险人应当赔付。理由是：《保险法》设计人身保险合同的中止与复效制度，其目的乃在于给予投保人恢复合同效力的机会，只要被保险人还是原来的被保险人，并且投保人补缴了保险费，此时合同的效力已经是原合同效力的延续，无论保险人审核是否通过，效力中止的保险合同自投保人补缴保险费开始延续原保险合同的效力，此时发生保险事故，保险人应当赔付。此观点不承认保险人有审核同意复效的权利，认为一旦补缴保险费，保险合同自然复效。

（四）人身保险合同复效的法律后果

人身保险合同复效后，对双方当事人均产生约束力，当事人应当按照复效后的合同履行各自的义务。投保人依约按时向保险人缴付保险费，保险人则承担保险期间的风险，发生保险事故，保险人应予赔付。

若人身保险合同在中止期内未能复效，则保险人享有合同解除权。《保险法》第三十七条第（一）款规定：“自合同效力中止之日起满两年双方未达成协议的，保险人有权解除合同。”可见，在中止期内，保险人无权解除合同。保险人享有的解除权，既可以在两年经过后主动行使，亦可以在投保人要求复效或者被保险人或受益人提出索赔时行使。

第三节 人身保险合同的终止

一、人身保险合同终止的概念

人身保险合同的终止，是指由于某些法定事件或者合同双方约定事件的发生而导致保险合同当事人双方权利义务关系的绝对消除。

合同的终止与解除是两个不同的概念，除了通过解除的方法终止合同，在保险合同期限届满的情况下，还可以自然终止合同；当事人也可以通过完全履行合同的方法终止合同。

专栏 7—3

我国《合同法》上的合同终止与合同解除概念

在我国，关于合同解除的溯及力问题，理论上一般主张应区别连续性合同与非连续性合同，但是否应用“解除”和“终止”的明确概念却有不同看法。在这次《合同法》的起草过程中，也同样涉及这一问题。在《合同法》起草的第一稿（又称专家建议稿）中，将合同解除与终止作了明确的区别。在“总则”中专门规定了“合同的解除和终止”，其解除与终止同大陆法系国家，特别是德国立法是一致的。在具体合同中，如租赁合同、借用合同、委托合同、雇佣合同中用“终止”而不用“解除”。但是，在现行《合同法》中，不再将解除与终止作为并列的概念使用，而是将解除作为终止的一种特殊情况，即将终止作为解除的上位概念来使用。这一点从第六章第九十一条的规定中就可以清楚地看出来，并且在各种具体的有名合同中，如租赁合同、委托合同中，也不再使用“终止”的概念，而是直接使用“解除”。这是否意味着我国《合同法》不区分连续性合同与非连续性合同而赋予解除以不同的法律效力呢？

当然不是。我国《合同法》第九十七条规定：“合同解除后，尚未履行的，终止履行；已经履行的，根据履行情况和合同性质，当事人可以请求恢复原状或采取其他补救措施。”该条的立法本意就是区分连续性合同与非连续性合同而使解除具有不同的法律效力。对于非连续性合同，解除具有溯及力，而体现这种溯及力的直接标志就是恢复原状。

连续性合同的解除原则上无溯及力。常见的连续性合同主要有租赁合同、借用合同、委托合同、雇佣合同以及其他以“使用”或“提供劳务”为内容的合同。由于这些合同在内容上的特殊性而无法适用恢复原状，故这些合同的解除就无溯及既往的效力，即合同的解除只向将来发生效力，解除前发生的给付因有法律依据而有保持力，但尚未履行的义务被免除。这样就发生了这样的问题：当事人一方已经部分或全部履行了义务，对方却未履行或未为对待履行，应如何平衡当事人的利益呢？显然不能采取返还的方式，因为利益的取得是有法律依据的：唯一的补救办法是一方当事人将超过自己对待给付的部分对另一方进行补偿。

（资料来源：李永军著，《合同法》，法律出版社 2004 年版，第 632—633 页。）

二、人身保险合同终止的方式

人身保险合同终止的情形多种多样，归纳起来，大致可以分为以下几种类型：

（一）自然终止

人身保险合同的自然终止，是指人身保险合同期限届满，或者被保险人因非保险事故死亡时，保险合同当事人的权利义务归于消灭的状态。这是人身保险合同消灭的最普遍且最基本的方式。

因人身保险合同期限届满而终止。保险合同约定的保险期限届至，投保人不再缴付保险费，保险人也不再承担保险责任，保险合同的权利义务全部消灭。如一年期的意外保险，一年的保险期间届满，保险合同终止。

因被保险人发生非保险事故死亡而终止。人身保险合同期限未届满，但被保险人已经死亡，由于被保险人因非保险事故死亡，保险人并不承担保险责任。但是，此时的保险合同已经丧失了被保险人，而人身保险合同以被保险人的寿命和身体为保险标的，被保险人一旦死亡，该保险合同丧失了保险标的，因此不得不终止，双方权利义务归于消灭。

专栏 7—4

自然终止举例

在旅游意外伤害保险中，在整个保险期限内都没有发生合同规定的旅客意外伤害事故，随着旅游游程的结束，保险合同自然终止。即使在保险期限内发生意外伤害事故而致旅客致伤、致残，但是给付金额累计不超过保险金额，保险合同在这个游程中仍然有效，游程结束时保险合同才告自然终止。

在定期死亡保险中，如果被保险人在保险期限届满时仍然生存，保险合同即告终止，这也属于自然终止。如一位 30 岁男性投保该种保险，双方约定保险合同于

2009 年 1 月 1 日起生效，保险期限 10 年，保额 10 万元，趸缴保费 2300 元。若该被保险人在 2019 年 1 月 1 日时仍然生存，此时保险合同自然终止。

在定期生存保险中，被保险人在保险有效期内死亡，此时保险期限虽然没有届满，但被保险人已经不存在，保险合同也告终止，这也是自然终止的一种情形。

（二）履约终止

人身保险合同的履约终止，是指投保人、被保险人通过履行人身保险合同而消灭双方当事人的权利义务。其主要表现形式是投保人缴付保险费，保险人赔付保险金。保险人赔付保险金的方式有：

1. 保险金的一次性赔付

即双方当事人在合同中约定，在保险合同期限内发生保险事故，保险人一次性支付保险金，支付保险金后，双方的权利义务全部终结。此时，尽管保险期限并未届满，但发生了约定的保险事故，双方当事人通过约定的方式终止了合同。

专栏 7—5

一次性支付保险金终止合同举例

某保险公司定期寿险条款的保险责任中有如下两条：

第一，被保险人于合同生效一年内因疾病导致身故或身体高残，本公司按保险合同载明的保险金额的 10% 给付身故或身体高残保险金，并无息返还所缴保险费，本合同效力终止。

第二，被保险人因意外伤害或合同生效一年后因疾病导致身故或身体高残，本公司按保险合同载明的保险金额给付身故或身体高残保险金，本合同效力终止。

如果一位 30 岁女性投保了该险种，双方约定保险合同于 2009 年 4 月 20 日起生效，保险期限 10 年，保险金额为 10 万元。按报价，趸缴保费为 7200 元（或每年缴保费 900 元，为期 10 年）。若该被保险人在 2010 年 4 月 20 日前因疾病导致死亡或身体高残（何为高残在合同条款中有具体说明），则受益人或被保险人可获得 1 万元（10 万 ×10% =1 万）的保险金，并获得返还的保险费 7200 元（若年缴则为 900 元），此时合同因保险公司已履约终止。若该被保险人在 2010 年 4 月 20 日以后，2019 年 4 月 20 日之前由于约定的意外事故或疾病导致身故或身体高残的，受益人可获得 10 万元保险金。此时合同也因保险公司履约而终止。

2. 保险金的多次赔付

在一些人身保险合同中，根据双方当事人的约定，保险金可以多次赔付。但是，此种人身保险合同一般都有保险金额的最高限制，多次赔付的保险金之和不得超过双方约定的保险金额最高限制；在数次赔付达到最高保险金额限制时，根据双方当事人的约定，人身保险合同效力终止。此种保险合同终止，以意外伤害保险最为常见。通常，在每次受伤害后，保险人都会依约赔付保险金，但保险合同并不终止，直到伤害赔付总额达到保险金的最高限额，意外伤害保险合同方才终止。

专栏 7—6

多次性支付保险金终止合同举例

某保险公司的人身意外伤害保险条款规定，在该合同保险责任有效期间内，被保险人遭受意外伤害，保险人依下列约定给付保险金：

第一条，被保险人自意外伤害发生之日起 180 天内因同一原因死亡的，本公司按保险金额给付死亡保险金。

第二条，被保险人自意外伤害发生之日起 180 天内因同一原因身体残废的，本公司根据“人身保险残废程度与保险金给付比例表”的规定，按保险金额及该项残疾所对应的给付比例给付残疾保险金。如治疗仍未结束的，按第 180 日的身体情况进行残疾鉴定，并据此给付残疾保险金。被保险人因同一意外伤害造成一项以上身体残疾时，本公司给付对应项残疾保险金之和。但不同残疾项目属于同一手或同一足时，本公司仅给付其中一项残疾保险金；如残疾项目所对应的给付比例不同时，仅给付其中比例较高一项的残疾保险金。

第三条，本公司所负给付保险金的责任以保险金额为限，一次或累计给付的保险金达到保险金额时，本合同终止。

假设一位 35 岁女性投保该险种，保险期限一年，保险金额 1 万元，保险合同于 2008 年 2 月 1 日起生效。若已确定其职业类别属于第一类，则趸缴保费为 25 元。若该被保险人于 2008 年 5 月 5 日因发生车祸并在 7 月 20 日因该伤害医治无效死亡，则其指定的受益人可获得 1 万元（约定保险金额）的保险金。若该被保险人于 2008 年 5 月 5 日第一次因车祸致残，按给付比例表应获得保险赔偿金 3000 元（给付的保险金 = 保险金额 × 给付比例）。此时保险期限并未到期，则保险合同不能终止。若被保险人不幸在 2008 年 10 月 5 日又遭受另一次意外事故而致残，由于此时仍然在保险期限内，所以保险人仍然有给付保险金的义务，如保险公司按约定再支付 5000 元，此时保险人已经累计支付了 8000（5000 + 3000 = 8000）元。总的赔偿金额仍未达到保险金额，保险合同继续有效。如被保险人于 2009 年 1 月 20 日不幸再次致残，且按给付比例表算出给付金额为 3000 元，则保险人仍然应该给付保险金，但是只应给付2000元保险金（10000－8000＝2000），即累计支付的保险金以1万元为限。此时虽然保险期限并未结束，但是保险人的合同义务已经履行完毕，保险合同履约终止。

（三）解约终止

人身保险合同的解约终止，是指在符合法律规定的解除条件的情况下，双方当事人通过事先约定或事后协商的方式消灭人身保险合同权利义务的终止方式。人身保险合同的解约终止即通常我们所讲的人身保险合同的解除，本书以专门一章阐述这个问题，在此不再赘述。

三、人身保险合同终止的法律后果

人身保险合同终止的，自终止效力发生之时起，保险合同约定的权利义务关系消灭。保险事故发生于合同终止之后的，保险人不再承担保险责任；但是，如果保险事故发生在终止生效之前，保险人则应当承担保险责任。

人身保险合同终止，有时保险人应向投保人退还保险费或者现金价值。例如，在具有现金价值的人身保险合同中，若保险人通过解除的方式终止合同，则应当退还保险单的现金价值。

关键词

人身保险合同的变更　人身保险合同的中止　人身保险合同的复效　宽限期
人身保险合同的终止　人身保险合同的自然终止　人身保险合同的履约终止
人身保险合同的解约终止

思考题

1. 人身保险合同的变更是否包括投保人与保险人的变更，为什么？
2. 人身保险合同被保险人的变更是否属于合同变更？
3. 宽限期的立法目的怎样理解？
4. 人身保险合同效力中止的要件包括哪几方面？
5. 人身保险合同复效时是否应当如实告知？
6. 复效后的人身保险合同不可抗辩条款如何适用？
7. 人身保险合同终止与解除之间的关系如何？

第八章
人身保险合同的转让与质押

学习目的

- 了解合同转让的一般理论
- 了解人身保险合同转让的分类
- 熟悉人身保险合同的可转让性
- 熟悉人身保险合同的强制转让
- 掌握人身保险合同转让的条件
- 了解人身保险合同质押的内涵
- 熟悉我国人身保险合同质押的实践操作
- 掌握我国《保险法》对人身保险合同质押的相关规定

> 在某些制度中，当对基本权利和义务的分配没有在个人之间作出任何任意的区分时，当规范使各种对社会生活利益的冲突要求之间有一恰当的平衡时，这些制度就是正义的。
>
> ——【美国】约翰·罗尔斯[①]

人身保险合同的转让和人身保险合同质押是保证人身保险单作为有价证券在市场上流通的两种方式，是充分发挥人身保险合同价值的两种方式。仅就目前而言，人身保险合同转让和质押的实践并不普遍，但是，随着市场交易的发展，这两种处理人身保险合同的方式必将获得进一步的发展。

第一节 人身保险合同的转让

一、合同转让的一般理论

（一）合同转让的概念

合同转让，是指在不改变合同内容和标的的情况下，合同当事人将合同中的权利或义务转让给他人，导致合同履行主体或履行对象变化的行为。一般来说，合同转让时，合同的条款和双方当事人的权利义务不会发生变化，但权利义务的履行主体或履行对象发生变化，其实质是合同主体的变化。

合同的转让，必须符合一定的条件。首先是，转让前必须存在合法有效的合同，这是合同转让的基础；其次，转让必须符合法律的规定或合同的约定；再次，合同转让的程序必须符合法律的相关规定；最后，合同的转让不得违反社会公序良俗。

---

① 约翰·博德利·罗尔斯（John Bordley Rawls，1921—2002），著名哲学家、伦理学家。20 世纪 70 年代西方新自然法学派的主要代表之一，也是 20 世纪最伟大的哲学家之一。生于美国马里兰州巴尔的摩，1943 年毕业于普林斯顿大学，1950 年获该校博士学位。先后在普林斯顿大学、康奈尔大学、麻省理工学院和哈佛大学任教。尽管著作不多，但在西方学术界影响甚大，尤其是《正义论》一书，前后三易其稿，终成 20 世纪下半叶伦理学、政治哲学领域最重要的理论著作，在学术界产生巨大反响。由于第一版的《正义论》封面为绿色，当时一些哈佛的学子以“绿魔”来形容这本书的影响力。引言即出自此书。

（二）合同转让的分类

一般来说，合同的转让分为合同权利的转让、合同义务的转让和合同权利义务的整体转让。

1. 合同权利的转让

合同权利的转让，有时也称“债权转让”，是指合同债权人将其合同中的权利转让给第三人的行为。转让权利是合同权利人的自由，无需经过债务人同意，为了方便债务的履行，法律要求债权人就转让相关事项通知债务人。我国《合同法》第八十条规定：“债权人转让权利的，应当通知债务人，未经通知，该转让对债务人不发生效力。”因此，如果债权人转让合同权利未通知债务人，债务人向原债权人履行债务后，受让人不得再要求债务人履行合同义务。

专栏 8—1

债权的表见让与

当债权人将债权让与第三人的事实通知债务人后，即使让与并未实际发生或者该让与无效，债务人基于对让与通知的信赖而向该第三人所为的履行仍然有效。此类虽无债权让与的事实，而债权让与通知仍然有效的现象，学术界称之为表见让与。表见让与补办只有在债权人为让与通知行为时才能产生，如果由受让人进行让与通知，则不产生表见让与的效力。

（资料来源：韩世远著，《合同法总论》，法律出版社 2004 年版，第 570—571 页。）

2. 合同义务的转让

合同义务的转让，又称“债务承担”，是指不改变合同义务的内容，将合同义务的全部或部分转移给第三人的行为。我国《合同法》第八十四条规定：“债务人将合同的义务全部或者部分转移给第三人的，应当经债权人同意。”可见，合同义务转让有效的必要条件是经过债权人同意，原因在于受让债务之人履行债务的能力如何债权人并不知晓，为保障债权人的利益免遭损害，转让合同义务必须经合同权利人同意。

3. 合同权利义务的一并转让

合同权利义务的一并转让，又称合同权利义务的“概括转移”，是指合同一方当事人将自己的权利义务一并转移给第三人，由该第三人取而代之成为合同当事人的现象。我国《合同法》第八十八条规定：“当事人一方经对方同意，可以将自己在合同中的权利和义务一并转让给第三人。”合同权利义务的一并转让需经对方当事人的同意。这是因为，合同权利义务的一并转让包括了合同义务的转让，如上所述，义务的转让必须通知并获得对方当事人同意，虽然权利的转让不须经对方同意，但经对方同意时必然已经让对方当事人知晓，故而此处“同意”包括了“通知”之意。

二、人身保险合同的可转让性

人身保险合同的转让，是指人身保险合同订立后，保单所有人或保险人将保险合同项下的全部或部分权利或义务转让给第三人的行为。① 人身保险合同权利人转让的，一般是合同权利，只有极少数情况下才转让合同义务，或者将合同权利与义务一并转让。对保险人一方来说，转让给第三方的一般是合同义务，或者将合同义务与权利一并转让，仅转让保险人权利者很少存在。

人身保险合同之所以可以转让，除了因为作为一种合同，与一般合同一样具有可转让的权利义务外，更重要的是：人身保险合同，特别是长期人身保险合同，缴费超过一定年限的，合同具有现金价值，退保时，投保人有领取合同约定的现金价值的权利；投保人在缴费一定年限后，可凭保险单向保险人申请贷款或是领取红利的权利等；投保人享有指定受益人的权利，因而对于保险金请求权具有一定程度的权利；在不可撤销的受益人②的情况下，受益人享有对保险金的请求权是既得权利，这些都代表了一定的财产权利，为了保证物尽其用，法律允许人身保险合同在各种主体之间自由流通。对于没有现金价值的人身保险合同来说，其虽不具现金价值，但在被保险人发生保险事故后，被保险人或受益人可以领取保险金，法律给予物尽其用、加强财产流通的理念，允许其在一定条件下转让。

保险人之所以可以转让保险合同，除了因为保险人对保险合同享有一定的可以转让的权利或义务外，最重要的原因是保险人破产或者依法被撤销，不转让其合同将损害保单所有人的利益，法律强制要求保险人转让，因此保险人被迫转让保险合同。

三、人身保险合同转让的分类③

依不同的标准，可以对人身保险合同的转让作不同的分类。

（一）以事故是否已经发生为标准，可以将人身保险合同的转让分为事故发生前的转让与事故发生后的转让

事故发生前的转让，是指在保险事故发生之前投保人将保险合同予以转让。保单所有人

① 本章所阐述的人身保险合同的转让，主要是指人寿保险的转让，以人寿保险的转让为蓝本展开阐述，但这并不意味着其他人身保险合同不可以转让，只是因为在实践中，人寿保险转让更为常见，其他人身保险的转让规则，其理论与人寿保险转让大同小异。

② 不可撤销受益人（irrevocable beneficiary），投保人或保单所有人可以指定不可撤销受益人，一旦指定后，受益人即享有对于保险金请求权的既得权利，投保人或保单所有人不能在没有受益人的同意下减少或损害受益人的受益权。

③ 为避免给读者造成混淆，在介绍不同类型的转让时，本书以较为常见的第一次转让为例，尽量用各转让人的具体身份（如投保人）代替保单所有人。当然，在发生第二次及以后的转让时，转让人应为第一次转让的受让人。

既可以同时转让未来领取现金价值或红利及其他权利和缴付未付保险费的义务，也可以仅转让权利，不过转让以后者居多。这种情况下，保单所有人一般为投保人或者投保人兼被保险人身份。如果仅仅是被保险人，其无权转让合同权利。同样，在保险事故发生前，非不可撤销的受益人的受益权为期待权，仅仅具有受益人的身份，也无权转让其未来领取保险金的权利。当然，在保单所有人仅具有投保人身份的情况下，其转让行为需获得被保险人的书面同意，并通常指定受让人为第一受益人。

事故发生后的转让，是指在保险事故发生后，被保险人或受益人将自己享有的对保险人请求保险金的请求权转让给他人，这也属于人身保险合同的转让。

（二）以转让权利义务内容的不同为标准，可以分为收款权的转让和保险合同的整体转让[①]

现金价值或保险金请求权的转让，是指在事故发生前，投保人仅转让现金价值或红利请求权，对保险合同中的其他权利和义务并不转让。在事故发生后的情况下，被保险人或受益人只能转让保险金请求权，对于其他的保单权利并没有转让的权利。

人身保险合同的整体转让，是指保单所有人将人身保险合同中的所有权利和义务转让给他人，自己从保险合同关系中脱离。受让人成为新的保单所有人，享有原保单所有人享有的权利，承担原保单所有人承担的义务。保单的全部转让包括转让受益人的权利（如果转让人确实保留了变更权的话）、对任何现金价值的权利、获得保单贷款的权利、转换或转让的权利以及缴付保险费的义务。[②]

（三）以转让人的不同为标准，可以分为保单持有人的转让和保险人的转让

保单权利人的转让，是指保单权利人将保险合同或合同中的权利转让给第三人，转让人既可能是投保人，也可能是不可撤销受益人。在非不可撤销受益人转让的情况下，需以保险事故已经发生为前提。通常，投保人实施的转让是实践中常见的转让。

保险人的转让，是指保险人将保险合同转让给第三人。转让人只能是保险人，而不能是投保人或受益人。

（四）以转让是否作为债权的担保，可以分为绝对转让和担保转让

绝对转让，又称“完全转让”，是指投保人不可撤销地将整个人身保险合同的全部利益转移给第三人。在这种情况下，保单所有人通常既是投保人，又是被保险人，如果投保人不是被保险人，则转让需获得被保险人的书面同意。绝对转让的形式有出售和赠与两种。

人身保险合同的出售，是指投保人将保险合同转让给第三人，第三人需要为此支付对价。出售的原因很多，例如，投保人因为资金流通不畅，保险公司又不肯贷款给他，为解决

① 这种分类常见于美国保险法著作中，例如，小罗伯特·H.杰瑞、道格拉斯·R.里士满著，李之彦译，《美国保险法精解》，北京大学出版社2009年版，第182—183页。

② 约翰·F.道宾著，梁鹏译：《美国保险法》，法律出版社2008年版，第158页。

经济困难无奈将保单出售给别人，以获得一定的资金。或者被保险人（同时也是投保人）认为自己已经获取了一定的保障，此份保险合同所给予的保障已属多余，于是将该份保险合同出售以换取一定的经济利益。

专栏 8—2

临终给付协议——人身保险保单的出售

20 世纪 80 年代的艾滋病疫潮促使许多保险人修改保单，加入了一种新的机制，允许被保险人在罹患致命疾病时可以在死亡之前领取保险金。同时，业界也出现了一种更具争议性的做法，称为“临终给付”。有些公司想到要利用保单所有人将保单转让给第三人这项权利，提出可以向罹患指明疾病的被保险人支付现金，现金的金额比保单约定的身故给付金额要低，但这些公司会立即支付这笔钱，不会等到被保险人死亡。作为交换，保单所有人要将领取给付金的权利转让给这些公司。立即支付的现金金额大概是身故给付的 50%—80% 之间，具体金额视被保险人预计存活的时间长短而定。在 80 年代中期，这种临终给付的行情并没有预期大增。观察家们认为，这是因为医学技术的发展超乎想象，延长了艾滋病患者的寿命，从而减少了保单受让人的利润。不过到了 90 年代前期，临终给付市场出现了强劲的增长，原因是投资者鼓励那些并未罹患疾病的被保险人把保单转让给自己，而这些被保险人也觉得保单对自己已经没用处了，与其让它失效，不如用来换钱。

（资料来源：小罗伯特·H. 杰瑞、道格拉斯·R. 里士满著，李之彦译，《美国保险法精解》，北京大学出版社 2009 年版，第 182—183 页。）

人身保险合同的赠与，是指投保人将人身保险合同转移给第三人，但第三人不需要支付任何对价。人身保险合同的赠与，实际上是保单所有人将保单作为礼物送给第三人。例如，公司为员工购买人寿保险，在其生日时将保单送给员工；投保人以其自身为保险标的购买人寿保险保单，随后将其赠与慈善机构。但是，最常见的人身保险赠与是家庭成员之间的赠与。

人身保险合同完全转让的法律后果较为复杂。通常来说，人身保险合同的完全转让是将合同权利义务完全转让于他人，与原来的投保人没有关系，保险单项下的所有权利转归于新的受让者，受让者成了新的保险单所有人，由此产生的义务也由新的所有人承担。但是人身保险合同的完全转让并不改变被保险人，也不能变更或撤换保险单原指定的不可撤销受益人，除非得到原指定的不可撤销受益人的同意。未经不可撤销受益人的同意，转让也属于无效。

专栏 8—3

受益人与受让人哪个优先？

偶然情况下，会出现人寿保单已经被转让，但没有采取变更受益人的正式行动，于是，这样的问题就会产生：受让人与受益人谁对保险金具有优先权？法庭的态度是，关于优先权的决定应当对转让行为有利，他们通过将优先权授予受让人——至少在所转让利益范围之内——解决了这个问题。

（资料来源：约翰·F. 道宾著，梁鹏译，《美国保险法》，法律出版社 2008 年版，第 159 页。）

人身保险合同的**担保转让**，又称不完全转让、相对转让或者附属转让，是指投保人有条件、有限制地将保险合同的某些权利转让给他人。之所以称为“担保转让”，是因为此种转让通常是为了获取贷款而将保单附条件地转让给银行或者其他出借者，待保单所有人还清借款后，所转让的权利复归投保人。此种转让，其实就是保单质押，将在下一节有讨论。

四、人身保险合同转让的条件

人身保险合同的转让必须符合一定的条件，才能达到转让人和受让人预期的法律效果，并对相关各方形成有法律效力的约束。其中，前三个条件是人身保险合同转让必须具备的，否则转让行为不生效①。后两个条件不是必备条件，但能减少转让中一些不必要的纠纷。

（一）人身保险合同必须具有可转让性

根据《合同法》第七十九条规定，除依据合同性质不得转让、当事人约定不得转让，以及法律规定不得转让的情况外，债权人可以将合同权利转让给第三人。从人身保险合同性质看，本节已经介绍了人身保险合同具有财产性，可以转让。从《保险法》看，并未禁止保险合同的转让。《保险法》第四十三条还提到了保险合同转让的问题。因此，人身保险合同转让的首要条件是人身保险合同中不存在禁止保险合同进行转让的约定。

---

① 在人身保险保单转让中，受让人是否应当具有保险利益的问题较为复杂。我国目前保险法规定并未作此要求，但美国法区分保险转让的主观方面决定受让人是否应当具有保险利益。在善意转让的情况下，通常不要求受让人具有保险利益。判断转让是否善意，法院通常考察转让的目的。但也有极少部分法院认为，即使转让是善意的，受让人也必须对被保险人享有保险利益。在恶意转让的情况下，通常要求受让人具有保险利益。如果保单所有人为被保险人购买人身保险的目的就是为了将保险单转让给对被保险人没有保险利益的人，此时保单所有人实际上是以被保险人的生命进行交易，为法律所禁止，故而此种情形受让人对被保险人应当具有保险利益（Muriel L. Crawford, Life and Health Insurance Law, 7th edition Richard D. Irwin, INC., 1994, at 348—349）。

（二）转让人须具有完全民事行为能力

只有具有完全民事行为能力的人才能权衡交易行为的利弊，其转让行为才能获得法律保障。在我国，具有完全民事行为能力的人包括年满 18 周岁的自然人；16 岁以上、不满 18 岁，但以自己的劳动收入为主要经济来源的自然人也具有完全民事行为能力。此外，依法成立的法人也具有完全民事行为能力。不过，保险人通常并无义务审查转让人的行为能力，除非有明显的情况表明理性保险人应当对转让人的行为能力合理怀疑，法律才会要求保险人核实转让人的行为能力。一般来说，主张转让无效的主体应当证明转让人属于无法定的行为能力，主张转让无效之人，通常是原保险单指定的受益人；在保险单未指定受益人的情况下，被保险人的法定继承人也可以证明转让人不具有法定行为能力，因此转让无效。

专栏 8—4

法律通常不要求保险人审查转让人的行为能力

心智不健全或者缺乏智力能力的人转让保单的行为无效是一个普遍规则。这一规则也同样适用于变更受益人。举证责任由主张缺乏智力能力的一方承担。检验是否缺乏智力能力的标准与判断履行遗嘱或契据的标准一样——即，当事人理解交易行为的本质吗？法庭保护保险人，并不要求其审查进行转让的被保险人的智力能力，如果保险人没有注意到转让人的智力能力进而对受让人赔付了保险金，保险人并不进一步承担责任。

（资料来源：约翰·F. 道宾著，梁鹏译，《美国保险法》，法律出版社 2008 年版，第 160 页。）

（三）获得利益相关方的同意

虽然这不是所有类型的人身保险合同转让必须具备的条件，但在以下两种情况下，人身保险合同的转让必须获得被保险人或保险人的同意。

1. 以死亡为给付保险金条件的保单转让

《保险法》第三十四条第（二）款规定："按照以死亡为给付保险金条件的合同所签发的保险单，未经被保险人书面同意，不得转让或质押。"① 因此，只要保单中含有以被保险

① 法律要求转让以死亡为给付保险金条件的合同必须经过被保险人同意，主要是出于保护被保险人，防止道德危险。以死亡为给付保险金条件的合同，往往保险金额较为巨大，如果未经被保险人同意而转让，受让人为被保险人所不熟悉，难免会有受让人为谋取保险金而产生杀害被保险人的故意。如果转让经过被保险人同意，则被保险人可以判断受让对自己的风险程度如何，若风险程度较大，则可以拒绝同意。

人死亡为保险事故的保险责任，未经被保险人书面同意，该转让行为将无效。

2. 包含合同义务的转让需经过保险人同意

这种情况主要存在于保单所有人将合同的权利义务转让给受让人的情形，此时转让的内容包括一部分义务，比如，在分期缴付保险费的情况下，保单所有人将领取保险金的权利和缴付应付保费的义务一同转让给受让人，此时，根据合同转让的一般原理，转让需经过保险人的同意。不过，这种情形并不经常发生。

3. 经过不可撤销受益人的同意

如果保险单原载明的受益人是不可撤销的受益人，转让还须经过不可撤销受益人的同意和签字。

（四）通知保险人并记载在保单上

在涉及人身保险合同义务的转让中必须获得保险人的同意，保险人同意本身就表明保险人已经知道转让事实，因此不必另行通知。只涉及人身保险合同权利的转让本身并不需要获得保险人同意，也无需通知保险人。但通知保险人并将转让事项记载在保单上，可以确保未来保险公司向受让人履行债务，确保受让人的利益。如果不通知保险人，则保险人只能向被保险人或受益人支付保险金，对支付对象的错误，保险人不承担责任。受让人只能向转让人请求赔偿，增加了纠纷和成本。

（五）转让采取书面形式

从我国现行法律规定看，对于合同的转让并未规定形式。因此，人身保险合同的转让可以采取口头形式，也可以采取书面形式。但是，为了避免不必要的争议，转让通常都采取书面的形式。书面形式的内容虽没有统一的格式，但至少应当包括所转让的保险单和转让人愿意将该保险单转让给受让人的意图。

专栏 8—5

美国法院严格执行反欺诈法要求的书面形式

允许转让无需办理全部正式手续，对转让人和受益人来说，隐含着潜在的危险。为了保护转让人和受益人，法庭严格执行《反欺诈法令》，这些法令要求转让人寿保单必须以书面的形式进行。法庭仅仅承认通常类似《反欺诈法令》中“部分履行例外”一类的例外。这些例外表现为一些事实上的暗示，比如受让人已接受保险金赔付、保单已送达受让人等。

（资料来源：约翰·F. 道宾著，梁鹏译，《美国保险法》，法律出版社 2008 年版，第 159—160 页。）

此外，在人身保险合同的转让中，受让人需注意以下两点事项。它们虽然不是合同转让的条件，但有可能会对转让的法律效果产生很大的影响。

1. 保险人对保单转让的有效性不承担责任。其原因在于一般情况下，保险合同的转让是保单所有人与保单受让人之间的事情，保险人只是被动地接受通知。加之保单所有人转让的通常是自己的权利，保险人并无权干预。因此，转让行为是否有效其无法判断，对转让行为是否有效也无法控制。故而，即使保单转让无效，只要保险人接到转让通知，其应当向保单受让人支付保险金，对因保单转让无效而导致的支付对象错误，保险人不承担责任。当然，保单转让有时须经过保险人的同意，但在此情况下，保险人依然没有义务审查转让的其他环节是否有效，对转让的其他环节也无法控制，故而对转让是否有效仍然不承担责任。

2. 保险公司支付给保单受让人的现金价值或死亡保险金须扣除原保单所有人未偿还的贷款、利息和自动保费贷款。未偿还借款、利息或自动保费贷款，均是原保单所有人对保险人所负的债务，如果保险人在向受让人支付时不予以扣除，则保险人必须在支付后向原保单所有人要求履行，甚或对原保单所有人提起诉讼，如此对保险人颇为不利。

专栏 8—6

法院对未严格遵守保单转让条款的处理

有时，由于转让人没有遵守保单转让条款规定的所有正式手续，使得问题更加复杂化。争议点在于，保单里规定的正式手续是否只保护保险人的利益？如果只保护保险人的利益而且保险人同意转让，那么，转让对受益人无害。或者，未能遵守正式手续是否使受益人获得了对抗转让的理由？法庭处理这种争端一般对受让人有利，特别是在转让实质上遵从了，但没有严格遵从正式手续的时候。这样处理不仅与最初保单所有人的期望更加接近，而且也有利于可转让性。

（资料来源：约翰·F. 道宾著，梁鹏译，《美国保险法》，法律出版社 2008 年版，第159 页。）

五、人寿保险合同的强制转让

前述人身保险合同的转让，主要阐述投保方，也就是保单所有人对人身保险合同的转让，这种转让通常是自愿的。但是，人身保险合同还有另外一方当事人——保险公司，保险公司也可以转让保险合同，其转让，可能是通过协议的自愿转让，也可能在法律规定的条件下强制转让。本部分所讲的内容是法律规定的强制转让。

（一）人寿保险合同强制转让的含义

人寿保险合同的强制转让，是指经营人寿保险的保险公司在出现破产或者依法被撤销的情况下，法律强制要求将其人寿保险合同及责任准备金转让给其他经营有人寿保险业务的保险公司的转让行为。这种转让体现在《保险法》第九十二条第（一）款，该条规定："经营有人寿保险业务的保险公司被依法撤销或者被依法宣告破产的，其持有的人寿保险合同及责任准备金，必须转让给其他经营有人寿保险业务的保险公司；不能同其他保险公司达成转让协议的，由国务院保险监督管理机构指定经营有人寿保险业务的保险公司接受转让。"

（二）人寿保险合同强制转让的原则

人寿保险合同强制转让的原则，是维护投保人、被保险人、受益人的利益。对许多被保险人和受益人来说，人寿保险合同是其老年养老的保证，是其健康费用支出的来源，也可能是其身故之后家属的抚养费用来源，因此非常重要。投保人、被保险人将保险费交给保险公司，就等于将自己的未来交给了保险公司，一旦保险公司破产或被撤销，被保险人、受益人将不能取回合同约定的保险金，生活将陷入困境。因此，人寿保险合同强制转让的原则，就是在保险公司破产后或被撤销时，本着保护投保人、被保险人和受益人利益的原则，处理已经签订的人身保险合同，否则将不仅导致被保险人、受益人生活困顿，严重者将导致社会动荡。[①] 此点在《保险法》中也有体现，《保险法》第九十二条第（二）款规定："转让或者由国务院保险监督管理机构指定接受转让前款规定的人寿保险合同及责任准备金的，应当维护被保险人、受益人的合法权益。"该规定正是这种精神的体现。

（三）人寿保险合同强制转让的前提

人寿保险合同强制转让的前提是保险公司被依法宣告破产或者依法被撤销。法律之所以强制其转让合同，就是要尽量将投保人、被保险人、受益人的损失降到最小。

（四）人寿保险合同强制转让的内容

依照《保险法》第九十二条的规定，强制转让的内容为人寿保险合同及责任准备金。对人寿保险合同的转让包括对收取投保人保险费权利的转让，也包括对未来给付保险金义务的转让。责任准备金是指保险公司按法律规定为在保险合同有效期内履行赔偿或给付保险金义务而将保险费予以提存的各种资金。[②] 在强制转让时，责任准备金的转让是接受转让的保险公司未来履行受让的人身保险合同的重要保障。

（五）人寿保险合同强制转让的程序

人寿保险合同强制转让的程序可以概括为首先由依法被宣告破产或者被依法撤销的保险

---

① 这就是2008年金融危机过程中，美国政府弃投资银行雷曼兄弟于不顾，却必须抢救保险公司AIG的原因所在。

② 王绪瑾主编：《保险学》第3版，经济管理出版社2004年版，第133页。

公司寻找愿意接受其人寿保险保单的公司，并与之进行谈判达成协议；其次，若该公司不能找到愿意接受其人寿保险合同的保险公司，或者不能就转让达成协议，则国务院保险监督管理机构出面指定经营有人寿保险业务的保险公司，要求该公司接受破产或被撤销保险公司的人寿保险合同，以保护被保险人、受益人的利益。

（六）人寿保险合同强制转让的法律后果

人寿保险合同强制转让后，依法被宣告破产的保险公司或者被依法撤销的保险公司正式破产或者被撤销，其从人寿保险合同关系中脱离，由接受人寿保险合同的保险公司与保单所有人建立保险合同关系，履行保险合同约定的义务，享有保险合同约定的权利。发生该人寿保险合同约定的保险事故，接受业务的保险公司应承担保险责任。但在发生强制转让的情况下，投保人、被保险人和受益人的利益很有可能将有损失。

第二节　人身保险合同的质押

人身保险合同的质押，是指保单所有人将人身保险合同质押给保险公司或者商业银行，按照保单现金价值的一定比例获得短期资金的一种融资方式。以人身保险合同质押贷款是国外保险业的普遍做法。在目前我国的人身保险条款中，尤其是寿险条款中，也有以保险单质押贷款的规定。

一、质押的一般理论

（一）质押的内涵

质押，是指债务人或者第三人将其动产或者权利证书移交给债权人占有，而将该动产或者权利作为债权担保的一种担保形式。① 质押是一种民事法律行为，并因此形成一种权利义务关系。提供质押的一方既可以是债务人自己，也可以是第三人，法律上称为**出质人**。接受质押的一方为合同中的债权人，法律上称为**质权人**。移交出质的动产或者权利凭证称为**质物**。质权人对质物享有的权利称为**质权**。

根据质物的性质，质押可分为动产质押与权利质押两种。动产质押，是指以动产为质物的质押；权利质押，是指以权利凭证为质物的质押。并不是任何权利都可以质押，根据我国

① 柴振国：《合同法研究》，警官教育出版社 1999 年版，第 205 页。

《担保法》的规定，可以质押的权利包括：（1）汇票、支票、本票、债券、存款单、仓单、提单；（2）依法可以转让的股份、股票；（3）依法可以转让的商标专用权、专利权、著作权中的财产权；（4）依法可以质押的其他权利。

（二）质押的程序

质押一般由出质人和质权人以书面形式订立质押合同而成立。质押合同的生效时间，因质物的不同而不同。具体来说：（1）动产质押合同自质物移交于质权人占有时生效。（2）以汇票、本票、支票、债券、存款单、仓单、提单出质的，应当在合同约定的期限内将权利凭证交付质权人，该质押合同自权利凭证交付之日起生效。（3）以依法可以转让的股票出质的，出质人与质权人应当订立书面合同，并向证券登记机构办理出质登记。质押合同自登记之日起生效。（4）以有限责任公司的股份出质的，适用公司法股份转让的有关规定。质押合同自股份出质记载于股东名册之日起生效。（5）以依法可以转让的商标专用权、专利权、著作权中的财产权出质的，出质人与质权人应当订立书面合同，并向其管理部门办理出质登记。质押合同自登记之日起生效。

（三）质押的效力和质权的实现

质权人与出质人可以约定担保的范围，合同没有约定或者约定不明确的，其担保的范围包括主债权及利息、违约金、损害赔偿金、质物保管费用和实现质权的费用。

除非质押合同另有约定，质权人享有收取质物所生孳息的权利，但收取的孳息应当先充抵收取孳息的费用。质物有损坏或者价值明显减少的可能，足以危害质权人权利的，质权人可以要求出质人提供相应的担保。出质人不提供的，质权人可以拍卖或者变卖质物。

质权人负有妥善保管质物的义务。因保管不善致使质物灭失或者毁损的，质权人应当承担民事责任。在债务人履行债务后，质权人还负有返还质物的义务。

二、人身保险合同的可质押性

人身保险合同是保险人向投保人签发的证明保险合同成立的书面凭证，它承载着人身保险合同双方的权利和义务。人身保险合同能否成为质押权的标的，关键要看人身保险单是否是有价证券，是否具有现金价值，是否具有能够实现债权人债权的可变现性。

人身保险合同，尤其是寿险合同，具有储蓄的性质。只要投保人缴纳保险费达到一定的年限，人身保险单就具有了一定的现金价值。此时无论是否发生保险事故，无论人身保险单是否持续有效，已积累的这部分现金价值是永不丧失的，保单所有人可以要求保险公司返还该部分的现金价值。正是人身保险单所具有的现金价值，使其具备了有价证券的特性，从而可以成为权利质押的标的。[①] 需要注意的是，并不是所有的人身保险合同都可以用于质押。具有储蓄功能的养老保险、投资分红型保险及年金保险等人寿保险保单，可以质押；而短期健康保险、意外伤害保险中的医疗费用保险不具有现金价值，不能用于质押。

目前，《保险法》并没有明确规定人身保险单可以质押。可是，《保险法》第三十四条第（二）款规定，“依照以死亡为给付保险金条件的合同所签发的保险单，未经被保险人书面同意，不得转让或者质押。”从这个规定我们可以判断出，现行保险法是允许以人身保险单设定质押的。在实践中，我国的人身保险条款中，尤其是寿险条款中，均有以保险单质押贷款的规定。例如，某保险公司人寿保险合同条款规定：“在本合同有效期内累积有现金价值的情况下，经投保人书面申请，本公司审核同意后，可办理保单质押贷款。贷款金额不超过贷款时保险单现金价值扣除各项欠款本息后余额的80%，每次贷款期限最长为6个月，贷款利息在贷款到期时与本金一并归还。逾期未能偿还的，当贷款本息、其他各项欠款本息之和达到保险单现金价值时，本合同终止。”对此，中国保监会在《关于寿险保单质押贷款业务有关问题的复函》中认为，虽然我国《保险法》对保单质押贷款没有明确规定，可是在保险合同中约定保单质押是保险合同当事人的民事权利，在监管实践中，一直将保单质押贷款条款视为保险合同当事人的约定，属于意思自治，监管政策上也是允许的。

专栏8—7

中国保监会关于寿险保单质押贷款业务有关问题的复函

湖北保监局：

你局《关于如何处理工商部门对保险公司办理个人寿险保单质押贷款业务进行处罚问题的请示》（鄂保监发［2008］5号）收悉。经研究，现函复如下：

一、保单质押贷款是长期寿险合同特有的功能，是指投保人在合同生效满一定期限后，按照合同约定将其保单的现金价值作为质押，向保险公司申请贷款。对于在财务上短期需要资金周转的投保人，与退保相比，保单质押贷款对投保人更加有利，既可以有助于解决投保人短期财务问题，又可以继续维持保险合同的效力，按合同约定得到保险保障。此外，寿险公司对于办理保单贷款的投保人收取利息，主要目的在于保证保单现金价值正常的保值增值。

① 根据美国有关保单转让立法，人寿保单的质押是保单权益转让的一种，称为不完全转让或者相对转让。由于寿险保单持有人为了从银行等贷款人那里取得贷款时，需要将寿险保单质押给贷款人，这时的转让是仅仅将寿险保单中的某些权利暂时转移给贷款的银行或贷款人，这时保单持有人对归还贷款和利息仍负首要责任。只有在保单持有人无力或无法归还贷款和利息时，贷款人才可以对质押的寿险保单的某些权利进行处置，如得到该保险单项下的保险金或得到该保险单项下的现金价值来清偿贷款和利息。一旦保险单所有人还清了贷款和利息，质押的寿险保单的某些权利就复归给保险单持有人。由于这样的质押并不是寿险保单的完全转让，而且依附于借贷合同，它起的作用是借款人履约保证的作用，因此寿险保单的转让是不完全，转让人和受让人之间还需要有另一种形式的质押合同来约定质押双方的权利和义务。

二、保单质押贷款条款一般存在于长期人寿保险合同中。在保险合同中约定保单质押，是保险合同当事人的民事权利，有关国家和地区的保险立法对此有明确授权规定。我国保险法对此没有明确规定，在监管实践中，一直将保单质押贷款条款视为保险合同当事人的约定，属于意思自治，监管政策上也是允许的。

三、在保险合同中约定保单质押贷款，并未超出经营保险业务许可证批准的业务范围，不需要在《经营保险业务许可证》中明示。有关保单质押贷款业务的问题，我会将根据市场需要，作出规范。

（资料来源：中国保监会，《关于寿险保单质押贷款业务有关问题的复函》，保监厅函［2008］66号。）

三、人身保险合同设立质押的法律程序

在我国，人身保险合同设立质押，主要体现在以人身保险单进行质押贷款。目前存在两种情况：一是投保人把保险单质押给保险公司，直接从保险公司取得贷款。当债务人不能履行债务时，由保险公司处置保险单的某些权利，以偿还债务。另一种是投保人将保险单质押给商业银行，由商业银行向投保人给予贷款。当债务人不能履行债务时，由商业银行处置保险单的某些权利，以偿还债务。①

不论投保人将保险单质押给保险公司还是商业银行以实现贷款目的，都要履行法定的程序。一般来讲，投保人与保险公司或者银行之间需要订立保险单质押合同。在质押合同中，投保人为出质人，保险公司或者商业银行为质权人。质押合同订立后，出质人应当把人身保险单转移给质权人占有，该质押合同自人身保险单占有转移时生效。②

对于法律有特别规定的人身保险单的质押，要遵循法律的特别规定。例如，《保险法》第三十四条规定："按照以死亡为给付保险金条件的合同所签发的保险单，未经被保险人书面同意，不得质押。"这就是说，以死亡保险合同所签发的保险单的质押，除当事人之间签订质押合同并转移人身保险单的占有外，还需要经过被保险人的书面同意，才能生效。③

四、人身保险合同质押的法律效力

人身保险单质押的法律效力，是指人身保险单质押合同订立后所产生的约束力。其主要

① "保单质押贷款"一词可能还未被广大投保者所熟识，而该业务被引起广泛关注。一是在2006年、2007年资本市场火爆的两年间，一些投保人受资本市场繁荣景象的驱使将保单质押套现以期将资金投入股市获利；二是2008年底到2009年初的这段时间内，受到国际国内不利经济因素的影响，各家银行纷纷收缩贷款，市场流动性紧缺，不少人通过保单质押以解决资金短缺的燃眉之急。参见邓阳：《如何活用"保单质押贷款"解决短期资金问题》，http：//www.cnbene.cn/insurance/2009/0309/article_ 5150.html/，2009年8月14日。

② 许崇苗、李利：《最新保险法适用与案例精解》，法律出版社2009年版，第315页。

③ 投保人将保险单用于质押贷款，可能导致保险公司或者商业银行成为人身保险单的受益人，这样规定的目的在于防范道德危险。

表现在以下三方面：

（一）人身保险单质押的标的物范围

人身保险单质押的标的物范围，是指人身保险单质押担保的效力，涉及保险单上的哪些权利。[①] 一般认为，人身保险单的质押合同订立后，在出质人没有清偿债务的情况下，质权人可以收取该保险单的现金价值以及该现金价值所产生的孳息（利息）。对于人身保险单质押的效力是否及于保险金？我国保险法规没有相关规定。[②]

【案例 8－1】

质权人是否可以请求人身保险单的保险金？

1998 年 9 月 24 日，林某在某人寿保险公司营销部分别为其本人、妻子以及三个儿子每人投保了一份 A 终身保险，合计基本保额 260 万元。

2001 年 4 月 5 日，林某提出申请要将上述 5 份保单的受益人增加银行办事处，用于抵押贷款，并要求人寿保险公司在批单上有“用来抵押贷款”字样。保险公司在审核投保人提供的申请已经征得被保险人同意的情况下，在当日出具批单批注：“本保单原无受益人，现申请增加受益人，受益人为朔州市农行北观路办事处，受益份额 100%，用来抵押贷款，同意增加。”此后，银行办事处并未就林某贷款一事与保险公司联系，所以，是否贷款成功，保险公司不得而知。

2001 年 9 月，保险公司在认定 5 份保单具有效力并生存给付条件的情况下，向林某及其妻子、三个儿子发出了“A 终身保险生存保险金给付通知书”，并在未要求客户提供保险单及最近一期缴费收据的情况下，通过转账形式给付林某及其妻子、三个儿子生存保险金 26 万元整。

2002 年 5 月 24 日，银行办事处以侵害其受益权为由将保险公司告上法庭。原告称，

---

① 在人身保险单质押中，质物是人身保险合同，但是，质权人是对人身保险合同上承载的某些权利行使质权。

② 2003 年 12 月 8 日，最高人民法院在《关于审理保险纠纷案件若干问题的解释》（征求意见稿）第四十一条中规定：“人寿保险的保险单，投保人经过被保险人书面同意，可以转让或者质押。但是保险合同另有约定的除外。投保人、受让人或质押权人在保险单转让或者质押转让协议签订后未通知保险人的，保险人可以只对受益人履行给付保险金的义务。质押权人在其享有的债权范围内，要求按照合同行使优先于受益人对保险金或者保险单现金价值请求权的，人民法院应当支持。”可见，这一司法解释肯定了质权人对人身保险单质押中保险金的请求权（该司法解释最终没有出台）。对此，理论界有不同观点。持反对观点的学者认为，设立质押，必须是确定的财产，而且出质人对该财产必须享有权利。在保险单质押合同中，出质人为投保人，投保人仅对保险单的现金价值享有权利，而不享有保险金请求权。投保人只能以保险单的现金价值设立质押，不能以被保险人所享有的保险金请求权进行质押。因此，保险单质押的效力不能及于保险金（参见许崇苗、李利：《最新保险法适用与案例精解》，法律出版社 2009 年版，第 316 页）。保险实务中，保险公司一般将人身保险业务中的受益人分为生存保险金的受益人和身故保险金的受益人，前者一般是被保险人本人，后者则可由投保人或者被保险人指定。当投保人、被保险人、受益人不是同一人时，投保人对保单现金价值享有权利；被保险人对生存保险金享有权利；受益人对身故保险金享有权利。依照担保法理，如果没有特别约定，投保人不能将被保险人、受益人所享有的权利出质；质权人在行使质权时，也不能请求生存保险金及身故保险金的给付。如果投保人、被保险人、受益人是同一人时，或者被保险人、受益人允许投保人处分他们的权利，质权人可以对保险金行使质权。

2001年4月，林某向原告贷款96万元，以其5份A保险单作质押，担保本息按期清偿。保单注明原告为受益人。被告向林某支付26万元保险金的行为侵害了原告权益。

被告则认为，依据《担保法》的规定，保险单不能用于质押，原告同林某的贷款担保无效，即使担保有效，根据“A终身保险”条款的规定（本合同指定的受益人是身故保险金的受益人，生存保险金的受益人是被保险人本人），原告必须等到被保险人死亡后才能受益。原告对生存满期保险金无请求权，必须等到被保险人死亡时才能受益。因此，被告并没有构成侵权行为。

法庭庭审认为，林某等用人寿保险单质押担保贷款未违反法律规定，是意定担保，合法有效，被告对质押担保合同作了批注，确定原告为5份保险合同的受益人，三方属意思表示真实。生存保险金也是保险金，这26万元保险金应由原告领取。因此，被告向林某等支付保险金侵害了原告的受益权。判决被告向原告支付26万元保险金。

保险公司不服，遂向上级人民法院提出上诉。二审法院经审理认为，本案所涉保险单需要年缴保费，且具有储蓄功能，因此这些保单能体现一定的财产价值，故该保单可以质押，该保单质押合同是当事人真实意思表示，应为有效。A保险金由生存满期保险金、残疾保险金和死亡保险金组成。受益人符合生存满期保险金的支付条件。因此，受益人的请求权并非一定要等到被保险人死亡时才产生。本案质押合同正是基于这一特殊性而订立。因此，维持原判。

（案例来源：周玉华，《最新保险法法理释义与实例解析》，法律出版社2003年版，第323页。）

【分析】 本案问题的关键在于，质押合同所规定的质押标的究竟是投保人享有的保单现金价值、被保险人的生存受益金，还是受益人的身故保险金。由于法律没有明确规定，经常引发实践中的纠纷。就法理而言，法院判决执行被保险人的生存保险金是不妥当的。为避免纠纷产生，质押保单时，银行最好选择投保人和被保险人为同一人的保单，撤销原指定的受益人，并指定银行为新的受益人。当银行接受投保人、被保险人、受益人不是同一人的保单质押时，设定保单质押贷款时应当明确所有权所涉及的范围，以免处分了他人权利而产生不必要的纷争。

（二）人身保险单质押对质权人的效力

依照担保法与保险原理，人身保险单质押对质权人的效力如下：

1. 质权人有权占有人身保险合同等权利证书

债务履行期限届满债务人偿还债务的，或者出质人对质押债务提前清偿的，质权人应当返还人身保险合同等权利证书。

2. 质权人负有妥善保管人身保险合同的义务

如果由于保管人身保险合同发生必要的费用，质权人有权向出质人请求偿还。因保管不善致使人身保险合同等权利证书毁损或者灭失的，质权人应当赔偿。

3. 质权人享有保全质权的权利

人身保险合同的现金价值明显减少，足以危害质权人权利的，质权人可以要求出质人提供相应的担保；出质人不提供的，质权人可以处置保险单，将所得价款用于提前清偿债务。例如，在投保人未按时缴纳保费情况下，由于寿险保单具有自动垫缴保费的功能，保险公司将会用保单积存的现金价值为投保人垫缴保费，使保单继续有效。这种做法减少了质押标的的价值，使质权人的利益受到危害。因此，质权人可以要求出质人提供担保或者处置保险单以实现债权。

4. 质权人享有实现质权的权利

如果债务履行期限届满，债务人不履行债务。债权人有权依照法律规定对已经质押的人身保险单作出处置，用所得的价款优先受偿。一般来说，债权人可以以自己的名义，向保险公司提交质押合同和保险单，申请解除保险合同，并以退保金来满足自己的债权。但债权人要求解除合同的范围，应以未实现的债权为限。①

（三）人身保险单质押对出质人的效力

依照担保法与保险原理，人身保险单质押对出质人的效力如下：

（1）出质人应当保证人身保险单的价值，负有不得损害质权的义务。在保单质押期间，出质人应当按照保险合同的约定继续履行其缴纳保费的义务；不得未经质权人同意而自行退保，或者变更保单中与贷款相关的信息。

（2）出质人享有对债务人的追偿权。为债务人质押担保的第三人，在质权人实现质权后，有权向债务人追偿。

关键词

人身保险合同的转让　事故发生前的转让　事故发生后的转让　收款权的转让
人身保险合同的整体转让　保单所有人的转让　保险人的转让　绝对转让　担保转让
人寿保险合同的强制转让质押　动产质押　权利质押　人身保险合同质押
保险单质押贷款　融资　有价证券　现金价值　孳息　保险单质押合同　出质人
质权人　质物　生存保险金　身故保险金

思考题

1. 人身保险合同转让的意义是什么？
2. 人身保险合同转让时，受让人是否应当具有保险利益？为什么？
3. 简述人身保险合同强制转让的前提、内容、程序和法律后果？
4. 人身保险合同质押的作用是什么？
5. 哪些范围的人身保险合同可以质押？
6. 人身保险合同质押分别对质权人和出质人产生什么样的法律效力？

① 许崇苗、李利：《最新保险法适用与案例精解》，法律出版社2009年版，第317页。

第九章
人身保险合同的解除

学习目的

- 了解人身保险合同解除的概念以及与相关概念的区别
- 熟悉人身保险合同双方不同的合同解除权
- 掌握人身保险合同解除的类型
- 掌握人身保险合同解除权的行使规则
- 掌握人身保险合同法定解除条件
- 掌握人身保险合同解除的法律后果

在保险领域，和其他领域一样，需要小心谨慎地使用公共政策原则。

——【英国】约翰·伯茨[①]

保险合同一经签订，即在当事人之间产生相当于法律的强制约束力，只有依约履行才能将保险各方当事人的预期利益变为现实。可是，合同的履行并非人们想像得如此顺畅。当法定或者约定的事由出现时，享有解除权的当事人可以解除保险合同，以实现对公平交易的维护。

第一节 人身保险合同解除概述

与财产保险合同相比，人身保险合同具有长期性，这类保险合同是否被合法解除，更加直接地影响投保人、被保险人或者受益人的生活安定。在保险实践中，**人身保险合同解除**也是大量纠纷产生的根源。

一、合同解除的一般理论

（一）合同解除的概念和特点

所谓合同解除，是指合同有效成立以后，当具备合同解除条件时，由合同当事人的一方或者双方行使解除权，从而使合同效力自始消灭或者向将来消灭的行为。

① 约翰·伯茨（John Birds），著名保险法专家，在谢菲尔德大学法学院任职教授，多年从事保险法的教学与研究，取得了显著的学术成就，在英国保险法学界具有重要影响。其著作包括《基础保险法》、《保险法百科全书》、《保险法词典》、《现代保险法》等。《现代保险法》一书，全面、系统地阐述了保险法的基本原理，该书不仅对保险理论研究，而且对保险实务均有重要指导意义。此语即出自该书对保险赔付与公共政策关系的论述。

专栏 9—1

合同解除是大陆法系民法中的一项基本制度。由于罗马法坚持合同信守原则，所以合同不得解除。首次在法律上确认合同解除制度的是 1804 年《法国民法典》，后来被各国合同立法所借鉴。其法律机理为：合同有效成立后，由于出现主客观的各种障碍，致使合同履行不必要或者不可能时，法律允许当事人解除合同。

合同解除具有以下特点：

1. 合同解除适用于有效成立的合同

合同解除只适用于合同有效成立以后、履行完毕以前。合同在有效成立以前，并不具有对当事人的强制约束力；合同在履行完毕以后，不再约束各方当事人，因此这两种情况都不存在合同解除。对于无效和可撤销的合同，也不发生合同解除，而应该由合同无效或者撤销制度来调整。

2. 合同解除必须具备一定条件

合同解除制度具有双重目的，一是赋予合同解除权人在履行不必要或者不可能时脱离合同的权利；二是禁止当事人在没有任何法定或者约定的情况下任意解除合同。合同解除条件包括法定解除条件和约定解除条件，前者是法律规定合同当事人可以解除合同的情形；后者是合同中约定的当事人可以解除合同的情形。

3. 合同的解除必须有解除行为

合同当事人的解除行为分为两种：一是双方当事人协商一致，通过订立一个新合同解除原来的合同；另一种是由享有法定或者约定解除权的当事人单方作出解除合同的意思表示。这种单方的意思表示以通知的方式作出，不需要征得对方同意。

4. 合同解除权的行使必须符合法律规定或者合同约定的期限

如果当事人没有在法定、约定或者合理的期限内行使解除权，那么该权利就消失。这种要求是基于交易稳定的考虑，当一方当事人享有解除权而长期不行使时，势必会影响当事人双方权利义务关系的稳定。

5. 合同解除使合同效力自始消灭或者向将来消灭

合同被依法解除后，产生相应的法律后果。我国《合同法》第九十七条规定，合同解除后，尚未履行的，不再履行。对于已经履行的，合同效力是自始消灭还是向将来消灭，需要根据履行情况和合同性质来确定。[①]

---

① 关于合同解除的效力，历来存在争议。学理上一般主张应区分继续性合同与非继续性合同。非继续性合同的解除原则上有溯及力，其直接标志是恢复原状；继续性合同的解除原则上无溯及力，如租赁合同、雇佣合同等，合同解除只向将来发生效力。

专栏 9—2

合同解除与合同无效、合同变更的区别

合同解除与合同无效不同。合同解除针对的是已经正式成立的合同，是在合同有效期内，由享有解除权的当事人行使合同解除权，或者双方协商一致消灭合同效力的行为。这种解除往往由双方当事人自己决定，国家不予干涉。在合同被依法解除前，合同是有效的。合同无效是指合同根本不符合法律规定的合同生效要件，自始不产生效力。即使当事人不主张无效，有关国家机关也应当主动干预。这类合同具有较为严重的违法性，一般会追缴当事人所获得的非法财产。

合同解除与合同变更不同。不论是当事人行使解除权的合同解除，还是双方当事人协商的合同解除，合同解除都是消灭原合同关系，并且不再建立新的合同关系。而合同变更是通过双方当事人协商对原合同的某些条款作出的修改和补充。它没有消灭原合同关系，只是以重新约定双方权利义务关系的形式使原来的合同关系发生了变化。合同解除消灭了合同关系，因此会涉及已经履行部分的效力；而合同变更一般只涉及合同未履行的部分，合同变更前已经履行的部分不再变动。

（二）合同解除的类型

合同解除可以分为约定解除和法定解除。约定解除有协商解除和约定解除权的解除两种形式。

1. 协商解除

协商解除，是指在合同成立以后，合同履行完毕以前，双方当事人通过事后协商而解除合同。这种合同解除不是单方行使解除权的结果，而是双方当事人根据合同成立后发生的情况而决定解除合同，因此又称为事后协商解除。

2. 约定解除权的解除

约定解除权的解除，是指当事人双方在合同中约定解除合同的条件，当事人一方或者双方在条件具备而享有解除权时，通过行使合同解除权而消灭合同关系。其特点在于当事人事前约定在一定情况下由一方或者双方享有解除权，解除权可以在订立合同时约定，也可以在订立合同后另行约定。

3. 法定解除

法定解除，是指由法律直接规定解除条件的合同解除。在合同成立后，没有履行完毕前，只要具备法定解除条件，解除权人即可单方解除合同，不必征得对方同意。从性质来看，法定解除是合同不能正常履行情况下，法律赋予非违约方的权利；同时，法定解除条件又是对解除权人作出的限制：只有在法律列举的情况出现时，非违约方才能行使法定解除

权。我国《合同法》规定的法定解除条件如下：（1）因不可抗力致使不能实现合同目的；[①]（2）在履行期届满之前，当事人一方明确表示或者以自己的行为表明不履行主要债务的；[②]（3）当事人一方迟延履行主要债务，经催告后在合理期限内仍未履行的；（4）当事人一方迟延履行债务或者有其他违约行为致使不能实现合同目的的；[③]（5）法律规定的其他情形。

（三）合同解除的程序

1. 协商解除的程序

协商解除是当事人双方协商一致的结果，因此，协商解除应当经过要约和承诺两个阶段。一方当事人提出解除合同的意思表示（要约），另一方当事人表示同意（承诺），合同就可以解除。

2. 行使解除权的程序

在当事人享有法定或者约定解除权的情况下，解除权人将解除合同的意思表示直接通知给对方，合同自通知到达对方时即解除。对方当事人如果有异议，可以请求人民法院或者仲裁机构确认解除合同的效力。合同解除时，需要注意以下事项：

第一，合同解除原则上应当采用书面形式通知对方当事人。

第二，解除权的行使须在特定期限内完成。如果解除权人在法律规定或者合同约定的解除权行使期限内没有行使解除权，则视为其丧失解除权。如果法律没有规定、当事人也没有约定权利行使期限的，经对方催告后在合理期限内不行使的，解除权消失。

第三，法律、行政法规要求特定合同解除应当办理批准、登记等手续的，如不动产、机动车辆买卖合同的解除，当事人应当依照其规定办理。

（四）合同解除的法律后果

合同解除的法律后果是使合同关系消灭。对于合同解除前债权债务关系的处理，涉及合同解除是否具有溯及力的问题。合同解除有溯及力，是指合同解除使合同的债权债务关系溯及既往的消灭，恢复到合同订立前的状态。合同解除没有溯及力，是指合同解除仅仅使合同债权债务关系向将来消灭，解除前的债权债务关系仍然有效。

我国法律对合同解除的效力没有做明确规定，学理上的通说一般主张区别继续性合同和非继续性合同。根据我国《合同法》第九十七条的规定："合同解除后，尚未履行的，终止履行；已经履行的，根据履行情况和合同性质，当事人可以请求恢复原状、采取其他补救措

---

① 不可抗力是指不能预见、不能避免并且不能克服的客观情况，例如，地震、台风等重大自然灾害，战争等社会异常事件。

② 这款规定又称为预期违约，包括明示违约和默示违约。所谓明示违约，是指在合同履行期到来前，当事人一方无正当理由明确表示不履行合同。所谓默示违约，是指在合同履行期到来前，当事人一方虽然没有明确表示不履行债务，但以自己的行为或者现状表明其将不会或者不能履行债务。

③ 这是对当事人重大违约行为所致合同解除的规定，在英国法中又称根本违约。《联合国国际货物销售合同公约》也有类似规定，其第25条规定："一方当事人违反合同的结果，如使另一方当事人蒙受损害，以致于实际上剥夺了他根据合同规定有权期待得到的东西，即为根本违反合同，除非违反合同一方并不预知而且一个同等资格、通情达理的人处于相同情况中也没有理由预知会发生这种结果。"

施，并有权要求赔偿损失”。可以做如下理解：

第一，在非继续性合同中，合同解除具有溯及力，表现为当事人可以请求恢复原状。具体包括返还原物及孳息；如果当事人在占有标的物时为维护标的物支付了必要费用，其有权在对方受返还时所得的利益限度内请求返还。

第二，在继续性合同中，合同解除原则上没有溯及力。如租赁合同、雇佣合同等，这类合同因内容特殊而无法适用恢复原状，合同解除只向将来发生效力。对于当事人一方已经履行，而对方并未对待履行的情形，可以让当事人将超过自己给付的部分对另一方进行补偿。

这两种情况的合同解除，均不影响受损方要求赔偿损失的权利。

专栏 9—3

国外立法及学说对合同解除溯及力的规定

《德国民法典》认为合同因解除而溯及既往的消灭，尚未履行的债务免于履行，已经履行的部分发生返还请求权。其第 346 条规定，“合同一方当事人在合同解除上保留解除权，或其享有法定解除权的，在解除的情形下，应当返还所受领的给付和交付所收取的利益……”法国民法的理论与实践认为，合同的解除具有溯及力，只是，对受客观情形限制不能恢复原状的连续给付合同的解除，不引起溯及既往的效果。因为这类合同被解除后，其解除前已经产生的事实状态不可能再行恢复。英国普通法却认为，由于违约造成的合同解除并不使合同自始无效，而只是使合同向将来消灭。《国际商事合同通则》则采取了较为折衷的做法，规定合同解除原则上有溯及力，而在特殊情况下合同解除的溯及力受到了一定限制。《通则》第7·3·6条规定：（1）终止合同时，任何一方当事人均可要求返还他已提供的一切，只要他能同时返还其所接受的一切。如返还实物不可能或不适当，在合理情形下应按市场上的中等价格折价补偿。（2）无论如何，若合同的履行已持续了一段时间且该合同是可分割的，则仅能在合同的终止生效后的期间里请求该类返还。

二、人身保险合同解除的内涵

（一）人身保险合同解除的含义

人身保险合同的解除，是指在人身保险合同有效成立以后，有效期限届满之前，当事人在法律规定或者合同约定的解除条件具备时行使解除权，使人身保险合同关系归于消灭的法律行为。保险实践中，投保人解除合同，习惯上称为**退保**。

《保险法》第十五条规定：“除本法另有规定或者保险合同另有约定外，保险合同成立后，投保人可以解除合同，保险人不得解除合同。”就人身保险合同而言，投保人“除本法另有规定或者保险合同另有约定外”，可以无需任何理由解除已经成立的保险合同，并且无需经过保险人的同意；而保险人解除人身保险合同仅仅限于“本法另有规定”或者“保险合同另有约定”的情况。其目的在于保护被保险人的利益、维护保险关系的稳定性。这种解除权配置的差异性将在本章第二节中详细阐述。

（二）人身保险合同解除的要件

只有同时满足以下五个要件，人身保险合同才能被依法解除：

1. 人身保险合同解除的对象是合法有效的人身保险合同

如果人身保险合同尚未成立、无效或者被撤销，或者人身保险合同已经履行完毕，都不存在解除合同的必要。

2. 人身保险合同解除需要具备解除条件

解除条件可以是人身保险合同中约定的，也可以是法律规定的。只有在解除条件具备时，当事人才可以解除人身保险合同。例如，依据《保险法》第三十二条的规定，投保人申报的被保险人年龄不真实，并且其真实年龄不符合合同约定的年龄限制的，保险人可以解除合同。那么，如果投保人申报的被保险人的年龄是真实的，或者虽然不真实但却符合人身保险合同所约定的年龄限制，则不具备解除条件，保险人无权以此为由解除人身保险合同。

3. 人身保险合同解除需要有解除权人的解除行为

在人身保险合同有效期内，如果仅仅具备解除条件，并不当然发生人身保险合同解除的后果。解除权对于当事人来说，是一种权利、一种利益，解除权人可以放弃。即使法定或者约定的解除条件成就，如果解除权人没有实施解除行为，人身保险合同关系依然存在。

4. 人身保险合同解除需要在法定、约定或者合理期限内完成

人身保险合同的解除权具有一定的行使期间，此期间届满，当事人不行使，解除权就消灭。例如，根据《保险法》第十六条的规定，在投保人违反如实告知义务情形下，保险人享有的解除权行使期间是自保险人知道有解除事由之日起的三十日，超过三十日不行使，保险人将丧失解除权。同理，如果人身保险合同中约定了解除权行使期间，超过期间不行使，解除权也会消灭。如果法律没有规定、当事人也没有约定解除权行使期限的，经对方催告后在合理期限内不行使的，人身保险合同的解除权即消失。

5. 人身保险合同解除需要通知对方当事人

人身保险合同的解除权人在解除条件具备时，可以单方行使解除权而消灭合同关系，无需征得对方当事人的同意，但是需要将解除事项通知给对方当事人，否则，不能产生人身保险合同解除的效果。根据我国《合同法》第九十六条的规定，当事人一方主张解除合同的，应当通知对方。合同自通知到达对方时解除。对方有异议的，可以请求人民法院或者仲裁机构确认解除合同的效力。

【案例 9－1】

保险人是否可以随意解除保险合同

付先生在某保险公司工作，2006 年 5 月，付先生为自己投保了 100 万元保额的养老保

险，年缴保费7000多元。根据付先生所投保险种的条款规定，被保险人年满55岁时，可以一次性领取养老金100万元。付先生每年均按期缴纳保险费。但在2009年5月，当付先生又要缴纳保险费时，接到了保险公司内部的通知，公司一律不再收取其续期保险费，并要求这些投保员工退保。付先生心想，自己虽是保险公司的员工，但在投保养老保险时与保险公司建立的是保险合同关系，自己作为投保人和被保险人，如果坚决不同意退保，难道保险公司有权拒收保险费吗？

（案例来源：邹辉，《保险纠纷案例——投保与理赔的规则技巧》，经济日报出版社2001年版，第133页。）

【分析】 保险人解除合同的权利并不是可以随意行使的，只有在法定或者约定解除条件具备时，保险人才有权解除保险合同。根据《保险法》的规定，保险人在下列情况下享有人身保险合同的法定解除权：投保人违反如实告知义务（包括年龄误报）；投保人、被保险人的保险欺诈行为（包括被保险人、受益人谎称发生保险事故，投保人、被保险人故意制造保险事故）；合同效力中止，超过复效期限。从本案情况来看，保险人在既不具备法定解除条件，也不具备保险合同约定的解除条件情况下，是不能单方解除保险合同的。保险人采用拒收保费的方式迫使投保人退保，构成违约。

三、人身保险合同解除与相关概念的区别

（一）人身保险合同解除与人身保险合同终止

人身保险合同终止，是指人身保险合同客观上不复存在，合同权利义务关系归于消灭。人身保险合同解除是一种法律行为，而人身保险合同终止是一种法律状态。人身保险合同被解除，是导致人身保险合同终止的原因之一。除了人身保险合同解除，人身保险合同有效期届满；人身保险合同约定范围内的保险事故发生，保险人履行了保险金赔付义务；人身保险合同约定的失效条件出现；人身保险合同的被保险人因保险事故之外的原因死亡、伤残，失去了履行人身保险合同的基础条件；保险合同当事人破产等情形均可以导致人身保险合同终止。[①]

（二）人身保险合同解除与人身保险合同撤销

虽然人身保险合同解除和人身保险合同撤销都将导致人身保险合同关系归于消灭，并且两者都是由享有权利的一方当事人行使权利的结果，但是这两者之间存在着明显的区别。

第一，人身保险合同的解除适用于有效成立的合同；而人身保险合同的撤销适用于人身

① 合同解除与合同终止存在着密切联系。在保险领域，有些国家常常把“解除”与“终止”混用。如瑞士《联邦保险合同法》第6条规定：“如果有报告义务者在签订保险合同时未正确告知或隐瞒其已知或必然了解的重大风险情况，那么保险人可在知其未履行报告义务后的四周内解除合同而不对合同承担任何义务。如果保险单承保数种风险，而未能披露或虚报的内容只涉及某种特定的风险，保险人只可以终止关于这一特定风险的保险合同……”而在第8条又使用“解除”的字眼：“在下列情况下，即使未履行报告义务，保险人亦不可解除合同……”。参见唐运祥：《各国保险法规制度汇编》，中国金融出版社2000年版，第354—355页。

保险合同成立时当事人意思表示有瑕疵的合同。例如，一方当事人以欺诈、胁迫手段或者乘人之危，使对方在违背真实意思的情况下订立的以及因重大误解而订立的人身保险合同。[①]

第二，人身保险合同解除权的产生，可能基于法律的规定，也可能基于人身保险合同的约定；而人身保险合同撤销权的产生只能由法律直接规定。

第三，在法律后果方面，人身保险合同被解除后是否具有溯及力，要看具体情况而定；而人身保险合同被撤销后，具有溯及力，撤销合同意味着人身保险合同自始不存在或者不具有法律效力。

（三）人身保险合同解除与人身保险合同无效

人身保险合同无效，是指人身保险合同虽然成立，但是由于欠缺人身保险合同的生效要件，该合同自成立之初就不发生法律效力。例如，《保险法》规定，订立合同时，投保人对被保险人不具有保险利益，人身保险合同无效；除法律另有规定外，以死亡为给付保险金条件的合同，未经被保险人同意并认可保险金额的，人身保险合同无效。而人身保险合同的解除，在解除之前合同是有效的，只是从解除之后合同效力才发生了变化。

人身保险合同解除，是当事人行使解除权的结果，无需他人协助；而人身保险合同的无效与否，应当由人民法院或者仲裁机关裁决，当事人无权确认。

【案例9－2】

某市李甲为李乙向保险公司投保了人寿保险若干，保险金额5万元。3年后被保险人李乙意外身亡。随后李甲以受益人身份向保险人提出申领保险金的请求。保险公司在审查中发现，投保人李甲与李乙仅是表亲关系，双方也并不是抚养与被抚养关系，因此认定，李甲对李乙并无保险利益，不能充当被保险人李乙的投保人，李甲与保险人所签订的保险合同为无效合同。李甲不服，反复向保险公司交涉未成，既而提出退保，领取退保金。遂向法院提起诉讼。法院经审理后认定，该保险合同为无效合同，保险公司向李甲退还其所缴的保险费。

【分析】 此案中，李甲最后提出的退保，实际就是一种解除保险合同的意思表示。但解除保险合同的前提必须是所解除的合同为有效成立且在有效期内，如果合同本身就是无效的合同，那就不是解除的问题，而是该合同自始无效，双方回复到合同订立前的状态。造成无效合同有过错的一方还要赔偿对方因此而造成的损失。在本案中，造成合同无效的原因是，李甲对李乙本无保险利益，以投保人的身份与保险人签订了保险合同，而保险公司疏于审核也有过失，因此仅是保险人向投保人退还其所缴保险费，而不能向李甲请求赔偿损失。

---

① 有观点认为，在保险法中，大陆法系对“解除”和“撤销”一般不做区分，通常使用“解除”一语兼指“解除”和“撤销”两种情形。在《保险法》中并无保险合同撤销的用语。投保方在缔约阶段对重要事实不实告知而违反告知义务时，保险人可以解除保险合同，其解除权取得的依据是投保方的缔约意思表示有瑕疵。依据一般合同法理，这种意义上的保险合同解除与撤销在法性质上并无二致。参见李庭鹏：《保险合同告知义务研究》，法律出版社2006年版，第38—40页。

第二节　人身保险合同解除权

所谓人身保险合同的解除权，是指人身保险合同的当事人所享有的可以解除合同的权利。解除权的行使是人身保险合同解除必须具备的法律要件，否则将不能发生合同解除的法律后果。

一、人身保险合同解除权的性质

人身保险合同的解除权在性质上属于形成权。当投保人提出解除人身保险合同要求时，无须经过保险人审批即可产生合同解除的效果；而保险人在具备法律规定的法定解除条件或者约定解除条件时，只要向投保人发出解除人身保险合同的书面通知，即可发生合同解除的法律效果。除人身保险合同的效力因当事人行使解除权而归于消灭外，人身保险合同解除权的行使还将导致保险合同中相关财产内容发生变化，即已经支付的保险费可能发生返还。

人身保险合同的解除权是一种授权性规范。作为一种权利，人身保险合同的解除权在法律上会产生不同的结果：或者因为当事人依法行使其合同解除权而使人身保险合同效力归于消灭；或者由于当事人根本不行使或者怠于行使合同解除权而使人身保险合同继续保持其效力。保险合同当事人可以根据实际情况作出最有利于自己的选择，相对方只能被迫接受该解除的后果，而无需他的同意或者介入某种行为。[①]

在某种意义上，人身保险合同解除权也是保险人的抗辩权利。当投保人、被保险人违反人身保险合同义务或者由于客观情况发生导致保险合同基础不再平衡时，面对可能发生或者已经发生的保险金给付责任，保险人可以行使解除权予以免除，以对抗被保险人或者受益人的保险金请求权，并使之绝对消灭。这种抗辩权利虽然在选择上具有任意性，但权利内容却是法定的，即条件法定和效力法定。所谓条件法定，是指保险人只能在出现法律有明确规定的事由或者人身保险合同约定的条件出现时，才可以行使解除权。所谓效力法定，是指保险人行使人身保险合同解除权的后果在法律有明文规定的情况下，当事人必须适用，保险人不能以合同约定的方式进行任何改变，除非这一约定有利于投保人或者被保险人。

---

① 但是，为保护相对方的利益，维护法律秩序的稳定，人身保险合同的解除权应当以恰当的方式行使，或者说，人身保险合同解除权的行使将受到一定的限制，比如行使条件、行使期间以及行使方式等。

专栏 9—4

形成权的内涵

形成权是指依一方当事人的意思表示而产生法律效果的权利。形成权（Gestaltungsrecht）一词，为德国法学家赛克尔（Sceker）所创，奥特曼（Oertmann）及汤恩（Thon）亦用之，因不是法典上的术语，学者们称呼不一，齐特尔曼（Zitermann，1852—1923，德国私法学者）称之为“能权”（Koennrecht），赫尔威（Hellwig，1856—1913，德国学者）称为变动权（Recht aut Rechtsaenderung），安德曼则称为“抽象的权利”（Abstrakte Recht），杜尔（Tuhr）则称为“第二次的权利”（Sekundaere Recht）。也有学者否认形成权而只认为其只是权利的作用，属于一种机能，如克勒尔（Koller）即采此见解。

（资料来源：龙卫球，《民法总论》（第一版），中国法制出版社 2002 年版，第 125 页注 1。）

二、人身保险合同解除权配置的立法原则

对于人身保险合同解除权在保险合同当事人之间的配置，《保险法》第十五条作了原则性的规定：“除本法另有规定或者保险合同另有约定外，保险合同成立后，投保人可以解除合同，保险人不得解除合同”。

可见，保险法在人身保险合同解除权的配置上采取了向“投保人倾斜”的立法原则。也就是说，对于人身保险合同的投保人而言，以任意解除保险合同为原则，以不得解除保险合同为例外。除非法律规定或者人身保险合同中有投保人不得解除保险合同的约定，人身保险合同的投保人解除保险合同可以不必向保险人陈述解除的理由，随时向保险人提出解除主张，保险人不能拒绝。[①] 相反，在解除权上，人身保险合同的保险人以不得解除保险合同为原则，以可

① 这里有个问题需要讨论：在为第三人利益的人身保险合同中，投保人能否享有解除合同的权利？比如，为提高退休职工养老金待遇，某单位以自己为投保人、单位职工为被保险人与某寿险公司签署了养老年金保险。单位职工辞职后，该单位以投保人身份解除了该辞职职工的养老年金保险。这个问题在我国法律中没有明确规定。学理界存在争议，“肯定说”认为，投保人解除为第三人利益订立的保险合同不必征得第三人的同意。因为投保人（单位）是保险合同的当事人，《保险法》认可投保人在一般情况下的合同解除权，只要没有保险合同的特殊约定，单位是可以解除其为职工投保的人身保险合同的。“否定说”认为，投保人解除为第三人利益订立的保险合同需要征得第三人的同意。原因在于对保险金受领人（单位职工）利益的保护。参见苗海刚：《完善我国保险合同解除制度若干问题探悉》，载李劲夫主编：《保险法评论》（第一卷），中国法制出版社 2008 年版，第 114 页。两种观点，笔者倾向于第二种观点。被保险人是受人身保险合同保障的人，除非人身保险合同约定投保人可以解除合同，否则，投保人解除合同应当征得被保险人同意。中国保监会在《关于规范团体保险经营行为有关问题的通知》（保监发［2005］62 号）中的规定也与此相呼应，“投保人退保时，保险公司应要求投保人提供有效证明表明被保险人知悉退保事宜，退保金应通过银行转账方式支付并退至原缴款账户。”

以解除保险合同为例外。保险人不能随心所欲地解除保险合同，他只能在法律规定或者保险合同约定的范围内行使解除合同的权利。这种立法原则也是各国保险立法的通例。[①]

保险法之所以规定人身保险合同双方当事人不同的保险合同解除权，其目的在于保护在保险交易中处于弱势地位的投保人一方的利益。具体来说：

1. 投保人与保险人的地位存在着天然的不平等性

投保人、被保险人多为单个主体[②]，无力与具备专业知识的保险企业相抗衡，在保险交易中始终受到保险人商业宣传的摆布。虽然同为营利性企业，保险公司却具有其他普通企业没有的市场优势地位。在有些国家，保险行业垄断现象比较明显，保险市场只被数量有限的保险公司占据，投保人对缔结合同并无选择的余地。即使存在许多保险公司，国家为了制止某个保险公司为强占市场，排挤同行而违规降低保险费率的不正当竞争行为，也要规定相同地区相同险种的保险费率。如果投保人拒绝了某一保险人的合同，也就意味着拒绝了其他保险人的合同，投保人的缔约能力受到极大限制。

2. 在人身保险合同签订过程中，投保人与保险人无法实现平等协商

保险合同的格式化条款剥夺了人身保险合同投保人的磋商能力。对于保险人事先拟定的格式合同，即使对于价格、数量等主要条款，投保人也无法选择、无法商议。他们只有接受或者不接受的自由，而没有对保险合同条款进行讨价还价的余地。可是，利益偏好所产生的道德危险总是使保险人在制定条款时以自身的利益为根本，利用各种技术手段不合理的分配保险合同交易的风险，这样，合同双方当事人就处于一种极不平等的交易地位。

基于以上原因，我国保险法以向"投保人倾斜"的人身保险合同解除权配置原则，赋予了投保人对自己利益权衡取舍更多的选择机会，可以有效地矫正保险交易过程中的不平等。这样一来，尽管投保人对保险人事先确定的保险条款无能为力，但是保险合同解除时的主动权却可以在一定程度上保障其合法权益免受损害。

当然，根据《保险法》第十五条的规定，人身保险合同当事人也可以通过约定限制投保人的自由解除权，或者赋予保险人更多的约定解除权，这充分体现了法定强制与意思自治的结合。[③] 只是这种约定不能与法律的强制性规定相抵触，也不能损害社会公共利益以及违反公平原则。

三、人身保险合同解除权的行使规则

（一）人身保险合同解除权的行使对象

人身保险合同的当事人行使合同解除权，应该向对方当事人行使。在投保人主张解除人身保险合同时，应当向保险人行使解除权；在保险人主张解除保险合同时，保险人应当向投

---

① 例如，《日本商法典》第653条规定，"在保险人的责任开始前，投保人可以解除契约的全部或者一部分。"

② "单个主体"体现为个人或者家庭。目前，保险交易呈现出消费化的倾向，消费者保险在整个保险业务中的比重也越来越大。与商业性被保险人（business insured）相比，消费性被保险人（consumer insured）的缔约能力更为薄弱，在保险交易中处于绝对弱势地位。

③ 吴定富主编：《〈中华人民共和国保险法〉释义》，中国财政经济出版社2009年版，第41页。

保人行使解除权。

实务中，当人身保险合同的投保人为多个人时，解除权应当向谁行使？具体而言，如果人身保险合同有代表人条款的，保险人直接向该代表人行使即可；如果没有推选代表人或者该代表人处所不明确，保险人向其中的任何一个投保人行使即可。在没有相互代理的约定或者没有代表人条款的人身保险合同中，由于多个投保人之间并不一定能够消息互通，所以保险人应当向全体投保人行使解除权。如果人身保险合同的投保人死亡，其继承人应当作为保险人解除合同的意思受领对象。①

（二）人身保险合同解除权的行使期间

在人身保险合同解除权的行使期间上，需要明确三个问题：

1. 保险责任开始与否对行使期间的影响

一般认为，人身保险合同的解除权发生在保险合同成立之后，而不考虑保险责任是否开始。也就是说，人身保险合同已经生效，保险责任已经开始，解除权人可以解除合同；人身保险合同成立后，保险责任开始前，解除权人也可以解除保险合同。

2. 保险事故发生与否对行使期间的影响

一般认为，保险事故是否发生，对解除权的行使没有影响，也就是说，无论在保险事故发生之前，还是保险事故发生之后，享有保险合同解除权的主体都可以解除保险合同。《保险法》第三十二条第（一）款规定："投保人申报的被保险人年龄不真实，并且其真实年龄不符合合同约定的年龄限制，保险人可以解除合同"。可见，当保险人发现被保险人年龄不真实且不符合合同约定的年龄时，即使被保险人未发生保险事故，保险人也可以解除保险合同。同时，保险人也可以在保险事故发生后解除保险合同。《保险法》第十六条规定："投保人故意不履行如实告知义务的，保险人对于合同解除前发生的保险事故，不承担赔偿或者给付保险金的责任，并不退还保险费"，这一规定承认了保险事故发生后保险人的合同解除权。在目前的司法实践中，保险人行使解除权引起的纠纷基本上发生在保险事故发生以后。法院也一般认可保险人在保险事故发生后行使解除权。

3. 人身保险合同解除权的存续期间

在人身保险合同成立后，有效期届满之前，除保险合同另有约定外，投保人可以随时提

---

① 目前判例与学说存在较大争议的是，在人寿保险中，当投保人的继承人和受益人同时存在时，保险人将向谁行使解除权？继承人是投保人死亡后的权利义务承受者，而受益人也享有对保险金的受领权。对此，台湾地区最高法院同样依据《保险法》第一百一十二条之规定——"保险金额约定于被保险人死亡时给付于其所指定之受益人者，其金额不得作为被保险人之遗产，"却作出了"向全体继承人行使"及"向受益人行使"两种不同的判决。梁宇贤先生认为，保险合同中可以约定受益人为解除权的行使对象。吴鸿章先生却认为，保险人向保险受益人或被保险人为解除意思表示的，当然不发生效力。目前，台湾地区保单示范条款规定："本公司通知解除契约时，如要保人死亡、居住所不明，或其他原因，通知不能送达时，本公司得将解除通知送达受益人。"笔者认为，鉴于保险合同的特殊性，投保人的继承人与受益人同样有资格成为保险人合同解除权的行使对象。如果人身保险合同有约定，保险人可以向受益人行使解除合同的意思表达，则从其约定；如果保险合同没有约定，保险人就应该首先将继承人确定为行使对象；在没有继承人或者继承人无法确定的场合，保险人再将解除合同的意思向受益人表达。

出解除保险合同。[①] 可是，保险人的解除权存续时间要受到相关法律的规范。这是因为，保险人在自己的人身保险合同解除权发生后，如果既不行使权利也不放弃权利，而是依旧收取保费，直到保险事故发生后再主张解除合同，以逃避保险金的给付，这样对投保人或者被保险人极为不利。因此，大多数国家和地区的保险立法对解除权的行使期间都有明确规定。

《保险法》第十六条规定了投保人违反如实告知义务情形下（包括年龄误报），保险人解除保险合同的权利行使期间是自保险人知道有解除事由之日起三十日；并且还规定，保险人合同解除权的最长行使期间是自保险合同成立之日起两年。[②] 对投保人申报的被保险人年龄不真实，并且真实年龄不符合合同约定的年龄限制的，保险人解除合同的期限，适用上述规定。对于因其他情形而导致的保险人解除人身保险合同的权利行使期间，我国保险法没有规定。

【案例 9－3】

保险事故发生后投保人是否有权提出解除保险合同?

某单位于 2000 年 7 月在某保险公司为其 30 名员工投保了养老保险。根据合同约定，保险公司承担如下保险责任：一是被保险人达到法定退休年龄后，保险公司给付养老金；二是被保险人在领取养老金前身故的，保险公司给付身故保险金。合同还约定，投保人于本合同成立后，可以书面通知要求解除本合同，但在被保险人开始领取养老金后，保险人对其不办理退保。2001 年 6 月，被保险人张某在外地出差期间因交通事故身亡。投保单位于 2002 年 2 月以被保险人死亡为由，向保险公司申请退保。2002 年 3 月，投保单位从保险公司领走退保金。被保险人家属得知后：一是要求保险公司给付保险金；二是要求保险公司向投保单位追偿退保金。

（案例来源：许崇苗、李利，《最新保险法适用与案例精解》，法律出版社 2009 年版，第 325 页。）

【分析】 该案涉及的问题是在保险事故发生后，保险合同未对投保人的合同解除权作出任何限制性规定的情况下，投保人是否有权解除保险合同？对此，我国保险法没有作出明确规定。根据法理，保险合同是为第三人利益的合同，在第三人权利生效后，除非基于法律规定或者合同约定，合同当事人变更或者解除合同的权利应受到限制。在保险事故发生后，被保险人或者受益人的保险金请求权已经产生，此时如果允许投保人退保，实质上剥夺了被保险人或者受益人获得保险赔偿或者给付的权利。因此，本案中，保险事故发生后，投保单位没有解除人身保险合同的权利。

（三）人身保险合同解除权的行使方式

关于人身保险合同解除权的行使方式，《保险法》没有明确规定。为实现该制度的可操

---

① 根据合同自由原则，保险合同当事人可以在人身保险合同中约定保险合同解除权的行使期限。

② 保险合同解除权最长行使期间的规定，也称之为“不可抗辩条款”，详细内容参见本书第六章第一节。

作性，《最高人民法院关于人民法院审理保险纠纷案件若干问题的解释（征求意见稿）》规定了解除权行使的通知主义方式，其第九条规定："保险合同成立后，当事人一方依据保险法和本解释主张解除合同的，应当通知对方，保险合同自通知到达对方时解除"。在保险实践中，人身保险合同一般约定采用书面形式通知，比如投保人的解除合同申请书、保险人的合同解除通知等。

需要注意的是，解除通知中要明确表示解除人身保险合同的意思。实务中，投保人不缴纳保险费，并不能视为投保人行使人身保险合同的解除权，不发生合同解除的法律效力。对于保险人而言，在保险事故发生后，保险人在享有合同解除权的同时，往往又有权对保险事故作出拒赔处理，此时的拒赔通知书也不能够代替合同解除通知。

专栏 9—5

中国保险行业协会对投保人解除合同的手续及风险条款的示范规定

如投保人在犹豫期后申请解除本合同，请填写解除合同申请书并向本公司提供下列资料：

（1）保险合同；

（2）投保人的有效身份证件。

自本公司收到解除合同申请书时起，本合同终止。本公司自收到解除合同申请书之日起 30 日内向投保人退还保险单的现金价值。

投保人犹豫期后解除合同会遭受一定损失。

（资料来源：中国保险行业协会，《人身保险产品条款部分条目示范写法》第十条。）

第三节 人身保险合同的解除条件

在人身保险合同解除制度中，明确解除条件至关重要，因为它是保险合同效力发生变化的转折点。只有具备了解除条件，合同当事人才能解除人身保险合同；反之，任何当事人在没有满足解除条件的情况下解除保险合同，其行为将构成违约，并且应当承担民事责任。

人身保险合同的解除条件包括法定解除条件和约定解除条件两种。由于保险合同解除将导致合同效力的根本变化，对被保险人来说，可能面临保险事故发生后无法获得保险金赔偿或者给付的情况。因此，人身保险合同的法定解除条件主要是对保险人行使解除权进行约束。对于约定解除条件而言，只要不违反法律规定或者社会公共利益，人身保险合同可以自由约定保险人行使合同解除权的条件。除非法律另有规定或者合同另有约定，投保人解除人身保险合同时，并不需要满足任何解除条件。

一、人身保险合同的法定解除条件

（一）投保人违反如实告知义务

在人身保险合同的磋商阶段，保险人要根据保险标的的具体状况进行评估，以便作出是否承保以及以何种保险费率承保的判断。依据诚实信用原则，订立人身保险合同时，保险人就被保险人的有关情况提出询问的，投保人应当如实告知。在投保人违反如实告知义务情况下，由于保险人不了解真实情况，可能对原本不符合保险条件的被保险人进行承保，或者以低于正常保险费率的价格签订保险合同。这种保险合同对保险人是不公平的。为此，保险法赋予保险人在这种情况下解除保险合同的权利。投保人违反告知义务，保险人享有法定解除权的情形主要有下述三种：

（1）投保人故意不履行如实告知义务的，足以影响保险人决定是否同意承保或者提高保险费率的，保险人有权解除保险合同。此种情形，本书在论述告知义务时已有详述，在此不加展开。

（2）投保人因重大过失未履行如实告知义务，足以影响保险人决定是否同意承保或者提高保险费率的，保险人有权解除保险合同。此种情形，本书在告知义务部分亦有论述。

需要强调的是，无论投保人是故意还是重大过失不履行告知义务，其未告知的事实必须是“足以影响保险人决定是否同意承保或者提高保险费率”的重要事实。如果仅仅因为投保人的故意或者重大过失而未履行告知义务，但尚不能影响保险人决定是否同意承保或者提高保险费率的，保险人是不能解除保险合同的。[①][②]

专栏 9—6

Agrey v. British Legal and United Provident Assurance 一案

被保险人 Agrey 向保险人（被告）British Legal and United Provident Assurance 购买了一份人寿保险。在关于“职业”的询问中，仅回答“渔夫”，并没有对他同

① 在 2009 年我国保险法修订前，对于“故意不告知”的情况，并没有要求以重要事实为限，新修订后的保险法增加了这一限制，体现了立法的进步性。

② 吴定富主编：《〈中华人民共和国保险法〉释义》，中国财政经济出版社 2009 年版，第 49 页。

时也是一名海军预备役军人进行告知。可是，随后在保险人的一名地区经理到被保险人处收取保险费时，被保险人口头告知了他是海军预备役军人这一事实。一年以后，被保险人在服役期间在海上溺死，保险人以被保险人违反告知义务为由，拒绝给付保险金。法庭裁决保险人败诉。因为法官认为，保险人应当知道被保险人具有海军预备役军人的职业身份，在收取保险费后一年多的时间内未做调查核实，也没有去撤销保险合同，其沉默的行为已经构成弃权，因此不得再以此为由进行抗辩。

（资料来源：Agrey v. British Legal and United Provident Assurance [1917] 1KB 136。）

（3）在投保人申报的被保险人年龄不真实，且真实年龄不符合合同约定的年龄限制时，保险人有权解除保险合同。

在人身保险合同中，被保险人的年龄是影响保险人判断是否承保以及决定保险费率高低的重要评判因素，被保险人在签订人身保险合同时应当如实告知。《保险法》第三十二条规定，“投保人申报的被保险人年龄不真实，并且其真实年龄不符合合同约定的年龄限制的，保险人可以解除合同”。在本条规定的适用中，只有在投保人申报的被保险人年龄不真实，并且其真实年龄不符合合同约定的年龄限制的，保险人才可以解除合同。两个条件缺一不可。而对于投保人的主观状态，是因投保人故意、重大过失还是轻微过失造成的申报年龄不真实，则在所不问。但是，如果被保险人申报的年龄不真实，但其真实年龄却符合保险合同的保障范围，保险人不能因此主张解除保险合同，只能在要求投保人补缴保险费或在给付保险金时按照实付保险费与应付保险费的比例支付，或者将多收的保险费退还给投保人。这是因为，在投保人补缴保险费或者将多收的保险费退还后，保险人并未因被保险人的年龄不真实而受到损失，考虑到为被保险人提供经济保障和保险人的业务开展，此时的保险人并不享有合同解除权。由于投保人申报被保险人年龄的义务本质上属于告知义务，故而我们将之放与投保人故意或重大过失未履行告知义务放在一起阐述。关于投保人申报被保险人年龄不真实的详细内容，本书在年龄错误条款部分已有详论。

专栏 9—7

德国《保险契约法》关于投保人违反告知义务
而致保险人解除合同的法律规定

德国《保险契约法》第 16—20 条关于保险人合同解除权的规定：

第 16 条：

……

（2）违反本条规定而未为重要情况的告知者，保险人可以解除契约。因要保人恶意回避重要情况的知悉而未为告知者与之相同。

(3) 保险人知悉该未知的情况或未为告知要保人无过失者，不可以解除。

第 17 条：

(1) 对于重要情况未为正确的告知者，保险人也可以解除契约。

(2) 保险人已知悉该错误或该告知的错误要保人无过失者，不可以撤销。

第 18 条：

要保人应依据保险人书面提出的问题告知危险情况者，若未告知的情况乃未受明确的询问且于恶意隐瞒的状况下，则保险人可以解除契约。

第 19 条：

契约由代理人或无权代理人订立者，保险人的解除权以代理人及要保人的知悉及恶意决定。若过失不可归责于代理人及要保人，则要保人可以主张未为重要情况的告知或为不正确的告知并无过失。

第 20 条：

(1) 解除权仅可以于一个月内实行。该期限自保险人知悉告知义务的违反时起算。

(2) 解除权的行使应向要保人声明。

解除契约者，若本法关于保险费无其他规定，双方互负返还已受领给付的义务；金钱给付自受领时起加给利息。

（资料来源：李玉泉，《保险法》（第二版），法律出版社 2003 年版，第 62 页。）

（二）被保险人或者受益人谎称发生保险事故

依照人身保险合同，当合同约定的保险事故发生时，保险人应当向被保险人、受益人赔偿或者给付保险金。可是，在没有发生保险事故的情况下，保险人不应当承担保险责任。实践中，被保险人或者受益人往往为了骗取保险金，伪造事故现场、编造事故原因，谎称保险事故发生，向保险人请求保险金。

从客观上看，保险事故没有发生，被保险人或者受益人却声称保险事故已经发生，这是一种欺骗行为；从主观上看，被保险人或者受益人存在主观恶意，即明知其谎称保险事故发生的行为会导致保险人的错误认识，仍然希望保险人基于错误认识而向其支付保险金，已然构成保险欺诈。①

《保险法》第二十七条第（二）款规定，“未发生保险事故，被保险人或者受益人谎称发生了保险事故，向保险人提出赔偿或者给付保险金请求的，保险人有权解除合同，并不退还保险费”。这是以赋予保险人的合同解除权的形式，实现对被保险人或者受益人实施保险

① 参见吴定富主编：《〈中华人民共和国保险法〉释义》，中国财政经济出版社 2009 年版，第 70 页。

欺诈行为的一种惩罚。①

此时，保险人行使合同解除权必须具备两个前提：一是保险事故并没有发生，被保险人或者受益人以欺骗的手段谎称保险事故发生。实践中，被保险人、受益人可以通过提交伪造的文件和资料等书面形式，也可以体现为口头申报形式。二是必须实施了向保险人请求赔偿或者给付保险金的行为，即存在骗取保险金的目的。两个条件缺一不可，如果被保险人、受益人只是谎称保险事故发生，却没有向保险人提出保险金请求，保险人也不能行使人身保险合同的解除权。

【案例9－4】

被保险人谎称发生保险事故，属于保险欺诈行为

某市一孤寡老人林某凭医院出具的健康证明，向保险公司投保人身意外伤害保险，保险金额10万元。同年林某谎称一次交通事故致其右股骨折断，右眼外伤性失明，终身残疾，林某在获得医院残疾证明后向保险公司索赔。由于这是一起该市最高额的人身保险赔偿案，加上被保险人又是孤寡老人，电视台知悉后认为有宣传价值，于是上门采访。但只见老人躲闪并要求电视台不要公布他的姓名和住址，遂引起保险公司的怀疑。经过保险公司多方调查，发现林某20世纪80年代服刑期间曾伤及右臀部至右髋，导致右股骨折，右眼并发白内障久治不愈，也没有发生交通事故造成上述伤害；林某的残疾证明也是通过欺骗手段获得。因此，保险公司认为这是一起骗赔案件，决定行使保险合同的解除权，不予退还其所缴的保险费。

【分析】 此案中，林某作为被保险人，在没有发生保险事故的情况下，谎称保险事故发生，并以此向保险公司请求赔偿。符合《保险法》第二十七条第（二）款的规定，保险公司理所应当地解除保险合同，并不予退还保险费。

（三）投保人、被保险人故意制造保险事故

根据保险原理，保险合同承保的风险是不确定的风险，保险事故也应当是偶然事故。如果投保人、被保险人为获取保险金而故意制造保险事故，则破坏了保险人订约时承保的风险与所收取的保险费之间的对价平衡，使保险制度沦为人们非法获取经济利益的工具。这种恶意促成事故发生的行为不仅损害保险人的合法利益，而且极易引发道德危险，有悖于保险法的伦理性要求，所以为各国保险法所防范。《保险法》第二十七条第（二）款规定："投保人、被保险人故意制造保险事故的，保险人有权解除合同，不承担赔偿或者给付保险金的责任，除本法第四十三条规定外，不退还保险费"。与原保险法相比，修订后的保险法去掉了"受益人故意制造保险事故"的表述。有关"受益人故意制造保险事故"的规制，参见第十

① 也有学者认为，保险人法定解除条件的立法依据应该是诚信原则和对价平衡原则，只有同时违反了这两个原则，保险人才可以解除合同。被保险人等谎称发生保险事故，主观恶意明显，违反了诚信原则，但对价平衡原则并未遭到破坏，不应赋予保险人解除权。参见徐卫东：《保险法论》，吉林大学出版社2000年版，第441页。

一章第二节的内容。

保险人对于投保人、被保险人故意制造保险事故而行使的合同解除权，需要同时具备以下三个条件：

一是保险事故的制造者是保险合同的投保人或者被保险人。在人身保险合同中，在保险金的诱惑下，投保人有可能会故意造成被保险人死亡、伤残或者疾病。被保险人也可能故意造成自己伤残或者疾病以骗取保险金。

二是保险事故必须是投保人、被保险人故意制造的，不包括投保人、被保险人的过失行为而导致的保险事故发生。故意分为直接故意和间接故意。投保人、被保险人可能直接故意制造保险事故。例如，投保人将“鼠毒强”放在被保险人的饭菜中，致使被保险人死亡或者伤残；投保人、被保险人也可能间接故意制造保险事故，例如，投保人与被保险人外出打猎，当被保险人正欲抓一只兔子时，投保人瞄准了兔子，却打中了被保险人，造成被保险人死亡或者伤残。①

三是投保人、被保险人故意制造的保险事故必须是保险合同约定的保险责任范围内的保险事故。如果投保人、被保险人故意制造的保险事故不是保险合同约定的保险责任范围内的保险事故，那么保险人也就不用承担保险责任，法律也没有必要赋予保险合同解除权对其实行救济。

（四）人身保险合同效力中止后满两年双方未达成复效协议

保险合同是有偿合同，对于保险人承担风险的承诺，投保人应当给付一定的对价，即投保人缴付保险费。保险费的缴纳分为一次缴纳与分期缴纳两种。不论哪种缴纳方式，当投保人不履行缴纳保险费的主要义务，保险人就缺少了承担保险风险的对价，保险合同的效力将受到影响。

《保险法》规定，在人身保险合同中，对于合同约定分期支付保险费的，除合同另有约定外，投保人自保险人催告之日起超过三十日未支付当期保险费，或者超过约定的期限六十日未支付当期保险费的，合同效力中止。在保险合同效力中止后两年内，双方不能就复效条件达成协议，保险人有权解除人身保险合同。

在此，保险人的合同解除权，针对的是投保人没有按照规定缴纳保险费，导致合同效力已经中止的人身保险合同。在这种情况下，为了防止保险人与投保人怠于处理保险合同的效力恢复问题，避免保险合同效力长期处于不确定的状态，法律赋予保险人可以在合同效力中止的两年以后行使解除权；在合同效力中止的两年之内，保险人不得解除保险合同。

---

① 这里需要讨论：当投保人、被保险人的“故意”行为并不是以欺诈保险金为目的时，保险人是否可以解除合同？例如，在人寿保险中，被保险人为抢救落水儿童而有意跳入水中，结果溺水而亡。理论界一般认为，此时不应该发生合同解除的法律后果。原因在于，被保险人的死亡虽然也是出于其故意的落水行为，但其目的在于救人而非获取保险金。于此情况，彰显人类道德情感远比赋予保险人法定解除权更为合理。

【案例9－5】

2005年10月29日，投保人王某向某保险公司购买了一份终身人寿保险，年缴保费7200元，保险金额为24万元，合同当日生效。保险合同约定，投保人应当于合同生效的每年对应日缴纳次期保险费。王某于合同生效当天缴纳了首期保险费。2006年10月29日，王某并未按期缴纳保险费，在保险公司通知其缴纳保险费之后，仍未缴纳。直至2006年12月29日，保险公司通知王某，该保险合同的效力已中止。随后双方并未达成复效协议。2009年6月8日，王某因患肺结核住院接受治疗，但救治无效于同年9月28日死亡。王某的家人遂向保险公司请求保险金给付，保险公司认为，已经中止的保险合同效力并未恢复，保险公司对此期间发生的保险事故不承担责任，拒绝给付保险金。

【分析】　本案中，由于投保人未按期缴纳保险费导致保险合同效力中止，并且自合同中止后两年内未达成复效协议，根据我国保险法的规定，保险公司有权解除保险合同。对于在此期间发生的保险事故，不承担保险责任。但是，保险公司在解除保险合同后，应当按照合同约定退还保险单的现金价值。

二、人身保险合同的约定解除条件

约定解除条件是当事人依法解除保险合同的另一依据，也是人身保险合同贯彻合同自由原则的体现。只要不违反法律的强行性规范、社会公共利益和社会公德，当事人之间可以自由约定人身保险合同的解除条件。一般而言，不同种类的人身保险合同，约定解除条件可能不同。由于我国保险立法赋予了投保人自由解除保险合同的权利，因此，人身保险合同的约定解除条件往往是约定保险人在哪些情况下可以解除保险合同。

在订立保险合同的约定解除条件时，当事人除了可以约定具体的解除条件外，还可以约定保险合同解除权的行使期限。如果保险人没有在此期间内行使解除权，其解除权将消灭。如果当事人未曾约定解除权的行使期限，经投保人催告，在合理期限内不行使的，其解除权也归于消灭。

（一）风险增加而导致保险合同解除

依据保险原理，保险人所承担的保险合同中的保险责任及所收取的保险费，是以衡量保险合同订立时保险标的的风险状态以及程度确定的。在保险合同有效期内，保险标的风险程度增加，会导致保险人承担的风险随之增大。如果继续要求保险人履行原合同，可能会产生显失公平的法律效果；为免于保险人利益受损，投保人、被保险人应当将“风险增加”的情事予以及时通知。①

在我国，被保险人负有风险增加的通知义务，规定在“财产保险合同”一章中。也就

① 保险人与投保人、被保险人之间的信息不对称仍是投保人、被保险人履行通知义务的理论基础。在保险合同成立后、保险事故发生前，保险标的仍然处于被保险人的掌控之中，投保人、被保险人往往在获取风险改变的信息上具有优势。

是说，它只是财产保险合同的保险人解除保险合同的法定条件。但是，在人身保险中，也会发生保险人在订立合同时始料不及的风险增加。例如，被保险人在保险合同成立后，放弃教师职业而成为一名救生员，其实际发生人身伤亡的可能性将增大，对于保险人而言，以原订的保险费承保已经加大的风险是不公平的。因此，人身保险合同可以约定，在风险显著增加的情况下，投保人或者被保险人应当通知保险人，保险人也应当有权利选择增加保险费或者解除保险合同。

当然，投保人作为普通消费者，一般无法判明哪些风险增加属于应当通知的范围。在实践中，可以在保险合同中列明风险显著增加的情况。比如，在意外伤害保险合同中，保险合同可以规定，如果被保险人变更其职业或者工种，投保人或者被保险人内应当在10日内以书面形式通知本保险公司。依照本公司的职业分类属于拒保范围的，保险公司可以解除保险合同，并退还被保险人未满期保险费。

（二）违反保证条款

《保险法》对保证条款没有作出规定，但是在人身保险合同条款中，往往订有保证条款。比如，投保人投保一年期人身意外伤害保险，在保险合同中保证自己在合同有效期内不从事武术比赛、摔跤比赛、攀岩运动等高风险的活动。如果违反这一保证，保险人可以解除保险合同。

保证的目的在于控制风险，有利于保护保险人的利益，使保险人免于承担自己原本不准备承担的风险。在保险合同订立过程中，保险人不可能对投保人所告知的被保险人的所有情况一一核实，而且有些时候，被保险人的行为是否谨慎直接决定风险的发生。保险合同当事人可以在意思表示一致的情况下自由订立保证条款，只要不违反法律及社会公共利益，保证即产生法律约束力，当事人应当严格遵守。一般而言，投保人或者被保险人保证的事实，都被推定为与保险人所承担风险有关的重要事实。人身保险合同可以约定，一旦违反保证条款的内容，保险人可以解除保险合同。

专栏9—8

保证的含义

保证，也称“特约”，美国称之为“担保”，指投保人或被保险人对保险人的特定担保事项，如担保某种事项的作为或不作为，或某种事项的真实性等。在英国，则认为保证是被保险人对于下列事项作出的一种许诺：（1）应做某事；（2）不应做某事；（3）存在某种状况；（4）不存在某种状况。因此，可以将保险中的保证定义为：是指保险合同中以书面文字或者通过法律规定的形式使投保人或被保险人承诺某一事实状态存在或不存在，持续存在或不存在，以及承担履行某种行为或不行为的条款。

（资料来源：李玉泉，《保险法》（第二版），法律出版社 2003 年版，第 66 页。）

（三）保险合同中的其他约定

除上述内容外，人身保险合同的保险人还可以与投保人协商，在保险合同中约定相应条款。一旦满足所约定条款的条件，保险人可以解除人身保险合同。

第四节　人身保险合同解除的法律后果

人身保险合同解除的法律后果是使保险合同的效力归于消灭。但是保险合同的效力从何时开始消灭，则属于保险合同解除的溯及力问题。

一、人身保险合同解除溯及力问题的意义

就人身保险合同而言，其法定解除有无溯及力，关系到对保险合同当事人已经作出的履行如何解决的问题，主要表现为保险人是否应当返还投保人已经缴纳的保险费，以及被保险人是否应当返还保险人已经支付的保险金。如果合同解除有溯及力，则保险合同视为自始未成立，双方均应返还各自获得的利益；如果合同解除无溯及力，则保险合同解除仅向将来发生效力，解除前双方的给付依然有效。

对此，理论界存在不同观点。针对保险合同的特殊性，在确定人身保险合同法定解除的溯及力问题时，应该考虑区分当事人的过错，以有效维护保险合同当事人的利益。人身保险合同解除权的行使效果，应当满足维护各方当事人利益的要求。具体而言，对于可归责于投保人或者被保险人的事由而引起的保险合同解除，为实现对违约方的制裁，要否认合同解除的溯及力，保险人无须返还保险费。而对于不可归责于投保人或者被保险人的事由而引起的保险合同解除，例如，人身保险合同中约定的风险程度增加，由于当事人双方对造成保险合同解除都没有过错，法律就应当平等地保护双方当事人的权益，选择对双方都有利的解除方式，尽力把损失降到最低点，使双方回复到合同订立前的状态。

专栏 9—9

我国理论界关于保险合同解除有无溯及力的不同观点

肯定说主张：保险合同解除有溯及力，因为设立保险合同解除制度的目的是为了使合同关系溯及既往的消灭，使当事人恢复到订立合同前的状态。否定说主张：保险合同解除没有溯及力。其理由是，依照传统合同法理论，继续性合同的解除原则上无溯及力。而保险合同的履行是在一定的持续时间内完成的，符合继续性合同特征。折衷主义说主张：根据我国现行保险法对保险合同解除的法律后果即保险费的返还的不同规定上推理，保险合同解除有无溯及力应视具体情况而定：保险人返还保险费，保险合同解除有溯及力；保险人不返还保险费，保险合同解除无溯及力。

（资料来源：徐卫东主编，《商法基本问题研究》，法律出版社 2002 年版，第 457—458 页。）

二、投保人解除人身保险合同时的溯及力

只要不违反法律规定和保险合同的约定，投保人解除人身保险合同，可以发生在保险合同成立之后、履行完毕之前的任何时段。投保人不需要说明其解除合同的理由，只要向保险人作出意思表示即可。一般而言，投保人可以选择口头、书面或者公证等形式。保险实践中，人身保险合同一般约定，投保人的解除保险合同行为应以书面形式作出。

投保人解除人身保险合同的，就投保人缴纳的风险保险费而言，其解除行为不具有溯及既往的效力，保险人不需要返还；但是保险人应当返还保险单的现金价值；就保险人支付的保险金而言，其解除行为并不具有溯及力，被保险人或者受益人不需要返还。下面分述之：

（一）就投保人缴纳的保险费而言，保险人应当做相应的返还

如果投保人在“犹豫期”（投保人、被保险人收到保单并书面签收日起 10 日内）内提出解除保险合同，保险人除扣除不超过 10 元的成本费以外，应退还全部保险费并不得对此收取任何费用。如果投保人在“犹豫期”过后提出解除保险合同，保险人应当返还保险单的现金价值。《保险法》第四十七条规定：“投保人解除合同的，保险人应当自收到解除合同通知之日起三十日内，按照合同约定退还保险单的现金价值。”

在犹豫期内，投保人有“反悔”的权利，即投保人可以无条件解除保险合同。除相关成本费外，保险人应退还投保人所缴纳的全部保险费。另外，人身保险合同具有明显的储蓄性，保险人所收取的保险费，一部分积存为一定的责任准备金，也称“现金价值”。对于投保人而言，其拥有对保单上的现金价值的所有权，这部分现金价值不会因为保险合同效力的

变动而丧失。因此，即使在犹豫期后，投保人提出解除人身保险合同，保险人也应当退还保险单的现金价值。在人身保险合同中，一般都附有保险单的现金价值表，保险人可以对照相关表格中的金额，向投保人退还。

关于退还保险单现金价值的具体程序中，保险法规定，保险人应当自收到投保人解除保险合同通知之日起三十日内，按照合同约定退还保险单的现金价值。在这里，保险人履行退还义务的期限为收到投保人解除保险合同通知之日起三十日，这一规定有利于督促保险人及时退还。对于“收到”的理解，应当采取到达主义，即当投保人解除保险合同的通知到达保险人的可控制范围内即可，投保人解除合同的书面文件到达保险公司的传达室，也视为保险人收到了投保人解除保险合同的通知；投保人通过电子邮件、传真等方式通知保险人的，自电子邮件、传真到达保险人的计算机系统为准。

（二）就保险人已经支付的保险金而言，被保险人或者受益人不需要返还

保险金是保险人承担人身保险保险责任的体现，如果在保险人已经支付保险金的情况下，投保人提出解除保险合同，保险合同解除不具有溯及力，保险人不能要求被保险人或者受益人返还其已支付的保险金。

专栏 9—10

中国保监会对人身保险合同解除的法律后果的相关规定

在“犹豫期”内，投保人可以无条件解除保险合同，保险公司除扣除不超过10元的成本费以外，应退还全部保险费并不得对此收取任何费用。对于投资连结类产品，如在犹豫期内独立账户资产价值发生变化，则保险公司只可扣除投保人资产减少的部分以及变现资产的费用，不得扣减销售保险单所发生的佣金和费用。

（资料来源：中国保监会《关于规范人身保险经营行为有关问题的通知》，保监发［2000］133 号。）

【案例 9－6】

保险合同成立后，投保人请求解除保险合同

某单位于 2007 年 4 月为全体职工投保了 3 年定期人身保险，受益人为职工家属。保险合同条款中明确规定被保险人发生保险责任范围内的事故后，投保人应及时通知保险公司。后因种种原因，该单位又在 2009 年 1 月前往保险公司办理了集体退保手续，并领取了退保金。

【分析】 本案是人身保险合同的投保人提出解除保险合同的案例。人身保险合同解除的溯及力，涉及的是当事人已经作出的履行是否应当返还。如果在投保人提出解除保险合同的要求前，保险公司已经给付保险金，说明保险公司承担了保险合同约定的保险责任，解除合同对已经支付的保险金并没有溯及力，投保人不需要返还。

三、保险人解除人身保险合同时的溯及力

保险人依据法律规定解除人身保险合同的溯及力，因解除条件以及投保人、被保险人、受益人的过错程度而有所不同。下面分别列出：

（一）因投保人违反如实告知义务而解除保险合同的溯及力

在由于投保人没有如实履行告知义务，导致保险人行使保险合同解除权的场合，溯及力要分为几种情况：

1. 投保人故意不履行如实告知义务的，保险人有权解除人身保险合同

保险合同解除后，对于投保人缴纳的保险费不具有溯及力，不予以退还；对于保险人已经支付的保险金，则具有溯及力，被保险人或者受益人应当退回。

《保险法》第十六条第（四）款规定，“投保人故意不履行如实告知义务的，保险人对于合同解除前发生的保险事故，不承担赔偿或者给付保险金的责任，并不退还保险费”。这是因为，投保人在此种情况下存在主观上的恶意，投保人“明知故犯”的故意行为使保险人丧失了借助于投保人的告知而正确判断自己行为的基础。为体现对投保人故意行为的惩罚，保险人解除保险合同后，对解除保险合同之前发生的保险事故不予赔付，即使已经作出赔付，保险人也有权追回其已给付的保险金；对于投保人已缴付的保险费，可不予退还。

2. 投保人因重大过失没有履行告知义务的，保险人有权解除人身保险合同

保险合同解除后，其解除的效力自始发生，对投保人和保险人均具有溯及力，对于投保人缴纳的保险费，应当退还；对于保险人已经支付的保险金，也应当退还。

《保险法》第十六条第（五）款规定：“投保人因重大过失未履行如实告知义务，对保险事故的发生有严重影响的，保险人对于合同解除前发生的保险事故，不承担赔偿或者给付保险金的责任，但应当退还保险费。”这是因为，较之于“投保人故意不履行告知义务”情形，本款规定所体现的投保人主观恶意较轻，因此，在保险人解除保险合同后，投保人可以取回其已缴纳的保险费。同样，为体现对保险人的救济，由于投保人重大过失未履行告知义务，对保险事故的发生造成直接影响，保险人也不会承担保险责任，即使已经作出赔付，保险人也有权追回其已给付的保险金。

3. 投保人申报的被保险人年龄不真实，并且其真实年龄不符合合同约定的年龄限制的，保险人有权解除保险合同

保险合同解除后，对于投保人缴纳的保险单现金价值具有溯及力，保险人应当按照合同的约定退还；对于保险人已经支付的保险金，也具有溯及力，被保险人或者受益人应当退回。

这是因为，在年龄误告而导致保险人解除保险合同的场合，由于投保人的“误告”使

保险人与之订立了本不应该订立的人身保险合同。因此，保险人有权解除保险合同。由于人身保险合同的储蓄性，保险费的现金价值属于投保人所有，保险人应当退还。对于保险金是否返还的问题，我国保险法没有明确规定，依据法理，由于投保人的真实年龄不符合订立保险合同的条件，因此，对于合同解除前发生的保险事故，保险人不应当承担赔偿或者给付保险金的责任。所以，即使发生了保险金的给付，保险人也有权追回。

（二）因被保险人或者受益人谎称发生保险事故而解除合同的溯及力

根据《保险法》第二十七条第（一）款、第（四）款的规定，被保险人或者受益人谎称发生保险事故，可能会导致保险人解除保险合同。保险合同解除后，对于投保人缴纳的保险费不具有溯及力，保险人不予以退还；对于保险人已经支付的保险金，则具有溯及力，被保险人或者受益人应当退回。

这是因为，保险事故没有发生，被保险人或者受益人却谎称发生了保险事故，并向保险人请求保险金的给付，属于保险欺诈行为。为惩罚被保险人、受益人，保险人对于已经收取的保险费不予返还。如果保险人在被保险人、受益人的欺诈行为下，支付了保险金，其支付行为违背了保险人的真实意思，并且由于保险合同约定的保险事故根本未发生，保险人不需要承担保险责任，因此，对于保险人已经支付的保险金，应当返还。

（三）因投保人、被保险人故意制造保险事故而解除合同的溯及力

根据《保险法》第二十七条第（二）款的规定，投保人、被保险人故意制造保险事故，保险人有权解除保险合同。保险合同解除后，对于投保人缴纳的保险费不具有溯及力，保险人不予以退还；但是，《保险法》第四十三条规定："投保人缴足两年以上保险费的，保险人应当退还保险单的现金价值；对于保险人已经支付的保险金，被保险人或者受益人应当退回"。

这是因为，保险人只对偶然发生的保险事故承担责任。投保人、被保险人故意制造的保险事故，是保险人订立保险合同时预料不到的风险，保险人收取的保险费时也没有估量这些因素，因此不属于保险人的保险责任承担范围。人身保险合同中的保险事故发生，往往导致被保险人的死亡、伤残或者疾病。投保人、被保险人为骗取保险金，故意制造保险事故发生，不仅违背了保险原理，而且涉及犯罪。为避免此类恶性事件的发生，保险法给予投保人、被保险人较为严厉的惩罚。即使保险事故发生，保险人也可以解除保险合同，对于已经收取的保险费不予返还。若保险人因投保人、被保险人故意制造保险事故已经支付了保险金，则此部分保险金保险人本不应支付，故应由投保人、被保险人或受益人退还。

（四）因人身保险合同效力中止后，满两年双方未达成复效协议而解除合同的溯及力

在人身保险合同效力中止后，满两年双方未达成复效协议的，保险人有权解除保险合同。保险合同解除后，对于投保人缴纳的保险单的现金价值部分，保险人应当按照合同的约定予以退还。

《保险法》第三十七条规定，"……自合同效力中止之日起满二年未达成协议的，保险人有权解除合同。保险人依照前款规定解除合同的，应当按照合同约定退还保险单的现金价值。”在这里，保险人不应返还投保人所缴纳的全部保费，而应当将保险单的现金价值退还。

四、双方当事人约定解除保险合同的溯及力

人身保险合同双方当事人依据保险合同中约定的解除条件解除保险合同的，其保险合同解除后的溯及力，适用当事人在保险合同中的约定。

关键词

人身保险合同解除　退保　人身保险合同的解除权　解除权的配置　解除权的行使对象　解除权的行使期间　解除权的行使方式　解除权的限制　人身保险合同的解除条件　法定解除条件　约定解除条件　人身保险合同解除的法律后果　溯及力

思考题

1. 人身保险合同解除需要满足哪些法律要件？
2. 为什么人身保险合同的双方当事人享有不同的保险合同解除权？
3. 简述人身保险合同解除权的行使期间。
4. 简述保险人解除人身保险合同的法定解除条件。
5. 简述人身保险合同解除的法律后果。

第十章

人身保险合同的特殊问题

学习目的

- 了解人身保险欺诈的内涵
- 掌握人身保险欺诈的具体表现形式
- 掌握投保人、被保险人、受益人实施保险欺诈行为的法律后果
- 了解我国人身保险合同代位求偿权的规定，以及实践中的做法
- 掌握死亡保险的法律规制
- 了解人身保险合同现金价值的内涵
- 熟悉现金价值在人身保险合同中的体现

> 关于欺诈和不如实告知的法律几乎能对所有合同产生影响，不仅仅是保险合同，但是，欺诈和不如实告知在保险合同领域具有特别重要的地位。
>
> ——【美】杰弗瑞·E. 斯蒂姆普[1]

基于人身保险合同的自身特殊性，各国保险法均对人身保险合同中的一些特殊问题作出特别规定。比如，对投保人、被保险人、受益人实施保险欺诈行为的法律规制；人身保险合同的代位求偿权问题；以及人身保险合同中，以死亡为给付保险金条件的保险合同的效力认定及其法律后果。本章在以下各节分别说明。

第一节　保险欺诈

所谓保险欺诈，是指投保人、被保险人、受益人以骗取保险金为目的，以虚构保险标的，编造保险事故的发生或者保险事故发生的原因，夸大损失程度，故意制造保险事故等手段，致使保险人陷于错误认识而向其支付保险金的行为。[2]

人身保险合同的投保人、被保险人或者受益人在投保和理赔中应当诚实守信，不得实施保险欺诈。这是因为，保险欺诈行为不仅损害保险公司的利益，同时也损害其他投保人、被保险人或者受益人的利益；另外，保险欺诈还常常伴有其他暴力犯罪事件，是一种社会危害极大的违法犯罪行为。

《保险法》第二十七条和第四十四条分别对于投保人、被保险人、受益人的保险诈欺行为的法律后果做了规定。实践中，投保人、被保险人、受益人的保险欺诈行为略有不同，下面将分别说明我国保险法对投保人、被保险人、受益人的保险欺诈的法律规制。

一、投保人的保险欺诈

基于人身保险合同的射幸性，投保人往往在缴纳少量保险费后，期待获取高额保险金，

① 杰弗瑞·E. 斯蒂姆普（Jeffrey W. Stempel)），当代著名保险法学家，在美国布鲁克林法学院任教授，是美国保险法研究的集大成者，在保险法领域的研究非常具有影响力。其著作包括：《保险合同解释》、《斯蒂姆普论保险法》等，此语源于其著作《保险合同解释》一书。

② 吴定富主编：《〈中华人民共和国保险法〉释义》，中国财政经济出版社2009年版，第70页。

这是投保人实施保险欺诈行为的根本动因。

（一）投保人保险欺诈的表现形式

《保险法》规定了投保人保险欺诈的类型，主要包括：

1. 投保人故意虚构保险标的，骗取保险金

这种行为是指投保人在与保险人订立保险合同时，故意虚构不存在的保险标的而与保险人订立保险合同以骗取保险金。在人身保险合同中，表现为投保人为死人投保。例如，某甲的妻子已死亡一年，某甲向某保险公司投保人寿保险；半年后，某甲称其妻子意外跌倒致死，并开具假证明索赔。这种欺诈方式在我国人寿保险理赔实践中比较常见。对于欺诈者而言，采用这种手法只需在人死之后补办投保手续，并不涉及故意杀害等犯罪行为。

2. 投保人编造虚假的事故原因或者夸大损失程度，骗取保险金

投保人编造虚假的事故原因，是指投保人为骗取保险金，对造成保险事故的原因做虚假的陈述或者隐瞒真实情况的行为。例如，被保险人所受伤害并非因人身保险合同约定的保险事故所致，投保人却对保险责任范围外的事故制造虚假材料，说是保险事故造成的被保险人伤害，以此骗取保险金。

投保人夸大损失程度，是指在已经发生保险事故的情况下，投保人故意夸大因保险事故造成的损失，从而骗取保险金的行为。在保险实践中，夸大损失程度的案件以人身意外伤害保险和医疗保险居多。在意外伤害保险和医疗保险中，经常发生投保人与医生合伙夸大被保险人伤害或者病情的现象。由于医生并不承担保险金给付责任，所以经常有医生为病人夸大伤情、病情以及治疗费用，以骗取保险金。这种保险欺诈手段存在于各国保险实践中，其隐蔽性极高，保险公司往往很难识破。

专栏 10—1

美国保险欺诈实例

1991 年 6 月，美国人汤姆向美国某保险公司投保了健康保险。同年 10 月，他因患感冒到一家名为霍夫曼的私人医院。他要求将诊治升级为阑尾炎，并接受住院治疗。他暗示医生，一旦如愿便支付好处费。这位医生于是在没有对汤姆进行任何手术治疗的情况下，给他开具了手术费和医疗费单据。汤姆凭上述单据向保险公司申请给付医疗费 5000 美元。保险公司在处理以往类似赔案中，早已怀疑了这家私人医院。遂对汤姆递交的单据作了进一步调查，发现了多处疑点，于是，美国这家保险公司派出得力人员到医院卧底，终于查出了该私利医院提供虚假凭证，欺诈保险公司长达 6 年之久。保险公司当即向当地警察局报案，几位涉嫌保险诈骗的医生被逮捕归案。

（资料来源：邹辉编著，《保险纠纷案例　　投保与理赔的规则技巧》，经济日

报出版社 2001 年版，第 297 页。）

3. 投保人故意造成被保险人死亡、伤残或者疾病，骗取保险金

这种行为是指投保人明知自己的行为将导致被保险人死亡、伤残或者疾病，并希望或者放任这种结果发生。例如，投保人为妻子购买人寿保险后，故意破坏其妻子所驾驶汽车的刹车装置，造成其妻子死亡或者伤残，骗取保险金。

（二）对投保人实施保险欺诈行为的法律规制

鉴于保险欺诈对保险业以及整个社会的危害，我国保险法对投保人的保险欺诈做如下法律规定：

1. 保险人救济的权利

针对投保人不同的保险欺诈行为，保险人享有不同的救济权利。

第一，投保人故意虚构保险标的，人身保险合同无效。依照我国保险法的规定，订立合同时，投保人对被保险人不具有保险利益的，合同无效。目前，我国尚不承认投保人对死者的保险利益。因此，在投保人故意虚构保险标的的情况下，保险人不承担给付保险金的责任，即使保险人在不知情的情况下支付了保险金，也应当予以返还。为体现对投保人欺诈的惩罚，投保人已经缴纳的保险费不予退还。

第二，保险事故发生后，投保人以伪造、变造的有关证明、资料或者其他证据，编造虚假的事故原因或者夸大损失程度的，保险人对其虚报的部分不承担赔偿或者给付保险金的责任。如果保险人在不知情的情况下进行了正常的理赔，那么保险人支付的保险金或者相关费用，应当请求退回或者赔偿。相关费用，是指保险人为查明和确定保险事故的性质，原因和保险标的的损失程度而支付的必要、合理的理赔定损费用。

第三，投保人故意造成被保险人死亡、伤残或者疾病的，保险人不承担给付保险金的责任，并有权解除保险合同。投保人已缴足两年以上保险费的，保险人应当按照合同约定向其他权利人退还保险单的现金价值；如果投保人没有缴足两年保险费，保险人则不需要退还任何保险费。

此种情况下，保险人不承担保险责任，并可以行使解除权使保险合同的效力归于消灭。其原因在于：其一，投保人故意造成被保险人死亡、伤残或者疾病，由此产生的风险属于道德危险。而道德危险被排除于可保风险之外，保险人不承担保险责任。其二，投保人故意造成保险事故发生的行为，使保险人所能预计的风险大大提高，要求保险人对此进行赔偿是不公平的。其三，如果保险人对于投保人故意致人死亡、伤残、疾病的行为，仍然承担保险责

任，将会发生鼓励违法行为的社会效果。[①]

在具体适用时，需要注意：其一，“投保人故意”是指投保人的故意违法行为，投保人的故意而合法的行为（如执行死刑）或过失而违法的行为（如误伤而致死），均不适用。其二，投保人的“故意”包括直接故意和间接故意。所谓直接故意，是指投保人明知自己行为会导致被保险人死亡、伤残或者疾病，而追求这一结果。例如，投保人因与被保险人发生争执，一气之下，打伤了被保险人。所谓间接故意，是指投保人明知自己行为会导致被保险人死亡、伤残或者疾病，而放任这一结果。例如，投保人是被保险人的父亲，投保人与妻子的关系恶化，要毒死妻子。此时，投保人明知被保险人可能误食该有毒食品，但放任这一结果发生。其三，投保人的故意行为可以是积极的作为，也可以是消极的不作为。当然，消极的不作为要以投保人负有作为义务为前提。例如，被保险人是投保人的子女，投保人见其落水而不予救助，导致其子女死亡。其四，投保人的故意行为，不仅包括其亲自实施的行为，也包括其故意通过第三人实施的行为。例如，投保人买凶杀害被保险人的行为。[②]

【案例 10－1】

投保人故意杀害被保险人，保险公司拒赔

2002 年 10 月，王某为其妻桂某在甲保险公司投 A 定期保险及 B 人身意外伤害保险，合计保额为 115 万元，同月在本市乙保险公司投保人身意外伤害保险 49 万元。在两家公司的投保申请中，投保人均为王某、被保险人为桂某，身故受益人为王某。2003 年 2 月，甲、乙保险公司同时接到王某报案称桂某煤气中毒身故，要求按意外给付身故保险金合计 164 万元。经反复举证及公安机关的突审，王某最终供认了与其兄（以下简称“王兄”）密谋杀人骗保的经过。王兄早有骗保致富的想法，曾意图为其妹秦某投保，保险公司以“投保人与被保险人无保险利益关系，投保动机不明确”为由予以拒保。2002 年 10 月，王兄利用王某与其妻桂某的家庭矛盾，让王某产生了杀妻骗保致富的动机。

根据《保险法》第四十三条第（一）款的规定：“投保人故意造成被保险人死亡、伤残或者疾病的，保险人不承担给付保险金的责任。投保人已缴足两年以上保险费的，保险人应当按照合同约定向其他权利人退还保险单的现金价值。”此案拒赔。

（案例来源：黎宗剑主编，《保险案例汇编》，中国时代经济出版社 2007 年版，第 50 页。）

---

① 有学者认为，投保人故意杀害被保险人时，保险人是否可以免责？要分情况而论。一种情况是，当投保人以他人生命投保时，投保人是以自己为受益人。那么，该投保人故意杀害被保险人，将从保险中获利，遵循保险法上“一个人不得从自己的犯罪中获利”的公共政策，保险人得以免责。另一种情况是，当投保人以他人生命投保时，以第三人为受益人。此时的保险金请求权归属于投保人和被保险人以外的第三人，投保人并不能通过保险而从自己的犯罪中获利，为给予受益第三人充分的保障，保险人应当向第三人给付保险金。参见樊启荣、程芳：《投保人、受益人故意杀害被保险人之法律效果——对我国〈保险法〉第六十五条第（一）款规定之妥当性质疑》，载《中南财经政法大学学报》，2005 年第 2 期。

② 吴定富主编：《〈中华人民共和国保险法〉释义》，中国财政经济出版社 2009 年版，第 112—113 页。

2. 追究投保人的行政及刑事责任

依照《保险法》第一百七十六条、第一百八十一条的规定，投保人进行保险诈骗活动，尚不构成犯罪的，依法给予行政处罚；保险欺诈行为构成犯罪的，依法追究刑事责任。

专栏 10—2

最高人民法院关于保险诈骗罪的认定

最高人民法院《关于审理诈骗案件具体应用法律的若干问题的解释》规定：

进行保险诈骗活动，数额较大的，构成保险诈骗罪。个人进行保险诈骗数额在1万元以上的，属于"数额较大"；个人进行保险诈骗数额在5万元以上的，属于"数额巨大"；个人进行保险诈骗数额在20万元以上的，属于"数额特别巨大"。单位进行保险诈骗数额在5万元以上的，属于"数额较大"；单位进行保险诈骗数额在25万元以上的，属于"数额巨大"；单位进行保险诈骗数额在100万元以上的，属于"数额特别巨大"。

（资料来源：最高人民法院，《关于审理诈骗案件具体应用法律的若干问题的解释》第八条。）

二、被保险人的保险欺诈

（一）被保险人保险欺诈的表现形式

（1）被保险人编造未曾发生的保险事故，骗取保险金。被保险人编造未曾发生的保险事故，是指在保险事故根本没有发生的情况下，被保险人向保险人提供编造的事实，以骗取保险金的行为。例如，在意外伤害保险中，被保险人并未受到任何意外伤害，却制造了虚假的事故现场证明和医院诊断证明，然后向保险公司索赔。

（2）被保险人编造虚假的事故原因或者夸大损失程度，骗取保险金。

（3）被保险人故意制造保险事故，骗取保险金。由于被保险人的生命、健康就是人身保险合同的保险标的，因此，被保险人为骗取保险金而故意制造保险事故，其结果就是使自己死亡、伤残或者疾病。

（二）对被保险人实施保险欺诈行为的法律规制

1. 保险人救济的权利

针对被保险人不同的保险欺诈行为，保险人享有不同的救济权利。

第一，被保险人编造未曾发生的保险事故（即被保险人谎称发生保险事故），并向保险人提出给付保险金请求，保险人有权解除合同，并不退还保险费。如果保险人在不知情的情况下支付了保险金，被保险人应当予以返还。

第二，保险事故发生后，被保险人以伪造、变造的有关证明、资料或者其他证据，编造虚假的事故原因或者夸大损失程度的，法律后果与前述投保人实施该保险欺诈行为相同，即保险人对其虚报的部分不承担赔偿或者给付保险金的责任。如果保险人在不知情的情况下进行了正常的理赔，那么保险人支付的保险金或者相关费用，被保险人应当退回或者赔偿。

第三，被保险人故意制造保险事故致自己死亡、伤残或者疾病的，保险人不承担给付保险金的责任，并有权解除保险合同，并不退还保险费。实践中，为获取高额保险金，也不乏见被保险人的自残行为。

但是，对于被保险人的自杀，以及被保险人故意犯罪或者抗拒依法采取的刑事强制措施导致其伤残或者死亡的，虽然均属于被保险人故意制造保险事故致自己死亡、伤残的情况，《保险法》却分别于第四十四条、第四十五条作出特别规定。

根据《保险法》第四十四条规定："对于以死亡为给付保险金条件的合同，被保险人自杀的，如果其自杀行为发生在合同成立或者合同效力恢复之日起两年内，保险人不承担给付保险金的责任，但是应当按照合同约定退还保险单的现金价值。如果被保险人的自杀行为发生在合同成立或者合同效力恢复之日起两年以后，保险人要承担给付保险金的责任。如果被保险人自杀时是无民事行为能力人，则不论其自杀行为发生的时间，保险人都应当支付保险金。"

根据《保险法》第四十五条规定，因被保险人故意犯罪或者抗拒依法采取的刑事强制措施导致其伤残或者死亡的，保险人不承担给付保险金的责任。投保人已缴足两年以上保险费的，保险人应当按照合同约定退还保险单的现金价值。如果投保人没有缴足两年以上的保费，例如，被保险人只缴足了一年保费，则保险人不需要退还任何费用。

2. 追究被保险人的行政及刑事责任

依照《保险法》第一百七十六条、第一百八十一条的规定，被保险人进行保险诈骗活动，尚不构成犯罪的，依法给予行政处罚；保险欺诈行为构成犯罪的，依法追究刑事责任。

【案例 10－2】

投保 299 万意外伤害险，自断手指骗保判 5 年

黄林华现年 49 岁，2007 年 9 月，他先后向两家保险公司购买了保额为 200 万元和 99 万元的意外伤害保险。2007 年 10 月 19 日下午，黄林华在家中切鸭子时发生"意外"，左手大拇指和食指被"一刀"切断。几天后，黄林华向两家保险公司提出理赔申请，索赔数额 44.85 万元。

经公安机关鉴定，黄林华的食指残指与离断部分间有组织缺失，残端有两个创面，不可能是一刀形成。检察机关遂以涉嫌保险诈骗罪提起公诉。2008 年 12 月 18 日，一审法院以保险诈骗罪判决黄林华有期徒刑 5 年，并处罚金 2 万元。黄林华不服，提起上诉。

市二中院审理后认为，原审法院根据在案证据，认定黄林华以非法占有为目的，在投保后故意造成本人人身伤害，骗取保险金，数额特别巨大，事实清楚，证据确实、充分，适用法律正确，定罪量刑均无不当，审判程序合法。黄林华既是投保人，又是被保险人，其伤害自身的行为构成保险诈骗罪。据此，市二中院驳回黄林华的上诉，维持原判。

（案例来源：http：//www. china - insurance. com/anlidaquan/content. asp？id = 125567/，2009 年 8 月 9 日。）

三、受益人的保险欺诈

受益人是由投保人或者被保险人所指定的享有赔偿请求权的人。由于受益人在保险事故发生时会得到保险金利益，因此，也会实施保险欺诈行为。

（一）受益人保险欺诈的表现形式

（1）受益人编造未曾发生的保险事故，骗取保险金。

（2）受益人编造虚假的事故原因或者夸大损失程度，骗取保险金。

（3）受益人故意造成被保险人死亡、伤残、疾病，骗取保险金。

（4）受益人故意杀害被保险人未遂。

（二）对受益人实施保险欺诈行为的法律规制

1. 保险人救济的权利

针对受益人不同的保险欺诈行为，保险人享有不同的救济权利。

第一，受益人编造未曾发生的保险事故（即受益人谎称发生保险事故），并向保险人提出给付保险金请求，法律后果与前述被保险人实施该保险欺诈行为相同，即保险人有权解除合同，并不退还保险费。如果保险人在不知情的情况下支付了保险金，受益人应当予以返还。

第二，保险事故发生后，受益人以伪造、变造的有关证明、资料或者其他证据，编造虚假的事故原因或者夸大损失程度的，法律后果与前述投保人、被保险人实施该保险欺诈行为相同，即保险人对其虚报的部分不承担赔偿或者给付保险金的责任。如果保险人在不知情的情况下进行了正常的理赔，那么保险人支付的保险金或者相关费用，受益人应当退回或者赔偿。

第三，受益人故意造成被保险人死亡、伤残、疾病的，该受益人丧失受益权，保险人的保险金给付责任并不因此而免除，也就是说，保险人仍然向被保险人或者其他受益人按照保险合同的约定支付保险金。

关于受益人故意造成被保险人死亡、伤残、疾病的，保险人是否可以免责，学理界有不同观点。① 我国2009年修订前的《保险法》规定，保险人不承担给付保险金的责任；修订之后，受益人故意致被保险人死亡、伤残、疾病，仅仅导致该受益人受益权的丧失，保险人仍承担保险责任。

这是因为，其一，受益人故意致被保险人死亡、伤残、疾病，无论其主观恶性多大，对于被保险人而言，都是不可预料的偶发性事故，保险人应当承担责任；其二，如果法律规定保险人于此情况免于承担保险责任，无异于剥夺了被保险人的权利，使被保险人承担了受益人保险欺诈行为的不利后果，是不公平的；其三，在存在多个受益人的情况下，如果仅仅因为某一个受益人故意杀害被保险人的行为，而免除保险人向其他受益人的保险金给付责任，也有损其他无辜受益人的利益，不符合投保人订立人身保险合同的目的。

在受益人故意制造保险事故时，该受益人丧失受益权，保险人的保险金应该按照如下规则给付：（1）当人身保险合同只存在一个受益人时，而该受益人故意制造保险事故发生，其受益权丧失，保险人应当向被保险人支付；如果被保险人已经身亡，保险金就成为被保险人的遗产，保险人应当向被保险人的继承人支付；（2）当投保人或者被保险人指定数个受益人时，按照《保险法》第四十二条的规定，故意制造保险事故的受益人所丧失的受益份额，由其他受益人受领；如果其他受益人也丧失受益权或者放弃受益权，保险人才向被保险人的继承人支付保险金。②

专栏 10—3

其他国家、地区保险法关于受益人致被保险人死亡的法律规定

德国《保险契约法》第170条第2款规定，“指定第三人为受益人的死亡保险，该第三人故意以非法行为致被保险人死亡的，视为无指定。”日本《商法典》第680条第1款规定，保险金额受领人故意致被保险人死亡时，保险人不负支付保

① 基本上存在三种观点：一种观点为郑玉波先生主张的“全部免责说”，该说认为，受益人故意致被保险人死亡，显为图财害命，有背公序良俗，保险人可因此免责。一种观点为陈云中先生主张的“部分免责说”，该说认为，保险人对该不法受益人所应受领之保险金额部分免责；但若如有其他之受益人，保险人对其保险金之请求权不得免其责任。还有一种观点为施文森先生主张的“不可免责说”，该说以为，虽然受益人故意致被保险人死亡属非法行为，应受法律制裁，但对被保险人而言，却仍为不可预料之偶发性事件，属保险契约所欲保障之范围；且保险制度主要系为保障被保险人，所以受益人故意致被保险人死亡，当受惩罚者应为“该不法之受益人”，而非被保险人，故剥夺该受益人之受益权即为已足，而保险人并未因此而免责。目前，《保险法》第四十三条第（二）款采纳了第三种观点。

② 《保险法》第四十二条规定，“被保险人死亡后，有下列情形之一的，保险金作为被保险人的遗产，……（三）受益人依法丧失受益权或者放弃受益权，没有其他受益人的。”也有学者认为，对于存在数个受益人时，要分情况处理。如果投保人、被保险人确定了各受益人的受益顺序和受益份额，不法受益人本可请求之部分，应归于被保险人遗产，由其法定继承人享有；而其他受益人可受领之保险金份额则不变。如果投保人、被保险人没有明确表示各受益人之受益范围，则应推定被保险人将所有保险金指定为受益范围，故意制造保险事故的受益人所丧失的受益份额，由各受益人均分。参见樊启荣、程芳：《投保人、受益人故意杀害被保险人之法律效果——对我国〈保险法〉第六十五条第（一）款规定之妥当性质疑》，载《中南财经政法大学学报》，2005年第2期。

险金额的责任。但是，如果该受领人应受领保险金额之一部分时，保险人不得免除支付其差额的责任。我国澳门地区《商法典》第1039条第1款规定，“如受益人谋害被保险人之生命，即使受益人之指定不可撤回，该指定之效力亦终止。”

第四，受益人故意杀害被保险人未遂的，该受益人丧失受益权。

受益人故意杀害被保险人，虽然未遂，受益人依然丧失受益权。如果受益人的谋害行为造成被保险人伤残、疾病，并且该伤残、疾病也属于保险责任范围，保险人要承担给付保险金的责任。可是，这种情形并不包括受益人故意造成被保险人伤残、疾病的保险欺诈行为。也就是说，在受益人本想通过故意行为造成被保险人伤残、疾病但未得逞的情况下，该受益人并不当然丧失受益权，如果被保险人欲惩罚该受益人，可以行使其变更受益人的权利。不论如何，保险人要按照保险合同的约定承担保险责任。

2. 追究受益人的行政及刑事责任

依照《保险法》第一百七十六条、第一百八十一条的规定，受益人进行保险诈骗活动，尚不构成犯罪的，依法给予行政处罚；保险欺诈行为构成犯罪的，依法追究刑事责任。

【案例10-3】

关于“受益人故意造成被保险人死亡，保险公司是否赔付?”新、旧《保险法》的不同规定

1997年10月4日，王某在某保险公司为自己投保了20份A增额还本养老保险，年缴保险费10780元，保险金额20万元，并指定其妻赵某和胞弟为受益人。1998年10月6日，赵某因夫妻矛盾，趁丈夫熟睡之际放煤气，导致双方死亡。经公安机关调查确认为刑事案件。王某系其妻赵某所杀，赵某系自杀。1999年1月12日，受益人之一王某胞弟向保险公司申请给付保险金，该保险公司以被保险人王某系受益人赵某故意行为致死为由，依照《保险法》第六十四条第（一）款的规定下达了拒赔通知书。

1999年4月，王弟将保险公司告到法院，请求法院判令保险公司支付20万元保险金，一审判决保险公司给付10万元保险金。保险公司不服，提起上诉，二审撤销原判，依法改判，保险公司不需支付保险金，全部诉讼费用由一审原告承担。

（案例来源：史学瀛、郭宏彬主编，《保险法前沿问题案例研究》，中国经济出版社2001年版，第194—195页。）

【分析】 本案的争议焦点是，受益人故意造成被保险人死亡，保险公司赔还是不赔？此案发生在《保险法》修订（2009年修订）之前。当时的保险法规定，受益人故意造成被保险人死亡、伤残或者疾病，保险人可以解除保险合同，并不承担给付保险金的责任。就当时的法院判决来说，二审判决是依法判决的结果。可是，这种法律规定对其他无过错的受益人而言是不公的；不仅违背了保险的功能，而且也不利于保护被保险人的利益。因此，本次修订《保险法》改变了原来的规定。如果本案发生在现在，根据修改后的《保险法》第四十三条第（二）款的规定——受益人故意造成被保险人死亡、伤残、疾病的，或者故意杀害被保险人未遂的，该受益人丧失受益权。王某和赵某死亡后，赵某因其致害行为丧失了受益权，而王某的胞弟仍然享有受益权，保险公司应当对其予以赔付。

第二节　人身保险合同的补偿问题

一、补偿的含义

保险是一种特殊的经济补偿制度，补偿因不确定风险所造成的损害或者损失是保险的补偿本质特征。这里的损害或者损失，应与保险利益的概念联系起来进行理解，即是指由于保险事故的发生，投保人或者被保险人对保险标的所享有的保险利益减损、经济负担加重之情形。在保险有效期间内，一旦发生保险事故，保险标的受损，保险人即按照约定向有关主体支付保险金，使其所遭受的损失得以弥补。

保险补偿除了从积极的方面直接实现分散风险、弥补损失的制度功能之外，还起着防范保险谋利和道德危险的作用，这是从另外一个角度防止保险制度被滥用。保险补偿将保险赔付责任限制在实际损失和保险金额范围之内，使得被保险人不可能通过保险机制获取额外收益，也就阻止其产生道德危险，确保众多保险标的都能够在生产和生活中充分发挥物的效用而免于不当毁损，有利于保险业和保险市场健康持续发展。

二、保险损失补偿的内容

保险损失补偿的内容应从三个方面来理解：其一，保险人履行赔付义务须以保险事故发生时被保险人对保险标的享有保险利益为前提，因为无利益则无损失，而无损失则无补偿；其二，当保险事故发生致使投保人或者被保险人遭受损失时，保险人必须在责任范围内对投保人或者被保险人所受的实际损失进行补偿；其三，保险赔偿的功能仅在于弥补被保险人由于保险标的遭受损失而失去的经济利益，被保险人不能因保险赔偿而获得额外的利益。这几个方面的要求紧密相联相辅相成，共同构成损失补偿的完整内涵。

基于损失补偿，保险人履行损失赔偿责任有三个不可逾越的限度：

1. 以实际损失为限

当投保财产遭受保险责任范围内的损失时，保险人按合同规定承担赔偿责任，其支付的保险赔偿，不得超过被保险人的实际损失。

2. 以保险金额为限

根据我国《保险法》第十八条第（四）款之规定，保险金额是保险人承担赔偿或者给付保险金责任的最高限额。保险金额是保险合同的基本条款，是当事人在合同中约定的保险人赔付责任最高限额，并据此计算投保人应当缴纳的保险费数额。

3. 以保险利益为限

人身保险的保险利益无法数量化，被保险人的生命或者健康遭受损害，给相关主体带来的损失无法单纯以货币形式加以估量，其保险金的给付也主要根据保险费率来确定。而损失补偿的核心内容则是以数量化的实际损失为基准确定保险人赔付责任，因此损失补偿在人身保险中的适用较为有限，该原则主要适用于财产保险合同。财产保险制度中的很多规则都是由损失补偿原则衍生而来，如重复保险制度、委付制度以及保险人代位求偿权制度等，它们都是贯彻和体现损失补偿原则的要求。

三、损失补偿在人身保险合同中的适用

损失补偿原则是保险合同的基本原则，虽主要适用于财产保险领域，但对于人身保险领域，也有适用的必要，如补偿性的人身保险合同。人身保险中，人寿保险、年金保险等由当事人自由约定保险金额，一旦发生保险事故保险人径行按照合同约定给付保险金，这种保险合同称为定额人身保险合同。但是对于健康保险、意外伤害保险中关于医疗费用的保险来说，其目的在于补偿被保险人因治疗疾病或者医治伤害而产生的费用支出，当事人所签订的合同属于补偿性的人身保险合同。对于人身保险领域的这类补偿性保险合同，损失补偿亦应加以适用，按照被保险人实际所需和实际支出来确定保险金的数额，以避免出现道德危险。

在实务操作中，我国保险业界的通常做法是，对医疗费用保险适用补偿原则：如果被保险人已经从第三者处获得赔偿或者从社保统筹处报销，则保险人不承担这部分责任。这种适用体现在人寿保险公司的医疗费用型保险产品条款中，这些条款一般约定，“若已通过其他途径支付了部分医疗费用，本公司承担剩余医疗费用的保险责任”。

第三节 死亡保险的特殊规制

所谓死亡保险，是指以被保险人的生命为保险标的，在保险合同有效期限内，以被保险人的死亡为给付保险金条件的人身保险。由于此类保险合同涉及被保险人的生命，为避免道德危险，大多数国家和地区的保险立法都对其进行特殊规制。

一、死亡保险合同及其规制的必要性

（一）死亡保险合同的内涵

从保险业的发展来看，最初的人身保险的保险责任，主要是死亡，因为当时人们认为人生的最大风险是死亡。随着人身保险的发展，保险责任已多样化，生存、伤残、疾病等也成为人身保险的保险责任，但是死亡仍是人身保险最基本的保险责任。现在，单纯的死亡保险（即保险责任仅死亡一项）在人身保险业务总量中已占较小比重，但大部分人身保险合同都包括死亡责任，死亡是保险人给付保险金的条件之一。因此，本书所指死亡保险合同，既包括单纯以死亡为给付保险金条件的人身保险合同，也包括含有死亡、疾病、伤残以及医疗费用等保险责任的综合性人身保险合同中的死亡给付条款。

专栏 10—4

中国保监会对死亡保险的认定

所谓以死亡为给付保险金条件的人身保险合同，是指单纯以死亡为给付保险金条件的人身保险合同。如果未经被保险人同意并认可保险金额，该合同无效。含有死亡、疾病、伤残以及医疗费用等保险责任的综合性人身保险合同，如果未经被保险人同意并认可死亡责任保险金额，该合同死亡给付无效。

（资料来源：中国保监会，《关于对〈保险法〉有关条款含义请示的批复》，保监复［1999］154 号。）

（二）对死亡保险合同进行规制的必要性

1. 防止道德危险的发生

保险合同是一种射幸合同，保险事故能否发生，直接决定着被保险人（受益人）能否获得保险金，而这些都是不确定的。一般而言，死亡保险合同中的保险金额比较高，并且被保险人本人也无法受领死亡保险金，而只能由受益人领取，这样就很有可能发生为获取保险金而故意杀害被保险人的情形。如果法律不对以他人生命为保险标的，订立以死亡为给付保险金条件的保险合同进行规制，无异于以他人的生命作为赌注，极其容易发生“谋财害命”的道德危险。再者，订立死亡保险合同原本是为了给予被保险人某种保障，却反而使被保险人的生命处于更加危险的境地，这也违背设立死亡保险的初衷。

2. 基于保护人身权的需要

死亡保险合同，是以被保险人的生命、身体为保险标的，这会涉及被保险人的人身权问题。因此，应该对死亡保险合同进行必要的法律规制。各国保险立法普遍认为，订立死亡保险合同须征得被保险人的同意。[①] 这是因为，在订立死亡保险合同的过程中，应当考虑被保险人的意愿。如果在被保险人不知情，或者即使知情也不同意的情况下，就以其生命为保险标的进行投保，显然是对被保险人依法享有的独立人身权的侵犯。

二、《保险法》对死亡保险合同的规制

我国现行保险法对死亡保险合同的法律规制，体现在以下几方面：

（一）对被保险人资格的法律要求

在死亡保险合同中，我国保险法通过对被保险人资格的限制，来防范道德危险的发生。《保险法》第三十三条第（一）款规定："投保人不得为无民事行为能力人投保以死亡为给付保险金条件的人身保险，保险人也不得承保"。

根据我国《民法通则》第十二条第（二）款、第十三条第（一）款的规定，无民事行为能力人，是指不满十周岁的未成年人和不能辨认自己行为的精神病人。我国保险法之所以禁止投保人为无民事行为能力人投保死亡保险，原因在于，不满十周岁的未成年人，其智力水平普遍较低，一般难以从事民事行为；而不能辨认自己行为的精神病人，由于其心智丧失，也不具有自我保护能力。总之，这两类主体缺乏基本的识别能力和判断能力。如果投保人为这两类无民事行为能力人投保以死亡为给付保险金条件的人身保险，较容易发生谋害被保险人的可能，这种道德危险发生的几率要高于投保人为具有民事行为能力的人投保的情况。

需要注意的是，关于"投保人不得为无民事行为能力人投保以死亡为给付保险金条件的人身保险，保险人也不得承保"，这只是我国保险立法原则性的规定，还有例外情况存在。《保险法》第三十三条第（二）款紧接着规定，"父母为其未成年子女投保的人身保险，不受前款规定限制。但是，因被保险人死亡给付的保险金总和不得超过国务院保险监督管理机构规定的限额"。这就是说，父母可以为其未成年子女投保以死亡为给付保险金条件的人身保险，保险人也可以承保。可是，要受到保险金数额的限制。关于这个规定，详见本问题的第（三）个方面。

我国《保险法》第三十三条第（二）款所规定的例外情况，仅仅限于"父母为其未成年子女投保"，这属于法律的强制性规定，任何人不能以约定的形式违背。对于不能辨认自己行为的精神病人，虽然他们也是无民事行为能力人，但他们的父母也不能为他们投保以死亡为给付保险金条件的人身保险。

（二）对"被保险人同意并认可保险金额"的法律要求

在被保险人符合《保险法》第三十三条之规定的情况下，双方当事人意思表示一致，

① 例如，在日本的商法以及团体生命保险条款中，都对投保人在加入保险时，必须取得"被保险人同意"作出规定，如果没有经过被保险人的同意，保险合同是无效的。参见沙银华：《日本经典保险判例评释》，法律出版社 2002 年版，第 75—76 页。

保险合同即成立。可是，由于以死亡为给付保险金条件合同的特殊性，多数国家和地区的保险法将“被保险人同意并认可保险金额”作为此类保险合同的生效条件。《保险法》第三十四条第（一）款规定，“以死亡为给付保险金条件的合同，未经被保险人同意并认可保险金额的，合同无效”。学者们将这一规定称为“被保险人的同意权”。

这是因为，在以死亡为给付保险金条件的人身保险合同中，只有被保险人才是自己利益的最忠实维护者。赋予被保险人同意权，被保险人就可以依据对投保人、受益人的了解，自行作出判断，他人的投保行为以及获得保险金的欲望是否将使自己的生命处于不安全状态。① 以被保险人是否同意并认可保险金额，来认定保险合同的效力，可以更好地防范道德危险。

在这里，还需要明确几个问题：

1. 被保险人同意权的行使方式

关于被保险人行使同意权，是以口头方式还是书面方式作出？各国立法及惯例有所不同。② 我国2009年修订前的《保险法》规定，应以书面方式作出，是为提醒被保险人慎重，并且方便举证。但在保险实务中，以死亡为给付条件的保险合同但被保险人未以书面方式确认，而导致保险人拒赔的案例为数不少。其中，有许多是保险人明知被保险人未书面确认而未做要求的，被保险人的死亡也不是由于投保人的道德危险而导致，但由于保险法的强制性“书面”规定，使得被保险人、受益人的权利无法得到有效保护，有失公平。为此，在本次保险法修订时，删除了“书面”二字。一方面，在出现上述情况时，只要能够证明被保险人实质上已经同意，保险人就不得拒赔。另一方面，合同当事人为了避免将来出现纠纷，会自主安排有利于举证的方式，无需法律作过多强制性安排。③ 这样，能够更好地保护被保险人以及受益人的权利。

《保险法》修订后，由于保险实务中的“代被保险人签名”现象所引起的纠纷，也得到了解决。“代被保险人签名”，是指以死亡为给付保险金条件的人身保险合同中，投保人代替被保险人签名表示同意、营销员代替被保险人签名表示同意、团体保险中雇主代替员工签字表示同意等。由于新《保险法》并不强调被保险人“书面”同意，因此，在上述情况下，只要受益人能够以其他证据证明被保险人同意即可。

【案例10－4】

以死亡为给付保险金条件的合同无被保险人签名无效？

2005年9月15日，投保人王某向保险公司为其叔叔王B预定了10份“A”人寿保险，保险费6000元。保险公司向王某出具了预收保费收据1份，后投保人王某要求变更

① 刘建勋：《保险法新型疑难案例判解》，法律出版社2007年版，第243页。

② 英美惯例对被保险人同意的方式并不要求必须以书面方式作出；日本保险立法与英美惯例相同，其最新《保险法》第三十八条、第六十七条只规定了“以死亡为给付保险金条件的人身保险合同需征得被保险人的同意”，并没有规定“同意”限于书面或是口头方式。而德国《保险契约法》第159条第2款则明文规定以“书面”方式为之。

③ 吴定富主编：《〈中华人民共和国保险法〉释义》，中国财政经济出版社2009年版，第93页。

为6份，保险费应为3600元。2005年9月25日，投保人王某向保险公司提交了被保险人王B的体格检查表。2005年10月8日，保险公司业务员陈某代投保人王某退了预缴的保险费2400元，并将王某电话委托其代填的投保单，报上级公司审批同意承保，并于2005年10月10日制作保险单和保险费正式收据。保险单载明："投保人王某、被保险人王B，起保日期：2005年9月16零时，受益人王某，缴费方式为年缴，保险金额为62280元。"投保人王某收到保险单后，未对其内容提出异议。2006年12月16日，被保险人王B死亡，投保人王某于2006年12月31日向保险公司书面申请赔偿保险金，保险公司以投保人未缴纳第2期保险费并已过宽限期，拒赔保险金，因考虑保户困难同意退还保险费3600元。同日，王某到保险公司表示同意并写出了终止保险合同申请书，并领走所缴的首期保费3600元。2007年1月，投保人王某以其叔叔王B死亡是在第2期保险费宽限期60日内为由，向当地人民法院提起诉讼，要求保险公司赔偿保险金及其他损失。

一审法院认为，王某在向保险公司缴付首期保险费时，保险公司向王某出示的收款收据日期为2005年9月15日，向王某出具的保险单上载明的起保日期为2005年9月16日零时；王某在收到收据和保险单后，对所载日期并未提出异议和要求保险公司改正。因此，王B的死亡日期（2006年12月16日）已经超过了王某未缴纳第2期保险费的宽限期（2006年11月16日零时），驳回王某的诉讼请求。王某不服，遂向中级人民法院提起上诉。

二审法院认为，保险合同是由投保人填写的保险单和保险公司签发的保险单共同构成的。而保险单是投保人的真实意思表示，因此，应由投保人本人填写或签名认可。本案中，保险公司呈报审批的投保单，系他人代填又未征得投保人和被保险人签名认可，至今投保人都不予追认，因此，该保险合同不能成立，应属无效。法院判决，撤销一审法院民事判决；保险公司赔偿王某差旅费、误工等损失1000元；驳回王某请求保险金的诉讼请求。

（案例来源：黎宗剑主编，《保险案例汇编》，中国时代经济出版社2007年版，第37—39页。）

【分析】　本案一审法院依据投保人未缴纳保险费，并已超过宽限期，认定保险合同无效，保险公司应拒赔。二审法院依据投保单没有投保人、被保险人签名，而认定保险合同无效，保险公司应拒赔。虽然判决结果一致，均认定涉案保险合同是无效保险合同，但在适用法律上均存在问题。本案是以王B的死亡为给付保险金条件的保险合同，依照《保险法》第三十四条第（一）款的规定，王某为其叔叔王B投保以死亡为给付保险金条件的合同，应当征得王B的同意，否则，保险合同无效。关于"被保险人同意"的表达方式，保险法并未规定以书面方式为限。本案中的保险合同并不存在王B同意的情形，王某也没有其他证据证明王B同意。因此，法院应当以《保险法》第三十四条第（一）款作为判定保险合同无效的法律依据。

2. 限制行为能力人同意权的行使

《保险法》规定，投保人不得为无民事行为能力人投保以死亡为给付保险金条件的人身保险。如果死亡保险合同是以限制民事行为能力人的死亡为给付保险金条件，法律并没有禁止。可是，限制行为能力人的同意权应当如何行使？《保险法》没有明确规定。

在保险实践和司法实务中，对于限制行为能力被保险人同意权的行使，往往是依据《民法通则》关于法定代理人对限制行为能力人的代理进行操作的。我国《民法通则》第十二条、第十三条分别规定："十周岁以上的未成年人是限制民事行为能力人，可以进行与他的年龄、智力相适应的民事活动；其他民事活动由他的法定代理人代理，或者征得他的法定代理人的同意"，"不能完全辨认自己行为的精神病人是限制民事行为能力人，可以进行与他的精神健康状况相适应的民事活动；其他民事活动由他的法定代理人代理，或者征得他的法定代理人的同意"。

限制民事行为能力人的同意权应当由其本人作出，不能由法定代理人代替行使权利。其原因在于，当投保人是被保险人的法定代理人时（例如，父母为子女投保，养父母为养子女投保），投保人为被保险人订立以死亡为给付保险金的合同，却要由投保人代替被保险人行使同意权，作出"同意并认可保险金额"的意思表示。这样，在高额保险金的诱惑下，投保人可能会架空被保险人，不顾被保险人的意愿（即使被保险人有不同意见，也无法表达），任意投保以被保险人死亡为给付保险金的合同。如此情况，根本无法发挥"被保险人同意权"应有的作用，同样引致道德危险。

3. 被保险人的撤销权

投保人在订立保险合同时，实质上取得了被保险人的同意，但在保险合同有效期内，被保险人发现自己的生命因签订了死亡保险合同而受到了威胁，于是不再同意投保人为其订立保险合同。此时，是否可以允许被保险人撤销其同意的意思表示？《保险法》对此没有明确规定。[①]

专栏 10—5

日本保险法对被保险人撤销权的规定

日本《保险法》第 34 条规定：

"当被保险人为伤害疾病损害保险契约当事人以外之人时，除与投保人另有约

① 中国保监会曾在 2005 年拟定的《中华人民共和国保险法（修改草案送审稿）》针对这一问题，建议如下："被保险人可以随时以书面方式通知保险人及投保人，撤销其按照前款规定所做的同意。被保险人撤销的，视为投保人解除合同。"本书认为，应当赋予被保险人对其先前同意的撤销权。这是因为，其一，人身保险合同大多为长期性的合同，保险期间甚至是一辈子的事情，例如，夫妻之间在投保后离婚并互相憎恨。此时，继续维持死亡保险合同的效力，会长达 10 年、20 年。在此期间，很有可能发生与保险人当初行使同意权相对被保险人极为不利。其二，法律是基于尊重和维护被保险人人身权的考虑，赋予了被保险人对死亡保险合同的同意权。那么，在情况发生变化，死亡保险合同对于被保险人而言，不再是保障而是风险的情况下，同样为了保护被保险人的人身权，法律应当允许被保险人随时撤销其先前同意的意思表示。

定外，该被保险人可以请求投保人解除该伤害疾病损害保险契约”。

日本《保险法》第58条规定：

“当死亡保险契约的被保险人为该死亡保险契约当事人以外之人时，该被保险人于下列情形下可以请求投保人解除该死亡保险契约：

1. 具有前条第一款或第二款所载事由之情形；

2. 前项所载事由以外，有损被保险人对投保人或保险金受领人的信赖，具有使得该生命保险契约难以存续的重大事由之情形；

3. 由于投保人与被保险人之间的亲属关系终了等其他原因，被保险人依第38条的规定表示同意的基础发生了显著变更之情形。

投保人在受前款规定的解除生命保险契约请求时，可以解除该生命保险契约”。

（资料来源：王倩，《死亡给付人身保险被保险人同意权相关问题研究》，载谢宪主编：《保险法评论》（第二卷），中国法制出版社2009年版，第295页。）

4. “父母为其未成年子女投保的人身保险”的例外

对于“以死亡为给付保险金条件的合同，未经被保险人同意并认可保险金额的，合同无效”的规定，只是我国保险立法原则性的规定，还有例外情况存在。《保险法》第三十四条第（三）款规定：“父母为其未成年子女投保的人身保险，不受本条第一款规定限制。”也就是说，父母为其未成年子女投保的人身保险，被保险人（未成年子女）不必表示同意，人身保险合同即可生效。关于这个规定，详见本问题的第（三）个方面。

5. 转让或者质押保险单的规定

转让保险单，一般是指投保人将保险合同转让给他人。质押保险单，是指投保人将部分保单权益作为担保物而暂时让与他人（关于“人身保险合同的转让与质押”的详细内容，参见本书第九章）。以死亡为给付保险金条件的人身保险合同，如果投保人转让或者质押保险单，受让人就有可能成为该保险合同的受益人，这样不仅可能损害被保险人的利益，也有可能危及被保险人的人身安全。为了防范道德危险发生，《保险法》第三十四条第（二）款规定，“按照以死亡为给付保险金条件的合同所签发的保险单，未经被保险人书面同意，不得转让或者质押”。

需要强调的是，被保险人行使同意权的方式仅限于“书面”。这种要求显然高于订立死亡保险合同时，对被保险人行使同意权的要求。订立死亡保险合同时，投保人仅限于对被保险人有保险利益的人，受益人也是经被保险人指定或者同意的人。与保险单转让或者质押的受让人相比，其风险相对较小。所以，法律对保险单转让或者质押时被保险人的同意权做了更为严格的规定。

（三）对“父母为其未成年子女投保”的法律要求

虽然未成年子女属于我国民法规定的无民事行为能力人，但如果投保人是他们的父母，法律将做不同对待。

1. 父母可以为其未成年子女投保，但受保险金额的限制

虽然《保险法》第三十三条第（一）款禁止投保人不得为无民事行为能力人投保以死亡为给付保险金条件的人身保险，但在第（二）款又规定，父母可以为其未成年子女投保的人身保险，但要受到保险金额的限制。

这是因为，在绝大多数情况下，父母不会为了经济利益而故意谋害其未成年子女，或者在自己负有救助义务的情况下不作为的致使其未成年子女死亡。为发挥保险制度分散风险、弥补损失的功能，我国法律允许父母为其未成年子女投保以死亡为给付保险金条件的人身保险。可是，在巨额保险金的诱惑下，投保人就有可能突破亲情约束的底线，谁也难保道德危险绝对不发生。为此，我国保险法限制了死亡给付保险金的数额，即国务院保险监督管理机构规定的限额。这样就会使某些父母对保险金失去兴趣，减少道德危险发生的可能性。①

根据中国保监会《关于父母为其未成年子女投保死亡人身保险限额的通知》（保监发［1999］43号）规定，父母为其未成年子女投保的人身保险，死亡保险金额不得超过人民币5万元。自本通知发布之日起，新签发的保单均应按此规定执行；已签发的保单继续履行其保险责任，直到保险合同终止。随后，中国保监会在关于《对〈关于父母为其未成年子女投保死亡人身保险限额的通知〉中有关问题的请示》的答复（保监寿［1999］7号）中又规定："死亡保险金额不得超过5万元"，指的是累计死亡保险金额的限额。

随着经济的发展，我国出现了地区经济发展不平衡的情况。为适用现实需要，中国保监会于2002年3月22日发布保监发［2002］34号文件《关于在北京等试点城市放宽未成年人死亡保险金额通知》中明确规定：（1）自本通知发布之日起，在北京市、上海市、广州市和深圳市投保的未成年人人身保险的死亡给付保险金额的上限由5万元提高到10万元；（2）其他地区的保险公司及分支机构办理未成年人人身保险业务，其死亡给付保险金额仍应严格按照保监发［1999］43号文件执行。

在经济形势进一步发展的情况下，于2010年10月18日，保监会发出通知，在全国范围内将未成年人死亡给付的保险金额上调为10万元。保监发［2010］95号文件规定："对于父母为其未成年子女投保的人身保险，在被保险人成年之前各保险公司约定的被保险人死亡给付的保险金额总和、被保险人死亡时各保险公司实际给付的保险金总和均不得超过人民币10万元。"据此，目前我国未成年人死亡保险的死亡给付保险金额为10万元。

2. 父母可以为其未成年子女投保，可以不经被保险人同意

虽然《保险法》第三十四条第（一）款规定，以死亡为给付保险金条件的合同，需要被保险人同意并认可保险金额的，合同才能有效。但在第（三）款又规定，父母为其未成年子女投保的人身保险，不需要以被保险人同意并认可保险金额为生效条件。

① 当投保人为被保险人投保多份死亡保险合同时，一旦保险事故发生，各保险人均应按保险合同约定给付保险金（人身保险合同不存在超额保险，因此也不需要各保险人分摊），因此，对保险金总额的限制标准，应该是未成年人的生活费用和死亡后的将发生的丧葬费用。

这是因为，其一，与他人相比，父母为获取保险金而谋害其未成年子女的可能性较小，并且我国保险法也明确规定，父母为其未成年子女投保的以死亡为给付保险金条件的合同中，保险金总和不得超过限额。① 在此情况下，道德危险较低。其二，未成年子女属于无民事行为能力人，即使保险法要求在这种情况下，未成年子女应当同意并认可保险金额，也是由其父母代为表示。一方面父母为其投保，另一方面父母又要代替表示同意，毫无实际意义。

三、违反死亡保险合同规制的法律后果

《保险法》第三十四条明确规定："以死亡为给付保险金条件的人身保险合同，如果未经被保险人同意并认可保险金额的，合同无效"。具体而言，根据中国保监会《关于对〈保险法〉有关条款含义请示的批复》（保监复［1999］154 号），单纯以死亡为给付保险金条件的人身保险合同，如果未经被保险人同意并认可保险金额，该合同无效。含有死亡、疾病、伤残以及医疗费用等保险责任的综合性人身保险合同，如果未经被保险人同意并认可死亡责任保险金额，该合同死亡给付无效。

关于投保人为无民事行为能力人投保的死亡保险合同，我国保险法规定，除父母为其未成年子女投保死亡保险合同外，投保人不得投保，保险人也不得承保。但保险法并未规定订立这种保险合同的法律后果。比照《保险法》第三十四条第（一）款的规定，为防止道德危险发生，这种保险合同也应该无效。

保险合同无效后，如何处理双方当事人已经作出的给付，以及是否承担保险责任。保险法也没有明确规定，根据《合同法》关于合同无效责任的规定，保险合同被确认无效后，各方当事人依据保险合同取得的利益丧失了合法依据，应当返还给对方。保险人应当将收取的保险费及利息返还给投保人。同样，如果受益人已经依据保险合同取得了保险金，该保险金及利息也应返还。②

关于父母为其未成年子女投保死亡人身保险，超过保险金总和限额的，中国保监会在关于《对〈关于父母为其未成年子女投保死亡人身保险限额的通知〉中有关问题的请示》的答复（保监寿［1999］7 号）中明确规定了其法律后果："在订立保险合同时，保险公司应要求投保人声明是否在其他保险公司为其未成年子女投保了死亡人身保险，如果投保人故意不履行如实告知义务，出现累计保险金额超过 5 万元的情况，超过部分保险公司不承担给付保险金的责任并不退还保险费"。③

另外，我国保险法对上述违反死亡保险合同规制的行为规定了行政处罚。《保险法》第一

① 《保险法》第三十三条第（二）款的规定，前已述及。

② 对于因保险合同无效而导致的损失，又该如何承担？在死亡保险合同中，对于被保险人的资格、被保险人同意并认可保险金额，投保人负担的是一般注意的义务，而保险人负担的是履行法定职责的义务，我们只要没有证据证明投保人恶意或者故意造成保险合同无效，保险人应该对合同无效的损失应承担主要责任。

③ 笔者认为，中国保监会规定，保险公司对这样的死亡保险合同不承担保险责任，并不退还保险费。可能是出于对投保人明知其保险金额超过 5 万元却不告知的恶意的惩罚。

百六十四条规定："保险公司违反保险法相关规定，为无民事行为能力人承保以死亡为给付保险金条件的保险的，由保险监督管理机构责令改正，并处五万元以上三十万元以下的罚款"。

第四节　人身保险合同的现金价值

一般而言，现金价值，是指投保人要求解约或者退保时，保险公司应该返还的金额。并不是所有的保险产品都具有现金价值，一般是带有储蓄性质的人寿保单才具有现金价值。那么，保单所有人可以取得多少现金价值？保险公司返还的现金价值与投保人缴纳的保险费之间有多大差距？回答这些问题，需要弄清楚现金价值的内涵、来源及其功能。

一、现金价值的内涵

现金价值，又称解约退还金、退保价值，是指保险单所具有的价值，通常体现为解除合同时，根据精算原理计算的，由保险人退还的那部分金额。在人寿保险产品中，终身寿险、两全保险和期限在一年以上的定期寿险，投保人在缴付一定期间的保险费后都有一定的现金价值。

根据保险原理，保险人以保险事故发生的概率来确定保险费率：保险事故发生概率越高，则保险费率越高。例如，在长期人寿保险合同中，随着被保险人年龄的增加，其死亡的可能性将越来越高。因此，投保人向保险人支付的保费通常会随着年龄的增长而逐年增加。为了减轻投保人在被保险人年老时较重的保险费负担，保险人计算出一个均衡保费，将投保人需要缴纳的全部保费在整个缴费期内均摊，使投保人每期缴纳的保费都相同。这样，在被保险人年轻时，投保人缴纳的保费高于实际风险需要的保费；保险人将这些多缴的保费单独提存起来，并按照一定的利率进行积存生息，用于弥补年老时风险保费的不足。

因此，在保单生效后，前期多缴的保费连同其产生的利息累积后便形成了人寿保险的责任准备金，除去用于支付保险人的必要费用（如制单费、运营费等管理费用）外，剩余的就是人寿保险保单的现金价值。在解约退保时，保险人应当将这部分价值返还给投保人。因此，现金价值又叫做不丧失价值或者不丧失的赔偿权。

专栏 10—6

中国保险行业协会对现金价值的示范规定

现金价值，指保险单所具有的价值，通常体现为解除合同时，根据精算原理计算的，由本公司退还的那部分金额。

（资料来源：《人身保险产品条款部分条目示范写法》释义第五条。）

人寿保险合同的不同阶段，现金价值的数额是不同的。投保人采用分期支付保费方式的，在保单生效的第一年，由于附加费用（包括新合同费、合同维持费等项目）的支出较大，因此，第一年所收取的保险费，扣除新合同费和当年用于承担保险责任的自然保费后，一般所剩不多。保单生效的第二年所收取的保险费，扣除附加保费和当年的自然保费后一般能有所剩余，甚至能弥补第一年的亏损。以后各年，现金价值将累计增加。虽然保单的现金价值会随缴费年限的延长而不断增加，但是不可能高于保险人在合同到期时给付的保险金。

人寿保险合同的现金价值在各个保单年度末的数额，通常会体现在现金价值表中，各个保单年度之间的现金价值可以通过相邻前后两个保单年度末的现金价值进行计算。现金价值表是人寿保险合同的组成部分，是投保人在解除保险合同或者主张其他权利的依据，[①] 保险人在履行对保险合同的说明义务时，也应当对现金价值表进行必要解释。

专栏 10—7

某保险公司保险合同中对现金价值表的规定

某保险公司 A 终身保险条款（2007 修订版）第一条规定："A 终身保险合同（以下简称'本合同'）由保险单及所附条款、现金价值表、声明、批注、批单，以及与本合同有关的投保单、复效申请书、健康声明书和其他书面协议共同构成。"

二、现金价值在人身保险合同中的体现

在具有现金价值的人身保险合同中，现金价值是保单所有人合同的多项权利的重要基础。具体来讲，保单所有人可以在保险合同效力终止的情况下领取现金价值；也可以在投保人无力支付保费的情况下，以现金价值抵做保费以维持人身保险合同的效力；还可以用人身保单的现金价值向商业银行或者保险公司质押贷款，用于投保人资金周转等用途。

（一）解约退保

人身保险保险单的现金价值来源包括三部分：首先，在均衡保费制下，投保人早期超缴

① 保险实践中，曾经一度经常发生过保险人向投保人出具错误现金价值表而引发的人身保险合同纠纷。

的保费；其次，累积所生的利息；最后，生存者利益（在保险期内被保险人死亡，其享有的保险费及其利息，由生存的受益人享受）。可见，现金价值属于保单所有人所有。因此，保险人在退保后，将累积的责任准备金扣除掉解约费用后的余额（即现金价值），退还保单所有人。例如，《保险法》第四十七条规定："投保人解除合同的，保险人应当自收到解除合同通知之日起三十日内，按照合同约定退还保险单的现金价值。"

保险人之所以要进行解约扣除而不是将全部提存的责任准备金退给被保险人，是鉴于以下原因：（1）死亡逆选择增加。因为体弱者一般不会提出中途解约，而大量身体健康者解约后，势必使被保险人的平均死亡率提高。（2）影响资金运用，减少投入。由于中途解约，保险人必须从运用的资金中提取一定资金及时支付给解约者，致使其损失一部分投资利息。（3）附加费用需要摊还。签发保单的第一年，人身保险保单发生的超额费用可能会因为被保险人中途退保、解约而停止缴付费用，使一部分附加费用无法收回。（4）办理解约手续需要支付费用。①

对于投保人而言，退保虽然可以领取一定的现金价值，但是将失去保险保障；并且，由于年龄的增加、身体健康状况下降等原因，如果以后想重新投保得到同样的保障，投保人将会支付更高的保险费。此外，在保险单生效的前两三年，由于费用支出较大，保费在扣除掉附加费用和自然保费后，一般剩余不多。因此，投保人对退保应三思而行。

【案例 10－5】

1997 年 11 月，市民李先生投保某公司长寿保险，年缴保费 816 元，缴费期限 20 年。1999 年 11 月他想退保，退保金是 752 元，退保金仅占他所缴保费的 46%，能到手的退保金已不多。

【分析】 各保险公司退保条款的制定都非常规范。像李先生那种情况，退保越早，退保金越少。这是因为寿险保费采用均衡保费法，它不随着年龄的增长而变化，保险的初期，均衡费率高于自然费率，随着年龄的增长，缴付保费依然维持不变，但逐渐低于自然费率。退保时，是按平均费率计算的，并且要扣除保单的成本费用、体检费等。退保早，所得的退保金必然会少于已缴的保费，而且越早越少。有人将退保金与银行储蓄比较，认为自己吃了亏，保险公司占了便宜，这是不了解保险的功能和储蓄本质的区别，二者不可简单比较。

（二）缴清保险

缴清保险，又称"减额缴清保险"，是指投保人不能按照合同约定缴纳保费时，为保持原保险合同的保险责任、保险期限不变，将当时保单现金价值作为趸缴保费，从而计算新的保险金额。缴清保险的功能在于，在投保人无力支付保险费的情况下，以现金价值冲抵保险费，以维持保险合同的效力，不致于使保单失效。

缴清保险不改变原保险合同的保险责任、保险期限，只是保险金额要小于原保单的保险金额。例如，原保单的保险金额是 10 万，减额缴清后可能会变成 5 万。减额缴清虽然维持

① http：//wiki. jxwmw. cn/index. php？doc－view－157010/，2009 年 8 月 21 日访问。

了原保险合同的效力，但保险金额减少，保险公司承担的保险责任也减少。因此，投保人如果不是因为某种原因已经丧失缴费能力，致使以后无法继续缴费，而只是暂时的经济困难，最好不要选择缴清保险。

专栏 10—8

某人身保险合同中的减额缴清条款

"如果您决定不再缴纳续期保险费，您可以向我们书面申请办理减额缴清。办理减额缴清后，本主险合同的基本保险金额将会减少，身故保险金调整成按减额缴清后的基本保险金额与现金价值（不包括因红利分配产生的相关利益）的较大值确定。而您不需要再为本主险合同缴纳保险费，本主险合同继续有效"。

（三）展期保险

展期保险，又称"展延定期保险"，是指在长期人寿保险中，投保人不能继续缴纳保费而又不愿中断保险时，运用保单已有的现金价值将保险合同改为与原保险金额相同的死亡保险。死亡保险的保险期限取决于原保单的现金价值和被保险人的性别、年龄等因素，但不得超过原保险单的保险期限。如果以现金价值冲抵保险费后不足以维持到原保单的到期日，展期定期死亡保险的保险期限将根据金额大小相应缩短；如果现金价值足以维持到原保险单的期限届满，则原保险期间不变；如果现金价值冲抵保险费后还有剩余，投保人则可再购买与原保险单期限相同的生存保险，其保险金额取决于现金价值的剩余额。

展期保险是一种使保险合同继续有效的一种方式。这种方式比较适合于被保险人的身体健康状况日益衰退或者职业风险日益增加，又无力缴付保险费的情况。办理展期定期死亡保险之后，如果被保险人在特别约定的时间之前死亡，保险公司将按照原保险合同约定的保险金额给付死亡保险金。如果用冲抵后的剩余现金价值购买展期生存保险，在保险期间届满时，假如被保险人依然生存，还可以请求该部分的生存保险金。

【案例 10-6】

被保险人于某在 45 岁时为自己投保了 10 年期两全保险，保险金额为 10 万元。于某在第 5 个年度末停缴保险费。此时保单的现金价值为 45000 元。

【分析】 于某想继续获得保险保障，他将两全保险改为展期保险。这时投保 5 年期保额为 10 万元的定期死亡保险趸缴保险费为 4300 元。余额 40700 元作为趸缴保险费可以购买保险金额 49000 元的生存保险。因此，于某在 55 岁以前死亡可以得到 10 万元的死亡给付金。如果他到 55 岁时仍然生存，可以得到 49000 元的生存给付金。

（四）自动垫缴保费

自动垫缴保费，是指在人身保险合同中，宽限期结束时，投保人仍未缴付保险费，保险人自动将保险单的现金价值用于垫缴保险费，以维持保险合同的效力。如果保险单的现金价值垫付完毕，保险合同终止，保险人对终止后发生的保险事故不承担保险责任。

自动垫缴保费，是将保单的现金价值暂时垫付当期应缴付的保险费。垫缴保费后，保险合同的保险金额、保险期限均不发生变化。在此期间若发生保险事故，保险人将依照保险合同承担给付保险金的责任。在垫缴保费期间，投保人还可以补缴保险费及利息。补缴后，保单的现金价值恢复到自动垫交前的状态。

可见，自动垫缴保费的功能是为了解决投保人暂时由于经济困难或者资金紧张而无法缴付保险费的问题，待到投保人有缴费能力时，还可以补缴已垫付的保险费和利息。这样一来，避免了因保单失效时而给投保人带来的不利后果。①

（五）保单质押贷款

保单质押贷款，是指投保人将保险单的现金价值用于质押，以获取贷款的一种融资方式。长期人身保险合同均具有现金价值，这使得保险单具备了有价证券的性质，因此，投保人可以运用其对现金价值的所有权，将保险单质押给商业银行或者保险公司以获取短期资金融通。保险单现金价值的大小决定着投保人的贷款额度。投保人在以保单进行质押贷款时要按时支付利息，如果投保人不能正常支付本息，当贷款额的本息达到现金价值时，保险合同效力终止。

目前，保单质押贷款有两种方式：一是投保人把保单直接质押给保险公司取得贷款；另一种是将保单质押给银行取得贷款。这两种方式的贷款额度、贷款期限、贷款利率及贷款手续均有所不同。一般而言，在保险公司进行保险质押贷款的额度一般不超过保单现金价值的80%；贷款期限一般不超过6个月；贷款利率参考银行同期贷款利率计算；贷款手续也较为简单，只需要保单、投保人的身份证等证件办理即可办理。而在商业银行进行保险单质押贷款的最高限额可达现金价值的95%；贷款期限可以为1年；贷款利率为国家规定的同期利率；可是，贷款手续较保险公司繁琐，投保人需要到银行申请，由保险公司批准后，再经过银行审核。

虽然，保单的现金价值是贷款的担保，但是，保单质押贷款同样存在风险，比如，投保人不经银行同意而自行退保，造成保单现金价值的减少或者流失；投保人在无法缴纳保险费的情况下，进行展期保险或者缴清保险，都有可能侵害银行的债权利益。关于“保单质押贷款”的详细内容，参见本书第九章相关部分。

---

① 即使投保人在保险合同中止后，还可以办理复效，但是投保人需要满足一定的条件和履行一定的程序。详见本书第八章第二节的相关内容。

【案例 10 - 7】

保费和现金价值的差距多大

姚某在上海一家保险公司里投保了两份长期人身险，每年大约需缴纳保费将近 1000 元，但是后来由于家庭经济情况出现变故，再“供养”两份保险已经相当吃力。尽管如此，姚某还是知晓“保险公司不能以诉讼的方式要求投保人缴纳保险费，但是如果投保人不缴纳保费，那么保单要么失效，要么就得减少保额或缩短保险期限”的道理，不管怎样，停止缴费对客户来说，都是十分不利。在支撑了一年多时间之后，姚某终于还是去保险公司提出了退保申请，但是保险公司在接受申请之后，告诉她只能按保单现有的“现金价值”退还她大约 260 元。这和姚某当时的预期落差实在太大，尽管之前已经做好了可能会有所损失的心理准备，但是从已缴了几千元的保费，一下子落到几百元的返还，姚某实在很难接受。

姚某认为保险公司故意“坑”了她的钱。而保险公司认为，按照《保险法》和合同条款的规定，应当退还的是保险单的现金价值。在保单有效期内，保险公司把扣除手续费后所剩的保费投入运营，产生增值后即为现金价值。因此，扣除手续费后退还大约 260 元并没有任何疑义。

（案例来源：http：//www.lawtime.cn/info/baoxian/htrsbxht/2006101339216_2.html//2009 年 10 月 21 日访问。）

【分析】 本案的争议主要集中在“现金价值”上，那么如何理解“现金价值”才是准确的呢？事实上，“现金价值”是指客户在退保时可取回的金额——由于长期寿险通常采用均衡保险费，投保人缴费若干期后，将会形成一定的责任准备金，责任准备金是对被保险人的一种负债。因此，在解约退保时，退保人需将这部分“负债”返还给投保人。保单的现金价值正是以责任准备金为基础计算的。往简单里说，“现金价值”又被称为“解约退还金”或“退保价值”，长期寿险合同通常分为分期缴纳均衡保费或一次性趸缴保费两种缴费方式：当投保人采用分期支付方式时，由于在订立保单的第一年，包括新合同费、合同维持费等项目在内的附加费用支出较大，因此，在合同订立的第一年所收取的保险费，扣除新合同费和当年用于承担保险责任的自然保费后，一般已经所剩不多。合同订立的第二年所收取的保险费，扣除附加保费和当年的自然保费后一般能有所剩余，甚至能弥补第一年的亏损。所以，一般说来，分期支付保险费的寿险合同，已缴足两年以上的保险费后，才能产生现金价值；至于在投保时一次性付清全部保险费的寿险合同，则自支付保险费之日起，就产生了现金价值。

因此，投保人在缴费的头两年，费用开支较大，所以，年缴保费在扣除附加费和自然保费后，一般无剩余，这种情况对投保人来说，损失也是最大的。所以，客户除了在退保时取回并不多的现金价值外，还可以根据保险合同条款中的规定来安排现金价值，例如当停止缴费时，可利用现金价值自动垫缴保险费；也可以向保险公司申请，将合同转为减额缴清保费，或向保险公司申请保单贷款等。

三、决定现金价值的主要因素

人身保险合同的现金价值，就是责任准备金扣除用于支付保险人的必要费用后的余额。决定现金价值的主要因素有：保险费、预定利率、投资收益率、保险险种、生存率、死亡率等因素。除此之外，还可能包括分红保险的分红率、意外事故发生率、残疾发生率、疾病发生率以及公司的营业费用率等因素。

人寿保险责任准备金，是指保险公司为履行今后保险金给付的资金准备，从应收的净保险费中逐年提存的一种准备金，或者说是保险公司还没履行保险责任但是已经收取的保险费。

依据保险原理，承保风险与保险费成正相关关系。在长期人寿保险合同中，随着被保险人年龄的增长，投保人向保险人交纳的保险费越来越高，甚至于到保险合同后期，可能与保险金的数额相等。为了减轻投保人在被保险人年老时较重的保险费负担，人寿保险的保险费往往不按自然费率而采用均衡费率按年缴付。

这样，在人寿保险合同生效后的前一段时期内，投保人缴付的均衡纯保费大于实际需要的自然保费，这个差额随着保险风险的增加而逐渐缩小，直至保险合同中期而达到等值；在此之后，投保人所交纳的均衡纯保费又小于实际需要的自然保费数额。其中，保险人应收的各种纯保费费率和死亡率均经过科学计算，因此，人寿保险合同前期保险人多收的保险费加上累积的利息，正好等于保险合同后期的投保人未交纳却应交纳的数额。也就是说，对于投保人早期缴付的均衡纯保费中多于自然保费的部分，是保险公司的营业收入，只能视为保险人对被保险人的负债，经过逐年累积生息，除去用于支付保险人的必要费用（如制单费、运营费等管理费用）外，其终值就是人寿保险责任准备金。保险公司以这些保险责任准备金作为后盾，履行其保险义务。①

在现金价值的计算中，预定利率是很重要的考虑因素。预定利率，是指保险公司参照银行存款利率和预期投资收益率，为保险单预先设定的每年收益率。预定利率直接决定着保单收益。一般来说，预定利率越高，保险单的现金价值就越高，投保人的收益就更大。

死亡率、生存率是决定人寿保险费率的重要依据。一般而言，在人寿保险中，被保险人的年龄越大，其生病或者死亡的概率越大，保险人就应当收取相应高的保险费。②

在某些寿险险种中，保险公司会把盈利在某时期以红利分配的方式返还给投保人。分红率是指这些险种中红利返还给投保人的比率。

意外事故率是指某件意外事故发生的比率。残疾发生率和疾病发生率分别指被承保的被

---

① 为了保障人寿保险保单持有人的利益，确保保险人能够具备给付保险金的能力，各国（地区）的保险法规都规定了保险人提存人寿责任准备金的义务和方法。

② 如何确定这个标准，这就要依靠生命表。生命表通常以 10 万（或 100 万）人作为 0 岁的生存人数，然后根据各年中死亡人数，各年末生存人数计算各年龄人口的死亡率、生存率，列成表格。其中的统计数字反映了某一国家或者地区一定人群从诞生直至全部死亡的生死规律，可以为人寿保险公司计算保险费提供科学依据。1693 年，英国天文学家哈莱制定了世界上第一张生命表——《哈莱死亡表》，从此奠定了近代人寿保险费率计算的基础。

保险人残疾与发生疾病的概率。

责任准备金与保险人的营业费用成本有关。保险人的营业费用成本将是影响现金价值的重要因素。它包括承保费用、维持费用、一般费用、理赔费用和投资费用。另外，投保人退保时，保险公司通常还要收取一定的退保费用。

承保费用是保险公司为签发新合同，于第一年度所支出的费用，如营销人员的薪金、佣金、宣传广告费、保单印刷费、风险选择费用（如体检费）等。

维持费用是维持保单有效的费用，如寄送催缴保费通知单、合同内容变更等保单保全的费用、保单质押贷款和固定资产折旧等费用。

一般费用指科研、税金、培训和精算等费用。

理赔费用发生在理赔过程中，如调查费、法律纠纷相关费用、公估费用和给付手续费等。

投资费用发生在寿险资金运用过程中，如投资评估、投资调查等。

四、现金价值的延伸

现金价值存在于具有储蓄性质的人寿保险合同之中，正是因为现金价值的存在，使这类人寿保险合同具备了现代保险的经济补偿、资金融通与社会管理功能。

（一）现代保险的经济补偿功能

现代保险的本质和核心功能是在消费者遭受损失时给予经济补偿，即为消费者提供风险保障。也就是说，经济补偿功能是保险区别于银行、证券、基金和其他新型金融品种的显著特征，保险公司需要通过提供保障功能、提供保险服务逐步完成资金的积累，从而进一步实现其资金融通功能和社会管理的功能。

在现代生活中，人们将面临各种各样的人身风险。保险可以分担被保险人的死亡、疾病、伤残、年老等各种人身风险所造成的损失，在危难之际给被保险人及其家庭提供经济补偿。总之一句话，保险的经济补偿功能可以使人们老有所养、病有所医、幼有所依。保险能够通过预先的安排把不确定的损失固定下来，从而使人们获得心理上与物质上的安全保障，也只有在消除了这些忧虑与恐惧之后，人们才会考虑资产的保值增值需求；只有保险业在发挥了其自身特有的也是最基本的保障功能之后，才能促进经济社会稳定运行，才能真正体现保险的经济"助推器"和社会"稳定器"的社会管理功能。

现代社会的每次灾害与风险的爆发，都是保险的经济补偿功能充分发挥的重要契机，人们也逐渐认识到人身风险的保障往往只有通过保险才能实现。我国在每次经历重大灾害和风险之后，如经历2003年"非典"疫情以及2008年"汶川地震"后，消费者对保障类保险产品的需求进一步提高。

（二）现代保险的资金融通功能

具有现金价值的人寿保险，具有资金融通的功能，它可以使投保人在得到保险保障的同时，获取一定的投资收益，这是现代保险的衍生功能。这类保险主要是一些近年来推出的新型寿险产品，如分红保险、万能保险、投资连结保险。本书主要以这三种寿险产品为例，说明由现金价值延伸出来的现代保险的资金融通功能。

1. 分红保险

随着人们对投资理财渠道需求的增加，分红保险产品越来越受到广大客户的关注。分红保险产品，是指保险公司在每个会计年度结束后，将上一会计年度该类分红保险的实际经营成果优于定价假设的盈余，按一定比例向保单所有人进行分配的人寿保险产品。

这类保险是一种兼有保障和保值增值的新型寿险产品，其主要特点是：缴费期限较短，一般为 3 年或者 5 年；保险费用偏高，一般年缴几千元或者万元以上；并且具有一定的保障和获取红利的机会。分红产品的现金价值按照保险单的较低利率确定，超过部分以红利形式返还保单持有人。

所谓分红保险的红利，是保单所有人从保险公司可分配盈余中分享到的金额。分红保险的红利是不固定的，分红水平和保险公司的经营状况有着直接关系，保险公司与客户共同承担投资风险、分享经营成果。但是，保险公司对保单持有人有一个最低保障，即保证现金价值部分，这部分不会因为保险公司经营状况不佳而减少。

2. 万能保险

所谓万能保险，是指包含保险保障功能并至少在一个投资账户拥有一定资产价值的人身保险产品。在万能保险中，保险费分为两部分，一部分是用于保障，一部分是用于投资，保单持有人可以将用于投资的保险费转换为用于保障。也就是说，万能保险产品的灵活性极强，投保以后保单持有人根据人生不同阶段的保障需求和财力状况，调整保额、保费及缴费期，确定保障与投资的最佳比例。

万能保险的保单持有人在支付了某一个最低金额的第一期保险费以后，可以根据合同约定在任何时间支付任何金额的保险费，并且任意提高或者降低死亡给付金额，只要保单积存的现金价值足够支付以后各期的成本和费用。对于万能保险而言，其现金价值因弹性保费与利率等因素而有所不同，万能保险通常设定有最低保证利率。

3. 投资连结保险

近年来，兼具保险和融资理财功能的投资连结保险受到了消费者的青睐。对于传统人寿保险产品而言，在承保时都有一个固定的预定利率，保险合同一旦生效，无论保险公司经营状况如何，都将按预定利率赔付给保单持有人。投资连结保险除了与传统人寿保险产品一样提供保险保障外，将保单的现金价值直接与保险公司的投资收益相挂钩。其运作机理为，把保险费中的大部分资金用来购买由保险公司设立的投资账户单位，由投资专家进行专业运作，所得投资收益归保单持有人。当然，投资连结保险的风险与收益并存，保单持有人在投资时也要承担相应的投资风险。

一般说来，常见的投资连结保险账户有以下几种：低风险收益型投资账户，其账户资金主要投资于银行存款、现金拆借等；高风险高收益型的投资账户，其账户最少有 60% 的资金用于投资基金；稳健平衡型的投资账户，其账户不低于 20% 的资金用于投资国债及银行存款的，不高于 60% 的资金用于投资基金。以某人寿保险公司为例，该公司目前设有 5 个投资账户，分别为成长型账户、平衡型账户、稳定型账户、安益型账户和避险型账户，客户资金在账户间的转换是免费的。客户可以根据投资市场的变化，结合自身理财需求，通过在不同风险收益级别的投资账户间进行自由转换，及时调整原有理财方案，实现财富长期增值。①

投资连结保险产品保险单的现金价值是不固定的，数额多少取决于投资账户的投资绩效，现金价值也没有最低利率保证，如果投资效果不佳，现金价值有可能减少至零。

（三）现代保险的社会管理功能

社会管理功能是现代保险的又一衍生功能，这一功能是指现代保险对社会各领域的促进、协调作用。随着保险业在社会发展中的地位不断巩固和增强，该功能日益突现。

现代保险的社会管理功能体现在：

首先，保险具有事前防灾、事后减损的功能，一方面，在保险事故发生前，可以通过宣传保险知识、提供全面的风险管理咨询、防灾防损监督和指导，提取防损基金，资助被保险人采取安全防范等措施，对风险隐患进行事前化解；另一方面，在保险事故发生后，能够以给付保险金的形式减轻社会保险制度的压力。这两方面发挥了现代保险“减震器”的社会管理功能。

其次，对于保单持有人而言，人身保险产品能够帮助人们把一部分资金储蓄起来，留至年老多病时使用，使人们在日常的工作、学习、生活之中没有后顾之忧。人们根据不同阶段的经济需求，可以通过解除人身保险合同获得保单的现金价值，也可以用人身保单进行质押贷款，减轻家庭财务压力，缓解短期的资金需求。在这方面，保险为人们生活提供了强有力的经济保障，在客观上起到社会“稳定器”的作用。

总之，现代保险的社会管理功能能够促进社会正常运转和有序发展，在社会和消费者方面均实现了“社会润滑剂”的作用。

关键词

保险欺诈　保险代位求偿权　死亡保险　现金价值　不丧失价值　解约退保　缴清保险　展期保险　自动垫缴保费　保单质押贷款　责任准备金　生命表　保障功能　融资功能　社会管理功能

思考题

1. 简述保险欺诈的表现形式。
2. 简述受益人实施保险欺诈行为的法律后果。
3. 如何理解实践中存在的人身保险合同的代位求偿权？

① http：//money. business. sohu. com/20070316/n248762443. shtml/，2009 年 8 月 27 日访问。

4. 简述我国保险法对死亡保险合同的特殊规定。
5. 分析父母为其未成年子女投保死亡保险合同的法律规制。
6. 什么是现金价值？简述现金价值的来源。
7. 现金价值体现在人身保险合同的哪些方面？
8. 什么是责任准备金？
9. 基于现金价值的延伸，现代保险具有哪些功能？

第十一章

人身保险合同纠纷的解决

学习目的

- 了解人身保险合同纠纷产生的原因
- 掌握人身保险合同的解释方法，尤其是不利解释原则的适用
- 熟悉人身保险合同纠纷的不同解决途径及相互间的区别
- 掌握申请仲裁的方法和程序
- 掌握提起诉讼的方法和程序
- 掌握保险法对人身保险合同诉讼时效的规定

在法律的日常实践中，最重要的问题是对文件的解释。

——【英】丹宁[1]

人身保险合同以其特有的储蓄性以及补偿性功能，得到了越来越多人们的认可。[2] 但是，由于各种原因，与人身保险合同相关的纠纷时有发生。近年来法院受理的人身保险案件，也呈现出爆发式上升的态势。基于此，本章分析了人身保险合同纠纷产生的原因，对人身保险合同的各种解释方法，人身保险合同主体遇到纠纷时能够寻求的解决途径，以及我国现行保险法对人身保险合同诉讼时效的有关规定。

第一节　人身保险合同纠纷产生的主要原因

人身保险合同是投保人与保险人订立的，以被保险人的寿命和身体为保险标的的保险合同。在人身保险合同的订立及履行过程中，涉及保险人、投保人、被保险人、受益人以及保险代理人各方主体；人身保险合同就是对这些相关主体之间权利义务关系的约束。由于各方主体没有按照法律的规定或者人身保险合同的约定履行各自的义务，从而损害了相关当事人的利益；或者合同双方依照各自对有关规定的不同认识而履行人身保险合同，都有可能产生纠纷。从保险业目前的现状来看，人身保险合同纠纷产生的主要原因，大致上包括以下几个方面：

---

① 阿尔弗雷德·汤普森·丹宁（Alfred Thompson Denning，1899—1999 年），第二次世界大战以后英国最著名的法官和享有世界声誉的法学家之一。他从 1923 年当律师，1982 年在英国民事上诉法院院长（Master of Rolls）的任内退休。丹宁勋爵是法官，也是学者，更是一位法律改革家。在几十年的司法生涯中，丹宁勋爵对英国的法律进行了积极、大胆的改革，成为英国战后法律改革史上划时代的人物。主要著作有：《法律下的自由》、《变化中的法律》、《通向公正之路》、《法律的训诫》、《法律的正当程序》、《法律的未来》、《最后的篇章》、《法律的界碑》等。引言出自其著作《法律的训诫》一书。

② 截至 2008 年 11 月底，全国实现保费收入 9150.5 亿元，同比增长 42%，增幅较去年同期提高 17.6 个百分点。其中财产保险保费收入 2159.1 亿元，同比增长 17.5%；人身保险保费收入 6991.4 亿元，同比增长 51.8%。参见中国保监会《深入贯彻落实科学发展观　防范风险　调整结构　促进保险业平稳健康发展——吴定富主席在全国保险工作会议的讲话》（2008 年 12 月 27 日）。

一、保险人方面的原因

保险是一种商业行为。在人身保险合同订立及履行过程中，保险人可能由于自己的过失行为致使被保险人或者受益人无法获取保险金；也有可能在经济利益最大化的驱动下，对被保险人或者受益人恶意拒赔。合同纠纷由此产生。

（一）保险人没有及时、谨慎核保

在人身保险合同订立过程中，投保人、被保险人对保险标的最为熟悉，因此，他们负有对保险标的主要事项的告知义务，以便保险人能够正确估计风险，从而做出是否承保或者以多大费率承保的决定。可是，从专业角度讲，保险人应该对其所承保标的的风险在合理注意的范围内履行调查义务。这样可以及早发现问题，否则，在人身保险合同成立后，投保人缴纳了保险费，保险人再以投保人未如实告知为由拒绝给付保险金或者增加保险费，极易引起纠纷。

【案例 11－1】

保险人应当对投保人的告知事项进行核查

1994 年 6 月，张某向某人寿保险公司购买一份终身寿险，由业务员代为填写投保单，再由张某亲自签名。填写时，业务员没有询问张某的既往病史。直至2004 年，张某均未生过病，也未向保险公司申请过理赔。2004 年 6 月，保险公司要求了解张某的身体状况，张某告知自己曾在1985 年患过肾炎，但医生证明其在投保前就已痊愈。为此，保险公司要求增加保险费。

（案例来源：上海保监局编著，《寿险案例评析》，中国金融出版社 2006 年版，第 15—16 页。）

【分析】　本案保险人在保险合同成立 10 年之后，才对投保人的状况进行核查，并由此做出增加保险费的决定。我们姑且不考虑投保人对于没有如实告知自己的身体情况是否有过错，如果保险人能够及时履行核查义务，也就不会产生这样的纠纷。

（二）保险人的工作程序不规范

保险人在出具保险单过程中，由于工作人员疏忽或者懈怠，填错投保人、被保险人或者受益人的姓名；填错保险责任的起止时间；在保险金额的数额上出现打印错误；出具错误的现金价值表；遗失客户资料；甚至于没有及时签发保险单。这些不规范行为反映了保险人经营管理中的问题，影响了被保险人或者受益人主张保险金的权利，经常引发保险实务中的纠纷。

【案例 11 - 2】

保险人延误出单引发纠纷

孙某经某寿险公司业务员动员，决定以自己为被保险人投保“终身寿险”并将填写好的投保单与首期保险费交予业务员。在该投保单上寿险公司注明：“投保人或被保险人在填写完投保单和健康告知书后，须缴付首期保险费并索取临时收据；保险计划书、保险费正式收据及保险单将在一至五日内送达”。然而，在之后的五日内，寿险公司既未通知体检，也未送达保险单。第八天，孙某因意外事故不幸死亡，其受益人凭保险费收据向寿险公司索赔。寿险公司认为，被保险人尚未体检，保险单未签发，保险合同不成立。所以，双方之间不存在权利义务关系，并予以拒赔。对此双方引起争议。

（三）个别保险人不履行合同义务

在人身保险合同中，投保人缴纳保险费的义务是确定的，而保险人的保险金给付义务则是不确定的，这要取决于保险事故是否发生，或者是否满足保险金的给付条件；投保人缴纳保险费在先，保险人给付保险金在后。所有这些特征为保险人无视诚信、恶意拒赔创造了条件。

利用格式条款迷惑投保人是一些保险人采用的手段。人身保险合同中，对于保险合同是否生效，发生的风险是否属于保险责任，都是以格式条款的形式规定的。这样，保险人完全可以运用自己的专业知识以及优势地位，免除自己的责任或者剥夺保险消费者的权利。即使是应该给付保险金的情况，保险人也会“有根有据”、“义正词严”的拒绝。

保险人任意解除人身保险合同，是其恶意拒赔采用的另一手段。保险法赋予了保险人对人身保险合同的法定解除权，是为了在投保人违反诚信义务时给予保险人救济。而少数保险人正是利用这一权利，以防范“保险欺诈”为名，对于投保人或者被保险人的任何微小的不当行为肆无忌惮地行使解除权，以免除对被保险人风险的承担责任。

还有，某些保险公司甚至随意更改人身保险合同中赔付标准或者降低保险金数额，损害被保险人或者受益人请求保险金的权利。上述所有这些行为，都使被保险人、受益人在遭到保险人拒赔时感到受骗上当，于是保险信访、保险投诉案件居高不下。

二、投保人、被保险人、受益人方面的原因

（一）投保人没有履行合同义务

在人身保险合同订立及履行过程中，双方当事人应当履行各自的义务。如果投保人没有履行其法定或者约定的义务，往往会导致保险人拒绝承担保险责任。例如，投保人没有履行如实告知义务，保险人有可能据此解除人身保险合同，从而引起纠纷。实践中，投保人违反如实告知义务，有的是因为自己确实不知道；也有的是投保人明知被保险人不符合保险条件，故意不告知保险人，而获取保险保障。

另外，投保人没有按时缴纳保险费；保险事故发生后，投保人没有提供保险单证；以及

投保人没有履行其他人身保险合同中约定的义务，都会导致保险人拒赔的后果，较容易引起纠纷。

【案例 11－3】

投保人违反如实告知义务

某市黄女士，1998 年前后时常觉得吞咽有梗阻感，而且胸骨后不时作痛。1998 年 9 月，家人把她送进医院作 CT 及胃镜检查，诊断为“贲门腺癌”。但家人没有让她知道实情，只告诉她肠胃有点问题。而且说过一段时间就会恢复。1998 年 10 月，黄女士在保险公司业务员的动员下为自己投保了人寿保险，保额 20 万元。由于不知道真实病情，在填写投保单时黄某未告知患贲门癌的事实，也未将曾经住院检查的事实告知业务员，而业务员也没有细致地询问。

在保险期内，黄女士病情发生恶化，不治身亡。其家人发现她的保险单后即去保险公司索赔。保险公司经核查后，认为投保人当初可能不知真实病情，但住院检查的事实也应告知而未告知，所以违反了“如实告知”义务予以拒赔。对此，保险合同双方引起争议并诉之法律。

（二）投保人、被保险人或者受益人的保险欺诈

人身保险合同是射幸合同，投保人缴纳少量保险费，却能够有机会获取巨额保险金。为此，投保人、被保险人、受益人会采取各种非法手段，向保险人进行“骗保”、“骗赔”。当被保险人或者受益人自作聪明向保险人请求保险金时，时常引发纠纷。

实践中，保险欺诈的手段形形色色并不断推陈出新。例如，被保险人先出险、后投保，这在保险业界称之为“倒签保单”；健康保险中，投保人、被保险人伙同医生夸大伤情、病情以及治疗费用，从中牟利；没有参加保险的人发生事故，假冒参加保险的被保险人申请保险金赔付；被保险人带病投保，进行骗赔；投保人以已经死亡的人为被保险人投保，然后伪造索赔资料骗赔；投保人、被保险人或者受益人制造假事故骗取保险金；被保险人病故或自杀后，受益人伪造现场，谎称被保险人意外死亡，骗取高额保险金；投保人、受益人故意杀害被保险人谋取保险金；等等。

关于“保险欺诈”的具体表现、法律后果，参见第十章的相关内容。

三、保险代理人方面的原因

在保险业务中，通过保险代理人展业和推销已成为各国开展保险业务的主要手段。所谓保险代理人，是根据保险人的委托，向保险人收取佣金，并在保险人授权范围内代为办理保险业务的机构或者个人。保险实践中的许多纠纷，都是由于保险代理人的违规行为造成的。

具体而言，保险代理人的违规行为主要有以下几方面：

（1）为招揽业务，保险代理人利用投保人对保险知识的缺乏，对保险产品进行虚假宣传，夸大产品功能，不恰当的宣传投资回报。

（2）保险代理人并不是以消费者的保险需求出发，而仅仅考虑自己的收入，向消费者推荐提拥比例高的保险产品，致使消费者没有真正得到保险保障。

（3）在所售保险根本不是投保人所需要的保险产品时，保险代理人可能无故拖延，等10天的犹豫期过后再将保险单送给保险人，致使投保人无法及时采取补救措施。

（4）由于经济利益的驱动，保险代理人干扰投保人如实告知义务的履行，引诱投保人不如实告知；或者当投保人告知代理人自己身体上的疾病时，保险代理人为促成保单销售，故意不在投保单上写明或者告知保险人。

（5）保险代理人违反明确说明义务，只说明保险条款中对投保人有利的内容，不利的不说或轻描淡写的进行解释，尤其是责任免除更是保险代理人极力回避的内容。致使客户不能正确认识和知晓保险合同内容，从而无法作出正确判断的现象普遍存在。

（6）个别保险代理人挪用或者侵吞投保人缴纳的保险费。

（7）保险代理人伙同被保险人制造保险事故，以骗取保险金。

对于投保人、被保险人来说，保险代理人的行为就是保险人的行为。当弄清楚事实真相或者所发生的保险事故不属于保险责任时，投保人、被保险人会认为保险人存在欺骗行为，“保险就是骗钱”，从而引起双方的纠纷和争议。

【案例11－4】

保险代理中的违规行为

2002年6月23日，投保人Z为自己向某人寿保险公司投保分红型两全保险（保险期限至终身）及附加个人意外伤害医疗保险（保险期限1年），共缴保险费1.3万元，其中含分红型两全保险、附加险，保险公司核保通过，于2002年6月28日出单，并在2002年7月3日将保险单交受益人T1。

2006年1月9日，投保人Z向保险公司投诉称：本人2002年6月23日交给业务员保险费2.6万元，而在2005年12月13日持两张分红型保单到保险公司办理退保时，保险公司只负责支付其中一张保险单的退保单，另一张保险单为无效保险单，请求保险公司给予核查。

经保险公司核实：投保人Z所持有申请办理退保的两张分红型两全保险单，一张为原始保险单，一张则是挂失后补发的且在受益人名字处有涂改痕迹的保单，原始保单已被挂失补发的保单替代。那么投保人所交的2.6万元如何变成只有1.3万元的保单呢？

保险公司接案后立即进入深入细致的调查，发现有重大问题：

当时刚入公司才几天的业务员T1为做出业绩，在做第一笔业务时就向其母亲（投保人Z）索取2.6万元，将钱款和填妥的两份不同受益人（T1与T2，为兄弟俩）等额的分红型两全保险（保险期限至终身）及附加个人意外伤害医疗保险（保险期限1年）投保单交给其主管L，但主管L只为投保人Z办妥了一份分红型两全保险（保险期限至终身）及附加个人意外伤害医疗保险（保险期限1年），保单的受益人为T1，余款占为己有。待保险公司承保出单取得保单后，主管 L 伪造投保人 Z 的委托书和骗取有关资料向保险公司申请保单挂失，并将补发的保单上的受益人 T1 涂改为 T2，主管 L 先后时隔近 2 个月将正常有效保单和擅自涂改后补发的保单交给业务员 T1，直到案发投保人 Z 才发现。

（案例来源：黎宗剑主编，《保险案例汇编》，中国时代经济出版社 2007 年版，第 222 页。）

四、合同双方对有关规定认识不一致

保险合同条款是确定双方当事人权利义务的依据。如果保险合同条款不严谨或者不明确，就会造成合同双方的认识不一致，一旦发生保险事故，纠纷无法避免。例如，人身意外伤害保险中，将“肢体高度残疾”、“全残”作为保险事故范围，这些概念本身比较模糊，不同的人可以对其做出不同的理解。再如，人寿保险中，保险人的免责条款是“被保险人驾驶无有效行驶证的机动交通工具”，那么，如果投保人驾驶农耕机导致车祸致死，保险人是否应当承担保险责任？关键在于，应当如何理解“机动交通工具”的范围？另外，人身保险合同中，保险责任的起止期限决定着保险人是否对发生的保险事故承担责任。如果双方当事人对起止期限的理解不一致，也会引起纠纷。

我国现行法律的不完善，也是导致合同双方认识不一致的另一原因。《保险法》于 1995 年 6 月 30 日颁布施行，是我国保险业的基本法律。为解决保险业迅猛发展所带来的问题，到目前为止，经历了 2002 年和 2009 年两次修订，对于规范保险活动、保护保险合同当事人的权益起到了积极的作用。可是，有些问题在目前的《保险法》中仍然缺乏相应的规定或者规定的不够完善。虽然合同当事人可以对法律不完善的地方在保险合同中约定，但是，没有专业知识的保险消费者不会考虑的如此完备，而保险人也不会把对自己相对不利的条款制定在格式条款中。因此，保险立法尚需进一步完善。

第二节　人身保险合同的解释

所谓**人身保险合同的解释**，是指当事人对于保险合同的内容或者使用的文字发生争议时，按照法律规定的方式及有关原则对保险合同的内容予以确定或者说明的过程。人身保险合同当事人履行保险合同约定的义务，是建立在对保险合同条款、文字的理解基础上的。由于人身保险合同条款的专业性很强，使用文字严谨，一般人理解有一定的困难；再由于人身保险合同订立过程中双方当事人对客观事物认识水平的高低和角度的不同以及格式合同制定中保险人经验的欠缺造成合同内容不严密，再加上语言文字在表达方式上本身所固有的灵活性，所以很难避免在合同履行过程中对某一具体问题产生争议。因此，非常有必要对人身保

险合同进行解释。

《保险法》第三十条规定："采用保险人提供的格式条款订立的保险合同，保险人与投保人、被保险人或者受益人对合同条款有争议的，应当按照通常理解予以解释。对合同条款有两种以上解释的，人民法院或者仲裁机构应当做出有利于被保险人和受益人的解释。"对该条款的理解是：当保险人与投保人、被保险人或者受益人对合同条款有争议的，应当采用一般解释原则；如果对合同条款有两种以上解释的，则采用**不利解释原则**。

专栏 11—1

有权解释与无权解释

任何人都有可能对合同的内容及相关法律做出解释和说明。可是，合同的解释主体不同，解释所产生的效力也不同。一般而言，解释可分为立法解释、司法解释、行政解释和学理解释。立法解释，是由全国人民代表大会常务委员会对宪法和法律所做的解释。司法解释，是指国家最高司法机关（包括最高人民法院和最高人民检察院）就基本法律在实施过程中的具体应用问题所做的解释。行政解释，是指国家最高行政机关（国务院）及其具体主管部门（中国保监会是保险行业的主管部门）对自己根据宪法和法律所制定的行政法规和部门规章所做的解释。学理解释，是指社会团体、专家学者从法律理论的角度对法律所作出的解释。立法解释、司法解释、行政解释均属于有权解释，具有相应的法律效力；立法解释和司法解释可以成为法院审判案件的依据。学理解释属于无权解释，没有法律约束力，不能成为法官审判案件的依据，但却是法学理论发展的重要推动力量。

一、人身保险合同的一般解释原则

（一）文义解释原则

文义解释，又称"语义解释"，是指按照人身保险合同条款用语的文字含义及其通常或者专业使用方式来解释。人身保险合同的内容及条款由语言文字组成，一般情况下，合同条款的文字意思最能反映保险合同当事人的意图，因此，要确定保险合同条款的含义，必须首先了解并确定其语言文字的含义，也就是该语言文字的通常含义。文义解释方法是解释保险合同条款的基本方法。除非有充分证据表明人身保险合同条款用语的文字含义并不是当事人的真实意思表示，解释保险合同时，应当首先进行文义解释。

对人身保险合同进行文义解释，应当注意以下方面：第一，当同一个文字语句在人身保险合同中多次出现时，应当对其进行同一解释，使其含义保持前后一致。第二，对人身保险合同条款所使用的文字语句，应当按照其一般公众所理解的通俗含义进行解释。第三，人身保险合同条款所使用的法律术语或者其他专业术语，应当按照其所属专业的特定意义进行解释。例如，“暴风”、“暴雨”是气象学术语，“暴风”是指“8级以上的风，即风速为17.2米/秒以上”；“暴雨”是指“每小时降雨量达16毫米以上，或者连续12小时降雨量达30毫米以上，或者连续24小时降雨量达50毫米以上”。因此，应该以这些标准对其进行解释。第四，如果有充分证据表明人身保险合同条款用语的文字含义并不是当事人的真实意思表示，例如，保险合同因欺诈、胁迫、乘人之危、错误等原因而订立的情况，保险合同解释就要依当事人签订合同时的真实意思为准。

（二）目的解释原则

目的解释，又称“意图解释”，是指按照人身保险合同当事人订立保险合同时的真实意思来解释。一般来说，保险合同当事人的真实意思通过保险合同条款来表达。可是，如果保险合同条款内容前后不一致，或者文义含混不清，投保人、被保险人、受益人和保险人对同一条款所表达的实际意思理解有分歧，就要通过当事人的意愿、订约时的客观情况，推测出人身保险合同当事人的真实意图。[①] 目的解释在解释效力上具有优先性，如果根据文义解释和目的解释，对人身保险合同条款产生两种不同的理解，法院或者仲裁机关都会以当事人的目的来解释合同条款。

由于人身保险合同是格式合同，因此一般是从保险合同的形式方面来探寻当事人的真意的，即目的解释应当体现“五个从优”原则：一是书面约定优先于口头约定；二是保险单优先于投保单、暂保单等其他文件；三是特约保险条款优先于基本保险条款；四是后加的保险条款优先于原有保险条款；五是手写的保险条款优先于印刷的保险条款，贴上的保险条款优先于打印的保险条款。[②] 世界各国在人身保险合同解释上大体均遵循这一原则。

（三）整体解释原则

整体解释，又称“体系解释”、“循环解释”，是指把全部保险合同条款和各个构成部分看作一个统一的整体，根据各个合同条款以及各个部分的相互关联性、在保险合同中所处的地位等因素，全面考虑保险合同从商谈到订立的全过程，包括磋商过程以及投保单等来往文件，从而在整体中进行分析判断，以确定各个条款在整个人身保险合同中所具有的正确意思。

人身保险合同是一个整体，合同成立同样要经历要约邀请、要约、反要约，直至承诺等过程。在当事人对某个条款产生争议时，如果孤立的看某个条款，可能很难明确其真实含义，只有将有争议的条款放在上下文环境中，对人身保险合同签订的整个过程中所发生的事实及相关资料作全面的评价，才能阐明争议条款或者用语的含义。另外，实践中，保险内容有时不是单一的人身保险合同文本所能完全涵盖的。合同当事人之间也可能通过会谈、信

① 但是，如果合同的语言文字表达的很清楚，毫无含混不清之处，就必须按照文义解释，不得随意推测当事人的意图。

② 覃有土：《保险法概论》（第二版），北京大学出版社2001年版，第247页。

函、传真等方式对保险合同文本进行修改或者补充。此时，只有对这些文件材料进行全面分析，才能明确当事人的真实意图。

（四）习惯解释原则

习惯解释，是指依照实践中的商业习惯、国际惯例，对人身保险合同当事人之间所争议或者遗漏的合同条款内容进行解释和补充。

习惯解释的合理性和正当性在于，当事人之间若存在交易习惯的，则通常当事人对这种习惯都存在依赖，即除非有相反的约定，一方总是信赖对方会依习惯而行为。因此，习惯在一定条件下可作为确定当事人内心意思的依据。① 就保险法而言，它源于商人的实践并在商业实践中不断发展，许多保险法律规范都是由商业习惯演变而来。如果当事人对人身保险合同条款的理解有分歧，在不违反法律强制性规定条件下，可以依据商业习惯来解释；如果人身保险合同在缔结过程中遗漏了某些内容，商业习惯、国际惯例就是填补保险合同漏洞的重要方法。

三、人身保险合同的不利解释原则

不利解释原则，又称“不利条款起草人的解释原则”、“疑义利益解释原则”，是指在保险合同用语可以做出两种解释的情况下，保险合同用语应当依照最不利于保险合同提供者的方式予以解释，而保险公司通常是格式条款的提供者。人身保险合同条款是由保险人事先拟定的，投保人只能按照既定条款决定是否加入。由于这种合同中的投保人处于消极的接受状态，为了保护这些当事人的合法权益，一旦对人身保险合同条款中的有关词语产生争议，就应该做不利于保险人、而有利于被保险人或者受益人的解释。长久以来，不利解释原则被各国或者地区的保险立法、判例所广泛采用。

专栏 11—2

不利解释原则的由来

不利解释原则最早是从 1536 年一个英国判例开始形成的。在英国，有一承保海上保险的人叫里查德·马丁。他在公历 1536 年 6 月 18 日将他的保险业务扩大到人身保险，并为他一位嗜酒的朋友威廉·吉朋承保人寿保险，保险金额 2000 英镑，保险期限为 12 个月，保险费 80 英镑。被保险人吉朋于 1537 年 5 月 29 日死亡。受益人请求保险人依约给付保险金 2000 英镑。但马丁声称吉朋所保的 12 个月，系以阴历每月 28 天计算的，不是指日历上的 12 个月，因而保险期限已于公历 5 月 20

① 江平主编：《中华人民共和国合同法精解》，中国政法大学出版社 1999 年版，第 102 页。

日届满，无须支付保险金。但受益人认为应按公历计算，保险事故发生于合同有效期内，保险人应如数给付保险金。最后法院判决，应做有利于被保险人和受益人的解释，马丁有义务给付保险金。之后，不利解释原则就成为保险合同的一大解释原则。

（资料来源：李玉泉，《保险法》（第二版），法律出版社 2003 年版，第 168 页。）

（一）不利解释原则的法理基础

不利解释原则的创设，是针对投保人与保险人之间不平等的交易地位而进行司法调整以实现交易公平，并体现对保险交易中的弱势群体倾斜性保护的价值关怀。① 其法理基础主要有三：

第一，由于保险合同的附合性，保险合同条款都是由保险人单方事先拟定，投保人在缔结保险合同时，一般只有“要么接受、要么走开”的选择，无法对具体条款内容进行商定。在双方利益的对抗性下，保险人往往充分、甚至过分考虑自身利益，却忽视或者无视投保人、被保险人以及受益人的权益，不合理的分配交易风险，这样所订立的保险合同很难保障公平。

第二，保险合同条款具有很强的专业性，对于某些条款，普通保险消费者难以理解其真实含义。如果保险人运用技术性手段来掩藏或者回避其应当承担的责任，或者使用晦涩难懂甚至隐含的语言，一旦因保险条款发生歧义而产生纠纷，被保险人或者受益人势必处于不利地位。

第三，从主观归责方面来看，由于保险人是拟定合同条款的主体，具有无可比拟的专业知识和缔约能力，因此应当对合同条款负有严格的审核责任和注意义务。在保险合同双方当事人对有关条款内容的理解产生争议时，应当推定保险人主观上有过错，从而令其承担“不利于保险人解释”的法律后果。

【案例 11－5】

保险合同条款约定不明的，应做有利于被保险人的解释

1997 年 8 月 1 日，张先生投保了人寿保险及附加意外伤害保险，同年 8 月 30 日，张先生在工作时右手不慎卷入分切机内，致使右手中指、无名指及小指三级残疾，医院和公安机关的鉴定结论为右手小指末节缺失，第二关节僵硬；无名指第二、三关节僵硬畸形；中指第二关节僵硬。以上三节掌指关节尚可活动。张先生根据意外伤害保险条款所附《保险公司残疾程度与给付比例表》和《保险公司人身意外伤害残疾给付标准》第 20 项约定，即“一手中指、无名指、小指残缺者给付保险金额的 18%”，要求该保险公司给付意外伤害保险金

① 吴定富主编：《〈中华人民共和国保险法〉释义》，中国财政经济出版社 2009 年版，第 81 页。

3.6 万元。保险公司认为，从张先生的伤残程度来看，其右手小指部分缺失，中指和无名指只是部分丧失功能，不符合上述比例表和给付标准第 20 项“残缺”的规定，只能适用第 21 项约定“一手中指、无名指、小指之指骨部分残缺的给付保险金额的 2%”的规定，即给付意外伤害保险保险金 4000 元。

张先生对保险公司的赔付决定不服，起诉至法院。法院经审理认为，签订保险合同时，保险公司并未告知张先生“残缺”的含义，双方对该两字的含义发生了歧义，根据《保险法》有关条文对于保险合同的条款，双方当事人发生争议时，人民法院应作有利于被保险人和受益人的解释的规定，认为“残”是“残废”的意思，“缺”是“缺失”的意思，张先生的伤残程度符合《保险公司意外残疾给付标准》第 20 项的规定，保险公司应给付张先生人身意外伤害保险保险金 3.6 万元。

（案例来源：邹辉，《保险纠纷案例——投保与理赔的规则技巧》，经济日报出版社 2001 年版，第 101—102 页。）

【分析】 人身保险合同是附合合同，其组成部分之一保险条款是保险公司拟定的，保险公司在拟定条款时难免较多地考虑自身利益。另外，由于保险条款内容涉及许多专业术语。被保险人和受益人缺乏专业知识，往往难以对保险条款作深入的研究。从本案来看，保险条款中第 20 项规定的“中指、无名指、小指残缺”与第 21 项的“中指、无名指、小指之指骨部分残缺”的给付比例是不同的，但是保险条款并没有具体说明它们之间的区别。从一般意义上理解，“指骨部分残缺”也属于“残缺”的一种，张某的伤残情况符合第 21 项的规定，也符合第 20 项的规定，在这种情况下，法院作出有利于被保险人给付比例的解释是符合法律规定的。

（二）不利解释原则的具体适用

不利解释原则并不是适用于所有保险合同条款有争议的场合。《保险法》第三十条规定，“采用保险人提供的格式条款订立的保险合同，保险人与投保人、被保险人或者受益人对合同条款有争议的，应当按照通常理解予以解释。对合同条款有两种以上解释的，人民法院或者仲裁机构应当做出有利于被保险人和受益人的解释”。与修订前的保险法相比，本次修订明确了不利解释原则的适用对象，即“采用保险人提供的格式条款订立的保险合同”；并提出了不利解释原则的适用条件，即对保险合同条款存在争议的应当按照通常理解予以解释，对合同条款有两种以上解释的，才适用不利解释原则。

具体而言，适用不利解释原则应当注意以下问题：

首先，不利解释原则是针对保险合同格式条款的解释原则。在格式条款中，保险人与投保人、被保险人、受益人双方力量悬殊，投保人、被保险人、受益人一般处于弱势地位，因而有必要适用“不利于保险人”的解释原则。可是近年来，国内外大型保险经纪公司为了适应客户的需要，也会代表投保人与保险人进行保险条款磋商后再订立合同，他们所订立的保险合同不再是格式合同，投保人也不再受保险人的强势支配。此时，已无适用不利解释原则的必要，否则，将会损害保险人的正当权益。

专栏 11—3

北京市高级人民法院关于保险合同格式条款的界定

北京市高级人民法院在《关于审理保险纠纷案件若干问题的指导意见（试行）》第四项“保险条款解释的问题”中规定：

第十五条 保险监督管理机构制定的强制性保险条款不属于保险合同的格式条款，保险合同当事人对其内容发生争议时，对保险人不应当适用“不利解释原则”。

第十六条 保险人对保险监督管理机构制定的示范性保险条款决定使用或者经过变更使用的，应当视为保险人自行制定的条款，具有格式条款的性质，在保险合同当事人对条款内容发生争议且已穷尽其他解释原则的情况下，对保险人应当适用“不利解释原则”。

第十七条 保险人自行制定的保险合同条款，具有格式条款的性质，在保险合同当事人对条款内容发生争议且已穷尽其他解释原则的情况下，对保险人应当适用“不利解释原则”。

第十八条 保险合同当事人通过协商确定的个别保险合同的特殊条款，不具有格式条款的性质，对保险人不适用“不利解释原则”。

（资料来源：《北京市高级人民法院关于审理保险纠纷案件若干问题的指导意见（试行）》，京高法发［2005］67 号。）

其次，只有在对保险合同条款有两种以上解释时，才适用不利解释原则。在我国司法实践中，只要保险人和投保人对保险合同条款发生争议，法院和仲裁机构就做出不利于保险人的判决与裁决，这种做法是不全然正确的。如果保险合同条款词句清晰，没有歧义，当事人的意图明确可辨，尽管当事人之间存在争议，也不能适用不利解释原则来解决纠纷，而应该依照保险合同条款来确定双方当事人的权利、义务与责任。

最后，不利解释原则不能排除保险合同解释的一般原则和方法。对于存在争议的保险合同条款，首先应当按照通常理解予以解释。如果采用文义解释、目的解释、整体解释、习惯解释等方法，能够消除歧义、确定条款真实意思，就不应适用不利解释原则。也就是说，不利解释原则是第二位的选择，运用通常解释方法无法明确保险合同条款的含义，仍然对合同条款有两种以上解释的，才予以适用。

【案例 11－6】

并非所有争议都能够适用不利解释原则

2007 年 7 月 5 日，保险公司与蓝天公司签订团体出国人员意外伤害、医疗及紧急救援保险，被保险人为王某；申请保险期间自2007年7月8日至2007年10月5日，约定："本合同的保险范围为被保险人在出国期间的保险保障；保险期间自被保险人登上离境交通工具时开始，被保险人行程在标准天数内的，保险责任至被保险人离开入境交通工具时止；在保险责任期间内，本公司负下列保险责任：一、意外伤害保险责任；二、境外医疗保险责任：在保险期间内，被保险人因遭意外伤害或患急性病，在医院接受治疗，本公司按实际所发生的治疗费用超过免赔额100元以上部分给付医疗保险金，但最高以18万元为限。本公司负责治疗费用，限于在出境所在国家或地区的治疗费用；三、救援服务保险责任：……3. 转院治疗：视被保险人病情需要，可安排医疗设备、运输工具及随行医护人员，将被保险人转运至更适当之医院接受治疗……"2007年9月25日，王某在安哥拉因发生交通事故而受伤，并在安哥拉当地医院接受治疗。2008年1月24日，保险公司赔付王某在安哥拉当地医院的治疗费用及回国机票费用。王某回国后在中国中医科学院望京医院进行治疗，治疗费及医药费共计23821.68元，要求保险公司赔付遭拒。

王某认为，保险条款中有救援服务保险责任的约定，投保人在国内的治疗费和医药费应予赔付。关于合同格式条款解释的规定，应做出对保险公司不利解释。

保险公司认为，保险公司承担的医疗保险责任为境外医疗保险责任，不含被保险人在出境所在国家或地区以外地域的任何治疗费用。不利解释应在含义不明的时候做出，关于救援服务保险责任的约定不属于这种情况。

法院支持了保险公司的观点。

（案例来源：罗忠敏主编，《新保险法案例精析》，中国法制出版神2009年版，第92页。）

【分析】 本案中，王某认为，"视被保险人病情需要，可安排医疗设备、运输工具及随行医护人员，将被保险人转运至更适当之医院接受治疗"表明其可以转入国内就医，由保险公司进行赔付。而保险公司指出，这一条款只说明被保险人仅承担转院费用，不包含转院后的医疗费用和其他费用。相比而言，显然后者更符合"通常理解"的解释。法院也认为，依照保险合同，该条款属救援服务保险责任范畴，并非境外医疗保险责任范畴；该条款语句明确，并无保险公司须承担被保险人回国转院治疗费用的意思，不能适用不利解释原则。因此，保险公司拒绝赔付王某回国转院治疗费用并无不当。

专栏11—4

美国保险法上的合理期待原则

所谓合理期待原则，是指当保险合同当事人就合同内容的解释发生争议时，应以投保人或被保险人对于合同缔约目的的合理期待作为出发点对保险合同进行解释。

"合理期待"概念首次出现于1947年的"garnet案"中。在该案中，被保险人投保人寿险并支付了保险费，保险代理人在出具给被保险人的“附条件保费收据”中约定：“被保险人须经健康体检合格并经保险人核保及批单后，本保险合同成立。”被保险人体检后尚未经保险人核保和批单就不幸去世。保险人辩称，附条件收据的意旨是清楚的，保险人的承诺或责任只有在经保险人批单后才产生法律拘束力；而本案中投保单尚未递交到保险公司，并没有完成核保的全部程序，本保险合同没有生效。然而，原告则认为，附条件保费收据这种暂保单和投保交易情形诱导他以为暂保单已为其提供了保险保障，因此请求法院适用不利解释规则保护其保单上合理期待的利益。当时法庭大多数人认为附条件收据的意图不够清楚和明确，并据此做出了有利于被保险人的解释和判决。但是，罗伯特·基顿（Robert·Keeton）法官却认为：“附条件收据的意图并不具有模糊不明的特征，与此相反，投保单须经保险人批准才生效的意图非常清晰和明确，并不具备不利解释条款规则的适用余地。实际上，法庭实质上是采用了一种全新的法律观念指导了本案判决，这就是合理期待法则”。

与传统解释规则不同，合理期待规则作为一种新兴的解释规则，要求法官从一位合理的外行的被保险人的角度去考察他的合理期待应当是什么，根据一个未经保险或法律等专门训练的人的合理预期来解释保险单。尽管合同文字可能已经清楚地排除了赔付，但如果一个理性的人预期保单会对某一种损失提供保障，法院就会要求保险人赔付。合理期待规则完全排除了文字解释方法之适用，是对传统保险合同解释规则及其体系的突破与超越，引领了一种新的优先而周全地保护保险消费者的法益思潮。

与任何新生的思潮或制度一样，合理期待原则在赢得赞扬的同时也受到质疑或批评。主流的批评意见是，合理期待理论似乎“过分”偏离了合同法的基本原理和理念——“明示合同条款必须严守和履行”。由于合理期待原则建在“合理”这个抽象概念上，法院公然排除或否定那些含义明确、清楚的保险条款的效力，并纯粹基于“合理期待”的理念创设新的合同权利义务关系，存在较大的主观随意性，并有滥用该原则之嫌。

当然，合理期待原则最终还是得到了普遍的接受与肯定。作为一种对保险合同附合性的事后规制与司法救济机制，合理期待原则以当事人的合理期待来解释合同，其目的在于督促保险人以诚信与公平交易观念来设计保险条款，并在缔约环节主动履行保险格式条款的提示与说明义务，使投保方在充分获取有关信息并完全理解保险条款的前提下，做出真实的缔约意思表示，实现实质的契约自由，促进一个更加公平和自由的保险市场竞争秩序的建立。可以说，合理期待原则对被保险人的“事后司法救济”，实质上发挥了对“保险人滥用其制度性优越地位和合同自由”的“事前规制”效用。

（资料来源：樊启荣，“美国保险法上‘合理期待原则’评析”，载《法商研究》，2004 年第 3 期。）

第三节　人身保险合同纠纷的解决途径

在人身保险合同中，双方当事人均会对各自的权利、义务提出不同的主张和要求，因而，在理赔、追偿、交费以及责任归属等环节发生纠纷是难以避免的。我国《合同法》第一百二十八条规定："当事人可以通过和解或者调解解决合同争议。当事人不愿和解、调解或者和解、调解不成的，可以根据仲裁协议向仲裁机构申请仲裁。涉外合同的当事人可以根据仲裁协议向中国仲裁机构或者其他仲裁机构申请仲裁。当事人没有订立仲裁协议或者仲裁协议无效的，可以向人民法院起诉。当事人应当履行发生法律效力的判决、仲裁裁决、调解书；拒不履行的，对方可以请求人民法院执行"。鉴于此，对人身保险合同中发生的纠纷，可以采取和解、调解、仲裁和诉讼四种方式来处理。

一、和解

所谓和解，是指合同双方当事人在平等、自愿、互谅的基础上，以公平合理、实事求是的精神，互相作出一定的让步，在彼此都认为可以接受的前提下达成和解协议的一种纠纷解决方式。和解一般没有外界参与，具有一定的灵活性，还可以省去仲裁和诉讼费用以及由此带来的繁杂程序。

保险实务中，一旦发生人身保险合同纠纷，投保人、被保险人或者受益人与保险公司双方通过协商，就有关问题达成和解，是保险合同纠纷解决机制中最常见的方式，尤其在小额理赔纠纷中，这种方式具有及时、便利、经济、平和以及即时履行等优点。需要注意的是，人身保险合同双方当事人要依照国家法律的相关规定进行和解，其和解协议内容不得违反法律的强制性规定。

从程序上看，和解并非解决人身保险合同纠纷的必经程序，即使合同当事人在合同争议条款中作了相应的规定，当事人也可不经协商和解而直接申请仲裁或者提起诉讼。

二、调解

所谓调解，是指合同双方当事人在自愿的基础上，由第三者主持而进行协商的一种纠纷解决方式。在人身保险合同纠纷的调解过程中，要坚持自愿原则，任何一方不能强迫另一方而形成调解协议，调解协议也不具有申请法院强制执行的效力。与和解相同，调解也不是解决合同争议必经的程序，即使合同当事人在合同争议条款中作了相应的规定，当事人也可不经调解而直接申请仲裁或提起诉讼。如果调解不成，当事人仍然可以申请仲裁或者提起诉讼。

在我国，由消费者协会予以调解是解决合同纠纷的一种常见方式。可是，人身保险合同具有一定的专业性，为了更好的解决纠纷，人身保险合同纠纷的调解一般采用专业化的纠纷解决机制。2007 年 4 月 16 日，中国保监会颁布了《关于推进保险合同纠纷快速处理机制试点工作的指导意见》，据此，各地保险行业协会纷纷建立了保险合同纠纷调解委员会。[①] 这种方式不仅有利于人身保险合同纠纷得到专业、及时、有效的解决，而且不致于使投保人、被保险人或者受益人与保险人“反目成仇”，能够保持保险公司业务持续健康发展。

三、仲裁

（一）仲裁的含义与特点

所谓仲裁，是指合同当事人根据仲裁协议将合同争议提交给仲裁机构并由仲裁机构做出裁决的一种纠纷解决方式。

同诉讼相比，仲裁具有快速、便捷、高度保密、裁决便于执行、能够充分体现双方当事人的意思自治、有利于维持和发展争议双方之间的商事关系等优势。仲裁的特点体现在以下方面：

1. 仲裁具有较强的保密性。

按照我国仲裁法的规定，仲裁采取开庭不公开的制度。

仲裁庭的开庭不向公众开放，除了当事人等仲裁人之外，不允许新闻媒体采访和其他人旁听。仲裁的这种不公开性，对于维持保险人在投保人和被保险人以及公众心目中的良好形象，维护保险业的良好信誉，维护社会和谐稳定，都具有重要的意义和作用。

2. 仲裁具有较强的专业性

仲裁员均是来自法律、经济、金融等领域的专家、学者，他们具有较高的专业水平和良好的道德素质。尤其在专业性较强的人身保险合同领域，更应当选择熟悉保险法律与实务的仲裁员，以确保案件得到公平合理的解决。

3. 仲裁具有较强的独立性

一旦双方当事人通过仲裁协议选择仲裁方式解决纠纷，就排除了人民法院的管辖权；只有在当事人没有仲裁协议或者仲裁协议无效的情况下，法院才可以行使管辖权。仲裁委员会是一个独立组织，不受行政机关、社会团体和个人的干涉；仲裁不实行级别管辖和地域管辖。因此，在人身保险合同纠纷解决过程中，可以有效排除和减少地方保护主义的干扰，保

① 例如，2008 年 3 月，北京保险行业协会北京保险合同纠纷调解委员会正式成立。自此，购买了保险的消费者遇到争议时，除仲裁和法院诉讼之外，可以向该委员会申请免费调解。对于各方专家的调解结果，投诉的消费者可以提出不满意并不予执行，但被投诉的保险公司则必须无条件执行。一旦不执行，将可能被处以 2 万至 3 万的罚款。这个第三方调解机构承诺，凡接到符合上述条件的调解申请，会在 2 个工作日内做出是否受理的决定。在 20 个工作日内完成调解，消费者不需要为此承担任何费用。为了保证调解协调协议得到有效执行，北京保险行业协会昨天还组织近 60 家保险公司代表，签署了《北京保险合同纠纷调解自律公约》。违反公约内容时，它们将接受违约处罚。http：//hetong. mylegist. com/baoxianhetong/622/2008 - 12 - 04/16394. html/2009 年 8 月 18 日访问。

证公平合理地解决纠纷。

4. 仲裁具有较强的灵活性

自主自愿贯穿于仲裁程序的始终：双方当事人自愿选择仲裁方式解决纠纷，自主选择仲裁机构、仲裁程序、仲裁事项和仲裁员。这样，通过仲裁方式解决人身保险合同的纠纷，给投保人、被保险人、受益人与保险公司提供了一个友好协商的氛围，有利于争议的解决。

5. 仲裁具有较强的快捷性

仲裁一般在仲裁庭组成后 3 个月作出裁决，适用简易程序的可以在 1 个月内作出裁决；裁决一旦做出即为终局判决，发生相应的法律效力。而人民法院审理案件的期限，普通程序为 6 个月，重大疑难案件可以延长 6 个月；而法院诉讼为“两审终审制”。显然，通过仲裁方式解决人身保险合同纠纷，比诉讼方式更加节省时间、减少费用。

（二）仲裁的效力

仲裁采取“一裁终局”制度，仲裁裁决自裁决作出之日起具有法律效力，保险合同当事人应当履行。一方当事人不履行仲裁裁决，另一方当事人可以按民事诉讼法的有关规定向法院申请执行。

裁决作出后，如果保险合同当事人就同一纠纷再申请仲裁，或者向人民法院提起诉讼的，仲裁委员会或法院将不予受理。只有仲裁裁决被法院裁定撤销或不予执行时，才能重新申请仲裁或向人民法院提起诉讼。

当然，仲裁裁决的效力并非绝对不容置疑。仲裁裁决如果存在下列情况，当事人可以申请撤销仲裁裁决或者申请裁定不予执行：

1. 申请撤销仲裁裁决

当事人提出证据证明仲裁裁决有下列情况之一的，可以向仲裁委员会所在地的中级人民法院申请撤销裁决：没有仲裁协议的；裁决事项不属于仲裁协议的范围或者仲裁委员会无权仲裁的；仲裁庭的组成或者仲裁的程序违反法定程序的；裁决所根据的证据是伪造的；对方当事人隐瞒了足以影响公正裁决的证据的；仲裁员在仲裁该案时有索贿受贿、徇私舞弊、枉法裁决行为的。此外，人民法院认定裁决违背社会公共利益的，应当裁定撤销。

2. 申请裁定不予执行

一方当事人申请法院执行仲裁裁决，如果被申请人提出证据证明仲裁裁决有下列情形之一的，经人民法院组成合议庭审查核实，裁定不予执行：当事人在合同中没有订立仲裁条款或者事后没有达成书面仲裁协议的；裁决的事项不属于仲裁协议的范围或者仲裁机构无权仲裁的；仲裁庭的组成或者仲裁程序违反法定程序的；认定事实的主要证据不足的、适用法律确有错误的；仲裁员在仲裁该案时有贪污受贿、徇私舞弊、枉法裁决行为的。人民法院认定执行该裁决违背社会公共利益的，裁定不予执行。仲裁裁决被人民法院裁决不予执行的，当事人可以根据双方达成的书面仲裁协议重新申请仲裁，也可以向人民法院起诉。

（三）适用仲裁的前提条件

适用仲裁程序来解决纠纷，是双方当事人自愿选择的结果。因此，合同当事人之间仲裁协议是适用仲裁的前提条件。仲裁协议有两种类型：一种是各方当事人在争议前订立的，表示愿意将未来发生的争议提交仲裁机构解决的协议，这种协议一般体现为合同的仲裁条款；另一种是当事人在争议后订立的表示愿意将合同争议提交仲裁机构解决的协议。无论哪种仲裁协议，都要包含仲裁的内容、仲裁地点、仲裁机构等。

实务中，人身保险合同一般具备解决保险合同争议的条款，例如，合同争议解决方式由当事人约定从以下两种方式中选择一种：一是因履行本合同发生的争议，由当事人协商解决，协商不成的，提交仲裁委员会仲裁；二是因履行本合同发生的争议，由当事人协商解决，协商不成的，依法向人民法院起诉。如果保险合同双方当事人选择仲裁，一方当事人向人民法院起诉的，人民法院不予受理。

（四）仲裁的程序

1. 仲裁的申请

人身保险合同当事人申请仲裁，应当向仲裁委员会递交仲裁协议书、仲裁申请书及副本。仲裁申请书应当载明下列事项：当事人的姓名、性别、年龄、职业、工作单位和住所；法人或者其他组织的名称、住所和法定代表人或主要负责人的姓名、职务；仲裁请求和所根据的事实、理由；证据和证据来源、证人姓名和住所等。

2. 仲裁的受理

仲裁委员会收到仲裁申请书起 5 日内，认为符合受理条件的，应当受理，并通知当事人；认为不符合受理条件的，应当书面通知当事人不予受理，并说明理由。

仲裁委员会受理仲裁申请后，应当在规定的期限内将仲裁规则和仲裁名册送达申请人，并将仲裁申请书副本和仲裁规则、仲裁员名册送达被申请人，让被申请人答辩或反诉。被申请人收到仲裁申请书副本后，应当在规定的期限内向仲裁委员会提交答辩书。仲裁委员会收到答辩书后，应在规定的期限内将答辩书副本送达申请人，被申请人未提交答辩书的，不影响仲裁程序的进行。

3. 申请财产保全

人身保险合同的一方当事人因另一方当事人的行为或其他原因，可能使仲裁不能执行或者难以执行的，可以申请财产保全。当事人申请财产保全的，仲裁委员会应当将当事人的申请依照民事诉讼法的有关规定提交人民法院。

4. 仲裁庭的组成

仲裁庭由当事人根据仲裁名册所指定的仲裁员组成。在我国，合议仲裁庭的组成人员为 3 人。仲裁员有法律规定回避情况的，必须回避，人身保险合同当事人也有权提出回避申请。

专栏 11—5

《仲裁法》中关于仲裁员回避的情形

我国《仲裁法》第三十四条规定：

仲裁员有下列情形之一的，必须回避，当事人也有权提出回避申请：

（一）是本案当事人或者当事人、代理人的近亲属；

（二）与本案有利害关系；

（三）与本案当事人、代理人有其他关系，可能影响公正仲裁的；

（四）私自会见当事人、代理人，或者接受当事人、代理人的请客送礼的。

5. 开庭审理

仲裁应当开庭进行审理。当事人协议不开庭的，仲裁庭可以根据仲裁申请书、答辩书以及其他材料作出裁决。仲裁一般不公开进行，当事人协议公开的可以公开进行，但涉及国家机密的除外。

当事人应当对自己的主张提供证据，仲裁庭认为有必要搜集的证据，可以自行搜集。证据应在开庭时出示，当事人可以质证。当事人在仲裁过程中有权辩论。辩论终结时，首席仲裁员或者独任仲裁员应当征询当事人的最后意见。仲裁庭应将开庭情况记入笔录。笔录由仲裁员、记录人员、当事人和其他仲裁参与人签名或者盖章。

6. 做出裁决

仲裁庭在对案件审理后，应当按照法律的规定作出仲裁裁决。仲裁庭作出裁决后，仲裁程序即告结束。仲裁裁决应当按多数仲裁员的意见作出，少数仲裁员的不同意见可以记录笔录。仲裁庭不能形成多数意见时，裁决应当按照首席仲裁员的意见做出。仲裁庭应当在仲裁规定的期限内作出裁决，仲裁裁决书自发出之日起发生法律效力。

四、诉讼

诉讼是解决人身保险合同争议较常见的方式，通过诉讼解决人身保险合同争议的，须向人民法院提起民事诉讼。依法提起要求解决保险合同争议的一方为原告，而被请求的一方为被告。

按照法律的规定，当事人没有在合同中订立仲裁条款，事后没有达成书面仲裁协议的，可以直接向人民法院起诉。

人民法院在受理原告的诉讼请求以后，依法组成合议庭，由合议庭依法对当事人的保险合同纠纷进行审理。人民法院在审理保险合同纠纷案件时，一般先进行调解，如果双方能够达成和解协议，则由人民法院制作调解协议书，调解协议书自送达当事人双方时起生效，具有与判决书同样的效力，当事人必须执行。人民法院调解不成时依法予以判决，对诉讼请求做出支持、变更或不支持的决定。如当事人一方认为人民法院的判决没有满足自己的诉讼请求或者不当时，在接到判决书的15日之内可以向上级人民法院提起上诉。

（一）保险合同纠纷案件的管辖问题

人身保险合同当事人提出诉讼请求的，其请求应向有管辖权的人民法院提出，而不能在无管辖权的法院起诉。

1. 级别管辖

我国法院共分四级，对案件的审理施行两审终审制。保险纠纷案件与其他民事纠纷案件一样，除法律另有规定外，基层人民法院管辖第一审案件；中级人民法院管辖第一审案件包括：重大涉外案件；在本辖区有重大影响的案件以及最高人民法院确定由中级人民法院管辖的案件；高级人民法院管辖在本辖区有重大影响的第一审案件；在全国有重大影响的案件或者最高人民法院认为应当由其审理的案件，由最高人民法院管辖第一审案件。

2. 地域管辖

按照我国《民事诉讼法》的规定，在一般情况下，民事案件和经济案件由被告所在地法院管辖，但对某些案件的管辖作了特殊规定。其中，因合同纠纷提起的诉讼，由被告住所地或者合同履行地人民法院管辖。合同的双方当事人可在书面合同中协议选择被告住所地、合同履行地、合同签订地、原告住所地、标的物所在地人民法院管辖，但不得违反《民事诉讼法》对级别管辖和专属管辖的规定。

可见，对于人身保险合同的纠纷案件，可能不是仅有一个人民法院有管辖权，而是几个人民法院对同一案件都可以有管辖权。按照《民事诉讼法》的规定，对于两个以上人民法院都有管辖权的诉讼，原告可以向其中一个法院起诉。原告向两个以上有管辖权的人民法院起诉的，由最先立案的人民法院管辖。

（二）起诉

人身保险合同当事人向人民法院起诉时，必须具备以下三个条件：

1. 原告与案件有直接的利害关系

提起保险合同诉讼的原告只能是与被告有保险合同关系的人，在法律上与案件无关的人不得作为原告起诉。

2. 须有明确的被告、具体的诉讼请求和事实根据

没有明确违约责任人，没有具体的诉讼请求，没有证明自己权利的事实证据的，都不能提起诉讼。

3. 须向有管辖权的人民法院提起

向没有管辖权的法院起诉的，人民法院将不予受理，不能发生起诉的效力。

原告向人民法院起诉的，一般应当向人民法院提交书面诉状，即民事起诉书。起诉书除提交人民法院一份外，还应按被告人数提交相应数量的副本，以便法院提交被告答辩。

原告向人民法院起诉的，还应注意在诉讼时效内提起，否则其权利将不受法律保护。

（三）诉讼中的财产保全

当事人在诉讼中为使自己的诉讼请求在人民法院做出裁决后能够得到实现，可以申请对被告采取诉讼保全措施。例如，请求人民法院查封、冻结、扣押被告与案件有关的财产，以防被告转移、藏匿、挥霍财产，致使将来的判决不能执行。人民法院决定采取保全措施时，可责令申请人提供担保。提出财产保全的申请人应当提供相应的担保，否则人民法院将驳回其财产保全的申请。

依照法律的规定，在必要的情况下，如不立即申请采取财产保全措施，将会使其合法权益受到难以弥补的损害时，申请人也可以在起诉前向人民法院申请采取诉前财产保全措施。申请诉前保全的，于人民法院采取保全措施后15日内当事人必须起诉，否则人民法院将解除财产保全措施。

（四）上诉

我国法律对民事案件实行两审终审制，在一审法院判决后，如果不服判决，可依法在一审判决书送达之日起15日内，向上级人民法院上诉。只要上诉符合法定条件，二审法院必须受理。

（五）申请执行

在人民法院的调解书和判决书发生效力后，承担责任的债务人应当自觉地执行调解协议或判决。债务人不履行调解协议或判决中规定的义务时，债权人可申请人民法院对债务人予以强制执行。

债权人请求人民法院执行的申请应于法定期间内提出。依照《民事诉讼法》第二百一十五条的规定："申请执行的期间为两年。申请执行时效的中止、中断，适用法律有关诉讼时效中止、中断的规定"。

申请执行的时间起算点，从法律文书规定履行期间的最后一日起计算；法律文书规定分期履行的，从规定的每次履行期间的最后一日起计算；法律文书未规定履行期间的，从法律文书生效之日起计算。

（六）在法院判决已生效情况下的申诉

在一审法院判决下达后15日内，如果不服判决，可以向上级法院提起上诉；超过15日后，法院判决发生法律效力，失去了上诉权，但如果认为法院判决确实有误，还可以向原法院或上级人民法院申请再审。此外，经法院调解结案，在法院下达调解书后，如果认为调解有误，也可以申请再审。申请再审，必须具备一定的法律事实和理由：

第一，有新的证据。所谓新证据，是指原判时不知道、未收集到的，申请再审时新提供的证据。新证据必须有足够的根据，足以推翻原判决认定的事实。

第二，原判决认定事实的主要证据不足。只有主要证据齐备，才能揭示案件的客观真相，如果有充分理由证明原判决认定事实的主要证据不足的，可以申请再审。

第三，原判决适用法律有误。适用法律有误，是指该适用某法律条款的没有适用，不该适用某法律条款的却适用了。两种情况都会造成判决错误，如果有充分理由证明出现了上述情况，就可以申请再审。

第四，法院违反了法定程序。违反法定程序，是指法院审判时未按民事诉讼法规定的程序进行，如法院未经过充分的法庭调查，便匆匆宣判；法官先入为主，预先对案件定调等。法院违反法定程序，对正确判案有影响的，当事人可以申请再审。

第五，法院工作人员审理案件时，有贪污受贿、徇私舞弊、枉法裁判行为的，只要有确凿证据，不但可以申请再审，还可以依法追究相关人员的法律责任。

第四节 人身保险合同的诉讼时效

一、诉讼时效的一般理论

（一）诉讼时效的概念

所谓诉讼时效，又称“消灭时效”，是指权利人在一定期间内不行使权利即丧失请求法院保护其民事权利的法律制度。

诉讼时效直观表现为一定的期间。在这个期间内，权利人如果不行使权利，所导致的后果是丧失了法院对其权利的保护，即胜诉权。也就是说，诉讼时效届满，权利人仍有权向法院起诉，这种诉讼上的请求权没有丧失，丧失的是通过诉讼获得救济的权利，即请求法院强制义务人履行义务的权利。权利人虽然丧失胜诉权，但实体上的请求权并没有消失，如果义务人自愿履行义务的，权利人仍然有权受领。

诉讼时效制度的目的在于督促权利人及时行使权利，从而维护社会交易秩序和法律秩序的稳定。

（二）诉讼时效的分类

诉讼时效分为普通诉讼时效、特殊诉讼时效和最长诉讼时效。

普通诉讼时效，又称一般诉讼时效，是指普遍适用于法律没有特别规定的各种法律关系的诉讼时效期间。我国《民法通则》第一百三十五条规定，普通诉讼时效期间为两年。

特殊诉讼时效，是指根据法律特别规定，仅适用于特定的民事法律关系的诉讼时效。特殊诉讼时效有两类：短期诉讼时效和长期诉讼时效。诉讼时效低于两年的为短期诉讼时效。例如，《民法通则》第一百三十六条规定：身体受到伤害要求赔偿的；出售质量不合格的商品未声明的；延付或拒付租金的；寄存财物被丢失或毁损的，诉讼时效期间为一年。长期诉讼时效是长于两年的时效期间。例如，《合同法》第一百二十九条规定，国际货物买卖合同和技术进出口合同争议，起诉或仲裁的期限为四年。

最长诉讼时效，是指对被侵害的民事权利给予诉讼保护的最长期限。《民法通则》第一百三十七条规定，最长诉讼时效为二十年。

需要注意的是，诉讼时效是法律的强制性规定，任何当事人不得以其意思排除诉讼时效的适用，也不得协议变更诉讼时效制度的内容。

（三）诉讼时效的起算

诉讼时效从何时开始至关重要。对于普通诉讼时效和特殊诉讼时效，应从权利人知道或应当知道权利被侵害时起算；对于最长诉讼时效，从权利被侵害之日起算。

（四）诉讼时效的中断、中止和延长

为了更好保护权利人，诉讼时效期间可以因某些法定事由而在计算上有所变化，诉讼时效可以中断、中止和延长。

诉讼时效中断，是指诉讼时效进行中，因发生法定事由使已经经过的时效期间丧失效力，诉讼时效重新计算。这些法定事由包括：权利人提起诉讼或者主张权利、义务人同意履行义务。

诉讼时效中止，是指在诉讼时效期间的最后六个月内，因不可抗力或者其他障碍致使权利人不能行使请求权的，暂停计算诉讼时效期间。中止之前发生的诉讼时效期间仍然有效，从中止时效的原因消除之日起，诉讼时效期间继续计算。

诉讼时效延长，是指法院应权利人的请求，对于有特殊原因的已经届满的诉讼时效，依法予以延长的制度。

二、《保险法》关于诉讼时效的规定

在人身保险合同中，当保险事故发生或者保险合同约定的年龄、期限到来时，被保险人或者受益人有权向保险人提出给付保险金的请求。为了督促当事人及时行使权利、稳定社会关系，被保险人、受益人应当在法定的期间内请求保险金的给付。对此，《保险法》第二十六条规定，“人寿保险以外的其他保险的被保险人或者受益人，对保险人请求赔偿或者给付保险金的诉讼时效期间为二年，自其知道或者应当知道保险事故发生之日起两年计算。人寿保险的被保险人或者受益人向保险人请求给付保险金的诉讼时效期间为五年，自其知道或者应当知道保险事故发生之日起计算”。与修订前的《保险法》相比，2009 年《保险法》将“两年”、“五年”索赔时效的性质明确为“诉讼时效”；同时，将索赔时效的起算时间界定为“自被保险人或者受益人知道或者应当知道保险事故发生之日”，其中“应当知道保险事故发生之日”为新增加的内容。这样的规定解决了以往理论与实践对修订前《保险法》关于索赔期间性质的争议。①

理解新《保险法》的诉讼时效制度，应注意以下几点：

首先，《保险法》规定人寿保险的诉讼时效为五年，非寿险类人身保险的诉讼时效为两年。这是因为，非寿险类人身保险一般为短期合同，而人寿保险是以人的生死为保险事件，是为满足人的生存状况需要而设定的，大多属于长期合同，因此，被保险人、受益人请求权的时效应当长一些。

其次，索赔时效的起算点是自被保险人或者受益人“知道”或者“应当知道”保险事故发生之日起计算。“应当知道”，是指根据一个合理的人的标准，被保险人、受益人作为一个合理的人在当时情况下应当知道保险事故发生。这样规定将更加合理。

最后，既然《保险法》明确规定索赔时效是诉讼时效，被保险人、受益人的保险金请求权自然也要适用《民法通则》中有关诉讼时效中断、中止、延长的规定。需要强调的是，保险金请求权的诉讼时效属于法律的强制性规定，人身保险合同中的任何当事人都不得任意增加或者减少“两年”、“五年”的法定期间，也不得以约定方式排除其适用。

【案例 11－7】

人寿保险金请求权的诉讼时效为五年

2000 年 10 月 26 日，吴某到某人寿保险公司领取儿童保险的教育金。保险公司拒绝给

① 我国 2009 年修订前的《保险法》第二十七条规定，“人寿保险以外的其他保险的被保险人或者受益人，对保险人请求赔偿或者给付保险金的权利，自其知道保险事故发生之日起两年不行使而消失。人寿保险的被保险人或者受益人对保险人请求给付保险金的权利，自其知道保险事故发生之日起五年不行使而消灭。”这是对人身保险合同索赔时效的规定：人寿保险合同索赔时效为五年；除人寿保险外，其他人身保险的索赔时效是两年。对于索赔的法律性质，修订前的《保险法》并未明确，理论与实践中存在不同观点。观点之一：诉讼时效说。2000 年 11 月 1 日，中国保监会在《关于对〈保险法〉有关索赔时限理解问题的批复》（保监复［2000］304 号）中规定：“《保险法》第二十六条规定的索赔时限，是一种权利消灭时效。在我国其他民商事法律中，类似的问题一般是定为诉讼时效为消灭时效的一种，因此在司法实践中，上述规定往往作为诉讼时效来对待。退一步讲，即使不视为诉讼时效，作为一种消灭时效。也是法律的强制性规定，当事人不得以约定的方式排除其适用或对其进行更改。”2003 年 12 月 8 日，最高人民法院发布的《关于审理保险纠纷案件若干问题的解释》（征求意见稿）更加明确了索赔时效所具有的诉讼时效性质，该《解释》第十八条的规定，“保险法第二十七条中规定的‘两年’、‘五年’为诉讼时效。”观点之二：除斥期间说。所谓除斥期间，是指法律规定某种权利存续的期间，权利人在此期间不行使其权利，一旦其存续期间届满，便发生该项权利消灭的法律后果。2002 年 3 月 5 日，四川省高级人民法院在《关于适用〈中华人民共和国保险法〉若干问题的规定》中规定：“《保险法》规定的‘两年’与‘五年’为不变期间，不适用中止、中断或延长的规定。权利人在该期限内未行使权利的，其请求赔偿或给付保险金的权利消灭。”可见，这一地方性司法解释将《保险法》规定的“两年”与“五年”视为除斥期间，如果被保险人或者受益人没有在该期限内向保险人主张请求保险金的权利，那么被保险人或者受益人丧失该实体权利，而并不是仅仅丧失胜诉权。对于被保险人、受益人而言，这“两年”、“五年”的期间是诉讼时效还是除斥期间，意味着法律对他们的权利保护的区别。如果期间这是诉讼时效，被保险人、受益人向保险人请求保险金的权利，可以因法定事由而中断、中止，例外情形下还可以延长。即使“两年”、“五年”的诉讼时效届满，被保险人、受益人仅仅丧失胜诉权，其实体权利并不丧失，可以接受保险人的自愿履行。相反，如果这期间是除斥期间，那么，这“两年”、“五年”为法定不变期间，即使遇到不可抗力等情形，也不得适用中断、中止、延长的计算方式。并且，一旦“两年”、“五年”期间届满，被保险人、受益人向保险人请求保险金的权利本身不复存在。可见，旧《保险法》在这方面的模糊必将导致保险实务中的纠纷以及司法判决中的不一致。

付吴某1999年度的教育金。理由是，根据《儿童保险条款》第十三条的规定，“被保险人在保险单生效一周年后考取境内全日制高等院校，投保人或被保险人可持保险单、学生证及学校注册证明向保险人申请领取教育金。教育金自注册之日起一周年内不提出申请，即为自动放弃权益。”而吴某在其孩子1999年考取大学后未及时办理，其2000年10月26日提出的申请已经超过一年，1999年度的教育金只能作为自动放弃，保险公司不予给付。

（案例来源：上海保监局编著，《寿险案例评析》，中国金融出版社2006年版，第231—232页。）

【分析】 保险金请求权的诉讼时效属于法律的强制性规定。对于新保险法所规定的“五年”期间，任何当事人不得以合同约定的方式增加或者缩短。本案中，保险公司拒付的理由就是根据其儿童保险条款中约定的索赔期限已满。由于这种约定违反了法律的强制性规定而无效。因此，即使吴某没有按照约定的儿童保险条款请求教育金，其索赔的权利没有超过“自知道或者应当知道之日起五年”的期限，依然有效，保险公司应当支付。

需要说明的是，新保险法的实施存在与旧保险法的衔接问题。法律一般遵循不溯及既往原则，在保险法施行后成立的保险合同发生的纠纷，适用新保险法关于诉讼时效的规定；在保险法施行前成立的保险合同发生的纠纷，一般适用当时的保险法律规定。可如果保险合同是在新保险法实施前成立，但纠纷却发生在新保险法实施之后，应当如何适用？对此，我国最高人民法院2009年9月21日通过了《最高人民法院关于适用〈保险法〉若干问题的解释（一）》。其中，《解释》的第三条规定，保险合同成立于保险法施行前而保险标的转让、保险事故、理赔、代位求偿等行为或事件，发生于保险法施行后的，适用保险法的规定。也就是说，保险合同是在新保险法实施前成立，如果纠纷发生在新保险法实施之后，则要适用新保险法关于诉讼时效的规定。

关键词

人身保险合同纠纷　谨慎核保　恶意拒赔　保险欺诈　人身保险合同的解释　解释原则　解释方法　文义解释原则　目的解释原则　整体解释原则　习惯解释原则　不利解释原则　和解　调解　仲裁　诉讼　索赔时效　诉讼时效

思考题

1. 分析人身保险合同纠纷产生的原因。
2. 人身保险合同的解释方法有哪些？
3. 什么是不利解释原则？在具体适用时应注意哪些问题？
4. 人身保险合同纠纷的解决途径有哪些？
5. 思考仲裁与诉讼之间有什么区别？

附录一：某人寿保险公司投保单

个人寿险投保单

（2009 年 8 月版）

________支公司________管理处

代理人姓名：　　　　代理人代码：　　　　代理人联系电话：

A. **被保险人资料。**

姓名：	证件：□身份证　□护照（国籍________） 类型：□军人证　□其他（________）	证件有效期： 至　　年　　月　　日	手机：
生日：　年　月　日	证件号码		
□男□女　学历：	□有配偶 □无配偶	工作单位/ 就读学校：	E－mail：
通讯地址：		邮政编码	固定电话：
职业（工种）：	兼职（工种）：	最高职业类别代码	职务：

B. **投保人资料（若为被保险人本人，免填此栏）。**

姓名：	证件：□身份证　□护照（国籍________） 类型：□军人证　□其他（________）	证件有效期： 至____年____月____日	手机：
生日：　年　月　日	证件号码		
□男□女　学历：	与被保险人 关系：	工作单位/ 就读学校：	
通讯地址：□同被保险人　□其他		邮政编码	固定电话：
职业（工种）：	兼职（工种）：	最高职业类别代码	职务：

C. **身故受益人资料（身故受益人必须指定，且必须为被保险人的配偶、父母、子女，特殊情况请在备注栏说明）。**

种类	姓名	性别	证件类型	证件号码	出生日期	与被保险人关系	受益顺序	受益比例
身故受益人								

D. **保险合同资料（险种名称不得涂改，保险金额/档次/份数用大写数字填写并且不得涂改）。**

保险计划 险种名称 保险金额/档次/份数 保险费（元）/期缴保险费 主险：________ ________ ________ 附安心无忧□基本 □可选 附 附意外医疗/津贴______元______元/日______ 加 ________ ________ ________ 险 ________ ________ ________ ________ ________ ________ ________ ________ ________ ________ ________ ________ 职业加费：¥____元 追加保险费：¥____元 额外投资保险费：¥____元 合计保险费：¥____元	保险期间：□终身 □定期（ 年）□至__周岁 缴费年期：□五年 □十年 □十五年 □二十年□二十五年 □三十年 □__年 □终身 □缴至__周岁 岁缴费方式：□趸缴 □年缴 □季缴 □半年缴□月缴（**限自动转账**） 保险费支付方式：□银行自动转账 □柜台缴费 □______ 满期生存金：领取年龄________周岁 领取比例：________% 领取期间：□__年 □至__周岁 □终身 领取频率：□趸领 □年领 □月领 现金价值自动垫缴保险费：□是 □否 生存保险金抵缴保险费：□是 □否

注：（1）保险期间为1年期的险种均不享受因投保人身故或残疾而豁免保险费的权利；（2）期缴保险费、追加保险费及额外投资保险费，仅在投保万能险时选择填写。

E. **特殊事项。**

红利领取方式（仅限分红型险种填写） □累积生息 □现金领取 □ **红利领取人仅限为投保人本人** **领取方式如空项，默认为累积生息**	**投资方式（仅限投资连结型险种填写）** □××稳健型投资账户所占保险费比例____% □××平衡型投资账户所占保险费比例____% □××进取型投资账户所占保险费比例____% □额外投资保险费：人民币__________元（**大写，不得涂改**）

F. **被保险人告知栏。**

1. 您目前是否已经购买或正在申请本公司或其他保险公司的人身保险（不含此次申请）：
□是 □否（**若是，请填写以下资料**）。

保险公司	险种名称	保险金额或份数	生效或申请日期	是否被加费或条件承保（**若是请说明原因**）

2. 您过去是否被保险公司解除合同或投保、复效时被拒保、延期：□是 □否（**若是，请在备注栏详述保险公司、险种，原因**）。	3. 您是否有过任何形式的人身保险索赔：□是 □否（**若是，请在备注栏详述保险公司、险种、索赔金额、索赔原因**）。
4. 是否有驾驶执照：□是□否；若是，请告知驾照类型____类驾照；是否有交通事故记录：□是 □否	5. 是否有参加飞行、潜水、滑水、漂流、跳伞、武术、拳击、赛车、蹦极、滑雪、特技表演等危险运动或嗜好：□是 □否

G. 健康告知书（如保险条款中涉及对投保人保险费豁免事项，投保人栏必须填写）。

以下一项或几项答“是”请在备注栏中注明姓名、问题号码及详细情况，对本投保单及告知内容，本公司承担保密义务。 询 问 事 项	被保险人 是 否	投保人 是 否
1. 请告知被保险人目前的身高________厘米，体重________公斤。	1	
2. 近期体况：最近一年您是否有新发或以往既有的身体不适？如反复头痛、头晕、眩晕、胸痛、胸闷、咳嗽、咯血、气喘、肝区不适、腹痛、血尿、便血、紫癜，皮肤黄疸、消瘦（体重在3个月内下降超过5公斤）。	2 □ □	□ □
3. 近期诊治：您最近一年是否接受过医师的诊查、治疗、用药、住院或手术建议？	3□ □	□ □
4. 您在过去两年内是否做过以下一项或几项检查？**（若是，请在备注栏告知检查项目、时间、原因、地点及结果。）**血压、血液和尿液检查、肝/肾功能检查、心电图、X光、超声检查、CT、MRI、内窥镜及其他检查。	4 □ □	□ □
5. 您过去曾否住院？	5□ □	□ □
6. 请写明您经常就诊的医院名称。	6	
7. 您是否患有、被怀疑患有或接受治疗过以下一种或几种疾病：	7	
A. 神经系统及精神疾病：如多发性硬化、癫痫、眩晕症、脊髓病变、重症肌无力，帕金森病、精神病、抑郁症、神经官能性疾病等；脑中风、脑瘤、脑动脉/静脉血管瘤及畸形、短暂性脑缺血、脑炎、脑膜炎等。	A□ □	A□ □
B. 五官科疾病：如白内障、青光眼、高度近视（800度以上）、视神经或视网膜病变、中耳炎、鼻息肉、咽喉部疾病等。	B□ □	B□ □
C. 循环系统疾病：如高血压、冠心病、先天性心脏血管疾病、先天性心脏病、心脏瓣膜病、风湿性心脏病、风湿热、主动脉瘤、肺心病、心肌病、心律失常、传导阻滞、心包炎等。	C□ □	C□ □
D. 呼吸系统疾病：如慢性支气管炎、肺气肿、支气管扩张、尘/矽肺、肺结核、肺纤维化、哮喘、胸膜炎等。	D□ □	D□ □
E. 消化系统疾病：如肝炎病毒携带、肝炎、脂肪肝、肝硬化、肝肿大、胆结石、胆囊息肉、胰腺疾病、慢性胃炎、肠炎、消化道溃疡或出血、穿孔、溃疡性结肠炎、疝、肠梗阻等。	E□ □	E□ □
F. 泌尿及生殖系统疾病：如肾炎、肾小球疾病、肾病综合征、肾功能衰竭、肾囊肿、肾结石、生殖器官疾病等。	F□ □	F□ □
G. 内分泌及结缔组织疾病：如糖尿病、甲状腺或甲状旁腺疾病、肾上腺疾病、脑垂体疾病；白血病、血友病、紫癜症、贫血、脾脏疾病；类风湿性关节炎、风湿病、红斑狼疮、胶原病、白塞氏病、免疫性疾病、肌肉骨骼关节疾病等。	G□ □	G□ □
H. 癌症、肿瘤、腺瘤、息肉、囊肿、结石、血管瘤、性病、皮肤疾病、任何包块或肿物等。	H□ □	H□ □
I. 先天性疾病、遗传性疾病、脑外伤后综合征、内脏损伤、急/慢性中毒、职业病等。	I□ □	I□ □
J. 上述未提及的疾病及征候。	J□ □	J□ □

G. 健康告知书（续）

询 问 事 项	被保险人 是 否	投保人 是 否
8. 身体残疾情况：有无智力障碍，有无脊柱、胸廓、四肢、五官、手指、足趾畸形或功能障碍？有无言语、咀嚼、视力、听力、嗅觉，四肢及中枢神经系统机能障碍。	8 □ □	
9. 是否有吸烟嗜好：若是，请说明：每天________支，约________年。	9 □ □	
10. 是否有饮酒嗜好：若是，请说明：饮用 □啤酒 □葡萄酒 □白酒或洋酒，每天________两，饮酒________年。	10 □ □	□ □
11. 家族史栏：您的父母、子女、兄弟姐妹中，是否有人出现上述 7—8 项情况（**若是请在备注栏详述**）。	11 □ □	□ □
12. 妇女补充告知（年龄≥12 周岁填写）。 A. 目前是否怀孕？若是，怀孕______周。 B. 目前是否有阴道不规则流血、白带异常、下腹痛等不适感觉或异常发现？ C. 是否患乳房、子宫、卵巢等疾病而接受医师的诊查、治疗、用药或住院手术？ D. 是否因异常妊娠反应、分娩而住院治疗或手术；是否有不孕病史，近半年是否有月经不调？	12 A □ □ B □ □ C □ □ D □ □	 A □ □ B □ □ C □ □ D □ □
13. 少儿补充告知（年龄＜2 周岁填写）：出生身高____厘米、体重____公斤，是否早产、剖腹产、难产、过期产？是否有先天性疾病、遗传性疾病或畸形？是否有体重不增或增长缓慢？是否有肺炎、抽搐、腹泻等疾病？	13 □ □	

H. 财务告知栏（如被保险人年龄＜16 周岁，免填此栏）。

被保险人年收入______万元，主要收入来源： □工薪 □私营 □个体或农业收入 □其他（请说明：________________） 是否有借贷：□是 □否 若是，请说明借贷额度____万元，原因_______。	投保人年收入____________万元，主要收入来源： □工薪 □私营 □个体或农业收入 □其他（请说明：______________） 是否有借贷：□是 □否 若是，请说明借贷额度______万元，原因_______。

I. 备注及特别约定栏（备注填写不下时，请另附纸张填写，并且需要投保人/被保险人签字确认）。

J. 保险费自动转账授权声明。

一、投保人同意授权保险人通过＿＿＿＿＿＿开户银行从投保人提供的以下账户中转账支付与保险人约定的首期保险费和续期/续保保险费。

二、投保人保证以下账户有足够的金额支付应缴保险费，如因当期账户存款余额不足造成转账不成功，致保险合同不能成立或不能持续有效，因此引起的责任概由投保人承担。（为避免清户，账户中余额要始终保持≥10元。）

三、投保人同意保险人将多收的保险费及延期承保、撤销投保申请、撤单、退保等引起的退费通过以下账户返还给投保人。

四、投保人因故结清以下账户，应重新开立账户，并及时通知保险人进行变更。

五、投保人投保万能保险产品续期转账时，若在保险单生效对应日之后的60天内仍未转账成功，保险人不再从以下账户中扣缴该期应缴续期保险费，投保人必须以现金方式补齐该期应缴而未缴续期保险费，以后各期续期保险费继续从以下账户中扣缴。

账户名（须与投保人账户存折上的姓名填写一致）：

账号

K. 临时保障声明

鉴于投保人已向××人寿保险股份有限公司的分公司（以下简称“本公司”）申请人身保险并正在等待本公司的审核，即保险合同未生效，本公司特别声明如下：

如果投保单已写明“临时保障声明”不适用，本临时保障声明不成立。任何保险代理人都无权更改、修订或删除此临时保障声明。只有符合以下所有条款的情况下，本公司才承担本临时保障声明载明的责任。

1. 临时保障保险金给付条件：必须同时符合下列全部条件，本公司方可给付临时保障保险金。

（1）本临时保障声明的被保险人必须是投保单列明的被保险人且被保险人的年龄不超过六十五周岁；

（2）投保单上所填的资料完整且全部真实。

2. 临时保障的保险责任：在临时保障责任起止期间内（见本声明第3、4条），如果被保险人遭受意外伤害事故并且以该意外伤害事故为直接且单独原因导致被保险人身故，本公司将按投保单列明的身故保险金数额，依照下列方式给付临时保障保险金，但临时保障保险金给付金额最高不超过人民币贰拾万元整，同时本公司将向投保人无息返还已缴暂收保险费：

（1）投保单上已载明身故保险金受益人的，本公司将向该身故保险金受益人给付临时保障保险金；

（2）投保单上未载明身故保险金爰益人的，本公司将向被保险人的继承人给付临时保障保险金。

在任何情况下（包括但不限于一份或多份投保单的被保险人为同一人），本公司对同一被保险人的临时保障保险金给付总额不超过人民币贰拾万元整。

上述意外伤害事故是指被保险人遭受外来的，突发的、非本意的、非疾病的使被保险人身体受到伤害的客观事件，并以此客观事件为直接且单独原因导致被保险人身体蒙受伤害或身故，猝死不属于意外伤害。

3. 临时保障保险责任的开始：本公司对本临时保障声明所负的临时保障责任，在投保人填妥投保单且本公司收到暂收保险费的当日二十四时开始。本公司收到暂收保险费的日期以银行出具的代收保险费凭证中记载的缴费日期，或本公司出具的暂收保险费收据中记载的缴费日期，或银行转账成功日，或暂收保险费支票到达本公司账户之日为准。

4. 临时保障保险责任的终止：

（1）本公司依据本临时保障声明给付了临时保障保险金，本临时保障将自动终止；

（2）下列任一时点到达，本临时保障将自动终止：

①保险单上载明的保险合同生效日；②本公司有关拒保、延期、终止临时保障声明等通知送达投保人之日；③本公司收到投保人签署的撤销该投保单的书面申请之日；④在投保人交付暂收保险费之日起满三十天。

5. 临时保障保险责任免除：如果导致被保险人身故的事件属于投保人在投保单中所申请的人身保险的责任免除范围或被保险人非因意外伤害导致身故，本公司不予给付临时保障保险金，但应向投保人无息退还已交付的暂收保险费。

L. 声明书及授权书

一、投保人承诺：本人已认真阅读并完全同意以上所有内容。
二、你公司提供的投保险种保险条款，尤其是保险责任以及责任免除条款本人均已阅读并了解。
三、本投保单中所填写各项内容均属实，若有隐瞒或告知不实，你公司有权解除保险合同，对于合同解除前发生的任何事故，你公司可不承担任何责任。
四、本人同意并授权你公司查阅、复印任何与被保险人健康情况有关的体检报告、诊断报告、病历等资料。
五、你公司有权对本人进行医疗评估及测试（体检、血液检查及其他医疗检查），并作为审核本投保单及评估与本投保单有关的理赔申请依据，本授权书影印本同样有效。
六、本人对你公司投保单、体检表中提出的各项内容以及你公司指定医院检查被保险人健康时的各项询问按规定如实详细地回答，否则你公司有权依法解除保险合同。
七、本人同意你公司所负保险责任以所签发保险单为准，一切与本投保单各事项及保险条款相违背的说明或解释均属无效。
八、对于保险期间为1年期的险种，在保险期间终止日前，如你公司未收到本人不再继续投保的书面通知，你公司可视作投保人本人同意下一保险年度继续投保（续保）。
九、本人同意你公司通过电话、手机、E－mail适时提供保险信息服务。
十、本人已阅读保险条款、产品说明书和投保提示书，了解本产品的特点和保单利益的不确定性，愿意承担相关风险。

____

____

投保人签名：　　被保险人签名（若非投保人）：　　未成年人其法定监护人签名：

年　月　日

以上应由本人亲自签名，否则本投保单无效。

初审员签名：	初审日期：	收费员签名：	收费日期：	扫描员签名：	扫描日期：

24 小时客户服务电话：×××××

附录二：××人寿保险公司保险单

保 险 单

保险单号码：
被保险人：

××人寿保险股份有限公司根据投保人和被保险人所填投保单签发本保险单，其保险责任范围均按保险单、保险条款、附加条款和批注办理。

××人寿保险股份有限公司

×××
董事长

险种：××　　　　终身寿险（万能型）　　　　保险单号码：

投保人姓名：　　　　客户号：　　　　证件号码：

被保险人姓名：　　　　客户号：　　　　证件号码：

被保险人投保时年龄：45 周岁　　　　保险单生效日：2008 年 5 月 28 日

基本保险费：￥6000.00 元　　　　保险金额：￥120000.00 元

追加保险费：￥0.00 元　　　　保险单管理费：￥5.00 元/月

缴费频率：每年

缴费日期：每年 5 月 28 日

缴费期间：10 年　自 2008 年 5 月 28 日至 2018 年 5 月 27 日

保险期间：终身

身故保险金受益人/身故年金受领人：	姓名	客户号	受益比例（%）	受益顺序
			100.00	1

附加险	保险期间	保险金额（元）/档次/日额（元/天）	缴费期间	保险费（元）
附加提前给付型重大疾病保险	同主险	100000.00		

保险费合计（不包括追加保险费）：6000.00 元

特别约定：

无

当主险缴费期间结束时，本公司将不接受一年期附加险的续保申请，但保证续保险种不受此限，被保险人续保时的年龄超过本公司规定的附加险最高投保年龄时，本公司将不接受一年期附加险的续保申请。

本合同主险宽限期条款不适用于附加险，附加险宽限期间为约定的缴费日起 60 天内，附加险保费不进入主险保单账户。

保险单管理费在每月费用扣除日从保单账户中扣除。本公司保留调整此项收费的权利，但其调整幅度不超过国家统计局公布的全国居民消费价格指数自上次保险单管理费调整起的累计涨幅。

本保险单是根据投保人、被保险人所填投保单申请，经本公司审核同意并签发。上述内容如有任何更改必须经本公司书面批注方能生效。

保险单制作日：2008 年 5 月 30 日

××人寿保险股份有限公司
××（2007）终身寿险（万能型）条款阅读指引

（本阅读指引旨在帮助您（投保人，以下含义同）理解《××（2007）终身寿险（万能型）条款》，本合同内容以条款具体约定为准。）

您拥有的重要权益

您应当特别注意的事项

条款是保险合同的重要内容，为充分保障您的权益，请您仔细阅读本条款。

条款目录

××（2007）终身寿险（万能型）条款

（已报中国保监会备案）

一、保险责任及免除责任

1.1 保险责任

在本合同有效期内，如果被保险人不幸身故，经“本公司”（见3.20释义）核查属实，本公司向被保险人的身故保险金受益人给付身故保险金，本合同终止，身故保险金为以下两项金额之和：

一、被保险人身故之日的本合同的保险金额；

二、被保险人身故之日的本合同的保单账户价值。

若保单账户在被保险人身故日之后发生过部分领取，则在给付身故保险金时扣除该期间内累积部分领取的金额。

1.2 免除责任

在本合同有效期内，由下列任一原因而导致的被保险人身故，本公司不承担给付本合同1.1条约定的身故保险金责任：

一、投保人或受益人对被保险人的故意行为；

二、被保险人故意犯罪行为；

三、被保险人服用、吸食或注射毒品（遵医嘱使用麻醉药品、精神药品、医疗用毒性药品的除外）；

四、被保险人自本合同生效日起两年内（本合同若曾复效，则自本合同最后复效日起两年内）自杀；

五、被保险人“酒后驾驶”、“无有效驾驶执照驾驶”及驾驶“无有效行驶证”的“机动交通工具”（见3.20释义）；

六、战争、军事行动、暴乱或武装叛乱；

七、核爆炸、核辐射或核污染；

八、被保险人从事潜水、跳伞、攀岩、漂流、赛马、赛车、武术比赛、摔跤比赛、特技表演及其他高风险体育运动或娱乐活动；

九、被保险人患艾滋病或感染艾滋病病毒（HIV呈阳性）（见3.20释义）。

因上述任一原因导致被保险人身故，本公司不承担本合同约定的保险金给付责任，但向投保人退还被保险人身故之日本合同的保单账户价值，本合同终止。

投保人申请保险金额变更，须经本公司同意。保险金额增加的，如果被保险人在自新增保险金额生效之日起两年内自杀导致身故的，本公司对增加的保险金额不承担给付保险金责任。在前述情况下身故保险金金额等于：被保险人身故之日本合同的保险金额先减去自被保险人身故之日前两年内增加的保险金额后再加上被保险人身故之日本合同的保单账户价值。

二、保单账户

2.1 万能账户

为履行万能保险产品（本合同即属于万能保险产品）的保险责任，本公司根据保险监管机关的有关规定，为万能保险产品设立万能账户，该账户资产的投资组合及运作方式由本公司决定。

2.2 保单账户

为履行本合同的保险责任，明确投保人的权益，本公司专门为本公司合同项下的投保人设立保单账户。

2.3 结算利率

在本合同有效期内，保单账户价值每月结算一次。“结算日”（见3.20释义）为每月一日。本公司将根据中国保监会的有关规定，结合万能保险万能账户的实际投资收益率，确定距该结算日最近的上个结算期间的结算利率，并于每月结算日起六个工作日内公布。结算利率用于计算本公司项下保单账户价值在上个结算期间累积的利息。

本条上述所指的利率均为年利率。

2.4 保单账户最低保证利率

本合同自生效之日起的前5个“保险单年度”（见3.20释义），保单账户最低保证利率为2.5%。从第六个保险单年度开始，本公司有权每5个保险单年度对最低保证利率进行调整，但调整后的保单账户最低保证利率不会低于2%。

本合同的保单账户“最低保证价值”（见3.20释义）在每个保险单年度期满日后的首个结算日（若该结算日为本合同生效对应日，则顺延到下个结算日）零时计算。如果保单账户价值小于根据保单账户最低保证利率计算的保单账户最低保证价值，本公司将保单账户价值调升至保单账户最低保证价值。

本合同保单账户最低保证利率指本合同保单账户价值的最低年结算利率。本公司对每月的结算利率不作最低保证。

2.5 保险费

本合同的保险费分为基本保险费和追加保险费。

一、基本保险费。本合同的基本保险费以期缴方式缴付。基本保险费的缴费方式、缴费金额由投保人和本公司约定并在保险单上载明，投保人与本公司约定并载明于保险单上的本合同基本保险费缴费金额不得变更。投保人缴付首期基本保险费后，须按本合同约定的缴费日期缴付其余各期的基本保险费。

基本保险费的缴费年期为10年。

基本保险费不得高于保单签发时的保险金额除以20，并不得高于人民币6000元。

投保人缴付首期基本保险费后，若保单账户价值足以支付本合同死亡风险保险费、保险单管理费，投保人可以选择暂缓支付基本保险费，本合同继续有效。以后投保人缴纳基本保险费时必须按顺序依次补缴以前缓缴的各期基本保险费。补缴的各期基本保险费按照本合同2.6条的约定，依次扣除相应初始费用后再进入保单账户。

二、追加保险费。投保人在投保时或在本合同有效期内按照本合同约定支付各项应缴的基本保险费后，经本公司同意，可随时向本公司缴纳追加保险费用于增加保单账户价值。追加保险费按照本合同2.6条的约定扣除相应的初始费用后再进入保单账户。

2.6　基本保险费和追加保险费的分配

投保人缴付本公司的每期基本保险费和每笔追加保险费，分别扣除初始费用后计入保单账户。基本保险费和追加保险费的初始费用扣除比例在下表分别列明。

初始费用扣除比例表

保险单年度	基本保险费	追加保险费
第一保险单年度	50%	5%
第二保险单年度	25%	5%
第三保险单年度	15%	5%
第四、五保险单年度	10%	5%
第六保险单年度及以后	5%	5%

注：该表列明的比例为在投保人所缴基本保险费或追加保险费中应扣除的初始费用的百分比。

2.7　持续奖金

自本合同生效之日起，投保人于每个保险单年度均在本合同约定的缴费日期或其后的六十日内支付该期应缴基本保险费，则自第五个保险单年度起，投保人于本合同约定的缴费日期或其后六十日内支付该期应缴基本保险费时，本公司分配该期所缴基本保险费的2.5%作为持续奖金进入保单账户。在本公司向保单账户分配持续奖金之后的任一保险单年度，如果投保人未能于本合同约定的缴费日期或其后的六十日内支付该期应缴基本保险费，则本公司自投保人未按前述约定缴纳基本保险费之日起，永久性停止向保单账户分配持续奖金。对于投保人补缴前五年所欠基本保险费的，本公司也不支付持续奖金。

本公司分配的持续奖金不以现金形式发放，仅用于增加本合同项下的保单账户价值。

2.8　死亡风险保险费

死亡风险保险费是为本公司承担被保险人身故保险责任而收取的费用，本公司将根据保险单上所载《死亡风险保险费表》依据被保险人的性别、保险单年度初被保险人年龄、保险金额和其他核保因素在“每月的保险单生效对应日”（见3.20释义）从保单账户中扣除死亡风险费。《死亡风险保险费表》所载费率为相应保险单年度对应的死亡风险保险费的费率。

2.9 保险单管理费

为维持本合同有效，本公司按月向投保人收取保险单管理费。保险单管理费于每月的保险单生效对应日从本合同项下投保人保单账户中扣除，保险单管理费为5元/月。本合同生效后第一个月的保险单管理费在本公司生效日收取。

2.10 退保费用的收取

退保费用为投保人申请解除本合同（即退保）或申请部分领取保单账户价值时本公司收取的费用。

投保人申请解除本合同的，退保费用等于本公司接到投保人解除本合同书面申请之日本合同的保单账户价值的一定比例；投保人申请部分领取保单账户价值的，退保费用为其申请的部分领取金额的一定比例。退保费用收取的比例如下表所示：

保险单年度	第1年	第2年	第3年	第4年	第5年	第6年及以后
退保费用比例	10%	8%	6%	4%	2%	0%

2.11 保单账户价值的部分领取

在犹豫期满之后，若本合同有效，投保人可以书面形式向本公司申请部分领取保单账户价值，经本公司同意后，部分领取保单账户价值。投保人每次申请部分领取时需满足以下要求：

每次申请部分领取的金额不得低于500元，领取后的保单账户价值余额低于本公司规定的最低金额，投保人只能书面申请解除本合同，不能申请部分领取。

如果本公司接受投保人部分领取的申请，则在收到投保人部分领取保单账户价值的书面申请之日起30日内，本公司将投保人申请领取的金额扣除相应退保费用（详见2.10）后给付投保人，保单账户价值按投保人申请部分领取的金额在部分领取日等额减少。

2.12 保单账户价值

本公司在投保人缴付保险费且本公司签发保险单的次日为本合同每一投保人建立保单账户。在本合同有效期内，保单账户价值按如下方法计算：

一、投保人支付的每期基本保险费和每笔追加保险费在按本合同2.6条有关约定扣除相应的初始费用后，计入保单账户，保单账户价值按计入金额等额增加。

二、本公司每月结算保单账户利息后，保单账户价值按结算的保单账户利息金额等额增加。

三、每个保险单年度期满后的首个结算日，按本合同2.4条的约定，若保单账户价值低于保单账户最低保证价值的，保单账户价值调升至保单账户最低保证价值。

四、投保人部分领取保单账户的，保单账户价值按投保人申请部分领取的金额在部分领取日等额减少。

五、按本合同2.9条有关规定，本公司每月收取死亡风险保险单管理费后，保单账户价值按本公司收取的保险单管理费金额在收取日等额减少。

六、按本合同2.8条有关规定，本公司每月收取死亡风险保险费后，保单账户价值按本公司收取的死亡风险保险费金额在收取日等额减少。

七、本公司发放的持续奖金直接计入保单账户，保单账户价值按发放的持续奖金金额等额增加。

2.13　年金转换选择权

本合同生效之后，且自第11个保险单年度起，本合同如有效，投保人可提出年金转换书面申请，经本公司同意后，将本合同项下的部分或全部的保单账户价值，按申请年金转换时本公司所提供的领取方式及标准转换为年金，其相关事项应符合年金转换时本公司的相应规定。

若本合同项下的保单账户价值全部转换为年金，本合同终止。

2.14　保单账户价值不足的情况

当保单账户价值不足以支付本合同该月的死亡风险保险费和保险单管理费时，本公司提供60天的缴费宽限期，宽限期自保单账户价值不足以支付本合同该月的死亡风险保险费及保险单管理费之日开始计算。在宽限期内本合同继续有效，本公司仍负保险责任，但在给付保险金时扣除宽限期内投保人所欠的本合同死亡风险保险费和保险单管理费。宽限期内投保人可以继续缴付保险费，否则宽限期结束次日零时起本合同效力中止。

本合同效力中止满两年，本公司有权解除本合同，本合同自其解除之日终止，本公司向投保人退还本合同终止之日本合同的“现金价值”（见3.20释义）。

三、一般条款

3.1　保险合同的构成

本合同由保险单及其所附的保险条款、投保单与本合同有关的投保文件、合法有效的声明、批注、附贴批单、其他书面协议构成。

3.2　保险期间

本合同自投保人缴付保险费且公司签发保单的次日零时开始生效，本公司对本合同所负保险责任自本合同生效之时开始。本合同生效日每年的对应日为本合同生效对应日，本合同生效日为闰年2月29日的，其生效对应日为每年2月28日。

本合同的保险期间为终身，保险期间自本合同生效之时开始。

3.3　保险金额

本合同的保险金额由投保人与本公司约定，并载明于保险单上。

本合同有效期内，经本公司同意，投保人可以变更本合同的保险金额。

一、保险金额的增加。本合同生效日起一年后，投保人可随时向本公司申请增加保险金额，但每个保险单年度最多申请一次。投保人申请增加保险金额时必须同时满足以下条件：

1. 投保人按照本合同的规定已支付了各期应缴基本保险费；

2. 被保险人满六十五周岁后第一个本合同生效对应日之前。

投保人申请增加保险金额时，必须按本公司规定提供被保险人的健康声明书或“医疗机构”（见3.20释义）出具的体检报告书及其他相关证明文件，经本公司同意后，增加的保险金额所对应的保险责任自本公司审核同意并作出书面批注后的下一个月保险单生效对应日的零时起生效。因被保险人在本合同约定的期限内自杀导致的保险事故，按本合同1.2条有关规定办理。死亡风险保险费随着保险金额的增加而相应增加。

本公司不同意投保人变更本合同保险金额的，本合同的保险金额不能变更。

二、保险金额的减少。本合同生效日起一年后，投保人可随时向本公司书面申请减少保险金额，但每个保险单年度最多申请一次。减少后的保险金额必须符合本公司关于最低保险金额的规定。经本公司同意后，减少的保险金额所对应的保险责任自本公司审核同意并作出书面批注后下一个月保险单生效对应日的零时起终止。

3.4 保险事故通知

在本合同有效期内发生被保险人身故，投保人或受益人应在被保险人身故后及时通知本公司，否则投保人或受益人须承担由于通知迟缓而致使本公司增加的查勘，调查费用，但因不可抗力延误的除外。

3.5 保险事故鉴定

若被保险人身故，本公司有权对被保险人的身故原因进行鉴定。

3.6 保险金的申领

一、申领保险金时，须身故保险金受益人或被保险人的合法继承人作为申请人提出书面申请并提供下列证明和资料：

（一）身故保险金的申领：

1. 填写完整准确的本公司提供的领取保险金申请书；

2. 保险单正本；

3. 受益人或合法继承人户籍证明或身份证明正文（本公司查验身份证明正本并留有该身份证明的复印件）；

4. 医疗机构或公安部门出具的被保险人身故证明书；

5. 如被保险人被宣告死亡、受益人或合法继承人须提供人民法院出具的宣告死亡判决书；

6. 被保险人户籍注销证明；

7. 本公司所需的其他与本项保险金申领相关的证明和资料。

（二）被保险人的合法继承人根据本合同规定申领保险金时，除提供第（一）项“身故保险金的申领”所列明的证明文件外，还必须提供能够证明其具有合法继承权的相关文件。

（三）受益人或合法继承人为未成年人或无民事行为能力人时，由其合法监护人代受益人或合法继承人向本公司申请领取身故保险金。受益人或合法继承人的合法监护人依前述约定申领保险金时，除提供本条“身故保险金的申领”所列明的证明文件外，还应提供受益人或合法继承人未成年或无民事行为能力及对其具有合法监护权的证明。

二、如委托他人领取保险金，受托人除提供上述所有证明和资料外，必须另行出具有授权人亲笔签字的授权委托书和受托人身份证明。

3.7　索赔时效

权利人对本公司请求给付保险金的权利，自其知道保险事故发生之日起五年内不行使而消灭。

3.8　失踪处理

在本合同有效期内，被保险人失踪且经人民法院宣告被保险人死亡后，本公司依法院判决宣告之日确定被保险人的死亡日期，并按本合同1.1条的有关约定向身故保险金受益人给付身故保险金。

若被保险人在被宣告死亡后重新出现或被确知其下落，保险金领取人应于知道被保险人重新出现或确知其下落后30日内将领取的身故保险金退还本公司。

3.9　如实告知

订立本合同时，本公司应当向投保人说明本合同的条款内容，并可以就投保人、被保险人的有关情况提出书面询问，投保人、被保险人应当据实告知。

投保人、被保险人故意不履行如实告知义务的，本公司有权解除本合同；对于本合同解除前发生的保险事故，本公司不承担给付保险金的责任，但可以向投保人退还被保险人身故之日的保单账户价值。

投保人、被保险人因过失未履行如实告知义务足以影响本公司决定是否同意承保的，本公司有权解除合同；未告知事项对保险事故的发生有严重影响的，对于本合同解除前发生的保险事故，本公司不承担给付保险金的责任，但可以向投保人退还本公司终止之日的保单账户价值。

3.10　保险合同效力中止

在本合同效力中止时，保单账户价值将分成两个阶段进行计算，第一阶段为本合同的效力中止日的前一个结算日到本合同的效力中止日，保单账户价值按本合同规定的保单账户最低保证利率进行累积，第二个阶段为本合同效力中止期间，保单账户价值按照本合同效力中止日中国人民银行公布的同期人民币活期存款利率进行累积，本公司不收取效力中止期间本合同的保险单管理费，且本公司在本合同效力中止期间不承担本合同1.1条约定的保险责任。

3.11　保险合同复效

自本合同效力中止之日起两年内，投保人可以向本公司提出本合同复效书面申请，经本公司审核通过并且投保人缴付所有应缴的保险费，本合同效力恢复，若本公司不同意投保人本合同复效的申请，则本合同效力不能恢复。

投保人所补缴的保险费，先按照本合同2.6条的约定，扣除相应的初始费用后计入保单账户后，本公司还将从保单账户中扣除效力中止前所欠缴的死亡风险保险费。

3.12　合同解除

一、本合同生效后，投保人不愿继续保险且未发生被保险人身故，投保人可以书面申请要求解除本合同，并提供下列证明和资料：

1. 填写完整准确的本公司提供的解除保险合同申请书；

2. 保险单正本；

3. 投保人身份证明正本（本公司查验身份证明正本并留有该身份证明的复印件）。

二、投保人于签收本合同之日起十日（即犹豫期）内要求解除合同的，本公司扣除保险单制作费10元后退还保险费。

三、投保人要求解除本合同的，自本公司接到投保人解除本合同的书面申请之日起，本合同终止，除本条第二项规定的情形外，本公司将于接到解除本合同书面申请之日起30日内，向投保人退还本合同终止之日本合同的现金价值［如果投保人未缴足两年的基本保险费，本公司会在扣除“手续费”（见3.20释义）后退还保险费，“扣除手续费后退还保险费”的具体金额等于本合同终止之日的现金价值］。

3.13　保险合同终止

发生下列情况之一时，本合同终止：

1. 投保人向本公司要求解除本合同，本公司向投保人退还本合同终止之日本合同的现金价值。

2. 被保险人于本合同有效期内身故，本公司按本合同1.1条约定向身故保险金受益人给付身故保险金。

3. 保单合同效力中止满两年，本公司按本合同2.14条的约定终止本合同，但向投保人退还本合同终止之日本合同的现金价值。

4. 本公司按本合同3.9条的约定解除本合同，本公司向投保人退还本合同终止之日本合同项下的保单账户价值。

5. 投保人按本合同2.13条的约定，已经将本合同项下的保单账户价值全部转换为年金，则本合同在年金转换之日终止。

本合同终止后，本合同项下的保单账户价值不再进行累积。

3.14　年龄计算和错误处理

被保险人的年龄以“周岁”（见3.20释义）计算。

若被保险人的年龄不真实，并且其真实年龄不在本公司承保范围之内的，本公司可以解除合同，并向投保人退还被保险人真实年龄申报送达本公司之日本合同的保单账户价值，但是若本合同自生效之日起逾二年，本公司不得以被保险人申报的年龄不真实为由解除合同。

若被保险人的申报年龄不真实，致使投保人的实缴死亡风险保险费少于应缴死亡风险保险费，且本公司发现被保险人申报的年龄不真实时保险事故已经发生的，将按最近一次实缴风险死亡风险费和当期应缴风险死亡风险保险费的比例计算并调整保险金额，本公司将按调整后的保险金额和被保险人身故之日的本合同的保单账户价值之和给付身故保险金。

若被保险人的申报年龄不真实，致使投保人实缴死亡风险费多于应缴死亡风险保险费，且被保险人未发生保险事故的，多收的死亡风险保险费将无息退入保单账户；若被保险人发生保险事故，本公司将多收的死亡风险保险费无息退还投保人。

3.15　受益人指定和变更

被保险人、投保人可指定一人或数人为身故保险金受益人。身故保险金受益人为数人时，被保险人、投保人可以指定各身故保险金受益人的受益顺序和受益份额，若未确定受益份额的，各身故保险金受益人将享有相等的受益份额。

投保人指定、变更身故保险金受益人或者当身故保险金受益人为数人时，投保人指定或变更各身故保险金受益人的受益顺序或受益份额，必须经过被保险人书面同意。

被保险人或投保人（经被保险人书面同意）可于保险事故发生前依法变更身故保险金受益人或身故保险金受益人的受益顺序或受益份额，但应当书面通知本公司。本公司收到变更身故保险金受益人、受益顺序或受益份额的书面通知后，应当在保险单上注明，变更自本公司在保险单上注明之日起产生对抗本公司的效力，未向本公司发出书面变更通知，或者书面变更通知未到达本公司，或者书面变更通知不符合法律、法规的规定，致使本公司无法在保险单上注明，其变更不产生对抗本公司的效力。

被保险人身故后，遇有下列情形之一的，保险金作为被保险人的遗产，由本公司向被保险人的合法继承人履行给付保险金的义务：

1. 没有指定受益人的；
2. 受益人先于被保险人身故，没有其他受益人的；
3. 受益人依法丧失受益权或者放弃受益权，没有其他受益人的。

无法确定被保险人与身故保险金受益人身故先后顺序的，推定身故保险金受益人先于被保险人身故。

3.16　合同内容变更

在本合同有效期内，经投保人和本公司协商，可以变更本合同的有关内容。变更本合同的，应当由本公司在保险单上批注或者附贴批单，或者由投保人和本公司订立变更的书面协议，未完成前述手续的变更申请不产生对抗本公司的效力，变更自履行完毕前述手续之日起产生对抗本公司的效力。

变更本合同内容凡依法需被保险人同意的，书面变更通知必须于被保险人生存时送达本公司，并由本公司履行前款约定的手续，否则不产生对抗本公司的效力。

3.17 地址变更

投保人通讯地址有变更时，应及时通知本公司，投保人未通知本公司的，本公司按本合同所注明的最后通讯地址发送的通知，均视为已送达投保人。

3.18 争议处理

合同争议解决方式由投保人从下列两种方式中选择一种并在合同中约定，投保人未选择的，默认为投保人和本公司均同意以第二种方式解决争议。

一、与履行本合同有关的争议，由当事人协商解决，协商不成的，提交______仲裁委员会仲裁；

二、与履行本合同有关的争议，由当事人协商解决，协商不成的，依法向人民法院起诉。

3.19 货币单位

除另有约定外，本合同项下的货币单位均为人民币元。

3.20 释义

一、本公司：指在保险单上签章的××人寿保险股份有限公司，本公司住所地为在保险单上签章的××人寿保险股份有限公司的住所地。

二、酒后驾驶：指经检测或鉴定，发生保险事故时车辆驾驶人员每百毫升血液中的酒精含量大于或等于20毫克。

三、无有效驾驶证驾驶：指发生保险事故时符合下列情形之一的：（1）没有驾驶证驾驶；（2）驾驶与驾驶证准驾车型不相符合的车辆；（3）驾驶员持审验不合格的驾驶证驾驶；（4）未经公安交通管理部门同意，持未审验的驾驶证驾驶；（5）持学习驾驶证学习驾车时，无教练员随车指导，或不按指定时间，路线学习驾车；（6）持学习驾驶证及实习期在高速公路上驾车；（7）公安交通管理部门规定的其他无有效驾驶证驾驶的情况。

四、无有效行驶证：指发生保险事故时没有有关机关颁发的准予机动交通工具在我国境内道路上行驶的法定证件。行驶证在申办过程中也视作无有效行驶证。

五、机动交通工具：指航空器、机动船舶及其他水上移动装置、机动车辆（含汽车、电车、电瓶车、摩托车、各种专用机械车（机）、特种车）。

六、艾滋病及艾滋病病毒：艾滋病指获得性免疫缺乏症，艾滋病病毒指获得性免疫缺乏症病毒。上述病症的定义，应按世界卫生组织制订的定义为准，若在被保险人的血液样本中发现上述病毒或其抗体，则认定被保险人已感染该病毒。

七、结算日：指计算本合同项下保单账户价值利息的日期，保单账户价值利息每月计算一次。

八、保险单年度：从本合同生效日或生效对应日零时起至下一年度本合同生效对应日前一日24时止为一个保险单年度。例如，合同生效日为2005年9月1日，2005年9月1

日零时至2006年8月31日24时为第一保险单年度，2006年9月1日零时至2007年8月31日24时为第二保险单年度，依此类推。

九、最低保证价值：根据保单账户最低保证利率在每个保险单年度期满日后的首个结算日零时计算的保单账户价值。

十、每月的保险单生效对应日：本附加合同生效日每月的对应日为该月的保单生效对应日，若生效日为30日，其月保单生效对应日为每个自然月的最后一天；若生效日为29日，30日的，其2月份的月保单生效对应日为2月份的最后一天。

十一、现金价值：指保单账户价值扣除相应的退保费用后的余额。

十二、医疗机构：指国家卫生部医院等级分类中的二级合格或二级合格以上的医院，但不包括主要作为康复、护理、疗养、戒酒、戒毒或相类似的医疗机构。

十三、手续费：指本合同平均承担的本公司营业费用、佣金以及本公司依据本合同所承担的保险责任所收取的费用3项之和。

十四、周岁：以法定身份证明文件中记载的出生日期为计算基础，按出生后所经过的整年计算，不满一整年的部分不计，例如，出生日期为2000年9月1日至2001年8月31日期间为0周岁，2001年9月1日至2002年8月31日期间为1周岁，依此类推。

××（2007）终身寿险（万能型）费率表

死亡风险保险费表

（以1000元保险金额为计算单位）

年龄（周岁）	男性	女性	年龄（周岁）	男性	女性
0	0.722	0.661	53	4.434	2.546
1	0.603	0.536	54	4.778	2.836
2	0.499	0.424	55	5.203	3.178
3	0.416	0.333	56	5.744	3.577
4	0.358	0.267	57	6.427	4.036
5	0.323	0.224	58	7.260	4.556
6	0.309	0.201	59	8.229	5.133
7	0.308	0.189	60	9.313	5.768
8	0.311	0.181	61	10.490	6.465
9	0.312	0.175	62	11.747	7.235
10	0.312	0.169	63	13.091	8.094
11	0.312	0.165	64	14.542	9.059
12	0.313	0.165	65	16.134	10.148
13	0.320	0.169	66	17.905	11.376
14	0.336	0.179	67	19.886	12.760
15	0.364	0.192	68	22.103	14.316
16	0.404	0.208	69	24.571	16.066
17	0.455	0.226	70	27.309	18.033
18	0.513	0.245	71	30.340	20.241
19	0.572	0.264	72	33.684	22.715
20	0.621	0.283	73	37.371	25.479
21	0.661	0.300	74	41.430	28.561
22	0.692	0.315	75	45.902	31.989
23	0.716	0.328	76	50.829	35.796
24	0.738	0.338	77	56.262	40.026

续表

年龄（周岁）	男性	女性	年龄（周岁）	男性	女性
25	0.759	0.347	78	62.257	44.726
26	0.779	0.355	79	68.870	49.954
27	0.795	0.362	80	76.187	55.774
28	0.815	0.372	81	84.224	62.253
29	0.842	0.386	82	93.071	69.494
30	0.881	0.406	83	102.800	77.511
31	0.932	0.432	84	113.489	86.415
32	0.994	0.465	85	125.221	96.294
33	1.055	0.496	86	138.080	107.243
34	1.121	0.528	87	152.157	119.364
35	1.194	0.563	88	167.543	132.763
36	1.275	0.601	89	184.333	147.553
37	1.367	0.646	90	202.621	163.850
38	1.472	0.699	91	222.500	181.775
39	1.589	0.761	92	244.059	201.447
40	1.715	0.828	93	267.383	222.987
41	1.845	0.897	94	292.544	246.507
42	1.978	0.966	95	319.604	272.115
43	2.113	1.033	96	348.606	299.903
44	2.255	1.103	97	379.572	329.942
45	2.413	1.181	98	412.495	362.281
46	2.595	1.274	99	447.334	396.933
47	2.805	1.389	100	484.010	433.869
48	3.042	1.527	101	522.397	473.008
49	3.299	1.690	102	562.317	514.211
50	3.570	1.873	103	603.539	557.269
51	3.847	2.074	104	645.770	601.896
52	4.132	2.295	105	1000.000	1000.000

注：月死亡率风险保险费 = 年死亡风险保险费 ÷ 12

××人寿保险股份限公司
××附加提前给付型重大疾病保险条款阅读指引

本阅读指引旨在帮助您（投保人，以下含义同）理解《××附加提前给付型重大疾病保险》条款，本附加合同内容以条款具体的约定为准。

您拥有的重要权益

您应当特别注意的事项

条款是保险合同的重要内容，为充分保障您的权益，请您仔细阅读本条款

条款目录

××附加提前给付型重大疾病保险条款

（已报中国保监会备案）

一、保险合同的构成

1.1　保险合同的构成

保险合同（以下简称“本附加合同”）依主保险合同（以下简称“主合同”）的投保人的申请，经“**本公司**”（见 7.2 释义）同意，附加于主合同。主合同的条款也适用于本附加合同，若主合同与本附加合同条款互有冲突，则以本附加合同的条款为准。

二、保险责任及保险责任免除

2.1　等待期

被保险人于本附加合同生效之日起 90 日内（本附加合同若曾复效，则自最后复效之日起 90 日内）经“**医院**”（见 7.2 释义）初次确诊因非“**意外伤害**”导致罹患本附加合同所定义的重大疾病（无论一种或多种），本公司不承担保险责任，本附加合同终止。本公司将被保险人的重大疾病初次确诊之日本附加合同的“**未满期保费**”（见 7.2 释义）退还至主合同的保单账户，主合同保单账户价值按退还的金额等额增加。

这 90 日称为保险责任等待期，被保险人经医院初次确诊因意外伤害导致罹患本附加合同所定义的重大疾病（无论一种或多种），保险责任无等待期。

2.2　保险责任

在本附加合同有效期内，被保险人在等待期后经医院初次确诊罹患本附加合同所定义的重大疾病（无论一种或多种），本公司按收到重大疾病保险金申请书之日本附加合同的保险金额向被保险人给付重大疾病保险金，本附加合同终止。

本公司在给付本附加合同的重大疾病保险金后，主合同项下的保险金额按给付的重大疾病保险金等额减少。如果主合同的保险金额减少至 0，本公司向投保人支付主合同的保单账户价值，主合同终止。

本附加合同定义的重大疾病载明于本附加合同第 7.1 条。

2.3　保险责任免除

因下列情形之一，导致被保险人发生疾病、达到疾病状态或进行手术的，本公司不承担保险责任：

一、投保人、受益人对被保险人的故意杀害、故意伤害；

二、被保险人故意自伤、故意犯罪或拒捕；

三、被保险人服用、吸食或注射毒品；

四、被保险人“**酒后驾驶**”、“**无合法有效驾驶证驾驶**”，或驾驶“**无有效行驶证**”（见7.2释义）的机动车；

五、被保险人“**感染艾滋病毒或患艾滋病**”（见7.2释义）；

六、战争、军事冲突、暴乱或武装叛乱；

七、核爆炸、核辐射或核污染；

八、“**遗传性疾病**”，“**先天性畸形、变形或染色体异常**”（见7.2释义）。

在本附加合同有效期内，因上述任一情形导致被保险人发生本附加合同2.2条约定的保险事故，本附加合同终止。本公司将被保险人的重大疾病初次确诊之日本附加合同的未满期保费退还至主合同的保单账户，主合同的保单账户价值按退还的金额等额增加。

三、保险金的领取

3.1　保险事故的通知

在本附加合同有效期内发生保险责任范围内的保险事故，投保人或被保险人知道保险事故发生后，应当及时通知本公司，否则投保人和被保险人负担由于通知迟缓致使本公司增加的查勘，调查费用，但因不可抗力延误的除外。

3.2　保险金的申领

一、申领重大疾病保险金时，被保险人作为申请人必须提供下列证明和资料：

1. 填写的完整准确的本公司提供的领取保险金申请书；

2. 本附加合同正本；

3. 被保险人户籍证明或身份证明正本（本公司查验户籍证明或身份证明正本并留存该户籍证明或身份证明的复印件）；

4. 医院出具的：（1）“**专科医生**”（见7.2释义）提供的疾病诊断证明书；（2）与该疾病诊断证明书相关的病理显微镜检查，血液检验及其他科学方法检验报告。

二、如委托他人领取保险金，受托人除提供上述所有证明和资料外，必须另行出具有委托人亲笔签字的授权书和受托人身份证明。

三、如被保险人已按本附加合同3.2条有关约定向本公司书面申领重大疾病保险金，但在实际领取重大疾病保险金前身故，重大疾病保险金将作为被保险人的遗产，由本公司依本附加合同2.2条的约定向被保险人的合法继承人给付。

如被保险人已按本附加合同3.2条有关约定向本公司书面申领重大疾病保险金，但在实际领取重大疾病保险金前身故，且身故保险金受益人或被保险人的合法继承人在本公司支付重大疾病保险金之前提出身故保险金申领，则此时的身故保险金为本公司收到身故保险金申请之日的身故保险金扣除被保险人已申领的重大疾病保险金后的余额。

如被保险人在依本附加合同3.2条有关约定向本公司提出申领重大疾病保险金书面申请之前身故，本公司仅依主合同承担向被保险人的身故保险金受益人给付身故保险金的责任，而不再承担本附加合同2.2条约定的保险责任。

3.3 索赔时效

请求本公司给付保险金的权利，自权利人知道保险事故发生之日起两年内不行使而消灭。

四、保险金额和重大疾病风险保险费

4.1 保险金额

本附加合同的保险金额由投保人和本公司约定，并于保险单上载明。若该金额发生变更，则以最后一次变更且于保险单上载明的金额为保险金额。

本附加合同的保险金额不得超过主合同的保险金额。

4.2 保险金额的变更

在本附加合同有效期内，经本公司同意，投保人可变更本附加合同的保险金额，若本附加合同的保险金额发生变更，则增加（或减少）的保险金额所对应保险责任自本公司审核同意并作出书面批注后的下一个**“每月的保险单生效对应日”**（见7.2释义）的零时起生效（或终止）。

一、保险金额的增加

本附加合同生效之日起一年后，投保人可随时向本公司申请增加本附加合同的保险金额，但每个**“保险单年度”**（见7.2释义）最多申请一次，且申请增加后的本附加合同的保险金额不得超过主合同的保险金额。投保人申请增加本附加合同的保险金额时必须同时满足以下条件：

1. 投保人按照主合同的规定已缴纳了各期应缴基本保险费；

2. 在被保险人满55**“周岁”**（见7.2释义）后的第一个本附加合同生效对应日之前申请。

投保人申请增加本附加合同的保险金额时，必须按本公司规定提供被保险人健康声明或医院出具的体检报告书及其他相关证明文件。

二、保险金额的减少

本附加合同生效之日起一年后，投保人可随时向本公司申请减少本附加合同的保险金额，但每个保险单年度最多申请一次。减少后的保险金额不得低于本公司规定的本附加合同的最低保险金额。

三、若投保人申请减少主合同的保险金额，且减少后的主合同的保险金额小于本附加合同的保险金额，则本附加合同的保险金额随主合同保险金额的变更而减少至主合同变更后的保险金额。

4.3　重大疾病风险保险费的收取

4.3.1 重大疾病风险保险费的收取

重大疾病风险保险费是为本公司承担被保险人的重大疾病保险金给付责任而收取的费用，本附加合同的重大疾病风险保险费随主合同的死亡风险保险费一同收取。本附加合同在每个保险单年度的重大疾病风险保险费将根据保险单上所载的《重大疾病风险保险费表》依据被保险人的性别、保险单年度初年龄、本附加合同的保险金额和其他核保因素确定，并在每月的保单生效对应日从主合同的保单账户中扣除，主合同的保单账户价值按收取的重大疾病风险保险费等额减少。

若本附加合同的保险金额发生变更，本附加合同的重大疾病风险保险费按变更后的本附加合同的保险金额重新确定。

4.3.2 风险保险费交付宽限期

在本附加合同有效期内，主合同及本附加合同的宽限期按以下约定确定。

在主合同有效期内，若主合同保单账户价值不足以支付主合同的保险单管理费和死亡风险保险费及本附加合同的重大疾病风险保险费，则自该月的保险单生效对应日的次日零时起60天为主合同及本附加合同风险保险费交费宽限期。宽限期内发生保险事故，本公司仍承担保险责任，但在给付保险金时本公司将从其中全额扣除欠缴的主合同的保险单管理费和死亡风险保险费及本附加合同的重大疾病风险保险费。

在宽限期间结束时，若主合同保单账户价值不足以支付主合同的保险单管理费和死亡风险保险费及本附加合同的重大疾病风险保险费，则自宽限期结束次日零时起主合同及本附加合同效力同时中止。在主合同及本附加合同效力中止期间本公司不承担主合同1.1条及本附加合同2.2条约定的保险责任。

4.4　风险保险费的调整

本公司保留提高或降低重大疾病风险保险费的权利。

本公司将根据制订本附加合同重大疾病风险保险费的重大疾病发生率与实际重大疾病发生率的偏差程度，决定是否调整重大疾病风险保险费，并向中国保险监督管理机构备案。本附加合同重大疾病风险保险费的调整针对所有被保险人或者同一投保年龄的所有被保险人。

本公司在进行重大疾病风险保险费调整后的下一个月的保险单生效对应日起，每月收取的重大疾病风险保险费将按调整后的重大疾病风险保险费计算，调整前已收取的重大疾病风险保险费不受影响。

五、保险期间、复效、保险合同解除

5.1　保险期间

本附加合同自投保人缴付保险费且本公司签发保险单的次日零时开始生效，本公司对本附加合同所承担的保险责任自本附加合同生效之时开始。本附加合同生效日每年的对应日为本附加合同生效对应日。本附加合同生效日为闰年2月29日的，其生效对应日为每年2月28日。

本附加合同的保险期间与主合同的保险期间相同并于保险单上载明，本附加合同的保险期间自本附加合同生效之时开始。

5.2　合同效力恢复

自本附加合同效力中止之日起两年内，投保人可以提出复效书面申请，经本公司审核同意并且投保人缴付宽限期内应缴的重大疾病风险保险费后，本附加合同效力恢复，本公司经审核不同意恢复本附加合同效力的，则本附加合同效力不恢复。本附加合同自其效力中止之日起超过两年未恢复效力的，本公司有权解除本附加合同。

在主合同效力中止时，本附加合同效力同时中止。主合同效力中止期间，本附加合同不得单独申请复效。

5.3　附加合同的解除

投保人不愿继续保险且未发生保险事故，投保人可书面通知本公司要求解除本附加合同：

1. 投保人要求解除本附加合同的，应提供下列证明和资料：

（1）填写的完整准确的本公司提供的变更本附加合同申请书。

（2）本附加合同正本。

（3）投保人身份证明正本（本公司查验身份证明正本并留存该身份证明的复印件）。

2. 投保人于签收本附加合同之日起10日（即犹豫期）内要求解除本附加合同的，本公司将已收取的本附加合同的重大疾病风险保险费无息退还至主合同的保单账户，本合同的保单账户价值按退还的金额等额增加。

3. 投保人要求解除本附加合同的，自本公司接到投保人解除本附加合同书面通知之日起，本附加合同终止。本公司将本附加合同终止之日本附加合同的未满期保费退还至主合同的保单账户，主合同的保单账户价值按退还的金额等额增加。

5.4　附加合同效力终止

发生下列情况之一时本附加合同效力终止：

1. 主合同终止、失效；

2. 本公司按本附加合同2.2条约定向被保险人给付重大疾病保险金的；

3. 本公司按本附加合同5.2条约定解除本附加合同的；

4. 投保人按本附加合同 5.3 条约定要求解除本附加合同的。

六、合同的一般条款

6.1　如实告知

订立本附加合同时，本公司应当向投保人说明本附加合同的条款内容，并可以就投保人和被保险人的有关情况人向投保人和被保险人提出书面询问，投保人和被保险人应当据实书面告知。

投保人或被保险人故意不履行如实告知义务的，本公司有权解除本附加合同；对于本附加合同解除前发生的保险事故，本公司不承担给付保险金的责任，并不退还重大疾病风险保险费。

投保人或被保险人因过失未履行如实告知义务，足以影响本公司决定是否同意承保或者提高费率的，本公司有权解除本附加合同；未告知事项对保险事故的发生有严重影响的，对于本附加合同解除前发生的保险事故，本公司不承担给付保险金的责任，但可以将本附加合同终止之日本附加合同的未满期保费退还至主合同的保单账户，主合同保单账户价值按退还的金额等额增加。

6.2　年龄计算和错误处理

被保险人的年龄以周岁计算。

若保险人的年龄不真实，并且真实年龄不在本公司承保范围之内的，本公司可以解除本附加合同，但是若本附加合同自生效之日起逾两年，本公司不得以被保险人申报的年龄不真实为由解除本附加合同。

若被保险人的申报年龄不真实，致使本公司已收取本附加合同的重大疾病风险保险费少于应收取的本附加合同的重大疾病风险保险费，且本公司发现被保险人申报的年龄不真实时已发生了本附加合同 2.2 条约定的保险事故的，将按最近一次已收取的本附加合同的重大疾病风险保险费占当期应收取的本附加合同的重大疾病风险保险费的比例计算并调整保险金额，本公司将按调整后的保险金额给付重大疾病保险金。

若被保险人的申报年龄不真实，致使本公司已收取的本附加合同的重大疾病风险保险费多于应收取的本附加合同的重大疾病风险保险费，本公司将多收的本附加合同的重大疾病风险保险费无息退还至主合同的保单账户，主合同的保单账户价值按退还的金额等额增加。

6.3　适用主合同条款

主合同中订立的下列各项条款适用于本附加合同：

1. 合同内容变更；
2. 地址变更；
3. 争议处理；

4. 货币单位。

七、重大疾病定义及释义

7.1　重大疾病名称及定义

本附加合同所定义的重大疾病共有27种，其中第1至第24种重大疾病为中国保险行业协会颁布的《重大疾病保险的疾病定义使用规范》（以下简称“规范”）规定的疾病，且疾病名称和疾病定义与“规范”一致，第25至第27种重大疾病为“规范”规定范围之外的疾病。

（一）恶性肿瘤

指恶性细胞不受控制的进行性增长和扩散，浸润和破坏周围正常组织，可以经血管、淋巴管和体腔扩散转移到身体其他部位的疾病，经病理学检查结果明确诊断，临床诊断属于世界卫生组织《疾病和有关健康问题的国际统计分类》（ICD－10）的恶性肿瘤范畴。

下列疾病不在保障范围内：

（1）原位癌；

（2）相当于Binet分期方案A期程度的慢性淋巴细胞白血病；

（3）相当于Ann Arkor分期方案Ⅰ期程度的何杰金氏病；

（4）皮肤病（不包括恶性黑色素瘤及已发生转移的皮肤癌）；

（5）TNM分期为$T_1N_0M_0$期或更轻分期的前列腺癌；

（6）感染艾滋病病毒或患艾滋病期间所患恶性肿瘤。

（二）急性心肌梗塞

指因冠状动脉阻塞导致的相应区域供血不足造成部分心肌坏死，须满足下列至少三项条件：

（1）典型临床表现，例如，急性胸痛等；

（2）新近的心电图改变提示急性心肌梗塞；

（3）心肌酶或肌钙蛋白有诊断意义的升高，或呈符合急性心肌梗塞的动态性变化；

（4）发病90天后，经检查证实左心室功能降低，如左心室射血分数低于50%。

（三）脑中风后遗症

指因脑血管的突发病变引起脑血管出血、栓塞或梗塞，并导致神经系统永久性的功能障碍。神经系统永久性的功能障碍，指疾病确诊180天后，仍遗留下列一种或一种以上障碍：

（1）一肢或二肢以上“**肢体机能完全丧失**”（见7.2释义）；

（2）**“语言能力或咀嚼吞咽能力完全丧失”**（见7.2释义）；

（3）自主生活能力完全丧失，无法独立完成“**六项基本日常生活活动**”（见7.2释义）中的三项或三项以上。

（四）重大器官移植术或造血干细胞移植术

重大器官移植术，指因相应器官功能衰竭，已经实施了肾脏、肝脏、心脏的异体移植手术。

造血干细胞移植术，指因造血功能损害或造血系统恶性肿瘤，已经实施了造血干细胞（包括骨髓造血干细胞、外周血造血干细胞和脐血造血干细胞）的异体移植手术。

（五）冠状动脉搭桥术（或称冠状旁路移植术）

指为治疗严重的冠心病，实际实施了开胸进行的冠状动脉血管旁路移植的手术。

冠状动脉支架植入术、心导管球囊扩张术、激光射频技术及其他非开胸的介入手术、腔镜手术不在保障范围内。

（六）终末期肾病（或称慢性肾功能衰竭尿毒症期）

指双肾功能慢性不可逆性衰竭，达到尿毒症期，经诊断后已经进行了至少90天的规律性透析治疗或实施了肾脏移植手术。

（七）多个肢体缺失

指因疾病或意外伤害导致两个或两个以上肢体自腕关节或踝关节近端（靠近躯干端）以上完全性断离。

（八）急性或亚急性重症肝炎

指因肝炎病毒感染引起肝脏组织弥漫性坏死，导致急性肝功能衰竭，且经血清学或病毒学检查证实，并须满足下列全部条件：

（1）重度黄疸或黄疸迅速加重；

（2）肝性脑病；

（3）B超或其他影像学检查显示肝脏体积急速萎缩；

（4）肝功能指标进行性恶化。

（九）良性脑肿瘤

指脑的良性肿瘤，已经引起颅内压增高，临床表现为视神经乳头水肿、精神症状、癫痫及运动感觉障碍等，并危及生命。须由头颅断层扫描（CT）、核磁共振检查（MRI）或正电子发射断层扫描（PET）等影像学检查证实，并须满足下列至少一项条件：

（1）实际实施了开颅进行的脑肿瘤完全切除或部分切除的手术；

（2）实际实施了对脑肿瘤进行的放射治疗。

脑垂体瘤、脑囊肿、脑血管性疾病不在保障范围内。

（十）慢性肝功能衰竭失代偿期

指因慢性肝脏疾病导致肝功能衰竭。须满足下列全部条件：

（1）持续性黄疸；

（2）腹水；

（3）肝性脑病；

（4）充血性脾肿大伴脾功能亢进或食管胃底静脉曲张。

因酗酒或药物滥用导致的肝功能衰竭不在保障范围内。

（十一）脑炎后遗症或脑膜炎后遗症

指因患脑炎或脑膜炎导致的神经系统永久性的功能障碍。神经系统永久性的功能障碍，指疾病确诊180天后，仍遗留下列一种或一种以上障碍：

（1）一肢或以上肢体机能完全丧失；

（2）语言能力或咀嚼吞咽能力完全丧失；

（3）自主生活能力完全丧失，无法独立完成六项基本日常生活活动中的三项或三项以上。

（十二）深度昏迷

指因疾病或意外伤害导致意识丧失，对外界刺激和体内需求均无反应，昏迷程度按照格拉斯哥昏迷分级（Glasgow coma scale）结果为5分或5分以下，且已经持续使用呼吸机及其他生命维持系统96小时以上。

因酗酒或药物滥用导致的深度昏迷不在保障范围内。

（十三）双耳失聪

指因疾病或意外伤害导致双耳听力**“永久不可逆”**（见7.2释义）性丧失，在500赫兹，1000赫兹和2000赫兹语音频率下，平均听阈大于90分贝，且经纯音听力测试、声导抗检测或听觉诱发电位检测等证实。

（十四）双目失明

指因疾病或意外伤害导致双眼视力永久不可逆性丧失，双眼中较好眼须满足下列至少一项条件：

（1）眼球缺失或摘除；

（2）矫正视力低于0.02（采用国际标准视力表，如果使用其他视力表应进行换算）；

（3）视野半径小于5度。

（十五）瘫痪

指因疾病或意外伤害导致两肢以上肢体机能永久性完全丧失。肢体机能永久完全丧失，指疾病确诊180天后或意外伤害发生180天后，每肢三大关节中的两大关节仍然完全僵硬，或不能随意识活动。

（十六）心脏瓣膜手术

指为治疗心脏瓣膜疾病，实际实施了开胸进行的心脏瓣膜置换或修复的手术。

（十七）严重阿尔茨海默病

指因大脑进行性、不可逆性改变导致智能严重衰退或丧失，临床表现为明显的认知能力障碍、行为异常和社交能力减退，其日常生活必须持续受到他人监护。须由头颅断层扫描（CT）、核磁共振检查（MRI）或正电子发射断层扫描（PET）等影像学检查证实，且自主生活能力完全丧失，无法独立完成六项基本日常生活活动中的三项或三项以上。

神经官能症和精神疾病不在保障范围内。

本公司只对被保险人在65周岁前被确诊患有本病承担保险责任。

（十八）严重脑损伤

指因头部遭受机械性外力，引起脑重要部位损伤，导致神经系统永久性的功能障碍。须由头颅断层扫描（CT），核磁共振检查（MRI）或正电子发射断层扫描（PET）等影像学检查证实，神经系统永久性的功能障碍，指脑损伤180天后，仍遗留下列一种或一种以上障碍：

（1）一肢或一肢以上肢体机能完全丧失；

（2）语言能力或咀嚼吞咽能力完全丧失；

（3）自主生活能力完全丧失，无法独立完成六项基本日常生活活动中的三项或三项以上。

（十九）严重帕金森病

是一种中枢神经系统的退行性疾病，临床表现为震颤麻痹、共济失调等，须满足下列全部条件：

（1）药物治疗无法控制病情；

（2）自主生活能力完全丧失，无法独立完成六项基本日常生活活动中的三项或三项以上。

继发性帕金森综合症不在保障范围内。

本公司只对被保险人在65周岁前被确诊患有本病承担保险责任。

（二十）严重Ⅲ度烧伤

指烧伤程度为Ⅲ度，且Ⅲ度烧伤的面积达到全身体表面积的20%或20%以上，体表面积根据《中国新九分法》计算。

（二十一）严重原发性肺动脉高压

指不明原因的肺动脉压力持续性增高，进行性发展而导致的慢性疾病，已经造成永久不可逆性的体力活动能力受限，达到美国纽约心脏病学会心功能状态分级Ⅳ级，且静息状态下肺动脉平均压超过30mmHg。

（二十二）语言能力丧失

指因疾病或意外伤害导致完全丧失语言能力，经过积极治疗至少12个月（声带完全切除不受此时间限制），仍无法通过现有医疗手段恢复。

精神心理因素所致的语言能力丧失不在保障范围内。

（二十三）重型再生障碍性贫血

指因骨髓造血功能慢性持续性衰竭导致的贫血、中性粒细胞减少及血小板减少。须满足下列全部条件：

（1）骨髓穿刺检查或骨髓活检结果支持诊断；

（2）外周血象须具备以下三项条件：

①中性粒细胞绝对值$\leq 0.5\times10^9/L$；

②网织红细胞$<1\%$；

③血小板绝对值$\leq 20\times10^9/L$。

（二十四）主动脉手术

指为治疗主动脉疾病，实际实施了开胸或开腹进行的切除、置换、修补病损主动脉血管的手术。主动脉指胸主动脉和腹主动脉，不包括胸主动脉和腹主动脉的分支血管。

动脉内血管成形术不在保障范围内。

（二十五）多发性硬化

被保险人因脑及脊髓内的脱髓鞘病变而出现神经系统多灶性（多发性）多时相（至少6个月以内有一次以上的发作）的病变，其临床表现为神经系统受损害的症状与体症至少一次以上的发作并累及到视神经，脑干、脊髓，出现有共济失调或感觉障碍。

理赔时必须提供神经系统损害的证据如CT扫描、MRI核磁共振。

（二十六）终末期肺病

被保险人患有终末期肺病而出现慢性呼吸功能衰竭，须满足下列全部条件：

（1）肺功能测试其 FEV_1 持续低于0.75升；

（2）病人缺氧必须广泛而持续地进行输液治疗；

（3）动脉血气分析氧分压低于55mmHg。

理赔时必须提供以上三项相应的证明文件或检查报告。

（二十七）颅脑手术

被保险人确已实施全麻下的开颅手术（不包括颅骨钻孔手术）。

因外伤而实施的脑外科手术不在保障范围内。

理赔时必须提供由神经外科医生出具的诊断书及手术报告。

7.2 释义

1. 本公司。指在保险单上签章的××人寿保险股份有限公司的分公司，本公司住所地为在保险单上签章的××人寿保险股份有限公司分公司的住所地。
2. 医院。本附加合同所指的医院是指国家卫生部医院等级分类中的二级合格或二级合格以上的医院，不包括主要作为康复、护理、疗养、戒酒，戒毒或相类似的医疗机构。
3. 意外伤害。指外来的、突然的、非本意的、非疾病的使被保险人身体受到伤害的客观事件，并以此客观事件为直接且单独原因导致被保险人发生疾病，达到疾病状态或进行手术。
4. 未满期保费。未满期保费的计算公式为：当月重大疾病风险保险费×n/m，其中n为当月未经过天数，m为当月的实际天数。
5. 酒后驾驶。指经检测或鉴定，发生保险事故时车辆驾驶人员每百毫升血液中的酒精含量大于或等于20毫克。
6. 无合法有效驾驶证驾驶。指发生保险事故时符合下列情形之一的：（1）没有驾驶证驾驶；（2）驾驶与驾驶证准驾车型不相符合的车辆；（3）驾驶员持审验不合格的驾驶证驾驶；（4）未经公安交通部门同意，持未审验的驾驶证驾驶；（5）持学习驾驶证学习驾车时，无教练员随车指导，或不按指定时间、路线学习驾车；（6）持学习驾驶证在高速公路上驾车或实习期在高速公路上驾车；（7）公安交通管理部门规定的其他无有效驾驶证驾驶的情况。

7. 无有效行驶证。指发生保险事故时没有有关机关颁发的准予机动交通工具在我国境内道路上行驶的法定证件。行驶证在申办过程中也视作无有效行驶证。

8. 感染艾滋病病毒或患艾滋病。艾滋病病毒指人类免疫缺陷病毒，英文缩写为 HIV，艾滋病指人类免疫缺陷病毒引起的获得性免疫缺陷综合症，英文缩写为 AIDS，在人体血液或其他样本中检测到艾滋病病毒或其抗体呈阳性，没有出现临床症状或体征的，为感染艾滋病病毒；如果同时出现了明显临床症状或体征的，为患艾滋病。

9. 遗传性疾病。指生殖细胞或受精卵的遗传物质（染色体和基因）发生突变或畸形引起的疾病，通常具有由亲代传至后代的垂直传递的特征。

10. 先天性畸形，变形或染色体异常。指被保险人出生时就具有的畸形、变形或染色体异常。先天性畸形、变形或染色体异常依照世界卫生组织《疾病和有关健康问题的国际统计分类》（ICD－10）确定。

11. 专科医生。专科医生应当同时满足以下四项资格条件：（1）具有有效的中华人民共和国《医师资格证书》；（2）具有有效的中华人民共和国《医师执业证书》，并按期到相关部门登记注册；（3）具有有效的中华人民共和国主治医师或主治医师以上职称的《医师职称证书》；（4）在二级或二级以上医院的相应科室从事临床工作三年以上。

12. 每月的保险单生效对应日。本附加合同生效日每月的对应日为该月的保险单生效对应日。若生效日为 31 日，其月保险单生效对应日为每个自然月的最后一天；若生效日为 29 日、30 日，其 2 月份的月保险单生效对应日为 2 月份的最后一天。

13. 保险单年度。从本附加合同生效日或生效对应日零时起至下一年度本附加合同生效对应日前一日 24 时止为一个保险单年度。例如，本附加合同生效日为 2005 年 9 月 1 日，2005 年 9 月 1 日零时至 2006 年 8 月 31 日 24 时为第一保险单年度，2006 年 9 月 1 日零时至 2007 年 8 月 31 日 24 时为第二保险单年度，依此类推。

14. 周岁。以法定身份证明文件中记载的出生日期为计算基础，按出生后所经过的整年计算，不满一整年的部分不计。例如，出生日期为 2000 年 9 月 1 日，2000 年 9 月 1 日至 2001 年 8 月 31 日为 0 周岁，2001 年 9 月 1 日至 2002 年 8 月 31 日期间为 1 周岁，依此类推。

15. 肢体机能完全丧失。指肢体的三大关节中的两大关节僵硬，或不能随意识活动，肢体是指包括肩关节的整个上肢或包括髓关节的整个下肢。

16. 语言能力或咀嚼吞咽能力完全丧失。语言能力完全丧失，指无法发出四种语音（包括口唇音、齿舌音、口盖音和喉头音）中的任何三种、或声带全部切除，或因大脑语言中枢受害而患失语症；咀嚼吞咽能力完全丧失，指因牙齿以外的原因导致器质障碍或机能障碍，以致不能作咀嚼吞咽运动，除流质食物外不能摄取或吞咽的状态。

17. 六项基本日常生活活动。六项基本日常生活活动是指：

（1）穿衣。自己能够穿衣及脱衣。

（2）移动。自己从一个房间到另一个房间。

（3）行动。自己上下床或上下轮椅。

（4）如厕。自己控制进行大小便。

（5）进食。自己从已准备好的碗或碟中取食物放入口中。

（6）洗澡。自己进行淋浴或盆浴。

18. 永久不可逆。指自疾病确诊或意外伤害发生之日起，经过积极治疗 180 天后，仍无法通过现有医疗手段恢复。

××附加提前给付型重大疾病保险
重大疾病风险保险费表

（以1000元保险金额为计算单位）

年龄（周岁）	男性	女性	年龄（周岁）	男性	女性
0	1.39	1.47	53	10.71	9.02
1	0.75	0.92	54	11.78	9.91
2	0.75	0.87	55	12.92	10.43
3	0.75	0.83	56	14.12	10.94
4	0.74	0.83	57	15.55	11.46
5	0.74	0.83	58	17.28	12.54
6	0.74	0.82	59	19.19	13.73
7	0.73	0.82	60	21.31	15.05
8	0.72	0.82	61	23.77	16.50
9	0.72	0.81	62	25.90	17.81
10	0.71	0.81	63	27.69	18.98
11	0.71	0.81	64	29.64	20.19
12	0.71	0.81	65	31.51	21.32
13	0.72	0.81	66	33.51	22.50
14	0.73	0.81	67	35.51	23.77
15	0.73	0.82	68	37.26	24.98
16	0.77	0.87	69	39.08	26.22
17	0.80	0.91	70	40.97	27.48
18	0.83	0.96	71	42.92	28.78
19	0.88	1.03	72	44.16	29.60
20	0.94	1.09	73	45.33	30.12
21	0.97	1.17	74	46.23	30.65
22	1.03	1.20	75	46.82	31.20
23	1.09	1.22	76	47.42	31.76
24	1.13	1.24	77	47.84	32.20

续表

年龄（周岁）	男性	女性	年龄（周岁）	男性	女性
25	1.16	1.26	78	48.22	32.56
26	1.18	1.26	79	48.59	32.92
27	1.26	1.31	80	48.94	33.27
28	1.36	1.37	81	49.27	33.63
29	1.47	1.43	82	49.54	34.12
30	1.60	1.51	83	49.80	34.34
31	1.73	1.61	84	50.06	34.60
32	1.85	1.69	85	50.31	34.87
33	1.99	1.79	86	50.56	35.15
34	2.12	1.89	87	50.80	35.44
35	2.27	2.01	88	51.04	35.72
36	2.44	2.14	89	51.26	36.01
37	2.65	2.32	90	51.47	36.29
38	2.89	2.54	91	51.68	36.53
39	3.15	2.78	92	51.87	36.77
40	3.44	3.05	93	52.06	37.03
41	3.77	3.41	94	52.24	37.24
42	4.04	3.77	95	52.41	37.45
43	4.26	4.12	96	52.58	37.66
44	4.73	4.52	97	52.74	37.85
45	5.27	4.96	98	52.90	38.04
46	5.87	5.46	99	53.06	38.22
47	6.44	5.90	100	53.21	38.38
48	6.97	6.27	101	53.35	38.53
49	7.54	6.67	102	53.47	38.67
50	8.17	7.09	103	53.58	38.80
51	8.88	7.57	104	53.69	38.90
52	9.73	8.19	105	0.00	0.00

注：月重大疾病风险保险费 = 年重大疾病风险保险费 ÷ 12

附录三：中华人民共和国保险法（修订）

（1995 年 6 月 30 日第八届全国人民代表大会常务委员会第十四次会议通过——根据 2002 年 10 月 28 日第九届全国人民代表大会常务委员会第三十次会议《关于修改〈中华人民共和国保险法〉的决定》修正——2009 年 2 月 28 日第十一届全国人民代表大会常务委员会第七次会议修订。）

目　　录

第一章　总　　则

第一条　为了规范保险活动，保护保险活动当事人的合法权益，加强对保险业的监督管理，维护社会经济秩序和社会公共利益，促进保险事业的健康发展，制定本法。

第二条　本法所称保险，是指投保人根据合同约定，向保险人支付保险费，保险人对于合同约定的可能发生的事故因其发生所造成的财产损失承担赔偿保险金责任，或者当被保险人死亡、伤残、疾病或者达到合同约定的年龄、期限等条件时承担给付保险金责任的商业保险行为。

第三条　在中华人民共和国境内从事保险活动，适用本法。

第四条　从事保险活动必须遵守法律、行政法规，尊重社会公德，不得损害社会公共利益。

第五条 保险活动当事人行使权利、履行义务应当遵循诚实信用原则。

第六条 保险业务由依照本法设立的保险公司以及法律、行政法规规定的其他保险组织经营，其他单位和个人不得经营保险业务。

第七条 在中华人民共和国境内的法人和其他组织需要办理境内保险的，应当向中华人民共和国境内的保险公司投保。

第八条 保险业和银行业、证券业、信托业实行分业经营、分业管理，保险公司与银行、证券、信托业务机构分别设立。国家另有规定的除外。

第九条 国务院保险监督管理机构依法对保险业实施监督管理。

国务院保险监督管理机构根据履行职责的需要设立派出机构。派出机构按照国务院保险监督管理机构的授权履行监督管理职责。

第二章 保险合同

第一节 一般规定

第十条 保险合同是投保人与保险人约定保险权利义务关系的协议。

投保人是指与保险人订立保险合同，并按照合同约定负有支付保险费义务的人。

保险人是指与投保人订立保险合同，并按照合同约定承担赔偿或者给付保险金责任的保险公司。

第十一条 订立保险合同，应当协商一致，遵循公平原则确定各方的权利和义务。

除法律、行政法规规定必须保险的外，保险合同自愿订立。

第十二条 人身保险的投保人在保险合同订立时，对被保险人应当具有保险利益。

财产保险的被保险人在保险事故发生时，对保险标的应当具有保险利益。

人身保险是以人的寿命和身体为保险标的的保险。

财产保险是以财产及其有关利益为保险标的的保险。

被保险人是指其财产或者人身受保险合同保障，享有保险金请求权的人。投保人可以为被保险人。

保险利益是指投保人或者被保险人对保险标的具有的法律上承认的利益。

第十三条 投保人提出保险要求，经保险人同意承保，保险合同成立。保险人应当及时向投保人签发保险单或者其他保险凭证。

保险单或者其他保险凭证应当载明当事人双方约定的合同内容。当事人也可以约定采用其他书面形式载明合同内容。

依法成立的保险合同，自成立时生效。投保人和保险人可以对合同的效力约定附条件或者附期限。

第十四条 保险合同成立后，投保人按照约定交付保险费，保险人按照约定的时间开始承担保险责任。

第十五条 除本法另有规定或者保险合同另有约定外，保险合同成立后，投保人可以解除合同，保险人不得解除合同。

第十六条 订立保险合同，保险人就保险标的或者被保险人的有关情况提出询问的，投保人应当如实告知。

投保人故意或者因重大过失未履行前款规定的如实告知义务，足以影响保险人决定是否同意承保或者提高保险费率的，保险人有权解除合同。

前款规定的合同解除权，自保险人知道有解除事由之日起，超过三十日不行使而消灭。自合同成立之日起超过二年的，保险人不得解除合同；发生保险事故的，保险人应当承担赔偿或者给付保险金的责任。

投保人故意不履行如实告知义务的，保险人对于合同解除前发生的保险事故，不承担赔偿或者给付保险金的责任，并不退还保险费。

投保人因重大过失未履行如实告知义务，对保险事故的发生有严重影响的，保险人对于合同解除前发生的保险事故，不承担赔偿或者给付保险金的责任，但应当退还保险费。

保险人在合同订立时已经知道投保人未如实告知的情况的，保险人不得解除合同；发生保险事故的，保险人应当承担赔偿或者给付保险金的责任。

保险事故是指保险合同约定的保险责任范围内的事故。

第十七条 订立保险合同，采用保险人提供的格式条款的，保险人向投保人提供的投保单应当附格式条款，保险人应当向投保人说明合同的内容。

对保险合同中免除保险人责任的条款，保险人在订立合同时应当在投保单、保险单或者其他保险凭证上作出足以引起投保人注意的提示，并对该条款的内容以书面或者口头形式向投保人作出明确说明；未作提示或者明确说明的，该条款不产生效力。

第十八条 保险合同应当包括下列事项：

（一）保险人的名称和住所；

（二）投保人、被保险人的姓名或者名称、住所，以及人身保险的受益人的姓名或者名称、住所；

（三）保险标的；

（四）保险责任和责任免除；

（五）保险期间和保险责任开始时间；

（六）保险金额；

（七）保险费以及支付办法；

（八）保险金赔偿或者给付办法；

（九）违约责任和争议处理；

（十）订立合同的年、月、日。

投保人和保险人可以约定与保险有关的其他事项。

受益人是指人身保险合同中由被保险人或者投保人指定的享有保险金请求权的人。投保人、被保险人可以为受益人。

保险金额是指保险人承担赔偿或者给付保险金责任的最高限额。

第十九条 采用保险人提供的格式条款订立的保险合同中的下列条款无效：

（一）免除保险人依法应承担的义务或者加重投保人、被保险人责任的；

（二）排除投保人、被保险人或者受益人依法享有的权利的。

第二十条 投保人和保险人可以协商变更合同内容。

变更保险合同的，应当由保险人在保险单或者其他保险凭证上批注或者附贴批单，或者由投保人和保险人订立变更的书面协议。

第二十一条 投保人、被保险人或者受益人知道保险事故发生后，应当及时通知保险人。故意或者因重大过失未及时通知，致使保险事故的性质、原因、损失程度等难以确定的，保险人对无法确定的部分，不承担赔偿或者给付保险金的责任，但保险人通过其他途径已经及时知道或者应当及时知道保险事故发生的除外。

第二十二条 保险事故发生后，按照保险合同请求保险人赔偿或者给付保险金时，投保人、被保险人或者受益人应当向保险人提供其所能提供的与确认保险事故的性质、原因、损失程度等有关的证明和资料。

保险人按照合同的约定，认为有关的证明和资料不完整的，应当及时一次性通知投保人、被保险人或者受益人补充提供。

第二十三条 保险人收到被保险人或者受益人的赔偿或者给付保险金的请求后，应当及时作出核定；情形复杂的，应当在三十日内作出核定，但合同另有约定的除外。保险人应当将核定结果通知被保险人或者受益人；对属于保险责任的，在与被保险人或者受益人达成赔偿或者给付保险金的协议后十日内，履行赔偿或者给付保险金义务。保险合同对赔偿或者给付保险金的期限有约定的，保险人应当按照约定履行赔偿或者给付保险金义务。

保险人未及时履行前款规定义务的，除支付保险金外，应当赔偿被保险人或者受益人因此受到的损失。

任何单位和个人不得非法干预保险人履行赔偿或者给付保险金的义务，也不得限制被保险人或者受益人取得保险金的权利。

第二十四条 保险人依照本法第二十三条的规定作出核定后，对不属于保险责任的，应当自作出核定之日起三日内向被保险人或者受益人发出拒绝赔偿或者拒绝给付保险金通知书，并说明理由。

第二十五条 保险人自收到赔偿或者给付保险金的请求和有关证明、资料之日起六十日内，对其赔偿或者给付保险金的数额不能确定的，应当根据已有证明和资料可以确定的数额先予支付；保险人最终确定赔偿或者给付保险金的数额后，应当支付相应的差额。

第二十六条 人寿保险以外的其他保险的被保险人或者受益人，向保险人请求赔偿或者给付保险金的诉讼时效期间为二年，自其知道或者应当知道保险事故发生之日起计算。

人寿保险的被保险人或者受益人向保险人请求给付保险金的诉讼时效期间为五年，自其知道或者应当知道保险事故发生之日起计算。

第二十七条 未发生保险事故，被保险人或者受益人谎称发生了保险事故，向保险人提出赔偿或者给付保险金请求的，保险人有权解除合同，并不退还保险费。

投保人、被保险人故意制造保险事故的，保险人有权解除合同，不承担赔偿或者给付保险金的责任；除本法第四十三条规定外，不退还保险费。

保险事故发生后，投保人、被保险人或者受益人以伪造、变造的有关证明、资料或者其他证据，编造虚假的事故原因或者夸大损失程度的，保险人对其虚报的部分不承担赔偿或者给付保险金的责任。

投保人、被保险人或者受益人有前三款规定行为之一，致使保险人支付保险金或者支出费用的，应当退回或者赔偿。

第二十八条 保险人将其承担的保险业务，以分保形式部分转移给其他保险人的，为再保险。

应再保险接受人的要求，再保险分出人应当将其自负责任及原保险的有关情况书面告知再保险接受人。

第二十九条 再保险接受人不得向原保险的投保人要求支付保险费。

原保险的被保险人或者受益人不得向再保险接受人提出赔偿或者给付保险金的请求。

再保险分出人不得以再保险接受人未履行再保险责任为由，拒绝履行或者迟延履行其原保险责任。

第三十条 采用保险人提供的格式条款订立的保险合同，保险人与投保人、被保险人或者受益人对合同条款有争议的，应当按照通常理解予以解释。对合同条款有两种以上解释的，人民法院或者仲裁机构应当作出有利于被保险人和受益人的解释。

第二节 人身保险合同

第三十一条 投保人对下列人员具有保险利益：

（一）本人；

（二）配偶、子女、父母；

（三）前项以外与投保人有抚养、赡养或者扶养关系的家庭其他成员、近亲属；

（四）与投保人有劳动关系的劳动者。

除前款规定外，被保险人同意投保人为其订立合同的，视为投保人对被保险人具有保险利益。

订立合同时，投保人对被保险人不具有保险利益的，合同无效。

第三十二条 投保人申报的被保险人年龄不真实，并且其真实年龄不符合合同约定的年龄限制的，保险人可以解除合同，并按照合同约定退还保险单的现金价值。保险人行使合同解除权，适用本法第十六条的规定。

投保人申报的被保险人年龄不真实，致使投保人支付的保险费少于应付保险费的，保险人有权更正并要求投保人补交保险费，或者在给付保险金时按照实付保险费与应付保险费的比例支付。

投保人申报的被保险人年龄不真实，致使投保人支付的保险费多于应付保险费的，保险人应当将多收的保险费退还投保人。

第三十三条 投保人不得为无民事行为能力人投保以死亡为给付保险金条件的人身保险，保险人也不得承保。

父母为其未成年子女投保的人身保险，不受前款规定限制。但是，因被保险人死亡给付的保险金总和不得超过国务院保险监督管理机构规定的限额。

第三十四条 以死亡为给付保险金条件的合同，未经被保险人同意并认可保险金额的，合同无效。

按照以死亡为给付保险金条件的合同所签发的保险单，未经被保险人书面同意，不得转让或者质押。

父母为其未成年子女投保的人身保险，不受本条第一款规定限制。

第三十五条 投保人可以按照合同约定向保险人一次支付全部保险费或者分期支付保险费。

第三十六条 合同约定分期支付保险费，投保人支付首期保险费后，除合同另有约定外，投保人自保险人催告之日起超过三十日未支付当期保险费，或者超过约定的期限六十日未支付当期保险费的，合同效力中止，或者由保险人按照合同约定的条件减少保险金额。

被保险人在前款规定期限内发生保险事故的，保险人应当按照合同约定给付保险金，但可以扣减欠交的保险费。

第三十七条 合同效力依照本法第三十六条规定中止的，经保险人与投保人协商并达成协议，在投保人补交保险费后，合同效力恢复。但是，自合同效力中止之日起满两年双方未达成协议的，保险人有权解除合同。

保险人依照前款规定解除合同的，应当按照合同约定退还保险单的现金价值。

第三十八条 保险人对人寿保险的保险费，不得用诉讼方式要求投保人支付。

第三十九条 人身保险的受益人由被保险人或者投保人指定。

投保人指定受益人时须经被保险人同意。投保人为与其有劳动关系的劳动者投保人身保险，不得指定被保险人及其近亲属以外的人为受益人。

被保险人为无民事行为能力人或者限制民事行为能力人的，可以由其监护人指定受益人。

第四十条 被保险人或者投保人可以指定一人或者数人为受益人。

受益人为数人的，被保险人或者投保人可以确定受益顺序和受益份额；未确定受益份额的，受益人按照相等份额享有受益权。

第四十一条 被保险人或者投保人可以变更受益人并书面通知保险人。保险人收到变更受益人的书面通知后，应当在保险单或者其他保险凭证上批注或者附贴批单。

投保人变更受益人时须经被保险人同意。

第四十二条 被保险人死亡后，有下列情形之一的，保险金作为被保险人的遗产，由保险人依照《中华人民共和国继承法》的规定履行给付保险金的义务：

（一）没有指定受益人，或者受益人指定不明无法确定的；

（二）受益人先于被保险人死亡，没有其他受益人的；

（三）受益人依法丧失受益权或者放弃受益权，没有其他受益人的。

受益人与被保险人在同一事件中死亡，且不能确定死亡先后顺序的，推定受益人死亡在先。

第四十三条 投保人故意造成被保险人死亡、伤残或者疾病的，保险人不承担给付保险金的责任。投保人已缴足两年以上保险费的，保险人应当按照合同约定向其他权利人退还保险单的现金价值。

受益人故意造成被保险人死亡、伤残、疾病的，或者故意杀害被保险人未遂的，该受益人丧失受益权。

第四十四条 以被保险人死亡为给付保险金条件的合同，自合同成立或者合同效力恢复之日起二年内，被保险人自杀的，保险人不承担给付保险金的责任，但被保险人自杀时为无民事行为能力人的除外。

保险人依照前款规定不承担给付保险金责任的，应当按照合同约定退还保险单的现金价值。

第四十五条 因被保险人故意犯罪或者抗拒依法采取的刑事强制措施导致其伤残或者死亡的，保险人不承担给付保险金的责任。投保人已缴足两年以上保险费的，保险人应当按照合同约定退还保险单的现金价值。

第四十六条 被保险人因第三者的行为而发生死亡、伤残或者疾病等保险事故的，保险人向被保险人或者受益人给付保险金后，不享有向第三者追偿的权利，但被保险人或者受益人仍有权向第三者请求赔偿。

第四十七条 投保人解除合同的，保险人应当自收到解除合同通知之日起三十日内，按照合同约定退还保险单的现金价值。

第三节 财产保险合同

第四十八条 保险事故发生时，被保险人对保险标的不具有保险利益的，不得向保险人请求赔偿保险金。

第四十九条 保险标的转让的，保险标的的受让人承继被保险人的权利和义务。

保险标的转让的，被保险人或者受让人应当及时通知保险人，但货物运输保险合同和另有约定的合同除外。

因保险标的转让导致危险程度显著增加的，保险人自收到前款规定的通知之日起三十日内，可以按照合同约定增加保险费或者解除合同。保险人解除合同的，应当将已收取的保险费，按照合同约定扣除自保险责任开始之日起至合同解除之日止应收的部分后，退还投保人。

被保险人、受让人未履行本条第二款规定的通知义务的，因转让导致保险标的的危险程度显著增加而发生的保险事故，保险人不承担赔偿保险金的责任。

第五十条 货物运输保险合同和运输工具航程保险合同，保险责任开始后，合同当事人不得解除合同。

第五十一条 被保险人应当遵守国家有关消防、安全、生产操作、劳动保护等方面的规定，维护保险标的的安全。

保险人可以按照合同约定对保险标的的安全状况进行检查，及时向投保人、被保险人提出消除不安全因素和隐患的书面建议。

投保人、被保险人未按照约定履行其对保险标的的安全应尽责任的，保险人有权要求增加保险费或者解除合同。

保险人为维护保险标的的安全，经被保险人同意，可以采取安全预防措施。

第五十二条 在合同有效期内，保险标的的危险程度显著增加的，被保险人应当按照合同约定及时通知保险人，保险人可以按照合同约定增加保险费或者解除合同。保险人解除合同的，应当将已收取的保险费，按照合同约定扣除自保险责任开始之日起至合同解除之日止应收的部分后，退还投保人。

被保险人未履行前款规定的通知义务的，因保险标的的危险程度显著增加而发生的保险事故，保险人不承担赔偿保险金的责任。

第五十三条 有下列情形之一的，除合同另有约定外，保险人应当降低保险费，并按日计算退还相应的保险费：

（一）据以确定保险费率的有关情况发生变化，保险标的的危险程度明显减少的；

（二）保险标的的保险价值明显减少的。

第五十四条 保险责任开始前，投保人要求解除合同的，应当按照合同约定向保险人支付手续费，保险人应当退还保险费。保险责任开始后，投保人要求解除合同的，保险人应当将已收取的保险费，按照合同约定扣除自保险责任开始之日起至合同解除之日止应收的部分后，退还投保人。

第五十五条 投保人和保险人约定保险标的的保险价值并在合同中载明的，保险标的发生损失时，以约定的保险价值为赔偿计算标准。

投保人和保险人未约定保险标的的保险价值的，保险标的发生损失时，以保险事故发生时保险标的的实际价值为赔偿计算标准。

保险金额不得超过保险价值。超过保险价值的，超过部分无效，保险人应当退还相应的保险费。

保险金额低于保险价值的，除合同另有约定外，保险人按照保险金额与保险价值的比例承担赔偿保险金的责任。

第五十六条 重复保险的投保人应当将重复保险的有关情况通知各保险人。

重复保险的各保险人赔偿保险金的总和不得超过保险价值。除合同另有约定外，各保险人按照其保险金额与保险金额总和的比例承担赔偿保险金的责任。

重复保险的投保人可以就保险金额总和超过保险价值的部分，请求各保险人按比例返还保险费。

重复保险是指投保人对同一保险标的、同一保险利益、同一保险事故分别与两个以上保险人订立保险合同，且保险金额总和超过保险价值的保险。

第五十七条 保险事故发生时，被保险人应当尽力采取必要的措施，防止或者减少损失。

保险事故发生后，被保险人为防止或者减少保险标的的损失所支付的必要的、合理的费用，由保险人承担；保险人所承担的费用数额在保险标的损失赔偿金额以外另行计算，最高不超过保险金额的数额。

第五十八条 保险标的发生部分损失的，自保险人赔偿之日起三十日内，投保人可以解除合同；除合同另有约定外，保险人也可以解除合同，但应当提前十五日通知投保人。

合同解除的，保险人应当将保险标的未受损失部分的保险费，按照合同约定扣除自保险责任开始之日起至合同解除之日止应收的部分后，退还投保人。

第五十九条 保险事故发生后，保险人已支付了全部保险金额，并且保险金额等于保险价值的，受损保险标的的全部权利归于保险人；保险金额低于保险价值的，保险人按照保险金额与保险价值的比例取得受损保险标的的部分权利。

第六十条 因第三者对保险标的的损害而造成保险事故的，保险人自向被保险人赔偿保险金之日起，在赔偿金额范围内代位行使被保险人对第三者请求赔偿的权利。

前款规定的保险事故发生后，被保险人已经从第三者取得损害赔偿的，保险人赔偿保险金时，可以相应扣减被保险人从第三者已取得的赔偿金额。

保险人依照本条第一款规定行使代位请求赔偿的权利，不影响被保险人就未取得赔偿的部分向第三者请求赔偿的权利。

第六十一条 保险事故发生后，保险人未赔偿保险金之前，被保险人放弃对第三者请求赔偿的权利的，保险人不承担赔偿保险金的责任。

保险人向被保险人赔偿保险金后，被保险人未经保险人同意放弃对第三者请求赔偿的权利的，该行为无效。

被保险人故意或者因重大过失致使保险人不能行使代位请求赔偿的权利的，保险人可以扣减或者要求返还相应的保险金。

第六十二条 除被保险人的家庭成员或者其组成人员故意造成本法第六十条规定的保险事故外，保险人不得对被保险人的家庭成员或者其组成人员行使代位请求赔偿的权利。

第六十三条 保险人向第三者行使代位请求赔偿的权利时，被保险人应当向保险人提供必要的文件和所知道的有关情况。

第六十四条 保险人、被保险人为查明和确定保险事故的性质、原因和保险标的的损失程度所支付的必要的、合理的费用，由保险人承担。

第六十五条 保险人对责任保险的被保险人给第三者造成的损害，可以依照法律的规定或者合同的约定，直接向该第三者赔偿保险金。

责任保险的被保险人给第三者造成损害，被保险人对第三者应负的赔偿责任确定的，根据被保险人的请求，保险人应当直接向该第三者赔偿保险金。被保险人怠于请求的，第三者有权就其应获赔偿部分直接向保险人请求赔偿保险金。

责任保险的被保险人给第三者造成损害，被保险人未向该第三者赔偿的，保险人不得向被保险人赔偿保险金。

责任保险是指以被保险人对第三者依法应负的赔偿责任为保险标的的保险。

第六十六条 责任保险的被保险人因给第三者造成损害的保险事故而被提起仲裁或者诉讼的，被保险人支付的仲裁或者诉讼费用以及其他必要的、合理的费用，除合同另有约定外，由保险人承担。

第三章 保险公司

第六十七条 设立保险公司应当经国务院保险监督管理机构批准。

国务院保险监督管理机构审查保险公司的设立申请时，应当考虑保险业的发展和公平竞争的需要。

第六十八条 设立保险公司应当具备下列条件：

（一）主要股东具有持续盈利能力，信誉良好，最近三年内无重大违法违规记录，净资产不低于人民币二亿元；

（二）有符合本法和《中华人民共和国公司法》规定的章程；

（三）有符合本法规定的注册资本；

（四）有具备任职专业知识和业务工作经验的董事、监事和高级管理人员；

（五）有健全的组织机构和管理制度；

（六）有符合要求的营业场所和与经营业务有关的其他设施；

（七）法律、行政法规和国务院保险监督管理机构规定的其他条件。

第六十九条 设立保险公司，其注册资本的最低限额为人民币二亿元。

国务院保险监督管理机构根据保险公司的业务范围、经营规模，可以调整其注册资本的最低限额，但不得低于本条第一款规定的限额。

保险公司的注册资本必须为实缴货币资本。

第七十条 申请设立保险公司，应当向国务院保险监督管理机构提出书面申请，并提交下列材料：

（一）设立申请书，申请书应当载明拟设立的保险公司的名称、注册资本、业务范围等；

（二）可行性研究报告；

（三）筹建方案；

（四）投资人的营业执照或者其他背景资料，经会计师事务所审计的上一年度财务会计报告；

（五）投资人认可的筹备组负责人和拟任董事长、经理名单及本人认可证明；

（六）国务院保险监督管理机构规定的其他材料。

第七十一条 国务院保险监督管理机构应当对设立保险公司的申请进行审查，自受理之日起六个月内作出批准或者不批准筹建的决定，并书面通知申请人。决定不批准的，应当书面说明理由。

第七十二条 申请人应当自收到批准筹建通知之日起一年内完成筹建工作；筹建期间不得从事保险经营活动。

第七十三条 筹建工作完成后，申请人具备本法第六十八条规定的设立条件的，可以向国务院保险监督管理机构提出开业申请。

国务院保险监督管理机构应当自受理开业申请之日起六十日内，作出批准或者不批准开业的决定。决定批准的，颁发经营保险业务许可证；决定不批准的，应当书面通知申请人并说明理由。

第七十四条 保险公司在中华人民共和国境内设立分支机构，应当经保险监督管理机构批准。

保险公司分支机构不具有法人资格，其民事责任由保险公司承担。

第七十五条 保险公司申请设立分支机构，应当向保险监督管理机构提出书面申请，并提交下列材料：

（一）设立申请书；

（二）拟设机构三年业务发展规划和市场分析材料；

（三）拟任高级管理人员的简历及相关证明材料；

（四）国务院保险监督管理机构规定的其他材料。

第七十六条 保险监督管理机构应当对保险公司设立分支机构的申请进行审查，自受理之日起六十日内作出批准或者不批准的决定。决定批准的，颁发分支机构经营保险业务许可证；决定不批准的，应当书面通知申请人并说明理由。

第七十七条 经批准设立的保险公司及其分支机构，凭经营保险业务许可证向工商行政管理机关办理登记，领取营业执照。

第七十八条 保险公司及其分支机构自取得经营保险业务许可证之日起六个月内，无正当理由未向工商行政管理机关办理登记的，其经营保险业务许可证失效。

第七十九条 保险公司在中华人民共和国境外设立子公司、分支机构、代表机构，应当经国务院保险监督管理机构批准。

第八十条 外国保险机构在中华人民共和国境内设立代表机构，应当经国务院保险监督管理机构批准。代表机构不得从事保险经营活动。

第八十一条 保险公司的董事、监事和高级管理人员，应当品行良好，熟悉与保险相关的法律、行政法规，具有履行职责所需的经营管理能力，并在任职前取得保险监督管理机构核准的任职资格。

保险公司高级管理人员的范围由国务院保险监督管理机构规定。

第八十二条 有《中华人民共和国公司法》第一百四十七条规定的情形或者下列情形之一的，不得担任保险公司的董事、监事、高级管理人员：

（一）因违法行为或者违纪行为被金融监督管理机构取消任职资格的金融机构的董事、监事、高级管理人员，自被取消任职资格之日起未逾五年的；

（二）因违法行为或者违纪行为被吊销执业资格的律师、注册会计师或者资产评估机构、验证机构等机构的专业人员，自被吊销执业资格之日起未逾五年的。

第八十三条 保险公司的董事、监事、高级管理人员执行公司职务时违反法律、行政法规或者公司章程的规定，给公司造成损失的，应当承担赔偿责任。

第八十四条 保险公司有下列情形之一的，应当经保险监督管理机构批准：

（一）变更名称；

（二）变更注册资本；

（三）变更公司或者分支机构的营业场所；

（四）撤销分支机构；

（五）公司分立或者合并；

（六）修改公司章程；

（七）变更出资额占有限责任公司资本总额百分之五以上的股东，或者变更持有股份有限公司股份百分之五以上的股东；

（八）国务院保险监督管理机构规定的其他情形。

第八十五条 保险公司应当聘用经国务院保险监督管理机构认可的精算专业人员，建立精算报告制度。

保险公司应当聘用专业人员，建立合规报告制度。

第八十六条 保险公司应当按照保险监督管理机构的规定，报送有关报告、报表、文件和资料。

保险公司的偿付能力报告、财务会计报告、精算报告、合规报告及其他有关报告、报表、文件和资料必须如实记录保险业务事项，不得有虚假记载、误导性陈述和重大遗漏。

第八十七条 保险公司应当按照国务院保险监督管理机构的规定妥善保管业务经营活动的完整账簿、原始凭证和有关资料。

前款规定的账簿、原始凭证和有关资料的保管期限，自保险合同终止之日起计算，保险期间在一年以下的不得少于五年，保险期间超过一年的不得少于十年。

第八十八条 保险公司聘请或者解聘会计师事务所、资产评估机构、资信评级机构等中介服务机构，应当向保险监督管理机构报告；解聘会计师事务所、资产评估机构、资信评级机构等中介服务机构，应当说明理由。

第八十九条 保险公司因分立、合并需要解散，或者股东会、股东大会决议解散，或者公司章程规定的解散事由出现，经国务院保险监督管理机构批准后解散。

经营有人寿保险业务的保险公司，除因分立、合并或者被依法撤销外，不得解散。

保险公司解散，应当依法成立清算组进行清算。

第九十条 保险公司有《中华人民共和国企业破产法》第二条规定情形的，经国务院保险监督管理机构同意，保险公司或者其债权人可以依法向人民法院申请重整、和解或者破产清算；国务院保险监督管理机构也可以依法向人民法院申请对该保险公司进行重整或者破产清算。

第九十一条 破产财产在优先清偿破产费用和共益债务后，按照下列顺序清偿：

（一）所欠职工工资和医疗、伤残补助、抚恤费用，所欠应当划入职工个人账户的基本养老保险、基本医疗保险费用，以及法律、行政法规规定应当支付给职工的补偿金；

（二）赔偿或者给付保险金；

（三）保险公司欠缴的除第（一）项规定以外的社会保险费用和所欠税款；

（四）普通破产债权。

破产财产不足以清偿同一顺序的清偿要求的，按照比例分配。

破产保险公司的董事、监事和高级管理人员的工资，按照该公司职工的平均工资计算。

第九十二条 经营有人寿保险业务的保险公司被依法撤销或者被依法宣告破产的，其持有的人寿保险合同及责任准备金，必须转让给其他经营有人寿保险业务的保险公司；不能同其他保险公司达成转让协议的，由国务院保险监督管理机构指定经营有人寿保险业务的保险公司接受转让。

转让或者由国务院保险监督管理机构指定接受转让前款规定的人寿保险合同及责任准备金的，应当维护被保险人、受益人的合法权益。

第九十三条 保险公司依法终止其业务活动，应当注销其经营保险业务许可证。

第九十四条 保险公司，除本法另有规定外，适用《中华人民共和国公司法》的规定。

第四章 保险经营规则

第九十五条 保险公司的业务范围：

（一）人身保险业务，包括人寿保险、健康保险、意外伤害保险等保险业务；

（二）财产保险业务，包括财产损失保险、责任保险、信用保险、保证保险等保险业务；

（三）国务院保险监督管理机构批准的与保险有关的其他业务。

保险人不得兼营人身保险业务和财产保险业务。但是，经营财产保险业务的保险公司经国务院保险监督管理机构批准，可以经营短期健康保险业务和意外伤害保险业务。

保险公司应当在国务院保险监督管理机构依法批准的业务范围内从事保险经营活动。

第九十六条 经国务院保险监督管理机构批准，保险公司可以经营本法第九十五条规定的保险业务的下列再保险业务：

（一）分出保险；

（二）分入保险。

第九十七条 保险公司应当按照其注册资本总额的百分之二十提取保证金，存入国务院保险监督管理机构指定的银行，除公司清算时用于清偿债务外，不得动用。

第九十八条 保险公司应当根据保障被保险人利益、保证偿付能力的原则，提取各项责任准备金。

保险公司提取和结转责任准备金的具体办法，由国务院保险监督管理机构制定。

第九十九条 保险公司应当依法提取公积金。

第一百条 保险公司应当缴纳保险保障基金。

保险保障基金应当集中管理，并在下列情形下统筹使用：

（一）在保险公司被撤销或者被宣告破产时，向投保人、被保险人或者受益人提供救济；

（二）在保险公司被撤销或者被宣告破产时，向依法接受其人寿保险合同的保险公司提供救济；

（三）国务院规定的其他情形。

保险保障基金筹集、管理和使用的具体办法，由国务院制定。

第一百零一条 保险公司应当具有与其业务规模和风险程度相适应的最低偿付能力。保险公司的认可资产减去认可负债的差额不得低于国务院保险监督管理机构规定的数额；低于规定数额的，应当按照国务院保险监督管理机构的要求采取相应措施达到规定的数额。

第一百零二条 经营财产保险业务的保险公司当年自留保险费，不得超过其实有资本金加公积金总和的四倍。

第一百零三条 保险公司对每一危险单位，即对一次保险事故可能造成的最大损失范围所承担的责任，不得超过其实有资本金加公积金总和的百分之十；超过的部分应当办理再保险。

保险公司对危险单位的划分应当符合国务院保险监督管理机构的规定。

第一百零四条 保险公司对危险单位的划分方法和巨灾风险安排方案，应当报国务院保险监督管理机构备案。

第一百零五条 保险公司应当按照国务院保险监督管理机构的规定办理再保险，并审慎选择再保险接受人。

第一百零六条 保险公司的资金运用必须稳健，遵循安全性原则。

保险公司的资金运用限于下列形式：

（一）银行存款；

（二）买卖债券、股票、证券投资基金份额等有价证券；

（三）投资不动产；

（四）国务院规定的其他资金运用形式。

保险公司资金运用的具体管理办法，由国务院保险监督管理机构依照前两款的规定制定。

第一百零七条 经国务院保险监督管理机构会同国务院证券监督管理机构批准，保险公司可以设立保险资产管理公司。

保险资产管理公司从事证券投资活动，应当遵守《中华人民共和国证券法》等法律、行政法规的规定。

保险资产管理公司的管理办法，由国务院保险监督管理机构会同国务院有关部门制定。

第一百零八条 保险公司应当按照国务院保险监督管理机构的规定，建立对关联交易的管理和信息披露制度。

第一百零九条 保险公司的控股股东、实际控制人、董事、监事、高级管理人员不得利用关联交易损害公司的利益。

第一百一十条 保险公司应当按照国务院保险监督管理机构的规定，真实、准确、完整地披露财务会计报告、风险管理状况、保险产品经营情况等重大事项。

第一百一十一条 保险公司从事保险销售的人员应当符合国务院保险监督管理机构规定的资格条件，取得保险监督管理机构颁发的资格证书。

前款规定的保险销售人员的范围和管理办法，由国务院保险监督管理机构规定。

第一百一十二条 保险公司应当建立保险代理人登记管理制度，加强对保险代理人的培训和管理，不得唆使、诱导保险代理人进行违背诚信义务的活动。

第一百一十三条 保险公司及其分支机构应当依法使用经营保险业务许可证，不得转让、出租、出借经营保险业务许可证。

第一百一十四条 保险公司应当按照国务院保险监督管理机构的规定，公平、合理拟订保险条款和保险费率，不得损害投保人、被保险人和受益人的合法权益。

保险公司应当按照合同约定和本法规定，及时履行赔偿或者给付保险金义务。

第一百一十五条 保险公司开展业务，应当遵循公平竞争的原则，不得从事不正当竞争。

第一百一十六条 保险公司及其工作人员在保险业务活动中不得有下列行为：

（一）欺骗投保人、被保险人或者受益人；

（二）对投保人隐瞒与保险合同有关的重要情况；

（三）阻碍投保人履行本法规定的如实告知义务，或者诱导其不履行本法规定的如实告知义务；

（四）给予或者承诺给予投保人、被保险人、受益人保险合同约定以外的保险费回扣或者其他利益；

（五）拒不依法履行保险合同约定的赔偿或者给付保险金义务；

（六）故意编造未曾发生的保险事故、虚构保险合同或者故意夸大已经发生的保险事故的损失程度进行虚假理赔，骗取保险金或者牟取其他不正当利益；

（七）挪用、截留、侵占保险费；

（八）委托未取得合法资格的机构或者个人从事保险销售活动；

（九）利用开展保险业务为其他机构或者个人牟取不正当利益；

（十）利用保险代理人、保险经纪人或者保险评估机构，从事以虚构保险中介业务或者编造退保等方式套取费用等违法活动；

（十一）以捏造、散布虚假事实等方式损害竞争对手的商业信誉，或者以其他不正当竞争行为扰乱保险市场秩序；

（十二）泄露在业务活动中知悉的投保人、被保险人的商业秘密；

（十三）违反法律、行政法规和国务院保险监督管理机构规定的其他行为。

第五章　保险代理人和保险经纪人

第一百一十七条 保险代理人是根据保险人的委托，向保险人收取佣金，并在保险人授权的范围内代为办理保险业务的机构或者个人。

保险代理机构包括专门从事保险代理业务的保险专业代理机构和兼营保险代理业务的保险兼业代理机构。

第一百一十八条 保险经纪人是基于投保人的利益，为投保人与保险人订立保险合同提供中介服务，并依法收取佣金的机构。

第一百一十九条 保险代理机构、保险经纪人应当具备国务院保险监督管理机构规定的条件，取得保险监督管理机构颁发的经营保险代理业务许可证、保险经纪业务许可证。

保险专业代理机构、保险经纪人凭保险监督管理机构颁发的许可证向工商行政管理机关办理登记，领取营业执照。

保险兼业代理机构凭保险监督管理机构颁发的许可证，向工商行政管理机关办理变更登记。

第一百二十条 以公司形式设立保险专业代理机构、保险经纪人，其注册资本最低限额适用《中华人民共和国公司法》的规定。

国务院保险监督管理机构根据保险专业代理机构、保险经纪人的业务范围和经营规模，可以调整其注册资本的最低限额，但不得低于《中华人民共和国公司法》规定的限额。

保险专业代理机构、保险经纪人的注册资本或者出资额必须为实缴货币资本。

第一百二十一条 保险专业代理机构、保险经纪人的高级管理人员，应当品行良好，熟悉保险法律、行政法规，具有履行职责所需的经营管理能力，并在任职前取得保险监督管理机构核准的任职资格。

第一百二十二条 个人保险代理人、保险代理机构的代理从业人员、保险经纪人的经纪从业人员，应当具备国务院保险监督管理机构规定的资格条件，取得保险监督管理机构颁发的资格证书。

第一百二十三条 保险代理机构、保险经纪人应当有自己的经营场所，设立专门账簿记载保险代理业务、经纪业务的收支情况。

第一百二十四条 保险代理机构、保险经纪人应当按照国务院保险监督管理机构的规定缴存保证金或者投保职业责任保险。未经保险监督管理机构批准，保险代理机构、保险经纪人不得动用保证金。

第一百二十五条 个人保险代理人在代为办理人寿保险业务时，不得同时接受两个以上保险人的委托。

第一百二十六条 保险人委托保险代理人代为办理保险业务，应当与保险代理人签订委托代理协议，依法约定双方的权利和义务。

第一百二十七条 保险代理人根据保险人的授权代为办理保险业务的行为，由保险人承担责任。

保险代理人没有代理权、超越代理权或者代理权终止后以保险人名义订立合同，使投保人有理由相信其有代理权的，该代理行为有效。保险人可以依法追究越权的保险代理人的责任。

第一百二十八条 保险经纪人因过错给投保人、被保险人造成损失的，依法承担赔偿责任。

第一百二十九条 保险活动当事人可以委托保险公估机构等依法设立的独立评估机构或者具有相关专业知识的人员，对保险事故进行评估和鉴定。

接受委托对保险事故进行评估和鉴定的机构和人员，应当依法、独立、客观、公正地进行评估和鉴定，任何单位和个人不得干涉。

前款规定的机构和人员，因故意或者过失给保险人或者被保险人造成损失的，依法承担赔偿责任。

第一百三十条 保险佣金只限于向具有合法资格的保险代理人、保险经纪人支付，不得向其他人支付。

第一百三十一条 保险代理人、保险经纪人及其从业人员在办理保险业务活动中不得有下列行为：

（一）欺骗保险人、投保人、被保险人或者受益人；

（二）隐瞒与保险合同有关的重要情况；

（三）阻碍投保人履行本法规定的如实告知义务，或者诱导其不履行本法规定的如实告知义务；

（四）给予或者承诺给予投保人、被保险人或者受益人保险合同约定以外的利益；

（五）利用行政权力、职务或者职业便利以及其他不正当手段强迫、引诱或者限制投保人订立保险合同；

（六）伪造、擅自变更保险合同，或者为保险合同当事人提供虚假证明材料；

（七）挪用、截留、侵占保险费或者保险金；

（八）利用业务便利为其他机构或者个人牟取不正当利益；

（九）串通投保人、被保险人或者受益人，骗取保险金；

（十）泄露在业务活动中知悉的保险人、投保人、被保险人的商业秘密。

第一百三十二条　保险专业代理机构、保险经纪人分立、合并、变更组织形式、设立分支机构或者解散的，应当经保险监督管理机构批准。

第一百三十三条　本法第八十六条、第一百一十三条的规定，适用于保险代理机构和保险经纪人。

第六章　保险业监督管理

第一百三十四条　保险监督管理机构依照本法和国务院规定的职责，遵循依法、公开、公正的原则，对保险业实施监督管理，维护保险市场秩序，保护投保人、被保险人和受益人的合法权益。

第一百三十五条　国务院保险监督管理机构依照法律、行政法规制定并发布有关保险业监督管理的规章。

第一百三十六条　关系社会公众利益的保险险种、依法实行强制保险的险种和新开发的人寿保险险种等的保险条款和保险费率，应当报国务院保险监督管理机构批准。国务院保险监督管理机构审批时，应当遵循保护社会公众利益和防止不正当竞争的原则。其他保险险种的保险条款和保险费率，应当报保险监督管理机构备案。

保险条款和保险费率审批、备案的具体办法，由国务院保险监督管理机构依照前款规定制定。

第一百三十七条　保险公司使用的保险条款和保险费率违反法律、行政法规或者国务院保险监督管理机构的有关规定的，由保险监督管理机构责令停止使用，限期修改；情节严重的，可以在一定期限内禁止申报新的保险条款和保险费率。

第一百三十八条　国务院保险监督管理机构应当建立健全保险公司偿付能力监管体系，对保险公司的偿付能力实施监控。

第一百三十九条　对偿付能力不足的保险公司，国务院保险监督管理机构应当将其列为重点监管对象，并可以根据具体情况采取下列措施：

（一）责令增加资本金、办理再保险；

（二）限制业务范围；

（三）限制向股东分红；

（四）限制固定资产购置或者经营费用规模；

（五）限制资金运用的形式、比例；

（六）限制增设分支机构；

（七）责令拍卖不良资产、转让保险业务；

（八）限制董事、监事、高级管理人员的薪酬水平；

（九）限制商业性广告；

（十）责令停止接受新业务。

第一百四十条 保险公司未依照本法规定提取或者结转各项责任准备金，或者未依照本法规定办理再保险，或者严重违反本法关于资金运用的规定的，由保险监督管理机构责令限期改正，并可以责令调整负责人及有关管理人员。

第一百四十一条 保险监督管理机构依照本法第一百四十条的规定作出限期改正的决定后，保险公司逾期未改正的，国务院保险监督管理机构可以决定选派保险专业人员和指定该保险公司的有关人员组成整顿组，对公司进行整顿。

整顿决定应当载明被整顿公司的名称、整顿理由、整顿组成员和整顿期限，并予以公告。

第一百四十二条 整顿组有权监督被整顿保险公司的日常业务。被整顿公司的负责人及有关管理人员应当在整顿组的监督下行使职权。

第一百四十三条 整顿过程中，被整顿保险公司的原有业务继续进行。但是，国务院保险监督管理机构可以责令被整顿公司停止部分原有业务、停止接受新业务，调整资金运用。

第一百四十四条 被整顿保险公司经整顿已纠正其违反本法规定的行为，恢复正常经营状况的，由整顿组提出报告，经国务院保险监督管理机构批准，结束整顿，并由国务院保险监督管理机构予以公告。

第一百四十五条 保险公司有下列情形之一的，国务院保险监督管理机构可以对其实行接管：

（一）公司的偿付能力严重不足的；

（二）违反本法规定，损害社会公共利益，可能严重危及或者已经严重危及公司的偿付能力的。

被接管的保险公司的债权债务关系不因接管而变化。

第一百四十六条 接管组的组成和接管的实施办法，由国务院保险监督管理机构决定，并予以公告。

第一百四十七条 接管期限届满，国务院保险监督管理机构可以决定延长接管期限，但接管期限最长不得超过二年。

第一百四十八条 接管期限届满，被接管的保险公司已恢复正常经营能力的，由国务院保险监督管理机构决定终止接管，并予以公告。

第一百四十九条 被整顿、被接管的保险公司有《中华人民共和国企业破产法》第二条规定情形的，国务院保险监督管理机构可以依法向人民法院申请对该保险公司进行重整或者破产清算。

第一百五十条 保险公司因违法经营被依法吊销经营保险业务许可证的，或者偿付能力低于国务院保险监督管理机构规定标准，不予撤销将严重危害保险市场秩序、损害公共利益的，由国务院保险监督管理机构予以撤销并公告，依法及时组织清算组进行清算。

第一百五十一条 国务院保险监督管理机构有权要求保险公司股东、实际控制人在指定的期限内提供有关信息和资料。

第一百五十二条 保险公司的股东利用关联交易严重损害公司利益，危及公司偿付能力的，由国务院保险监督管理机构责令改正。在按照要求改正前，国务院保险监督管理机构可以限制其股东权利；拒不改正的，可以责令其转让所持的保险公司股权。

第一百五十三条 保险监督管理机构根据履行监督管理职责的需要，可以与保险公司董事、监事和高级管理人员进行监督管理谈话，要求其就公司的业务活动和风险管理的重大事项作出说明。

第一百五十四条 保险公司在整顿、接管、撤销清算期间，或者出现重大风险时，国务院保险监督管理机构可以对该公司直接负责的董事、监事、高级管理人员和其他直接责任人员采取以下措施：

（一）通知出境管理机关依法阻止其出境；

（二）申请司法机关禁止其转移、转让或者以其他方式处分财产，或者在财产上设定其他权利。

第一百五十五条 保险监督管理机构依法履行职责，可以采取下列措施：

（一）对保险公司、保险代理人、保险经纪人、保险资产管理公司、外国保险机构的代表机构进行现场检查；

（二）进入涉嫌违法行为发生场所调查取证；

（三）询问当事人及与被调查事件有关的单位和个人，要求其对与被调查事件有关的事项作出说明；

（四）查阅、复制与被调查事件有关的财产权登记等资料；

（五）查阅、复制保险公司、保险代理人、保险经纪人、保险资产管理公司、外国保险机构的代表机构以及与被调查事件有关的单位和个人的财务会计资料及其他相关文件和资料；对可能被转移、隐匿或者毁损的文件和资料予以封存；

（六）查询涉嫌违法经营的保险公司、保险代理人、保险经纪人、保险资产管理公司、外国保险机构的代表机构以及与涉嫌违法事项有关的单位和个人的银行账户；

（七）对有证据证明已经或者可能转移、隐匿违法资金等涉案财产或者隐匿、伪造、毁损重要证据的，经保险监督管理机构主要负责人批准，申请人民法院予以冻结或者查封。

保险监督管理机构采取前款第（一）项、第（二）项、第（五）项措施的，应当经保险监督管理机构负责人批准；采取第（六）项措施的，应当经国务院保险监督管理机构负责人批准。

保险监督管理机构依法进行监督检查或者调查，其监督检查、调查的人员不得少于二人，并应当出示合法证件和监督检查、调查通知书；监督检查、调查的人员少于二人或者未出示合法证件和监督检查、调查通知书的，被检查、调查的单位和个人有权拒绝。

第一百五十六条 保险监督管理机构依法履行职责，被检查、调查的单位和个人应当配合。

第一百五十七条 保险监督管理机构工作人员应当忠于职守，依法办事，公正廉洁，不得利用职务便利牟取不正当利益，不得泄露所知悉的有关单位和个人的商业秘密。

第一百五十八条 国务院保险监督管理机构应当与中国人民银行、国务院其他金融监督管理机构建立监督管理信息共享机制。

保险监督管理机构依法履行职责，进行监督检查、调查时，有关部门应当予以配合。

第七章 法律责任

第一百五十九条 违反本法规定，擅自设立保险公司、保险资产管理公司或者非法经营商业保险业务的，由保险监督管理机构予以取缔，没收违法所得，并处违法所得一倍以上五倍以下的罚款；没有违法所得或者违法所得不足二十万元的，处二十万元以上一百万元以下的罚款。

第一百六十条 违反本法规定，擅自设立保险专业代理机构、保险经纪人，或者未取得经营保险代理业务许可证、保险经纪业务许可证从事保险代理业务、保险经纪业务的，由保险监督管理机构予以取缔，没收违法所得，并处违法所得一倍以上五倍以下的罚款；没有违法所得或者违法所得不足五万元的，处五万元以上三十万元以下的罚款。

第一百六十一条 保险公司违反本法规定，超出批准的业务范围经营的，由保险监督管理机构责令限期改正，没收违法所得，并处违法所得一倍以上五倍以下的罚款；没有违法所得或者违法所得不足十万元的，处十万元以上五十万元以下的罚款。逾期不改正或者造成严重后果的，责令停业整顿或者吊销业务许可证。

第一百六十二条 保险公司有本法第一百一十六条规定行为之一的，由保险监督管理机构责令改正，处五万元以上三十万元以下的罚款；情节严重的，限制其业务范围、责令停止接受新业务或者吊销业务许可证。

第一百六十三条 保险公司违反本法第八十四条规定的，由保险监督管理机构责令改正，处一万元以上十万元以下的罚款。

第一百六十四条 保险公司违反本法规定，有下列行为之一的，由保险监督管理机构责令改正，处五万元以上三十万元以下的罚款：

（一）超额承保，情节严重的；

（二）为无民事行为能力人承保以死亡为给付保险金条件的保险的。

第一百六十五条 违反本法规定，有下列行为之一的，由保险监督管理机构责令改正，处五万元以上三十万元以下的罚款；情节严重的，可以限制其业务范围、责令停止接受新业务或者吊销业务许可证：

（一）未按照规定提存保证金或者违反规定动用保证金的；

（二）未按照规定提取或者结转各项责任准备金的；

（三）未按照规定缴纳保险保障基金或者提取公积金的；

（四）未按照规定办理再保险的；

（五）未按照规定运用保险公司资金的；

（六）未经批准设立分支机构或者代表机构的；

（七）未按照规定申请批准保险条款、保险费率的。

第一百六十六条 保险代理机构、保险经纪人有本法第一百三十一条规定行为之一的，由保险监督管理机构责令改正，处五万元以上三十万元以下的罚款；情节严重的，吊销业务许可证。

第一百六十七条 保险代理机构、保险经纪人违反本法规定，有下列行为之一的，由保险监督管理机构责令改正，处二万元以上十万元以下的罚款；情节严重的，责令停业整顿或者吊销业务许可证：

（一）未按照规定缴存保证金或者投保职业责任保险的；

（二）未按照规定设立专门账簿记载业务收支情况的。

第一百六十八条 保险专业代理机构、保险经纪人违反本法规定，未经批准设立分支机构或者变更组织形式的，由保险监督管理机构责令改正，处一万元以上五万元以下的罚款。

第一百六十九条 违反本法规定，聘任不具有任职资格、从业资格的人员的，由保险监督管理机构责令改正，处二万元以上十万元以下的罚款。

第一百七十条 违反本法规定，转让、出租、出借业务许可证的，由保险监督管理机构处一万元以上十万元以下的罚款；情节严重的，责令停业整顿或者吊销业务许可证。

第一百七十一条 违反本法规定，有下列行为之一的，由保险监督管理机构责令限期改正；逾期不改正的，处一万元以上十万元以下的罚款：

（一）未按照规定报送或者保管报告、报表、文件、资料的，或者未按照规定提供有关信息、资料的；

（二）未按照规定报送保险条款、保险费率备案的；

（三）未按照规定披露信息的。

第一百七十二条 违反本法规定，有下列行为之一的，由保险监督管理机构责令改正，处十万元以上五十万元以下的罚款；情节严重的，可以限制其业务范围、责令停止接受新业务或者吊销业务许可证：

（一）编制或者提供虚假的报告、报表、文件、资料的；

（二）拒绝或者妨碍依法监督检查的；

（三）未按照规定使用经批准或者备案的保险条款、保险费率的。

第一百七十三条 保险公司、保险资产管理公司、保险专业代理机构、保险经纪人违反本法规定的，保险监督管理机构除分别依照本法第一百六十一条至第一百七十二条的规定对该单位给予处罚外，对其直接负责的主管人员和其他直接责任人员给予警告，并处一万元以上十万元以下的罚款；情节严重的，撤销任职资格或者从业资格。

第一百七十四条 个人保险代理人违反本法规定的，由保险监督管理机构给予警告，可以并处二万元以下的罚款；情节严重的，处二万元以上十万元以下的罚款，并可以吊销其资格证书。

未取得合法资格的人员从事个人保险代理活动的，由保险监督管理机构给予警告，可以并处二万元以下的罚款；情节严重的，处二万元以上十万元以下的罚款。

第一百七十五条 外国保险机构未经国务院保险监督管理机构批准，擅自在中华人民共和国境内设立代表机构的，由国务院保险监督管理机构予以取缔，处五万元以上三十万元以下的罚款。

外国保险机构在中华人民共和国境内设立的代表机构从事保险经营活动的，由保险监督管理机构责令改正，没收违法所得，并处违法所得一倍以上五倍以下的罚款；没有违法所得或者违法所得不足二十万元的，处二十万元以上一百万元以下的罚款；对其首席代表可以责令撤换；情节严重的，撤销其代表机构。

第一百七十六条 投保人、被保险人或者受益人有下列行为之一，进行保险诈骗活动，尚不构成犯罪的，依法给予行政处罚：

（一）投保人故意虚构保险标的，骗取保险金的；

（二）编造未曾发生的保险事故，或者编造虚假的事故原因或者夸大损失程度，骗取保险金的；

（三）故意造成保险事故，骗取保险金的。

保险事故的鉴定人、评估人、证明人故意提供虚假的证明文件，为投保人、被保险人或者受益人进行保险诈骗提供条件的，依照前款规定给予处罚。

第一百七十七条 违反本法规定，给他人造成损害的，依法承担民事责任。

第一百七十八条 拒绝、阻碍保险监督管理机构及其工作人员依法行使监督检查、调查职权，未使用暴力、威胁方法的，依法给予治安管理处罚。

第一百七十九条 违反法律、行政法规的规定，情节严重的，国务院保险监督管理机构可以禁止有关责任人员一定期限直至终身进入保险业。

第一百八十条 保险监督管理机构从事监督管理工作的人员有下列情形之一的，依法给予处分：

（一）违反规定批准机构的设立的；

（二）违反规定进行保险条款、保险费率审批的；

（三）违反规定进行现场检查的；

（四）违反规定查询账户或者冻结资金的；

（五）泄露其知悉的有关单位和个人的商业秘密的；

（六）违反规定实施行政处罚的；

（七）滥用职权、玩忽职守的其他行为。

第一百八十一条 违反本法规定，构成犯罪的，依法追究刑事责任。

第八章　附　则

第一百八十二条 保险公司应当加入保险行业协会。保险代理人、保险经纪人、保险公估机构可以加入保险行业协会。

保险行业协会是保险业的自律性组织，是社会团体法人。

第一百八十三条 保险公司以外的其他依法设立的保险组织经营的商业保险业务，适用本法。

第一百八十四条 海上保险适用《中华人民共和国海商法》的有关规定；《中华人民共和国海商法》未规定的，适用本法的有关规定。

第一百八十五条 中外合资保险公司、外资独资保险公司、外国保险公司分公司适用本法规定；法律、行政法规另有规定的，适用其规定。

第一百八十六条 国家支持发展为农业生产服务的保险事业。农业保险由法律、行政法规另行规定。

强制保险，法律、行政法规另有规定的，适用其规定。

第一百八十七条 本法自2009年10月1日起施行。

专业术语

第一章

人身保险（personal insurance）
是以人的寿命和身体作为保险标的保险。

人寿保险（life insurance）
是以人的生命为保险标的，以被保险人在保险期限内死亡或生存至保险期满为保险金给付条件的保险。

意外伤害保险（accident death dismemberment insurance）
是人身意外伤害保险的简称，是以人的生命或健康为保险标的，以被保险人因在保险期限内遭受意外伤害造成死亡或残疾为保险给付条件的保险。

健康保险（health insurance）
是以人的身体为保险标的，以被保险人由于疾病、伤害等原因需要支付医疗费、护理费，或因疾病造成残疾以及因生育、疾病或意外伤害而暂时或永久不能工作而减少劳动收入作为保险给付条件的保险。

财产保险合同（property insurance contract）
是以财产及与财产有关的利益为保险标的，当事人约定特定保险事故发生并给被保险人造成损失时，保险人向被保险人给付保险金的合同。

人身保险合同（life insurance contract）
是以被保险人的寿命或身体为保险标的，当事人约定在发生被保险人死亡、伤残、疾病等保险事故或被保险人生存到约定年限时，保险人向被保险人或受益人支付保险金的合同。

第二章

最大诚信原则（the principle of utmost good faith）
又叫最大善意原则，意指保险合同当事人在签订和履行保险合同时必须以最大的诚意履行自己的义务，互不欺骗和隐瞒，恪守合同承诺。

保险利益（insurable interest）

又称为可保利益，是指投保人对被保险人所具有的法律上承认的利益。人身保险的投保人在保险合同订立时，对被保险人应当具有保险利益。

近因（proximate cause）

是指对损害或损失的发生起决定性作用的、有效的，并且引起法律责任承担的原因。

近因原则（the principle of proximate cause）

是指保险事故的发生对损失结果的形成起着直接的、决定性的作用，保险人才承担补偿损失的责任。

第三章

投保人（the applicant）

与保险人订立保险合同，并按照合同约定负有支付保险费义务的人。

保险人（the insurer）

与投保人订立保险合同，并按照合同约定承担赔偿或者给付保险金责任的保险公司。

被保险人（the insured）

其人的寿命或身体为保险合同的标的，受保险合同保障，享有保险金请求权的人。

受益人（the beneficiary）

是指人身保险合同中由被保险人或者投保人指定的享有保险金请求权的人。

再保险（reinsurance）

也称“分保”，是指保险人在原保险合同的基础上，通过签订分保合同，将其所承保的部分风险和责任向其他保险人进行保险的行为。

保险代理人（insurance agent）

符合中国保监会规定的资格条件，根据保险人的委托，向保险人收取佣金，并在保险人授权的范围内代为办理保险业务的单位和个人。

保险经纪人（insurance broker）

符合中国保监会规定的资格条件，取得经营保险经纪业务许可证，基于投保人的利益，为投保人与保险公司订立保险合同提供中介服务，并按约定收取佣金的机构，包括保险经纪公司及其分支机构。

第四章

投保单（application）

又称“投保书”或者“要保书”，是指投保人为订立保险合同而向保险人提供的书面要约。投保单虽由投保人提交给保险人，但其通常由保险人事先制作，由投保人按照投保单所列内容逐项填写完成后再交给保险人。

保险单（insurance policy）
简称保单。是保险人与投保人订立之保险合同的正式书面凭证，也是保险合同各方当事人权利义务的主要载体。保险单由保险人制作，经保险人签字盖章后交给投保人。
保险凭证（insurance certificate）
也称“小保单”，是保险人签发给投保人或被保险人的，用以证明保险合同已经成立或保险单已经签发的一种书面凭证。保险凭证是一种简化了的保险单，其法律效力与保险单相同。
暂保单（binder）
又称临时保险单，是指保险人在签发正式保险单之前出立的临时保险凭证。
保险责任（coverage; insurance benefits）
是指保险人按照保险合同的约定，在保险事故发生时或者在保险合同约定的给付保险金的条件具备时，应当承担的赔偿或给付保险金的责任。
责任免除（liability exclusion, risks not covered）
又称除外责任，是指保险合同列明的，保险人不予承担保险责任的范围。
保险期间（period of insurance; policy period）
也称保险期限，根据保险合同的约定，保险公司为被保险人提供保险保障的期间。
保险金额（sum insured）
是指保险人承担赔偿或者给付保险金责任的最高限额。
保险费（premium）
简称“保费”，是投保人为换取保险人提供的保险保障而向保险人支付的对价。
保险事故的通知义务（liability of notice of claim）
也称出险通知义务，是指在保险合同有效期内，发生保险合同约定的保险事故后，投保人、被保险人或受益人应及时将该事故发生的情形通知保险人。

第五章

不可抗辩条款（incontestable provision）
又称不可争条款，是指自保险合同成立之日起满一定期限（通常为两年），保险人不得以投保人在订立保险合同时违反最大诚信原则，未履行如实告知义务为由解除保险合同，如发生保险事故，保险人不得拒绝承担赔偿或者给付保险金的责任的条款。
年龄错误条款（misstatement of age provision）
又称“年龄误报条款”，是指因投保人申报的被保险人年龄不真实，影响保险人决定是否同意承保或者保险费率的高低，保险人根据年龄错误的不同情况分别对保险合同予以处理的条款。
宽限期条款（grace period provision）
又称优惠期条款，是指分期付款的人身保险，次期以后的保险费届期未缴付，自期限届至之日起，保险人再给予投保人一定的宽限缴费期，在该期限内，保险合同仍然有效，发生保险事故保险人仍须赔付的条款。

复效条款（reinstatement provision）

是指人身保险合同效力中止后的两年内，如投保人与保险人协商一致，投保人补缴保险费后，已经中止的保险合同效力恢复；如两年期满双方不能协商一致，保险人有权解除合同的条款。

犹豫期条款（free look provision）

是指长期人身保险合同中规定的，在签收保单后的一定期间内，投保人可以无条件解除保险合同，保险人应退还全额保险费的一种特殊条款。但根据中国保监会规定，允许保险人在犹豫期内投保人解除保险合同时扣除最高不超过 10 元的费用。

保单贷款条款（policy loan provision）

又称保单质押贷款，人身保险合同在保费交满一定时期后（一般是一年或两年），投保人可凭保单向保险人申请贷款，其贷款的额度连同利息不得超过该保单的现金价值，如果贷款本息达到保单现金价值的数额时，合同终止。

自杀除外条款（suicide exclusion provision）

是指以死亡为给付保险金条件的人身保险合同，自合同成立或复效一定期限内（通常为 2 年），如果被保险人自杀的，保险人不予赔付；超过该期限，则保险人应予赔付的条款。

犯罪除外条款（crime exclusion provision）

是指被保险人在保险保障期间故意犯罪或抗拒依法采取的刑事强制措施导致其伤残或死亡，保险人不承担赔付保险金责任的条款。

等待期条款（waiting period provision）

又称观察期条款，是指在人身保险合同约定的，于保险合同生效后，保险人对被保险人所患疾病并不立即承担保险责任，而是在一定期间经过后承担保险责任的条款。

战争除外条款（war hazard exclusion provision）

是指在人身保险合同有效期内，如果被保险人因战争或军事行动死亡或残废，保险人不承担给付保险金责任的条款。

保险费垫交条款（automatic premium loan provision）

是指人身保险合同中约定的，投保人直到宽限期结束未缴付到期保险费时，若保险合同当时的现金价值净额足以垫交到期保险费，应付保费将自动以保单贷款形式交纳。通常，只有经投保人明确选择后才能使用该条款。

第六章

人身保险合同的要约（offer）

一般称为“投保”或“要保”，通常是指投保人希望与保险人订立保险合同的意思表示。但在少数情况，订立保险合同的要约也可能是由保险人发出。

人身保险合同的承诺（acceptance）

保险人承保的意思表示，即保险人接受投保人在投保单中提出的全部条件，同意在发生保险事故或约定的条件成就时承担保险责任。

告知义务（obligation of representation）
又称如实告知义务，是指在保险合同订立时，投保人应当将与保险标的有关的“重要事实”告知保险人的义务。

重要事实（material fact）
是指足以影响保险人决定是否同意承保，或者足以影响保险人决定提高保险费率的事实。

说明义务（obligation of explanation）
是指订立保险合同时，如果采取保险人提供的格式合同，则保险人应当就保险合同的内容，特别是保险合同中免除保险人责任的内容向投保人进行解释和提示的义务。

人身保险合同的成立（formation of life insurance contract）
是指保险合同当事人经要约与承诺程序，就人身保险合同内容达成一致的事实状态。

人身保险合同的生效（effectiveness of life insurance contract）
是指已经成立的保险合同在当事人之间产生了法律约束力，即人身保险合同对当事人双方具有约束力，当事人不可随意违反人身保险合同的约定。违反约定将遭受某种不利的法律后果。

第七章

人身保险合同的变更（change of life insurance contract）
是指在人身保险合同有效期间，当事人根据主客观情况的变化，依照法律规定或合同约定的条件和程序，在协商一致的基础上，对保险合同的内容加以修改或补充。

人身保险合同的中止（lapse of life insurance contract）
是指在一定条件下，处于有效期的人身保险合同，因某种事由的出现导致合同效力处于暂停状态，在此期间发生的保险事故保险人不承担赔偿或给付保险金责任。

人身保险合同的终止（termination of life insurance contract）
是指由于某些法定事件或者合同双方约定事件的发生而导致保险合同当事人双方权利义务关系的绝对消除。

人身保险合同的自然终止
是指人身保险合同期限届满，或者被保险人因非保险事故死亡时，保险合同当事人的权利义务归于消灭的状态。

人身保险合同的履约终止
是指投保人、保险人通过履行人身保险合同而消灭双方当事人的权利义务。

人身保险合同的解约终止
是指在符合法律规定的解除条件的情况下，或者在双方当事人通过事先约定或事后协商的方式消灭人身保险合同权利义务的终止方式。人身保险合同的解约终止也就是通常我们所讲的人身保险合同的解除。

第八章

人身保险合同的转让（assignment of life insurance contract）
是指人身保险合同订立后，保单所有人或保险人将保险合同中项下的全部或部分权利或义务转让给第三人的行为。
绝对转让（absolute assignment）
又称完全转让，是指人身保险保单所有人不可撤销地将整个人身保险合同的全部利益转移给第三人。通常，绝对转让的形式有两种：出售与赠与。
担保转让（collateral assignment）
又称不完全转让、相对转让、或者附属转让，是指保单所有人有条件、有限制地将保险合同的某些权利转让给他人。
人寿保险合同的强制转让（mandatory assignment）
是指经营人寿保险的保险公司，在出现破产或者依法被撤销的情况下，法律强制要求将其人寿保险合同及责任准备金转让给其他经营人寿保险公司的转让行为。
人寿保险合同的质押贷款（policy loan）
是指保单持有人将人寿保险合同质押给保险公司或者贷款机构，按照保单现金价值的一定比例获得短期资金的一种融资方式。

第九章

人身保险合同解除（rescission of life insurance contract）
是指在人身保险合同的有效期内，当事人在法律规定或者合同约定的解除条件具备时，行使解除权使人身保险合同关系归于消灭的法律行为，或在人身保险合同有效期内合同当事人协商一致使人身保险合同关系归于消灭的法律行为。
退保（surrender of policy）
是指人身保险合同的投保人解除保险合同的行为。
人身保险合同的解除权（right of rescission）
是指人身保险合同的当事人所享有的可以解除合同的权利。
人身保险合同的法定解除条件
是指法律规定的保险人可以解除人身保险合同的事由。
人身保险合同的约定解除条件
是指保险合同当事人事先在人身保险合同中约定的合同解除事由。
人身保险合同解除的法律后果
是指保险合同解除是否具有溯及力，具体表现为保险人是否应当返还投保人已经缴纳的保险费，以及投保方是否应当返还保险人已经支付的保险金。

第十章

保险欺诈（insurance fraud）

是指投保人、被保险人、受益人以骗取保险金为目的，以虚构保险标的，编造保险事故的发生或者保险事故发生的原因、夸大损失程度、故意制造保险事故等手段，致使保险人陷于错误认识而向其支付保险金的行为。

保险代位求偿权（subrogation）

是指在财产保险中，保险人赔偿被保险人的损失后，取代被保险人的地位，行使被保险人依法向造成损失的第三者请求赔偿的权利。

死亡保险

是指以被保险人的生命为保险标的，在保险合同有效期限内，以被保险人的死亡为给付保险金条件的人身保险。

第十一章

人身保险合同的解释（interpretation of life insurance contract）

是指当事人对于保险合同的内容或者使用的文字发生争议时，按照法律规定的方式及有关原则对保险合同的内容予以确定或者说明的过程。

不利解释原则

是指在保险合同条款用语可以做出两种解释的情况下，应当按照不利于格式条款提供方（通常为保险人）的方式予以解释。

文义解释

又称语义解释，是指按照人身保险合同条款用语的文字含义及其通常或者专业使用方式来解释。

目的解释

又称意图解释，是指按照人身保险合同当事人订立保险合同时的真实意思来解释。

整体解释

又称体系解释、循环解释，是指把全部保险合同条款和各个构成部分看作一个统一的整体，根据各个合同条款以及各个部分的相互关联性、在保险合同中所处的地位等因素，在整体中进行分析判断，以确定各个条款在整个人身保险合同中所具有的正确意思。

习惯解释

是指依照实践中的商业习惯、国际惯例，对人身保险合同当事人之间所争议或者遗漏的合同条款内容进行解释和补充。

诉讼时效

又称消灭时效，是指权利人在一定期间内不行使权利即丧失请求法院保护其民事权利的法律制度。

中国人身保险从业人员资格考试项目

一、基本原则

中国人身保险从业人员资格考试项目是中国人身保险业教育培训的一项制度安排，是根据中国保险事业发展客观要求所设计：

1. 在组织机构上，建立了由监管部门、项目编审委以及行业协会领导、相关公司负责人，以及著名专家学者组成的各职能委员会参与决策，保证整个项目有组织有计划地向前推进。

2. 在考试晋级上，采取分级分类考试制度，既照顾不同职能岗位的技术特点，便于从业人员通过考试，又采取由中级到高级渐进式晋级考试方式，为从业人员不断学习提高，提供了动力和空间。

3. 在教材编写上，组织四百多名专家学者历经数年艰苦努力，初步形成了较为完整的教材体系。这套资格考试教材充分吸收了国内外最新研究成果和实践经验，规模之大，投入精力之多是过去从来没有过的，是行业集体智慧的结晶。

4. 在项目运作上，采取监管部门推动、监督和市场化运作相结合的执行模式，保证了前期充分的资金支持和市场化高效率运作；项目由南开大学和广州信平市场策划顾问有限公司共同研发，由广州信平具体运作与执行，中国保险行业协会参与协调。

5. 在证书管理上，全力打造“中国寿险管理师”、“中国寿险理财规划师”、“中国员工福利规划师”等，为获取资格的从业人员在业务拓展和事业成长方面提供支持和帮助。资格考试项目的总体设计是永续发展的。

二、推进历程

中国保监会1999年提出要开展自己的人身保险从业人员资格考试的设想，并广泛征求各寿险公司意见，得到大家的认同。

2002年上半年，人身保险监管部重新启动项目，并在第三季度召开座谈会，确立“商业化运作、确保考试质量”等基本原则。保监会通过演示竞标的方式确定了承办机构。

2002年底，管理教材丛书编写工作启动，2004年完成管理教材丛书5门课程教材，10

月 11 日在北京人民大会堂举行项目启动会暨教材发布会。2005 年底完成管理资格 6 本教材，2006 年 5 月完成销售系列 6 本教材，2006 年底完成“中国员工福利规划师”资格的 2 本专业教材，并考虑启动专业技术系列的核保核赔资格以及银邮销售系列的相关教材编写。

2005 年 3 月及 9 月举行试运行考试，分别于全国 12 个及 24 个城市举行。年度总人次近 8000 人次。有 600 余人获得中国寿险管理师中级资格。

2006 年 3 月及 4 月举行资格考试正式运行的第一次考试，全国 29 个城市同时举行。本次考试有 6030 余人次。共有 424 余人取得中国寿险管理师中级资格，另有高级资格 68 人，同时产生中国寿险规划师中级资格 4 人。

截至 2009 年春季，共成功举行试运行和正式运行考试 10 次，累计考生 10 万多人次，近 1.5 万人次取得各类资格。有 40 余家中、外、合资寿险公司、产险公司、中介公司、资产管理公司、银行等团体组织报名，参加考试，出台报销与职级挂钩等政策，此外来自全国保险、金融、外语、医学等专业院校学生也积极报名参考。

三、具体资格

管理资格即“中国寿险管理师”，分为中级资格和高级资格。销售资格由“中国寿险理财规划师”和“中国员工福利规划师”两个部分组成。前者主要适用于个险销售人员，按照新型寿险产品、健康保险产品及养老保险产品三个方向分别设计三个中级资格，同时取得后即可授予高级资格。后者主要适用于团体保险销售人员，由自身专业课程产生中级资格证书和叠加寿险规划师健康、养老方向中级课程后授予的高级资格证书组成。

1. 中国寿险管理师——公司可持续发展的推动者。

针对人群：主要针对内勤管理人员，系统介绍了人身保险行业运营架构、内容、监管要求和主体业务技能。

资格内容：

中国寿险管理师——中级资格		中国寿险管理师—— 高级资格加考科目	
代码	科目名称	代码	科目名称
A1	《风险管理与人身保险》	A5	《寿险公司经营与管理》
A2	《保险从业人员职业道德》	A6	《人身保险市场与营销》
A3	《人身保险产品》	A7a	《人身保险会计与财务（上）会计版》
A4	《人身保险合同》	A7b	《人身保险会计与财务（下）财务版》
A10	《人身保险监管》	A8	《寿险公司资产管理》
		A9	《寿险公司人力资源管理》

实用价值：

该资格知识体系能够帮助初入人身保险行业的从业人员迅速了解整体保险行业运营的架构、内容和监管要求，使其在工作岗位上能够更全面的做好本岗位的工作；

帮助进入人身保险行业数年的从业人员总结过去实践经验，加深理解，并进一步提升完成未来任务的能力；

帮助行业各类销售人员及讲师人员进一步理解公司的运营实务、保险知识及监管要求，进而更好地服务行业及社会客户。

2. 中国寿险理财规划师——金融理财规划时代的核心竞争力。

针对人群：主要针对保险公司及保险中介机构的各类销售人员、营销管理人员和培训人员，以及银行的理财服务人员。

实用价值：

该资格知识体系能够帮助保险公司及保险中介机构的各类销售人员及营销管理人员，服务、行政人员、培训人员以及银行、证券的从业人员对于各系列销售资格的行业运营、产品、内外部环境及政策更好地理解及融会贯通，在激烈竞争的金融规划理财时代提升竞争力，更好服务行业及客户，提升行业声誉；

有助于公司内勤行政管理及专业技术人员更进一步了解销售系统的各环节和产品，协助公司在营销管理和产品开发方面能更全面和科学化。

资格内容：

中国寿险规划师（新型寿险产品方向）		中国寿险规划师（健康保险产品方向）	
代码	科目名称	代码	科目名称
A2	《保险从业人员职业道德》	A2	《保险从业人员职业道德》
A3	《人身保险产品》	H1	《健康保险原理及经营运作》
A8	《寿险公司资产管理》	H2	《健康保险外部环境及政策》
G	《团体保险》		
中国寿险规划师（养老保险产品方向）		中国寿险理财规划师资格	
A2	《保险从业人员职业道德》	中国寿险规划师（新型寿险产品方向）+中国寿险规划师（健康保险产品方向）+中国寿险规划师（养老保险产品方向）=中国寿险理财规划师 即通过所有以上三个方向的中国寿险规划师资格课程后取得本资格	
P1	《养老保险原理及经营运作》		
P2	《养老保险外部环境及政策》		
P3	《企业年金理论与实务》		

注意：A2、A3、A8三门课程与中国寿险管理师考试交叉，相互认可仅考一次即可。

3. 中国员工福利规划师——专业价值的有效实现者。

针对人群：主要针对团体保险销售人员，是目前国内唯一针对员工福利规划的专业资格考试。

实用价值：

在金融产品交叉销售的大环境下，个险销售人员及其他金融理财人员在为个人做理财规划时，客户的员工福利也是不可忽视的一块领域，因此所有金融从业者都有必要参加该资格考试，以更有效的实现专业价值。

资格内容：

<table>
<tr><td colspan="2">中国员工福利规划师——中级资格</td><td>中国员工福利规划师——高级资格</td></tr>
<tr><td>代码</td><td>科目名称</td><td>取得条件</td></tr>
<tr><td>A2</td><td>《保险从业人员职业道德》</td><td rowspan="5">中国员工福利规划师－中级资格 ＋中国寿险规划师（健康保险产品方向）＋中国寿险规划师（养老保险产品方向）＝中国员工福利规划师－高级资格
即取得以上三个资格后获得中国员工福利规划师高级资格</td></tr>
<tr><td>G</td><td>《团体保险》</td></tr>
<tr><td>EB1</td><td>《员工福利计划：原理、设计与管理》</td></tr>
<tr><td>EB2</td><td>《员工福利计划：政策与外部环境》</td></tr>
<tr><td></td><td></td></tr>
</table>

四、教材和考试

管理系列一共有 11 本教材，销售系列中除了与管理系列三门交叉课程之外，另有 6 本销售系列的专用教材。中国员工福利规划师资格有 2 本专业教材，三师资格共 19 本教材。专业系列教材正在编写当中。另外银邮销售渠道的销售人员所需保险基本知识体系也正在设计当中。所开发的教材用以支持考试平台以及培训平台。

教材内容是借鉴国际保险基本原理和发展趋势，符合国内制度、环境以及发展阶段、结合理论与实务的行业系统化和标准化的知识平台。

中国人身保险职业资格考试项目教材委员会已启动部分考试资料的修订工作。2010 年春季考试开始使用的二版修订考试资料有 A1《风险管理与人身保险》、A2《保险从业人员职业道德》（一版名称为 A2《人身保险从业人员职业道德》）、A3《人身保险产品》、A4《人身保险合同》、A7a《人身保险会计与财务（上）会计版》及 A7b《人身保险会计与财务（下）财务版》等科目。第二批计划修订的考试资料为 H1《健康保险原理及经营运作》、H2《健康保险外部环境及政策》、G《团体保险》、A8《寿险公司资产管理》、A10《人身保险监管》等，预计在 2011 年春季考试使用。

资格考试由考试分委会所指导，为保证考试公平、公正性，考委会建立严格的标准化监考及考务管理流程，并且在考题方面，组织来自监管、行业以及院校的专家进行出题、审题、选题的工作，确保考题能够反映行业重点、市场趋势和实务以及反映监管的政策方向。

五、资格证书颁发

凡通过指定的考试，符合指定条件的考生可以取得相应的资格证书。资格证书是由中国保监会授权中国保险行业协会颁发。目前推出的是“中国寿险管理师”、“中国寿险理财规划师”和“中国员工福利规划师”资格证书。

六、意　义

资格考试项目的推出对于行业标准以及资源整合是一个具有重要意义的平台，将对我国人身保险业的快速发展起到促进作用：（1）能够打造中国人身保险业务知识的系统化、标准化和现代化；（2）能够全面提升从业人员的素质；（3）启动人身保险行业诚信制度建设；（4）能够加快中国人身保险业从传统保险向现代保险的转型；（5）为做大做强中国保险业服务。

参考文献

中文版书籍：

1. 李玉泉主编：《保险法学——理论与实务》，高等教育出版社2007年版。

2. 李玉泉主编：《保险法学案例教程》，知识产权出版社2005年版。

3. 李玉泉著：《保险法》（第二版），法律出版社2003年版。

4. 邹辉编著：《保险纠纷案例——投保与理赔的规则技巧》，经济日报出版社2001年版。

5. 中国保监会普及保险知识编写组编著：《保险知识学习读本》，中国金融出版社2006年版。

6. 贾林青著：《保险法》，中国人民大学出版社2006年版。

7. 许崇苗、李利著：《中国保险法：原理与适用》，法律出版社2006年版。

8. 许崇苗、李利著：《最新保险法适用与案例精解》，法律出版社2009年版。

9. 徐学鹿主编：《商法学》（修订版），中国人民大学出版社2008年版。

10. 魏振瀛、徐学鹿、郭明瑞主编：《北京大学法学百科全书·民法学 商法学》，北京大学出版社2004年版。

11. 徐卫东主编：《保险法论》，吉林大学出版社2000年版。

12. 徐卫东主编：《商法基本问题研究》，法律出版社2002年版。

13. 魏华林主编：《保险法学》，中国金融出版社1998年版。

14. 吴定富主编：《〈中华人民共和国保险法〉释义》，中国财政经济出版社2009年版。

15. 覃有土、樊启荣著：《保险法学》，高等教育出版社2003年版。

16. 唐德华、高圣平主编：《保险法及配套规定新释新解》，人民法院出版社2004年版。

17. 梁鹏著：《保险人抗辩限制研究》，中国人民公安大学出版社2008年版。

18. 张洪涛、庄作瑾主编：《人身保险》（第二版），中国人民大学出版社2004年版。

19. 周玉华编著：《最新保险法释义与适用》，法律出版社2009年版。

20. 周玉华编著：《最新保险法经典疑难案例判解》，法律出版社2008年版。

21. 周玉华编著：《最新保险法法理精义与实例解析》，法律出版社2003年版。

22. 覃有土主编：《保险法概论》（第二版），北京大学出版社2001年版。

23. 中国保险报社、加拿大永明人寿保险公司合编：《英汉保险词典》，商务印书馆

1998 年版。

24. 袁宗蔚著：《保险学——危险与保险》，首都经济贸易大学出版社 2000 年版。

25. 罗忠敏主编：《新保险法案例精析》，中国法制出版社 2009 年版。

26. 江朝国著：《保险法论文集》（一），台湾瑞兴图书股份有限公司 1997 年版。

27. 江朝国著：《保险法论文集》（二），台湾瑞兴图书股份有限公司 1997 年版。

28. 江朝国著：《保险法论文集》（三），台湾瑞兴图书股份有限公司 2002 年版。

29. 江朝国著：《保险法基础理论》，中国政法大学出版社 2002 年版。

30. 韩世远著：《合同法总论》，法律出版社 2004 年版。

31. 桂裕著：《保险法》（增订新版），台湾三民书局 1984 年版。

32. 陈云中著：《保险学》，台湾五南图书出版公司 1985 年版。

33. 曹兴权著：《保险缔约信息义务制度研究》，中国检察出版社 2006 年版。

34. 陈欣著：《保险法》，北京大学出版社 2000 年版。

35. 秦道夫主编：《保险法论》，机械工业出版社 2000 年版。

36. 张洪涛、庄作瑾主编：《人身保险案例分析》，中国人民大学出版社 2006 年版。

37. 李永军著：《合同法》，法律出版社 2004 年版。

38. 李庭鹏著：《保险合同告知义务研究》，法律出版社 2006 年版。

39. 陈欣著：《保险法》，北京大学出版社 2000 年版。

40. 王绪瑾主编：《保险学》（第三版），经济管理出版社 2004 年版。

41. 柴振国：《合同法研究》，警官教育出版社 1999 年版。

42. 唐运祥：《各国保险法规制度汇编》，中国金融出版社 2000 年版。

43. 龙卫球《民法总论》（第一版），中国法制出版社 2002 年版。

44. 齐瑞宗、肖志立编著：《美国保险法律与实务》，法律出版社 2005 年版。

45. 刘宗荣：《保险法》，台北三民书局 1997 年版。

46. 温世扬主编：《保险法》，法律出版社 2003 年版。

47. 黎宗剑主编：《保险案例汇编》，中国时代经济出版社 2007 年版。

48. 史学瀛、郭宏彬主编：《保险法前沿问题案例研究》，中国经济出版社 2001 年版。

49. 沙银华：《日本经典保险判例评释》，法律出版社 2002 年版。

50. 刘建勋：《保险法新型疑难案例判解》，法律出版社 2007 年版。

51. 崔建远主编：《合同法》（第三版），法律出版社 2003 年版。

52. 江平主编：《中华人民共和国合同法精解》，中国政法大学出版社 1999 年版。

53. 上海保监局编著：《寿险案例评析》，中国金融出版社 2006 年版。

54. ［美］约翰·道宾著，梁鹏译：《美国保险法》，法律出版社 2008 年版。

55. 小罗伯特·H. 杰瑞、道格拉斯·R. 里士满著，李之彦译：《美国保险法精解》，北京大学出版社 2009 年版。

56. ［美］缪里尔·L·克劳福特著，周伏平译：《人寿与健康保险》，经济科学出版社 2000 年版。

57. ［英］丹宁，杨百揆、刘庸安、丁健译：《法律的训诫》，法律出版社 1999 年版。

中文版论文

1. 梁鹏："保险法近因论"，载《环球法律评论》2006 年第 5 期。

2. 樊启荣："保险损害补偿原则研究——兼论我国保险合同立法分类之重构"，载《中国法学》2005 年第 1 期。

3. 苗海刚："完善我国保险合同解除制度若干问题探悉"，载李劲夫主编：《保险法评论》（第一卷），中国法制出版社 2008 年版。

4. 樊启荣、程芳："投保人、受益人故意杀害被保险人之法律效果——对我国《保险法》第六十五条第（一）款规定之妥当性质疑"，载《中南财经政法大学学报》，2005 年第 2 期。

5. 卞江生："保险费法律问题研究"，载贾林青、许涛主编：《海商法保险法评论》（第二卷）知识产权出版社 2007 年版。

6. 樊启荣："美国保险法上'合理期待原则'评析"，载《法商研究》，2004 年第 3 期。

7. 王倩："死亡给付人身保险被保险人同意权相关问题研究"，载谢宪主编：《保险法评论》。

8. 梁鹏、佟轶："畏罪自杀应当获赔"，载《中国保险报》2009 年 3 月 6 日。

9. 詹昊："'最大诚信原则'适用首案及启示"，载《中国保险报》，2006 年 8 月 1 日。

10. 左范明："砸玻璃被殴致死是否算意外死亡"，载《中国保险报》2009 年 3 月 13 日。

11. 王卫国、肖斌："畏罪自杀保险公司赔不赔"，载《中国保险报》2009 年 2 月 6 日。

英文版书籍：

1. Robert H. Jerry, Understanding Insurance Law, Matthew Bender & Co., Inc., 2007.

2. Jeffrey W. Stempel, Interpretation of Insurance Contracts: Law and Strategy for Insurers and Policyholders, Little, Brown and Company, 1994.

3. William F. Young & Eric M. Holmes, Case and Materials on Law of Insurance, Second E-dition, Little, Brown and Company, 1992.

4. John Birds & Norma J. Hird, Birds' Modern Insurance law, Fifth Edition, London, Sweet & Maxwell, 2001.

5. Peter Mann: Annotated Insurance contracts act（Fourth Edition）, Lawbook Co., 2003.

6. E. R. Hardy Ivamy, General Principles of Insurance Law, 4th edition Butterworths, 1986。

7. Semin Park, The Duty of Disclosure in Insurance Contract Law, Dartmouth Publishing Company Limited, 1996.

8. Muriel L. Crawford, Life and Health Insurance Law, 7th edition Richard D. Irwin, INC., 1994.

英文版论文

1. Eugene R. Anderson, Preventing Inconsistencies in Litigation with a Spotlight on Insurance Coverage Litigation, 4 Conn. Ins. L. J. 589. (1997—1998)

2. Cristina Alonso, Imposter Fraud and Incontestability Clauses in Life Insurance Policies, 80—JUN Fla. B. J. 68, 68 (2006).

3. Joseph E. Minnock, Protecting The Insured From an Adhesion Insurance Policy: The Doctrine of Reasonable Expectations in Utah, 1991, Utah L. Rev. 837. (1991).

4. Michael B. Rappaport, The Ambiguity Rule and Insurance Law: Why Insurance Contracts Should Not Be Construed Against the Drafter, 30 Ga L. Rev. 171. (1995).

5. Jeffrey A. Cohen, An Insurer's Duty To Act in Good Faith, 192 N. J. Law. 21. (1998).

6. Richard L. Barnes, Rediscovring Subjectivity in: Adhesion and Unconscionability, 66 La. L. Rev. 123. (2005).

后　记

古人以“立德、立功、立言”（引自《左传》）为人生的三种不朽境界，作为学者，最可能的目标乃是“立言”，然而我还是一个年轻的学者，自然不敢妄言“立言”，只是有些期望而已。不过，通过《人身保险合同》的写作，陡然间使我有了一种立言的感觉。

从读硕士开始，我就对保险法产生浓厚兴趣，读博士更是将专业确定为保险法。功夫不负有心人，几年打拼的成绩可以用两本薄薄的小册子来证明，一本是我的博士论文《保险人抗辩限制研究》，一本是我在读博士期间翻译的美国保险法专家道宾教授的《美国保险法》，均于2008年出版。也正因为这两本书，我与中国人身保险从业人员资格考试项目结缘，并成为《人身保险合同》第二版修订教材责任人。

一个偶然的机会，我结识了项目执行单位广州信平公司江如圭博士，我们谈到了《人身保险合同》一书，他问我愿不愿意接受项目编审委的邀请，承担修订《人身保险合同》一书的任务。通过对该项目性质、发展情况、教材定位等有了更深刻的了解，知道教材需要经过来自监管、院校、行业公司专家的多次审议，多次修改，是要为行业立言的，其写作与我从前参与的教材写作大相径庭。在江如圭、周玉华女士的劝说和鼓励下，我决定先写一个写作提纲试试。

提纲写作，花了近一个月的时间。我制作了两个版本，一个是交给审议会审议的简易版提纲，另一个提纲则包括参考了哪些书的哪些内容，以便将来编写团队写作时参考，为团队成员节省一定的时间。

提纲审议会在一个周末的上午召开，正是这个会议促使我下决心写一本好教材。参加会议的审议人包括中国保险协会秘书长王治超博士、对外经贸大学陈欣教授、泰康人寿法律部王元总经理、中国人寿法律部周玉华博士（后来又听取了保监会法规部刘学生副处长，董炯副处长、孙东雅先生、段颖女士等监管部门资深法律人士的意见）。让我深深感动的是周玉华博士的认真，陈欣教授和王元总经理的宽容，项目编审委及执行单位的鼓励，我决定承担写作任务。

在写作过程中，我大量阅读了人身保险合同和保险法方面的著作和教材，窃以为这方面的好书不能算多。以《人身保险合同》为书名的著作付诸阙如。保险法方面的著作虽有，但既重理论，又重实务内容的基本也没有，许多著作由于不了解保险实务，存在不少小的错误。所以对于《人身保险合同》二版修订这项工作，我的期许是：既然接受了写作任务，就必须把这项工作做好，我希望我和我的团队能够将这本书做成人身保险合同研究领域的一本好书。

在法律领域，《保险法》是大学三年级的课程，学习它必须具有一定的法律知识基础。《人身保险合同》是中国寿险管理师资格考试教材之一，而参加中国寿险管理师考试的考生，几乎没有法律方面的背景。因此，这本书必须通俗易懂，用案例的方法说明法律问题。为了让教材具有可读性，我们搜集了大量的关于人身保险法律方面的案例，或在正文中列举以利学生理解所要说明的问题，或在书中开设专门的案例一栏，将实务中发生的案例推介给考生，帮助他们分析，引导他们思考。

作为考试教材，本书还有一个最大的特点，就是方便将来的出题和考试。第二版修订过程中，我对我的写作团队反复强调：教材内容应当详略得当，能够出题的地方，务必详细写作，而那些没有题眼的内容，若不是理论或实务中存在实际价值或探讨价值，可以略写。

我找到了河北经贸大学的姜南博士和中国人民公安大学的邓丽博士，一起完成写作任务。我为自己制订了写作计划，每天写作6—8小时，约写3000字左右。我的团队成员，大致也是按这个计划完成写作任务的。姜南博士丢下正在修改出版的博士论文参与项目写作，邓丽博士在参加国庆游行方阵活动的情况下完成写作任务，我对他们道一声“辛苦”，真的是“必须的”。

《人身保险合同》的写作，困难之处颇多：一是新《保险法》设计了一些新的制度，对这些制度，整个保险法界并没有深入研究，因此出现了不同观点。例如，《保险法》第十六条所建立的是否真正的“弃权与禁止反言”制度，学界并无定论，对这些尚处争议的问题，我们必须选择一种合理的观点介绍给考生，而这并不是一件容易的事。二是在保险法之外，还存在大量的保险合同监管文件、司法解释、行业惯例和规定等，这些内容即使是长期从事保险实务工作和监管部门的法律人士，也未必全部了解，对保险实务接触较少的学界学者，就更加不了解那些规章、规范性文件、指引性规定和示范性规定，我们必须熟悉相关规定，才能切合实际，有的放矢。三是条款资料方面的困难。《保险法》修改后，保监会要求所有保险公司的条款都必须依据新《保险法》重新制定，并重新审批或备案，于是各公司忙于修订条款，至2009年8月底方能完成。这意味着，我们没有新的条款可用，而《人身保险合同》一书注重实务，没有条款写作将非常困难。四是《保险法》对行业影响的不确定性。由于新法颁布，尚未实行，其对保险业的影响，虽能预测一部分，但不能完全预测，因此，在提到新《保险法》对行业影响时，我们无法给一个明确的定论。

困难之处，也正是突破之处。为教材写作，我们查阅了大量资料，熟悉了1998年保监会成立以来的相关规章制度，深入了解了一些保险行业的惯例和行业规定，将这些作为“软法”的规定写入教材，以便考生了解保险业的实际情况。对于争议问题的处理，是在正文表述主流观点，同时通过脚注、案例、阅读资料等形式将一些非主流观点介绍给考生。在江如圭和周玉华女士的帮助下，我们在最后时刻拿到了部分最新保险条款，及时将新条款的内容补充入教材之中，至于新《保险法》对保险业的影响，我们采取谨慎的态度进行预测，同时告知考生可作为了解内容。

本书参编者的写作章节为：

邓丽：第1—3章；梁鹏：第4—7章及第8章第1节；姜南：第8章第2节及第9—11章。

本书写作得以完成，编写组必须感谢本书的所有审议专家团队！对他们为本书的完成付出的艰苦努力，在此再次感谢！

编者

2011年4月